誰殺了約翰藍儂？

搖滾神話的愛、欲望與生死

WHO KILLED JOHN LENNON?

The lives, loves and deaths of the greatest rock star

萊斯莉－安・瓊斯
Lesley-Ann Jones
李函——譯

「你是約翰・藍儂嗎？」「是，我是。」
當槍聲響起，自此巨星成為傳奇。

致老爸：

鬥士依舊挺立。

肯尼斯．包威爾．瓊斯（Kenneth Powell Jones）

一九三一年十月十一日－二〇一九年九月二十六日

目錄

作者簡介

萊斯莉—安・瓊斯

跟隨已故的運動作家父親肯・瓊斯踏入艦隊街，在那裡長駐逾二十五年。瓊斯擔任英國多間報社的記者與專欄作家，同時也是暢銷書《英雄：大衛・鮑伊》、《波希米亞狂想曲：佛萊迪・墨裘瑞傳記》的作者。身兼三名子女的母親，目前定居倫敦。

譯者簡介

李函

畢業於英國格拉斯哥大學中世紀與文藝復興研究所，與美國密西根州立大學英文系。喜歡透過不同的語言與文字，讓更多人閱讀作家們的心血。譯作有《克蘇魯的呼喚》、《百年回首》、《此乃書之大敵》、《島》、《碳變》、《阿甘正傳》、《黑手》等書。

個人網站：brokenheartstudio.blogspot.tw/

各界推薦

- 「高二那年，當藍儂的新專輯《*Double Fantasy*》首支單曲（*Just like*）Starting over 奪冠後沒多久，傳來了消息……對我來說，藍儂不只是傳奇，而是有著諸多意涵的『Symbol』，你可以透過這本書來認識他，或，重新認識他。」

  ——白紀齡（資深音樂人／現任教於國立臺中教育大學）

- 「這本書裡，藍儂是英雄，也是反派。以人物為章節，交織傳言、八卦與記憶，像是一張重新收歌的 Demo 精選集。」

  ——（音樂是這世界上最美好的事／DJ林貓王）

- 「如果約翰藍儂還活著 現在的他應該會怎樣呢？沒有人知道。但至少，我們可以透過這本書，知道他以前的故事。」

  ——姚小民（旺福樂團吉他手／主唱）

- 「40年後，香港與台灣的人們依然在以他為名的牆上，寫下和平與愛的夢。本書用全新的視角，讓我們一窺這位時代英雄的生命故事。」

  ——吳柏蒼（回聲樂團）

- 「約翰藍儂和披頭四如何改變了流行音樂，他如何讓人們去『想像』更美好的世界卻成為國家的敵人，以及最後如何在家中門口被謀殺……他果然是二十世紀文化史中最傳奇的傳奇。」

  ——張鐵志（VERSE 社長暨總編輯，著有《聲音與憤怒：搖滾樂可以改變世界嗎？》等書）

僅紀念

約翰・溫斯頓・小野・藍儂（John Winston Ono Lennon）

一九四〇年十月九日——一九八〇年十二月八日

「我心中有野獸、天使與狂人。」

狄蘭・湯瑪斯[1]（Dylan Thomas）

「怪人們是幸福的一群人——詩人、不幸者、作家、神祕主義者、異端者、畫家與吟遊詩人——他們教導我們如何透過不同的眼睛……觀看世界。」

雅各・諾德比（Jacob Nordby）

「最好趁年輕輝煌離世。」

西蒙・納皮爾貝爾[2]（Simon Napier-Bell）

❶ 譯注：二十世紀威爾斯詩人與作家。
❷ 譯注：英國唱片製作人。

回聲

心靈與記憶的節奏就像潮汐，持續改變著它們的型態。即便是當年認識或親眼見過約翰・藍儂的人，也很容易忘卻細節。於是有些人重寫了歷史，以便填滿記憶中的空隙；對此他們應該得到諒解。對約翰來說，四十年等同於一輩子，但他似乎從未離開過。二〇二〇年是個劃時代的年份：這年是他被謀殺的四十週年，是披頭四正式解散的五十週年[1]，也是披頭四在漢堡演出的六十週年，若約翰還在，今年也要滿八十歲了。現在或許是個適合重新審視他的時刻。如果你不滿五十歲，那麼當披頭四解散時，你還沒出生；如果你小於四十歲，那麼當約翰過世時，你也還沒來到世上。很難想像吧？你會不會和我一樣，覺得他似乎還活著？

關於他的故事有許多版本，因為有很多人敘述過這些故事。當真相取決於個人觀點時，事實和數據就會造成不便，因為遭到臆測與理論扭曲的記憶足以造成混淆。如果假設是謬誤之源，那麼猜測便是理性思考之賊。這一切都會阻礙正確思考的方向。約翰在〈美麗男孩（親愛的男孩）〉（*Beautiful Boy*〔*Dear Boy*〕）的一句歌詞裡發明了一個說法（真的是他發明的嗎？），這首歌收錄在他人生中發行的最後一張專輯《雙重幻想》（*Double Fantasy*）中：「生命就是你忙於其他計畫時，發生在你身上的事。」[2]

約翰在忙碌又自我矛盾的短短一生中說過很多話。他會回溯自己說過的話語，並持續改寫自身的歷史與思考過程。他這麼做的傾向，讓傳記作家感到匪夷所思；對他身邊的人或與他不期而遇的人們而言，那些矛盾的事件和千變萬化的回憶也令人感到相對困惑。讓大夥瞎猜可真是約翰的典型風格。你也摸不著頭緒了嗎？我也不是唯一被搞混的人。

*

我們都曉得故事的結局。事情發生在一九八〇年十二月八日星期一的紐約。除了當晚的大風外，那天有一年中難得溫和的天氣。約翰與洋子（Yoko Ono）剛在唱片工場完成夜間錄音，並搭著加長型禮車回家，接著大約在東岸時間晚間十點五十分抵達達科他公寓。他們碰上一名德州出身的臨時工，對方手持一把查特牌三點八口徑的手槍，和沙林傑所著的《麥田捕手》。二十五歲的馬克．查普曼（Mark Chapman）已等候他們多時，之後冷靜地朝約翰開了五槍。四枚子彈擊中了他，他被員警們送到位於五十九街與中央公園的羅斯福醫院，當時二十九歲、執業三年的一般外科醫生大衛．哈勒蘭（David Halleran）緊急為約翰進行心臟按摩，並沉默地祈禱奇蹟發生。

他是**誰**？以往的紀錄不是說，是史蒂芬．林恩（Stephen Lynn）和李察．馬克斯（Richard Marks）為約翰進行了急救手術嗎？林恩醫生接受了許多訪談，但他的回憶受到諸多美化，還宣稱洋子不斷用頭部撞擊醫院的地板。但在二〇一五年，在聽其他醫生佔了多年功勞之後，大衛．哈勒蘭決定「為了歷史的準確」挺身而出。在福斯電視台的《媒體聚光燈調查》節目（*Media Spotlight Investigation*）訪談中，他澄清說林恩和馬克斯都沒有碰過約翰的身體。他的聲明得到兩名護士佐證，分別是狄雅．佐藤（Dea Sato）與芭芭拉．卡姆勒（Barbara Kammerer），她們在恐怖的那一晚與他一起在一一五號病房共事。洋子也否認自己曾做出歇斯底里的撞頭事件，她堅稱自己為了他們五歲的兒子西恩，始終保持冷靜。她支持哈勒蘭醫生對該事件的說法。那他為什麼沒有早點出來說明呢？

「如果有個專家跑出來說：『嗨，我是大衛·哈勒蘭，是我診療了約翰·藍儂。』這感覺很奇怪吧？」他說。「當時我只想找個角落躲起來。我只想回家。一想到自己或許能採用不同的急救措施，我就感到失落又難過，並覺得自己該負起責任。」

你當時在美國嗎？你曾是在家看美國廣播公司頻道頻道的《週一足球夜》（*Monday Night Football*）中新英格蘭愛國者隊對邁阿密海豚的比賽的兩千萬名觀眾之一嗎？當時球評霍華德·科賽爾（Howard Cosell）中斷播報，插播了約翰遭射殺的消息。你是在ＮＢＣ頻道與ＣＢＳ頻道上看到新聞快報的其餘上百萬觀眾嗎？你是前往上西城守夜祈禱的上千人之一嗎？又或許當時你位在世界某處，在事情發生後才得知消息，並看到大批悲慟的歌迷跪倒在中央公園的泥地上，將花朵拋入達科他公寓的鐵欄間，並號哭著說：「給和平一個機會吧！」。當洋子被告知丈夫的死訊時，你有聽見醫院的廣播播放了〈我所有的愛〉（*All My Loving*）嗎？電視製作人亞倫·魏斯（Alan Weiss）聽到了。當時他剛好因為一場機車意外，躺在醫院走廊中的手推車上等待治療。這些是巧合嗎？[3]

如果你當時已經出生，事發當時還住在英格蘭的話，你可能正在熟睡。約翰死於東岸標準時間十二月八日晚間十一點（關於正確死亡時間的報導各有不同），在英國則等於格林威治標準時間的十二月九日星期二凌晨四點。這條新聞被派駐在紐約的ＢＢＣ記者湯姆·布魯克（Tom Brook）傳過大西洋。當時他住在當地，從前流行樂大亨和作曲家強納森·金（Jonathan King）那聽到這則消息。布魯克衝向達科他公寓。他從人行道上的電話亭打電話給ＢＢＣ廣播四台的《今日》節目（*Today*）。當年沒有晨間電視節目，大多人只聽晨間廣播。電視台要湯姆在清晨六點半打電話回去，屆時當天的節目主持人布萊恩・雷德希德（Brian Redhead）會進行節目直播。布魯克扭開辦公室電話的聽筒，將電纜塞了進去，傳輸他錄下的話；當時沒有電子郵件，也沒有手機。接著他便接受雷德希德的電話訪談。等到我們起床上學、工作、遛狗時，這件令人難以想像的事已傳遍各地。

*

當你聽到這則消息時，你人在哪裡？

這個最重要的問題，宛如哈姆雷特雋永的獨白，也可能算是當代的經典問題[4]。出生在一九二〇年代中晚期到一九四〇年代初期與中期的迷惘的一代和戰後嬰兒潮，經常回想聽說約翰・甘迺迪（John F. Kennedy）被暗殺時，自己身在何處。當我開始為本書進行研究時，和我的三個孩子談起這件事。「你們得明白，」我說，「約翰・藍儂等同於我們的ＪＦＫ。」「為什麼？」我還是學生的兒子說。「這跟機場有什麼關係？」❶

千禧世代和後千禧世代（又分別被稱為Y世代與Z世代），有時會將這個問題連結到威爾斯王妃黛安娜的死亡，即便當她的意外發生時，他們還在襁褓中或尚未出生。位於中間地帶的年齡層被稱為X世代，他們出生在六〇年代的開頭，也最容易將這個問題連結到約翰・藍儂身上。

這三件悲劇死亡的事件，其實有許多潛在的共通點，這三件事故都有相關的陰謀論。當第三

❶ 譯注：ＪＦＫ為甘迺迪的姓名縮寫，同時也代表紐約的甘迺迪機場。

十五任美國總統於一九六三年十一月二十二日在德州達拉斯遭到暗殺時，輿論大肆興起。嫌犯李．哈維．奧斯華（Lee Harvey Oswald）是獨立犯案嗎？或是他為黑手黨工作？這件暗殺與古巴有關嗎？他開了幾槍？他是從位於車後後方的六樓窗戶開槍，還是在惡名昭彰的「草丘」上？就連調查過程中的物理學線索都有長期爭議。在事件發生六十年後，爭議也沒有消失。在黛安娜與多迪．法耶茲（Dodi Fayed）於一九九七年八月三十一日死於巴黎地下道後，神秘的飛雅特遊龍便成了這場悲劇的徽記。共有一百七十五則陰謀論受到調查。最嚴重的陰謀論認為埃及大亨穆罕默德．法耶茲（Mohamed Al Fayed）是主嫌：因為王妃懷了身為他繼承人的兒子的孩子，因此被滅口。到今天，許多人依然相信她是被空降特勤隊所殺。再來說說約翰吧。因為他早期顯露出的左派激進主義傾向，使他的死長期被認為與中情局與聯邦調查局的監視行動有關；遭到定罪的兇手馬克．查普曼被認為是受到洗腦的刺客，也是個「滿州候選人」❷；已故的荷西．佩多莫（José Perdomo）曾是達科他公寓的警衛，他是名與一九六一年失敗的反卡斯楚軍事行動「豬玀灣事件」有關的古巴難民。單純的真相無法滿足陰謀論者。看看「地球平面論者」、「歐巴馬出生證明」和「九一一世貿中心事件的控制性爆炸」。專家指出比例上的偏見，將陰謀論解釋為對人們無法承受的事物所發展出的適應機制。躲避理智思考的群眾們，需要龐大的責難對象。

*

❷譯注：Manchurian candidate，源自一九六二年的電影《諜網迷魂》，意指遭到洗腦的殺手。

一九八〇年時，你出生了嗎？你的年紀大到足以記得厄爾諾．魯比克（Ernő Rubik）發明的魔術方塊、瑪格麗特．柴契爾（Margaret Thatcher）、隆納．雷根（Ronald Reagan）和誰射殺了J．R[3]嗎？你記得CNN開播全世界第一個二十四小時新聞頻道的那一刻嗎？你看過在寧靜湖邊舉辦的冬季奧運嗎？你讀過關於剛開始研發未來的網際網路的電腦科學家提姆．柏內茲—李（Tim Berners-Lee）的事嗎？當時人們還不清楚，但那年我們也有了麥考利．克金[4]、林—曼紐爾．米蘭達[5]與金．卡戴珊[6]；那年，我們隨著金髮美女樂團（Blondie）的〈打電話給我〉（*Call Me*）和傑克[7]的〈與你一起搖滾〉（*Rock With You*），與保羅．麥卡尼（Paul McCartney）的〈馬上來〉（*Coming Up*）和皇后合唱團（Queen）的〈名為愛的瘋狂小事〉（*Crazy Little Thing Called Love*）的節奏搖擺著腿。大衛．鮑伊（David Bowie）、凱特．布希（Kate Bush）、黛安娜．羅斯（Diana Ross）與警察樂隊（Police）主宰了這一年。在這一年，我們失去了沙特（Jean-Paul Sartre）、希區考克（Alfred Hitchcock）、亨利．米勒（Henry Miller）、彼得．謝勒（Peter Sellers）、史提夫．麥昆（Steve McQueen）、梅．蕙絲（Mae West）、齊柏林飛船（Led Zeppelin）的約翰．博納姆（John Bonham）與披頭四的約翰。

那一年的十月二十四日星期五，你是否有衝向唱片行，趕著搶購他的新單曲〈（宛如）重新

---

[3] 譯注：七〇年代影集《朱門恩怨》（*Dallas*）中的反派人物。
[4] 譯注：Macaulay Culkin，美國演員，曾主演喜劇電影《小鬼當家》（*Home Alone*）。
[5] 譯注：Lin-Manuel Miranda，美國作曲家與歌手。
[6] 譯注：Kim Kardashian，美國名媛。
[7] 譯注：Jacko，此處引用部分媒體給麥可．傑克森（Michael Jackson）的綽號「怪人傑克」（Wacky Jacko）。

開始〉（〔*Just Like*〕*Starting Over*）？你可能也在上學或上班路上聽到廣播放著這首歌，並想：「這首歌有點像海灘男孩（Beach Boys）的〈寶貝別擔心〉（*Don't Worry Baby*），只有我這樣覺得嗎？」〈重新開始〉三天後才在美國上市，並成為約翰在美國最暢銷的單曲。它也是約翰一生中的最後一首單曲。一九八一年一月六日，有三首藍儂單曲登上英國排行榜前五名：〈重新開始〉是第五名，〈聖誕祝福（戰爭已結束）〉（*Happy Xmas*〔*War is Over*〕）是第二名，排行榜之首則是〈想像〉（*Imagine*）。這項成就一直到三十五年後才被超越[5]。

*

三十八年後的二〇一八年十二月，人們在倫敦格林威治半島的O2體育館，見證保羅．麥卡尼爵士宣傳他的第十七張錄音室專輯《埃及驛站》（*Egypt Station*）。這是他在刺激的《新滋味》巡迴演唱會中的最後一站。過去有一段期間，保羅習慣遠離披頭四的成就，幾乎只演奏自己創作的音樂。當晚則是為所有歌曲所舉辦的慶典，有披頭四、羽翼合唱團（Wings）與單飛的保羅。〈一夜狂歡〉（*A Hard Day's Night*）、〈我所有的愛〉（*All My Loving*）、〈要你進入我的生命〉（*Got to Get You into My Life*）、〈我有種感覺〉（*I've Got a Feeling*）和〈我看到一張臉〉（*I've Just Seen a Face*）。副歌不斷飆高，歡騰的聽眾也使氣氛進入高潮。約翰與喬治．哈里森（George Harrison）的巨幅影像懸掛在背景中。〈儘管危險〉（*In Spite of all the Danger*）的節奏飄出，這是出自採石工人樂團❽的首張專輯。另一首則是〈今日在此〉（*Here Today*），這是保羅為約翰寫的

---

❽ 譯注：Quarrymen，披頭四出道時的團名。

悲傷紀念曲。羅尼・伍德（Ronnie Wood）突然跳上舞台，「乾脆一起唱歌」。一名充滿活力的七十八歲老人被請上台，他慢跑過去加入披頭四與滾石樂團（The Rolling Stones）的兩名成員。「各位先生女士們，」保羅嘶啞地說道：「歡迎傑出的**林哥・史達**（Ringo Starr）！」林哥走向鼓組，羅尼套上吉他。他們唱起〈回來〉（*Get Back*）。體育館內歡聲雷動。「用你們的眼睛好好記錄這一刻。」我對自己的孩子們說。「這是披頭四在半世紀前解散後，第一次有半數團員同台演出。你們不會再看到這種景象了。」

*

我們這一代與六〇年代擦身而過，卻因為自己當年還小，無緣見識披頭四的當代魔力；長大後會對這件事感到惋惜，還是完全無動於衷？對我而言，答案是後者。我受到羽翼合唱團啟蒙，後來才接觸到披頭四；但在那之前，我先從大學畢業，愛上馬克・波倫（Marc Bolan）和大衛・鮑伊，然後迷上林迪斯芳樂團（Lindisfarne）、賽門與葛芬柯（Simon and Garfunkel）、滾石樂團、現狀樂團（Status Quo）、詹姆斯・泰勒（James Taylor）、羅西音樂（Roxy Music）、平克・佛洛伊德（Pink Floyd）、老鷹樂團（Eagles）、皇后合唱團和艾爾頓・強（Elton John），與其他風格迴異的歌手、樂團、無止盡的音樂，這一切填滿了我的青少年時期。錯過披頭四時代的人，很難理解他們為世界帶來的巨大衝擊。在他們的一生中，沒有什麼能與之相比，我們能讀到一大堆老一輩寫下自己年輕時代回憶的書籍。所有關於藍儂的傳記都由男性作者寫成，除了兩本回憶錄外；那兩本回憶錄，一本由約翰的第一任妻子辛西亞所寫，另一本的作者則是他同母異父的妹妹茱莉亞．貝爾德（Julia Baird）。許多作者再造了披頭四的當代歲月，有時甚至將自己描繪得比現實中更為重要（因為沒有多少人會質疑這些故事），使得這些回憶錄無法將新的經驗傳達給情緒變化更快速的年輕一代讀者，因為這類讀者期待的，不只是無盡的事實、日期描述與過度膨脹的自我意見。因此，在約翰逝世後的四十年裡，年輕一代樂迷熟悉的藍儂，和現實中的藍儂比起來，就像是不同的人吧？

在他死後，我才遇見曾和他共度人生的人們。保羅、喬治和林哥。林哥的第一任妻子莫琳．史塔基（Maureen Starkey），有陣子成了我的朋友。我和琳達．麥卡尼（Linda McCartney）曾合作撰寫她的個人回憶錄《麥卡太太》（*Mac the Wife*），然而我最大的遺憾之一，就是從未完成並出版那本書，因為那真是本好故事。還有請我代筆撰寫她第二本書的辛西亞．藍儂。她在一九七八年出版的第一本書《藍儂的轉變》（*A Twist of Lennon*），讓她感覺不佳。因為當約翰離開她與兩人的兒子朱利安，與小野洋子遠走高飛後，約翰拒絕與辛西亞溝通，使她感到相當沮喪，因此她才寫了「一封長篇公開信給他，抖出了所有的情緒。」事後多年，她坦承自己現在會有不同的做法。既然一切已塵埃落定，她希望能有另一次機會。但她牽扯進了失敗的餐廳投資案，因此我們的出版計畫就泡湯了。過了數年後，在二〇〇五年，她給了我們《我深愛過的約翰藍儂》（John），那是比她第一本書更加大膽且坦蕩的作品。身為經歷過八〇年代的記者，我陪朱利安．藍儂前往蒙特勒搖滾音樂節。最後，我在紐約見到了洋子。

*

在披頭四解散超越半世紀後，人們依然感到疑惑。當時究竟發生了什麼事？他們是怎麼辦到的？他們曾是全世界最偉大的文化與社會現象。披頭四在六〇年代的名氣與音樂影響了全世界各個角落的人，和阿波羅十一號太空任務與一九六九年七月的登月任務一樣知名。尼爾・阿姆斯壯、巴茲・艾德林和麥可・柯林斯都因為他們的登月探險而成名，並為了慶祝他們的成就而巡迴世界。但以事件發展來看，這件事隔天就結束了。他們留下了什麼？就是遙遠星體上的一張褪色旗幟、沙塵中的靴印和一塊將那前所未見的歷史性時刻告知未來登月者的紀念碑而已——證明「我們」曾到過這裡。

但披頭四不是歷史，他們的歌曲依然擁有活躍的生命力，隨著呼吸而律動。他們對我們而言，就和自己的姓名一樣熟悉。音樂讓創作者得到不朽的重要性。儘管他們只用了基礎設備錄音，歌曲也一再受到重奏、混音、重新包裝和發行，他們製作的美妙音樂依然沒有褪色。披頭四的音樂毫不做作，除了幾首翻唱曲外，他們編寫並譜出了自己的曲子，自己演奏樂器。他們是首批自行創立唱片公司的歌手，公司名稱是蘋果（Apple）；他們也透過這間公司開創了其他歌手的事業。光是他們自身的作品，就賣了十億張實體唱片，每天還有比這更高的下載量。他們錄了十七張英國排行榜冠軍單曲，比目前任何歌手都還要多。他們佔據英國排行榜首位的專輯數目和奪冠時間，遠比任何其他表演活動都還要多和久；在美國賣出的專輯也比任何人都多，在全世界的名聲完全沒有減退。他們得過七次葛萊美獎和十五次艾弗・諾韋洛獎❾。披頭四不只是歷史上最

❾ 譯注：Ivor Novello，英國的音樂獎項。

有影響力的藝術家，還比其他人激勵了更多音樂家：三犬之夜合唱團（Three Dogs Night）、傻瓜狗狗樂團（Bonzo Dog Doo-Dah Band）、藍尼・克羅維茲（Lenny Kravitz）、驚懼之淚（Tears for Fears）、科特・柯本（Kurt Cobain）、綠洲合唱團（Oasis）、保羅・韋勒（Paul Weller）、蓋瑞・巴洛（Gary Barlow）、卡薩比恩（Kasabian）、烈火紅脣合唱團（Flaming Lips）、女神卡卡（Lady Gaga）和化學兄弟（Chemical Brothers）等歌手，都受到披頭四魔力的影響。可以將蓋勒格兄弟（Gallagher brothers）作曲、由諾爾・蓋勒格（Noel Gallagher）演唱的〈西下之日〉（*Setting Sun*，諾爾從他自己的歌〈強勢襲來〉〔*Comin' on Strong*〕中借了歌詞來用，這首歌同樣受到披頭四影響），拿來和披頭四專輯《左輪手槍》（*Revolver*）中的〈明日永不知曉〉（*Tomorrow Never Knows*）相比。上千名來自各年齡層與各類型的歌手翻唱過披頭四的歌曲。卡卡曾偶然提到，除了音樂以外，披頭四也奠立了女性性革命的基礎。我贊同這種說法。

*

我們為何存在？自古以來，這個生命中最大的問題激勵了藝術家，也點燃了科學家的靈感。它使人們得以登上月球，也驅使披頭四寫出歌曲。也許他們一開始不明白這點，當時他們還在為了女孩子兒女情長，並寫下受愛情刺激所激發的歌詞，但他們正逐漸成熟。我們依然無法為那些偉大哲學論辯劃下句點，人類也許也永遠無法理解生命的意義。存在上的意識、決定論中的矛盾、上帝是否存在、人們自身未來的謎團、死後的生命與輪迴等議題，數千年來促使了人類進行各類探索，也催生了創造力。我們不該忘記，披頭四也是探索者。他們身先士卒，以前所未見的方式進行創作，然而一開始卻完全不曉得自己擁有這種天賦。他們在電視時代展開大冒險，當時的音樂與其中的訊息能以最大化的方式被傳播出去；但那是電腦時代前的革命，缺少網際網路，也較難取得關於一切的資訊。當時還沒有二十四小時全天候的新聞頻道，你得讀日報才能接受新知，即便只是閱讀頭條。因此當大事發生時，全世界大多數人們都認識了披頭四。從以前到現在，他們都完美反映出自身時代的文化與氛圍。即便一九六〇年代充滿了知名人士：被稱為「當代莫札特和莎士比亞」的巴布・狄倫（Bob Dylan）、身兼三次世界重量級拳擊冠軍與越戰反對者的穆罕默德・阿里（Muhammad Ali）、約翰・甘迺迪、公民運動發起人馬丁・路德・金恩（Martin Luther King）和麥爾坎・X（Malcolm X）。還有那些令人陶醉的經典好萊塢俊男美女：伊莉莎白・泰勒（Elizabeth Taylor）、洛克・哈德森（Rock Hudson）、卡萊・葛倫（Cary Grant）、桃樂絲・黛（Doris Day）、約翰・韋恩（John Wayne）等人；但披頭四的光環蓋過了他們所有人。是因為他們的無窮魅力超越了階級、種族、世代和性別嗎？因為他們為那十年提供了經典歌曲？因為他們是有血有肉又腳踏實地的平凡人，共同合作製造出宛如來自異界的化學反應，並使全人類為他們製造出的感官刺激歡呼嗎？我們有可能再看到像他們這樣的奇人嗎？

老實說，我並不這樣覺得。因為原因從不「只是」音樂。他們的影響是諸多因素互相碰撞後的成果，並昇華成歷史上前所未見的一章。當時的曝光機會比較少，也沒有那麼多藝術家在同個領域競爭，所以如果你在六〇年代出名，一般而言就會一飛衝天——儘管只有一瞬間。當年披頭四在英國出道時，國內只有兩台電視頻道：英國廣播公司和獨立電視台。英國廣播公司二台一直到一九六四年四月才出現。在美國，大多數一九六〇年的家庭都有電視，但只有三個頻道：美國廣播公司、CBS和NBC。所以當時的大部分觀眾都在同時間觀看同一種節目。現在每個國家都有幾乎無數個頻道，比較難維持專注度，觀賞人數也會分散。如果你剛好不是一九六四年二月九日於CBS頻道觀看披頭四首度登上《艾德．蘇利文秀》（*The Ed Sullivan Show*）的七千四百萬名觀眾之一的話，電視上就沒什麼其他東西可看了。所以大多數人們自然成為了這股時代精神之一。廣播節目也相當稀少，英國有《BBC輕節目》（*BBC Light Programme*），但BBC廣播一台一直到一九六七年九月才開播，以便搶回到目前為止受到國外「海盜節目」宰制的年輕人市場：倫敦廣播電台、卡羅琳電台、英格蘭搖擺電台和盧森堡廣播電台。

「倫敦廣播電台就是像披頭四。」BBC主持人強尼．沃克（Johnnie Walker）回憶道。「那個是個伶牙俐齒的電台，你甚至可以帶它回家和媽媽喝茶。卡羅琳電台絕對是滾石樂團，邋遢又無法無天、絕不妥協也極度叛逆……充滿創造力的藝術感大爆炸，賦予了六〇年代的自由精神與表述方式。」

在美國，大多主要城市中的前四十名廣播電台從一九六三年到一九六四年，都會播放披頭四的歌曲。但FM廣播在一九六七年改變了廣播市場，導致許多小電台轉而追求風格特殊的音樂。即便披頭四贏得過大眾的青睞，現代卻極少出現受歡迎度極高的藝術家。愛黛兒（Adele）、泰勒絲（Taylor Swift）、小賈斯汀（Justin Bieber）、紅髮艾德（Ed Sheeran）、Stormzy、莉佐（Lizzo）和怪奇比莉（Billie Eilish）則是明顯的例外。現在最有影響力的音樂類型是嘻哈，其中也出了幾位明星：肯伊．威斯特（Kanye West）、碧昂絲（Beyoncé），當然也少不了Jay-Z。但將他們的成就和披頭四的成就做比較時，就算不了什麼。他們也許能拿出更亮麗的銷售成績，但我敢說他們不會比披頭四受歡迎，也比不上披頭四鋪天蓋地的影響力。

廉價晶體管無線電收音機的出現經常被忽略，但它也是重要發展之一。大多數孩子們都買得起這種無線電，或被送過一台。他們會把無線電放在口袋或書包中，甚至在晚上帶上床，以便在毛毯下偷聽，我就這樣做過。而隨身聽在音樂消費市場中成了重要的轉捩點。今日的孩童與青少年們，經常在大眾運輸工具上利用耳塞式或頭罩式耳機在智慧型手機上聽音樂。他們從未想過，自己的父母與祖父母曾一度得坐在公車最上層，一隻耳朵還得專心聽車內廣播，也無法選擇自己想聽的音樂種類。不過六〇年代的孩子們至少能用隨身聽，對自己最喜愛的歌手與樂團產生集體忠誠。

披頭四則是第一個利用蓬勃發展的行銷與大眾媒體，來迎合新聽眾群的流行樂團；那是一群人數不斷增加的青少年消費者。許多曾受到一九五〇年代美國搖滾樂煽動而變得叛逆的年輕人，當時採納了與之前被父母強加的生活方式大相逕庭的新自我身分、時尚和音樂。維多利亞時代的傳統與戰後的儉樸性被大為抗拒，大伙們掀起裙襬，吞下藥丸，年輕人的文化成了強烈的動盪勢力。美國號稱擁有七千六百萬名的「嬰兒潮世代」；這些人出生在第二次世界大戰之後的一九四六年後左右，當時的全國生育率達到高峰，有一半的人口年齡在二十五歲以下。披頭四利用和玩具、甜點和牛仔褲相同的行銷方式，向他們進行宣傳。隨著第一世界國家的社會結構改變，許多「新」聲音要求大眾注意他們，包括女性、工人階級與少數民族。戰後的科技進展、瀕臨爆發的核戰末日、失敗的越戰等因素都引發了這些改變。

要長話短說嗎？好。披頭四代表變革。他們倡導了全新方向，採納不同的思想；他們不說廢話，暢所欲言，做事光明磊落，輕視體制，嘲諷他人，並拒絕表現自大和虛偽。他們的斯高斯⑩談吐、機智與幽默讓觀眾十分上癮。當全世界顛沛流離地度過充滿自我毀滅傾向的六〇年代時，披頭四卻專注在平靜的微弱內心迴響上。他們變得相當感性，表達出了真正的情感，並坦白唱出了內心的真話。

有些評論者認為甘迺迪總統的刺殺案，是導致披頭四在美國成功的重要因素。困惑又害怕的美國人民需要某種轉移注意力的事物，來讓他們忘卻悲劇與難以忍受的哀痛。恰好在這個時候，出現了四個愛耍嘴皮的英國人，明目張膽地表現對傳統與權威的不屑。甘迺迪的「人民領袖」氣質、個性和魅力曾抓住了全美國的心，披頭四則恰好彌補了這個空缺，並表現出相同的態度。這個時期被稱為「英倫入侵」。他們的信心與寫歌能力逐漸增長，並涵蓋了至今為止的流行音樂從未詮釋過的靈性與哲學、道德規範和精神深度，而樂迷們也與他們一同成長。他們形象的各種層面都受到大量鑽研，每一絲私人樣貌（以當時的標準盡可能地「私人」），都受到侵犯與分析。他們代表了無所畏懼的年輕與自由，地位也崇高地宛如受到封聖。聽起來太浮誇了嗎？這些事確實發生過啊！

記得那段瘋狂時光的朋友們，現在依然對當時發生的一切感到好奇。他們現在的年紀介於五十至八十歲之間，仍常滔滔不絕地說自己有多麼幸運，出生在能直接經歷披頭四的年代。就只因為這件事，有些人相信自己的世代「與眾不同」並相當「特別」。其中有某群人還自視甚高地輕

⑩ 譯注：Scouse，又稱利物浦英語，披頭四便是來自利物浦。

視「生得太晚」的人們。年輕的流行樂迷，包括我自己的孩子們，經常對披頭四造成的全球風潮感到不解。他們問道，為何當後來的音樂工業出現皇后合唱團、鮑伊、怪人傑克、梅姬[11]、U2樂團、王子（Prince）、喬治・麥可（George Michael）等其他傑出歌手，和近代的一世代（One Direction）、渴望樂團（The Wanted）、BTS防彈少年團和混合甜心（Little Mix）後，披頭四依然是公認無法取代的經典流行搖滾歌手？這是因為，披頭四運用他們的音樂、外型與性格，打破了聲音的疆界，透過成為首度讓自己深植全世界成千上萬人民心中的流行樂團。他們改變了歷史的走向，將流行樂轉換為普世語言。他們主要透過自己錄製的專輯，一小部分則是透過電影、現場表演片段和難以計量的訪談，使他們繼續造成影響，並出現新的追隨者。或許他們將永垂不朽也說不定。

個性易怒、機智、反應明快又格外傑出的約翰・藍儂，是最受世人喜愛的披頭四成員。有人說他擁有團裡最棒的歌聲，不過他本人駁斥這點；但他的確是最能反映出團員們生活與居住時代的歌手。他也是性格最複雜也最自相矛盾的成員，對於名氣對他們造成的影響，他感到最為不安與無所適從。除此之外，約翰的個性相當多變。他充滿自我矛盾。前一刻還是個好笑的搗蛋鬼，下一秒就變成苦悶的笨蛋；他是殘忍的野獸，也是啜泣的嬰孩。他剛愎自用、社交技巧拙劣、冷酷無情、性情偏執；他可以過得極度奢華，也能令人訝異地克制。他充滿恨意，卻又顯露溫柔。惡毒，卻慷慨。態度猶豫，卻十分敏銳。毫無悔意，同時充滿自我責難。他無比羨慕麥卡尼的高

[11] 譯注：Madge，瑪丹娜在英國的綽號。

超旋律技巧，當他們共事時，他的創造力從來不比保羅強（保羅也是如此）；這點從他們還是青少年時就開始了，當時他們之間的化學反應新鮮又強烈。約翰擁有人們口中的「個人態度」，奉行著及時行樂的準則。他的內心飽受摧殘、心理失能，卻又飽含叛逆情懷，帶著負傷的身軀在世上闖蕩。他從不在乎別人對自己的想法。他喜愛令人無法接受又難以下嚥的秘密真相。他的人生在自己的寓言達到高峰時結束，他才走了一半的路。在他過世後，他的傳奇就此完成，並永遠流傳於世。即便我們已知道了他大部分的瘡疤與缺點，卻依然抱持諒解。關於他的回憶已然昇華。約翰．藍儂超越了其他藝術家，成為他自身時代的象徵與良心。但他究竟**是誰**？

*

對我而言，在他四十年生命中遇過的強悍女人身上，他嶄露出最能令人信服的自我；無論她們對他展現愛情或忽視、治療或傷害他、強化他或使他變弱；無論她們增強或削弱他的男子氣概；無論她們賦予他事物、奪走他的東西或對他毫無感情。他那據稱「魯莽」又「放浪形骸」的母親茱莉亞，其實相當寵愛他，他也總是熱愛著母親；但根據約翰的說法，母親曾離開他兩次。第一次是在他父母離異時。在他五歲前，父親拋下他，母親則「把他丟給」姐姐（她真的有這樣做嗎？）。他認為第二次被母親「遺棄」，是在茱莉亞被某個下班的員警開車撞倒，並死在約翰居住的街上時。當時約翰只有十七歲。他能從臥室窗戶清楚看到整個意外現場。他每天早上醒來時，都會看到那個場景，也從未停止幻想過母親。根據治療師亞瑟．亞諾夫（Arthur Janov）的說法，約翰有一度甚至發現自己在性方面受到母親吸引，並考慮過自己是否該試著誘惑她。對這項亂倫推論，她同母異父的妹妹茱莉亞．貝爾德曾公開表示覺得相當作嘔。但她其實不需要承受如此苦難，因為佛洛伊德在一八九九年就已經提出了戀母情結的概念。老實說，沒有幾個青少年男孩能免除這種心態。大部分的男人寧死也不願承認，約翰只是口直心快而已。

他被咪咪姑媽（Mimi）妥善地扶養長大；她是茱莉亞盛氣凌人又充滿控制欲的姐姐。他的第一任妻子辛西亞是藝術學校的同學，在約翰只有二十一歲時就懷了孕，並「被迫」嫁給他；當時他還沒準備好背負責任。當約翰在晚年想起辛西亞用光微薄的離婚贍養費後經歷的辛勞時，他的內心總是被罪惡感糾纏：她得撰寫庸俗的八卦文章、開設餐廳、設計廉價床單，還得和一名司機同居才有辦法負擔生活費。他的第一個非正式經紀人與贊助人是名女子：蒙娜．貝斯特（Mona Best）。他的秘密初戀對象是流行歌曲甜心阿爾瑪．科根（Alma Cogan），因癌症而英年早逝的科根，讓他有了自殺的衝動。而小野洋子，這名充滿吸引力和野心，同時又黏人的日本藝術家，則恰巧在此時出現。她是約翰的靈魂伴侶，也成了他氣勢驚人的第二任妻子。在洋子的計畫下，他們的產品助理龐鳳儀（May Pang）則成了他的短期伴侶與情人。他深愛的繼女京子（Kyoko）在年僅八歲時遭到生父綁架。約翰視她為己出，卻再也沒有見過她。

約翰花了半輩子過度彌補自己的弱點，強化自己的內心甲冑。他很早就發現自己描寫自身情緒的天賦。比方說，他在二十四歲時就寫出了〈救命！〉（*Help!*），他在歌詞中暴露出脆弱的內心，卻將它包裝成曲風歡快的流行歌。他和披頭四的伯樂布萊恩．愛普斯坦（Brian Epstein）有肉體關係，但只是為了研究而已。他宣稱自己的團體比上帝之子還受歡迎，使他們在美國境內的名聲毀於一旦。

約翰的秘密、生活與愛情，持續吸引忠實信徒進行史詩般的朝聖之旅。他們在利物浦拜訪咪咪的房子門迪普宅；他上過的學校和藝術學院；他表演過的場地，包括卡斯巴俱樂部和洞穴俱樂部（不是原本的建築，但就湊合一下吧）；賦予披頭四最受歡迎歌曲的靈感的地點，包括潘尼巷上的旋轉木馬、公車站和理髮廳，草莓園救世軍的救濟所原址，和從曼拉弗大街到市中心的公車路線，約翰曾在〈在我的一生中〉（*In My Life*）重新走過這條路；位於伍爾頓的聖彼得教堂的教區庭院，裡頭也確實有艾蓮娜·瑞比的墳墓。她激發了他們對老人處境的永恆哀嘆，並使他們寫下史上最耐人尋味的歌詞之一：「……戴著一張醃在門旁甕裡的臉。」對面的教堂大廳則是約翰首度在一九五七年的花園派對上遇見保羅的地點。

歌迷們也會前往漢堡。披頭四於一九六〇年到一九六二年居住在當地，並在那裡進行了上萬小時的重要工作。歌迷也難以抗拒披頭四廣場、英德拉俱樂部、帝王地下室俱樂部、明星俱樂部和前十俱樂部的舊址：他們在這些場所表演的總時數，比在世上其他地方還要多。在水濱地區，忠實樂迷聚集在曾一度容納過舊船員使命組織的建築外，在那裡吃玉米片早餐與一肉兩菜，並清洗自己的內衣褲。他們會在葛里塔與艾爾馮斯酒吧喝半品脫的啤酒，這間舒適溫馨的酒吧就像英國老家街上的小酒吧，而他們的偶像曾在工作數小時後來到這裡，釋放一天的辛勞。

在倫敦，歌迷們依然待在艾比路錄音室外，披頭四曾在此錄下一九六二年到一九七〇年接近所有的專輯與單曲。歌迷們會在世上最有名的斑馬線上自拍。他們從倫敦披頭四商店繞到馬里波恩站，披頭四曾在那裡拍攝〈一夜狂歡〉的開場戲；到蒙塔古廣場三十四號，那裡曾是林哥的住家，也算是披頭四的休息站，約翰和洋子曾在此處租屋，並在其中因吸毒被逮，現在這棟房子則屬於我的朋友，目前也設有藍色牌匾⓮；到倫敦守護神劇院，披頭四曾在此進行知名表演，並到隔壁曾一度是他們的經紀人布萊恩．愛普斯坦住家的蘇德蘭屋，愛普斯坦在此經營過北角音樂店（NEMS/ North End Music Stores）；以及到位於薩佛街三號的蘋果公司舊辦公室與錄音室，披頭四於一九六九年一月三十日在該處屋頂進行了最後一場現場演唱。

約翰與洋子的第一個家，位於紐約第五大道上的五星級瑞吉酒店，酒店也依然位於披頭四樂迷地圖上；地圖上也能找到西村中的班克街一〇五號，那是他們倆的第一個正式居所。位於七十二街和中央公園西區的達科他公寓則是他們最後的家。約翰在該處遭到射殺。洋子依然住在那裡，我不確定自己做不做的到，但她辦到了。歌迷們還會前往在位於西四十八街和第九街的金曲工廠錄音室舊址，想起約翰與洋子共同錄下的最後一張專輯：《雙重幻想》。東五十七街的周先生中國餐館是藍儂夫婦最喜歡的餐廳。約翰永恆的紀念碑「草莓園」，則坐落在達科他公寓對面的中央公園裡。

就連日本也成了藍儂的紀念地點，約翰與他的妻子、幼子和岳父母一家曾在那裡度過愉快的家庭假期。歌迷們前往京都的龜岡市，並造訪炭屋溫泉旅館，「因為約翰來過」。藍儂夫婦最喜歡的渡假勝地萬平飯店則位於輕井澤；歌迷們也經常前往東京的銀座區，找尋向披頭四致敬的上百個優良樂團。

＊

⓮ 譯注：Blue plaque，用於紀念知名人士的家或工作場所的國際標誌。

誰能想像身為約翰的感覺？或許連約翰自己也不懂。當披頭四的名氣與影響力達到高峰時，他的內心醞釀出可怕的虛空。他對財富賜予自己的物質生活感到強烈的失望與不滿，名聲與金錢都無法解答他從小就飽受其擾的問題。因為害怕「生命不過如此」，約翰甚至考慮皈依宗教。在某段期間，他曾請求上帝給他一個「跡象」。但是什麼都沒發生，於是他便縮進自己的想像空間中，認為「上帝」不過是在宇宙中無止盡振動的能量，或許帶有良善性質的可能。不過，他依然渴求生命中的某種主題和能作為人生標的的法則，希望這種規則能給自己存在感，讓他覺得生命有某種意義。最終透過毒品（主要是迷幻藥），他才尋獲了愛。

披頭四在一九六七年六月收到一份邀請，要他們在第一個國際衛星電視直播節目上表演，觀眾約有四億人；這為他提供了向全世界倡導自己新主題的絕佳機會。由於被自己的知名度沖昏了頭，他決定展開自認能「改善全人類」的任務。這催生了他們在那場歷史性的電視廣播中表演的歌曲：〈你只需要愛〉（*All You Need is Love*）。想要拯救世界的話，你得先戴上自己的氧氣面具，因為愛不就是被愛的渴望嗎？約翰的心態與長期使他維持理智的性格特點，有令人不適的相似點，就是他內心玩世不恭的特質。他像黏在岩石上的帽貝一樣死守這種習性，直到洋子察覺到這種跡象，並成為了那顆岩石。儘管全世界與披頭四都排斥這位奇特的亞裔程咬金，她卻成為約翰的永恆伴侶以及他的真愛。他們在夕陽下手牽手跳著華爾滋，倡導著世界和平。

在今日，他們可能只會被大眾一笑置之。但那是政治正確出現前的不同時代，當時的人可以譴責自利性的好人好事，並控訴對方的腐敗，而不會遭到報復。約翰這名追求和平的先鋒，認為人類想像力是救贖大眾與個體雙方的關鍵。他的招牌歌曲〈想像〉，是他內心的光明與所有自己在乎事物的綜合精華。它無比崇高的目標，便是激發全世界的芸芸眾生，並超脫所有疆界。它做出聲明，卻也極度理想化。它什麼也沒改變，但這並沒有扼殺他的信念：流行音樂不只單純提供娛樂，同時也有更重要的任務。

身為一位充滿氣節的藝術家，約翰總是挑戰多數人。即便對象是自己的歌曲也一樣，或許也特別是如此。他率先承認，自己早年的歌詞充滿性別歧視。他在晚年調整了自己的風格，以反映出他全新的女性主義思維。他甘冒風險，也經常碰壁，但總是忠於自我……或者說是**盡可能**忠於自我。披頭四攀上巔峰的原因，是因為他們打破規範：在歌曲結構、填詞、個人表現等無數方式上。他們的頂尖成員便是約翰，他的機智與挖苦口吻，對謎語、雙關語和文字遊戲的天賦，以及對生活的獨到見解，將披頭四的音樂推上無人聽聞與超越想像的領域。他進行不可能的實驗，在歌曲中置入微妙的訊息，並用衝突感十足的情感包裹歌曲，直到曲中的情感濃密到讓人難以承受。重聽〈永遠的草莓園〉（*Strawberry Fields Forever*）和〈飛越宇宙〉（*Across the Universe*），就能證明這點。被稱為「白色專輯」（White Album）的《披頭四》，可能是約翰集苦悶、憤怒、頹喪、專注、瘋狂、悲傷、辱罵、政治與反省為大全的作品。那《約翰．藍儂／塑膠小野樂團》（*John Lennon/Plastic Ono Band*）呢？裡頭有他對披頭四最有毀滅性的譴責：「夢已經結束了」。專輯中的原音民謠〈工人階級英雄〉（*Working Class Hero*），是約翰的內心告白：因為全球的知名度與難以想像的財富，他永遠無法扮演這種角色。也許他打從一開始，就不處在那種謙卑地位了。別忘了，咪咪在門迪普宅維持著在「晨間起居室」門外裝設僕人呼叫鈴的習慣。最後，是他人生中最後一張黑膠唱片《雙重幻想》中的〈看著車輪〉（*Watching the Wheels*）：這首歌承認他為何在被中斷的「家庭主夫」時期中停止編寫音樂。他找到了自己的天堂，和洋子與他們的兒子共處時所感到的居家幸福感反映了出歌曲的主題：「我必須放手。」

*

如果他還活著呢？這位身為前任披頭四成員的八旬老翁，會怎麼看待這個冰河融化、環境遭受破壞、新冠病毒肆虐還受到政治腐蝕的世界呢？他會有什麼舉動？他會有重要性嗎？有人會在乎他嗎？他還代表了什麼精神嗎？

我想他會的。因為他是良心之聲，他會挺身而出。右翼民粹主義正在崛起，也成為現代政治的主題。我相信約翰會挺起老骨頭，對抗這股趨勢。如果健康情況良好，即便年滿八十歲，他也會這樣做。我們不會看到麥卡尼和政治牽扯上關係，對吧？這就是他們倆的基本差異。我認為約翰到今天都還會談論惹火他的事。他還會繼續錄製歌曲嗎？也許吧。不過到時候人們得思考他是否在音樂上已江郎才盡。《雙重幻想》裡有幾首好歌，像〈看著車輪〉與〈女人〉（*Woman*），而〈美麗男孩〉（*Beautiful Boy*）也美得無與倫比；但如果他還在世，那張專輯會那麼成功嗎？

如果他沒遭到謀殺的話，現在還會有重要性嗎？

「也許不會。」前任《旋律製造者》（*Melody Maker*）雜誌的作家與編輯麥可．華茲（Michael Watts）思忖道。「假若他還活著，我猜他的態度會放慢不少，不過我確定他一定會以某種方式繼續扮演公眾人物。他會對重要議題發表自己的意見。他擁有高知名度和巨大影響力，他和洋子肯定會不斷上電視，製作節目和電影，並在廣播電台、播客節目和社群媒體上持續得到高度關注。我想他內心會很討厭這種角色，但應該還是會接受。他不會讓自己表現出偽善的態度。他肯定會用搞笑的方式說明一切，肯定會臭罵唐納・川普（Donald Trump）。只要每次他一提到「唐納」，新聞和媒體必定會追著他跑。英國媒體特別缺少那種批判的聲音，像《衛報》（*Guardian*）。《衛報》確實會以自由派觀點和反民粹角度進行報導，也肯定充滿反右翼氛圍。但它們也該在頭版上大肆批判說『**川普是個癟三**』之類的話吧？而不是蜻蜓點水帶過。約翰肯定會這樣做。他不會放水，而是會成為號召力的中心。現在還有誰會幹這種事？他不可能去當政治人物，因為他不會妥協。想想看他進了下議院的樣子；沒辦法想像吧？我猜他的創作力應該會退步，但還是會有強大的發言影響力。對，和洋子一起：他們倆能組成強而有力的團隊。他們會大聲疾呼，這就是我們需要他的原因。」

約翰和洋子當時還會在一起嗎？他會像龐鳳儀與其他人相信的一樣，回到「迷失的週末」時期的情人龐鳳儀身邊，還是會找到新情人，因為搖滾巨星都這麼做？他會和保羅重修舊好嗎？解散十五年的披頭四，有可能像之前討論過的計畫，在一九八五年七月的拯救生命演唱會重新合體演出嗎？這不誇張吧？鮑勃・格爾多夫[15]的說服力在當時達到巔峰。何許人合唱團（The Who）參加了，齊柏林飛船也是，連麥卡尼也露了臉。那史上最偉大的樂團為何不加入呢？之後呢？復出專輯？和當時還在世的大製作人喬治・馬丁（George Martin），進行艾比路大團圓？然後再舉辦世界巡迴演唱：演唱會中不會再有無數青少年震耳欲聾的尖叫聲（披頭四在一九六六年八月放棄現場表演的原因，就是他們再也無法聽到自己的演奏和歌聲，也無法思考了），反而會擠滿**用心**傾

[15] 譯注：Bob Geldof，愛爾蘭歌手，他組織了一九八五年的拯救生命演唱會。

聽的成年歌迷，加上尖端科技與舞台設備，也許披頭四會喜歡這點？也許一直到喬治・哈里森在二〇〇一年逝世前，披頭四的神奇魔力會維持更久？如果可以，我願意付出一切來見證這些事。

約翰會嘲笑這種想法嗎？也許他會試圖搶走溫布利球場裡的全球點唱機，並將之轉變成「約翰與洋子」（他們習慣這樣稱呼自己）的和平示威行動？他會喜歡自己在生涯高峰就逝世，並永遠停留在四十歲這種想法嗎？誰知道。只有一件事是肯定的：他絕不想成為江郎才盡的過氣老人，既無法分享任何新靈感，也無法想出依然有意義的曲子；只是重出以前的暢銷歌曲，無止盡地冷飯熱炒和進行五大洲巡迴演唱會，搖滾到死。

人們應該要打破砂鍋問到底的是：是誰或什麼東西殺死了約翰・藍儂？「真正的」約翰・藍儂又死於何時？因為兇手發射的子彈只是壓垮他的最後一根稻草（比喻上來說）。**為什麼**會這樣呢？約翰母親茱莉亞的死，抹殺了他童年時期的樂天態度嗎？他曾因率先幫助自己找出創作力的喬治叔叔之死而受創，又在他最好的朋友史都特・沙克里夫（Stuart Sutcliffe）因腦瘤而死後（約翰曾欺侮、嘲諷並懲罰這位崇拜自己的朋友），內心痛苦到無法活下去嗎？是因為他對史都懷有罪惡感，也無法諒解自己，才導致約翰產生自我毀滅的傾向？將自己打造成穿戴皮衣的搖滾歌手後，是什麼讓他立刻放下那種形象，並讓他創立的硬派樂團，被重新改造成留著拖把頭、穿著同款服裝的不務正業歌手？他為何讓自己被歸類為曇花一現的流行歌手，變成與他的真實自我相比、只像是雷鳥神機隊[16]傀儡般的形象？

---

[16] 譯注：Thunderbirds，一九六五年開播的美國科幻人偶影集。

在披頭四的巔峰時期，約翰就將之完全捨棄；他重新發掘了搖滾樂，並將自己重塑為音樂激進份子與反戰份子。但慈善事業是否只是他用於掩飾自己有多不在乎人類的煙霧彈而已？想像一個人沒有財產，卻擁有牛群和包裹毛皮的冰箱，在曼哈頓、長島和佛羅里達也都有總價數百萬美金的豪宅。那些數十年來越來越多人相信的複雜陰謀論，是否有可信度？當約翰只當了負責照顧小孩的家庭主夫五年後就放棄時，是因為傳統的女性家務其實是（如果他仔細思考過的話，可能就猜得出答案；不過他應該確實想過這點）令人麻木的雜事嗎？

*

這些故事一再被編寫、更改和重新構思。約翰被無情地重複利用，導致某些虛構的事件已經被世人認為是事實，而重要的真相變得扭曲，根本無人在乎。這些事件總是有許多細節被一再美化。有人會對薩姆．泰勒．伍德（Sam Taylor-Wood，現在她改姓詹森）說：「妳不能拍《搖滾天空：約翰藍儂少年時代》（*Nowhere Boy*），因為早就有人拍過這故事了。」嗎？世上最偉大的故事：雷克斯霸王龍、圖坦卡門、凱薩、狄更斯和莎士比亞的故事總能被一再傳唱，史上最偉大的搖滾巨星當然也是如此。

這是觀點的問題。隨著時間不斷消逝，人們會感到疑惑，並開始思考，總是會有發展新意見的空間。世上有設立來研究並解析批頭四和他們音樂的百科全書、圖書館，甚至是大學學位，但專家與歷史學家依然想追加更多資料。回憶、情境與標準內的差異並非一成不變，它們總是不斷改變。

我不想寫一本傳統的約翰傳記，這本書並不是那類作品。這是我在約翰的生命、愛情與死亡中的漫遊，以紀念他一九四〇年到一九八〇年的偉大生涯。這是個萬花筒，也是沉思，更是反省：他究竟是誰？他對這些事有什麼感覺？寫下這本書的動機是為了解他的矛盾，找出他在何時死去，又是什麼害死了他。此舉並非毫無理由。人們已經知道一個版本以上的約翰了，所以是誰或什麼東西殺死了原版的約翰？不同版本的他呢？人們認識的約翰是誰，他在二十一世紀又代表了什麼？他在未來會有什麼意義呢？有可能想像出一個人們不再聽約翰·藍儂的歌曲，也不再討論、爭辯和剖析他的事蹟的時代嗎？人們何時會疲於造訪他記憶中的地點、昔日的人事物，以及打造他心中願景的經驗？人們什麼時候才不會對「一切的起源」感到好奇？

早在藍儂與麥卡尼碰面前，音樂就已經存在。如果那算得上是理由的話，那麼音樂便是永遠的理由。很少有人能創造音樂並用它表現自己的能力，但所有人都能欣賞音樂，並受到旋律的感動。所有生命都能被這種普世藝術所改善。即便是聽不見聲音的聾子，也能感受到心臟跳動的節奏。

儘管這點難以啟齒，但約翰已經過世了夠久，足以被當作歷史人物，他留下的音樂精神依然和他剛進行創作時一樣重要且偉大。我無法想像有哪一天，他的生命、愛情、死亡、歌曲和他對全世界的音樂與音樂家，以及數十億人造成的影響，會再也沒有意義。

於是我只能盲目地跌撞，跨越碎裂的光芒，前去尋找他[6]。

*

搖滾樂不就是神話與誇示嗎？打開大門，讓他們進來：那些人肆無忌憚，異於常人、樂於對抗死亡、又是天生長不大的男孩。他們陰沉又不守常規，也是僵硬的墮落者、冒險者和抵抗局勢者。他們是最華麗的發起人、最嚴謹的個人主義者、最黑暗大膽、最無所畏懼、怪異、異常、也最放浪不羈的勝利者和輸家，他們巧取豪奪了一切。在搖滾樂與其樂手的身上，人們投注了比其他類型的娛樂或表演者更多的極限夢想與最炙熱的幻夢。對成千上百萬人而言，搖滾偶像就是真正的超級英雄。他們能啟發夢想，也能飛天遁地。人們會想像他們勇往直前、邁出大步、大聲疾呼與魯莽的天賦；還有他們的後座、旋律與和音、炙熱如火的性欲。要不是少了這一切，我們就能加入他們的狂熱舞蹈，也能成為他們的競爭對手。彷彿所有事情就是這麼簡單。但事實上連相較起來最平凡無奇的搖滾明星，都並非單靠這些特質就取得勝利。

我一生都沉迷於搖滾歌手。我五歲時第一次聽到大衛・鮑伊的歌，並在十一歲時開始瘋狂追隨他。我在導向他傳奇前門的閃爍小徑上，碰到了一些宛如童話故事中的人物，他們日後則成為女妖蘇西克、喬治男孩（Boy Georges）和比利・艾鐸（Billy Idols）。我就讀的學校也曾經是披頭四製作人喬治・馬丁上過的學校，我在孕育出平克・佛洛伊德樂團的倫敦學院唸書。我在倫敦的首都電台擔任ＤＪ羅傑・史考特（Roger Scott）臉色鐵青的跟班時，曾飛到佛羅里達與重新出道的迪翁・迪穆奇（Dion DiMucci）碰面；他是五、六〇年代的青少年偶像，因在紐約布朗克斯區街頭表演無伴奏合唱，而找到了自己的夢想。羅傑很崇拜他：迪翁與貝爾蒙特（Dion & the Belmonts）的第一首暢銷歌曲〈我想知道原因〉（*I Wonder Why*），使他們成為時代先鋒。迪翁在一九五九年那場害死里奇・瓦倫斯（Richie Valens）與巴迪・霍利（Buddy Holly）的巡迴演唱中倖存，並談起了這件事。他的暢銷單曲〈亂跑的蘇〉（*Runaround Sue*）和〈流浪者〉（*The Wanderer*）也都是羅傑．史考特的經典曲目。在紐約，我們陪比利．喬（Billy Joel）到蘇活區默瑟爾大街一四二號的門檻前，他們在為他的搖滾致敬專輯《一個無辜的人》（*An Innocent Man*）拍攝封面照。在紐奧良，我們則與奈維爾兄弟（Neville Brothers）共處。基斯．理查茲（Keith Richards）向他們引薦了羅傑。滾石樂團參與過奈維爾兄弟一九八七年的專輯《上城》（*Uptown*）。在一八八九年，他們釋出了《黃月》（*Yellow Moon*）。當羅傑因食道癌過世前，這張專輯，特別是其中的歌曲〈治療頌歌〉（*Healing Chant*），使他的靈魂得到解脫。那時候他在BBC廣播一台工作，並佔據了週六下午和週日深夜的節目時段。他毫不停歇地在全球奔走，心中抱持渺茫的希望。他在一九八九年十月三十一日過世，過去也曾和我分享過那些曾讓美國人相當訝異的「披頭四之友」故事。他提過自己於一九六九年五月底在加拿大與約翰及洋子碰面的細節，也在六月一日參與了他們〈給和平一個機會〉（*Give Peace a Chance*）的錄製過程：當時他們正在蒙特婁的伊麗莎白女王酒店進行惡名昭彰的靜臥抗議。

身為艦隊街的記者，我採訪過大多人都能講出名字的搖滾明星，他和他們之中的許多人一起踏上巡迴表演。我花了數百小時待在能和頂級明星交談的距離內，能碰觸到他們，也呼吸著相同的空氣。接觸與觀察他們，讓我逐漸發現他們身上也有不容忽視的常見特質、人格、心理架構和生活態度。儘管他們的歌聲和想法彼此衝突，也擁有各式各樣的寫歌與表演風格，但是他們大多卻都是同一種模子印出來的。他們有太多得讓自己證明的事。他們極度缺乏安全感，像快餓死的人渴求麵包一樣渴望認同感。當你挖掘得更深時，就能明顯觀察出他們藝術感的來源。對他們而言，那就像股震耳欲聾的巨浪，同時也是在內心中掀起恐怖的潮汐。那是無法填滿的深淵，裡頭充滿童年時期的困境、虐待和（或）家庭失能。搖滾巨星可能是受到最大折磨，並且痛苦纏身的一群人。

我研究這些男人很多年了。雖然我說「男人」，但當然也有許多女性藝術家成為受害者。每出現一個強尼・凱許（Johnny Cash）——他來自充滿困境與凌虐的背景，並對抗早年生活的癮頭和創傷，這對他的內心造成了巨大壓力，使他在知名的〈佛森監獄藍調〉中，描述曾在雷諾射殺了某個人，只為了看對方死亡——就有一個克莉絲汀・阿奎萊拉（Christina Aguilera），她在父親手中遭受過強烈的生理與情感暴行，並透過音樂來麻痺這股痛苦。每出現一個王子——他透過讓自己充滿反差，來抵禦兩歲時的父母離異事件，同時也是受到霸凌的癲癇病患，並承認自己是性成癮者，直到後來在宗教中找到慰藉——就會有一個愛黛兒，當她父親甩掉她母親時，她才只有三歲。當馬克・伊凡斯（Mark Evans）發現自己的女兒成為大人物後，便試圖溜回她身邊；但愛黛兒完全不接受。每出現一個吉米・罕醉克斯（Jimi Hendrix）——他出生在只有母親的單親家庭，父親鋃鐺入獄，而他則被親友們養大，他們經常對他家暴和性侵害——就有一個珍妮絲・賈普林（Janis Joplin），她的家人從不瞭解她，她則在學校因體重、粉刺和她對黑人音樂的熱愛，而遭到無情的霸凌。綽號「珍珠」的她，曾被譏諷是「肥豬」和「妓女」。她帶著南方安逸酒離開了鎮上。酒精沒有殺死她，殺死她的是海洛因。艾瑞克・克萊普頓（Eric Clapton）到九歲前，都相信自己的奶奶羅莎是自己的母親，穿著無袖運動服的母親派翠西亞則是自己的姐姐。當派翠西亞再婚時並搬到加拿大，生了更多小孩，卻忘了自己的長子，他再度受到遺棄。對海洛因成癮的他，和他最好的朋友喬治・哈里森的老婆陷入愛河，最後則誘使貝蒂・伯伊德（Pattie Boyd）成為他的新娘。這對夫妻倆無法生育。火上加油的是，他讓另外兩名女子懷孕。他人生中最大的慘劇發生在一九九一年，當時他其中一名孩子，四歲的康納掉出曼哈頓公寓敞開的臥房窗戶外，並摔落死亡。蕾哈娜（Rihanna）在巴貝多被對酒精、快克古柯鹼和海洛因上癮的暴虐父親養大，並在年僅十五歲時逃家並成名。每出現一個阿姆（Eminem）——當他被父親遺棄時，還只是個嬰兒，而他也受到母親的虐待與背叛；儘管如此，當黛比·尼爾森（Debbie Nelson）罹患癌症時，兒子阿姆依然付清了她的醫藥費——就有一個艾美·懷斯（Amy Winehouse），她永遠無法接受自己一度崇拜的父親，居然為了別的女人，而甩掉她敬愛的母親。艾美利用自我傷害、毒品和酒精來逃避現實，直到她的身體再也撐不下去。每出現一個麥可·傑克森——他被控性侵未成年人，但自己也經歷過同種虐待——就有一個西妮德·奧康納（Sinéad O'Connor），她宣稱自己在家中的拷問室中，遭到受「附身」的已故母親性虐，自己則被迫一次又一次地重複說：「我什麼都不是。」精神也因此崩潰。

理查·史塔基（Richard Starkey）有個經常失蹤的酒鬼父親以及盛氣凌人的母親，他花了一年讓接受闌尾割除術的身體休息，而在接近成年時，他不只大字不識，也看不懂數字。他以林哥·史達的身分，在音樂、名氣與財富上找到了救贖。當四十七歲的助產士與衛生訪視員瑪莉在一九五六年十月過世時，保羅·麥卡尼與他的弟弟麥可便成了沒有母親的孤兒。

你明白了吧？對無數名人與較不有名的歌手而言，搖滾巨星的身分從一開始就是對抗逆境的解藥。

*

世上沒有單一真相，真正的事實並不存在，同時卻也有上百萬種事實。矛盾嗎？確實如此。約翰一生中的許多層面得到了不同的詮釋，理論、謠言、臆測與癡心妄想都是因素之一。他自己也是問題源頭，他說過的所有尖酸話語、惡毒自白或充滿沉思的語句，日後幾乎都被自己更動或審視。他腦袋中沒有任何既定思維，從來沒有一致性。他持續重塑自己，也經常在潛意識中嘗試不同模樣的約翰。俗語「八面玲瓏」雖略顯不足，仍能用來形容約翰。因為他的早年生涯，使他抱持唯我論調，又固執且受創：他遭到父親遺棄，又被英年早逝的母親交給嚴格的姑姑和性格溫吞的姑丈照顧。他只能靠文字來宣洩情緒與頹喪。性、搖滾樂以及毒品很快就控制住他。當他十七歲時，母親就因事故身亡。她從未見證自己的孩子對世界造就的巨大影響，也無從對此感到自豪。他永遠無法接受母親的死。他覺得受到欺騙，也被剝奪了生命力。沒有事物能安撫或補償他。他太早結婚，在自己的精神成熟前就有了第一個孩子，也在二十歲出頭便太快成為全球知名人物，還得到巨大財富與單調乏味的家庭責任……並得到悲慘的後果。他肯定會說，這一切太難以承受。他的救贖便是找到真愛。他與洋子的愛情龐大又單純、複雜卻也有理可循。這種振奮人心、痛苦無比又超越死亡的愛情，就像是羅密歐與茱麗葉、安東尼[18]與克麗奧佩脫拉[19]和維納斯

[18] 譯注：凱薩死後統治羅馬的三巨頭之一，後與克麗奧佩脫拉一同自殺。
[19] 譯注：被稱為「埃及豔后」的埃及托勒密王朝最後女王。

與阿多尼斯[20]。這兩名靈魂伴侶與彼此合而為一，兩人一同對抗充滿批判的世界，並使批評人士與譏諷者為之困惑；對渴求信念的我們而言，他們證明了真愛確實存在。畢竟，約翰最後究竟為了什麼而活？只為了洋子和他們的兒子西恩。這使朱利安．藍儂的心情永遠無法平復。

世界不斷旋轉。數十年後。難道約翰已經化為文字與旋律了嗎？但那些歌曲已嵌入我們的靈魂之中，也永遠不會停止演奏他的作品。他並非如此，也永遠不會受到矮化。那名熱愛自己、憎恨自身又發現自我的約翰，曾屬於這個星球、卻只居住在自己心中的他，依然留在我們身邊。

[20] 譯注：希臘神話中愛情女神阿芙蘿黛蒂（維納斯為其羅馬名稱）的俊美情人。

〈1〉一起來

歷史學家傾向快速帶過敘述人物的性格形成時期，以便讓讀者快點進入「有趣事物」發生的時間點。但有什麼比對方出生時的狀況，和童年時期的挑戰還更有趣呢？滿佈補丁的被單上的粗糙方格花紋，如何將自己編織成我們企圖尋覓的大人物樣貌？他們的祖先又曾經歷過哪種旅程？

儘管約翰的一生中充滿各種強勢又擁有影響力的男人，統治他生命的卻是女人（無論好壞）。研究他的族譜後，就能在父母雙方的家族中，找到充滿勇氣與毅力的女子。這些女人在饑荒中倖存，與家人分離，經歷了搬家的困境與混亂，也體驗過戰爭中的悲劇。她們懷孕，也生養過諸多孩子；有些人則絕望地在生下孩子時死亡。由於貧窮又守寡，她們寧可將幼子交給慈善機構養育，也不願意看孩子餓死。

雖然女人統治了約翰的一生，影響程度卻各有不同，後果也大相逕庭，但在他父母親的家族中，卻從未出現過知名的女性祖先。這取決於你想追溯到多久以前。有些傳記作者分析了他的DNA，企圖找出擁有傑出成就的特殊祖先，用於解釋約翰的人格與天賦。認為天賦出自基因的人，可能會發現約翰．藍儂的父系曾祖父詹姆斯曾從利物浦移民到美國，他被描述為一名船上大廚，有時也擔任歌手。詹姆斯的兒子約翰也被稱為傑克（約翰．藍儂的祖父），在民權運動與廢奴制度出現前的十九世紀美國，擔任黑臉扮裝[1]的走唱歌手。他宣稱自己參加過羅伯森的肯塔基走唱團，之後回到他父親的出生地，並在默西賽德郡定居，他的美籍第一任妻子則在當地生產時死亡。如果這一切都是事實，故事就迷人多了。可惜，一八六一年、一八七一年與一九〇一年的

[1] 譯注：十九世紀開始非黑人演員將臉部塗黑，以演出黑人角色的表演方式，現已成為種族歧視的標誌之一。

出生證明與人口普查紀錄無法佐證這點。和其他家族一樣，藍儂家的歷史早已遊走在傳說邊緣，很難辯駁寓言的真實性。謠言與臆測相當吸引人，儘管事實十分明確，還是有人願意相信光彩奪目的傳說。

肯定的是，約翰的父系曾祖父母詹姆斯．藍儂（James Lennon）和珍．麥康維爾（Jane McConville）並非出生在利物浦，而是出生在愛爾蘭北邊的阿爾斯特省的唐郡；一八四五年到一八四九年的愛爾蘭大饑荒發生時，他們帶著家人跨越愛爾蘭海，當時愛爾蘭還是英國的一部分（直到一九二二年才獨立）。身為銅匠與倉庫工人的詹姆斯，於一八四九年在利物浦和珍結婚，當時他大約二十歲。他的新娘只有十八歲。在珍死於生產前，他們有八個以上的孩子。他們別名傑克的兒子約翰出生在一八五五年，他就是約翰．藍儂的祖父。傑克成了貨運業務員與會計，同時也是個不太可靠的員工。他是酒吧的常客，經常為了換取啤酒而唱歌。他二十三歲時娶了利物浦小妞瑪格麗特．寇利（Margaret Cowley），並生了四個小孩，但只有一個名叫瑪莉．伊莉莎白（Mary Elizabeth）的女孩存活。她的母親在生下同樣名叫瑪格麗特的妹妹時死亡。守寡的天主教徒傑克很快就與清教徒瑪莉．麥奎爾（Mary Maguire）一同「生活在罪惡中」，她是人稱波莉的不識字靈媒。他們生了十四或十五個孩子（有不同的紀錄），並失去了八個，最後兩人在一九一五年結婚，也就是他們的兒子阿爾弗雷德（Alfred）出生後三年，這孩子就是約翰的父親。傑克於一九二一年死於肝硬化，當時他的小兒子才八歲（或九歲），並患有佝僂病，那是一種因為缺乏維生素D而產生的兒童疾病，會導致骨骼變軟，雙腿蜷曲。阿爾弗用鐵衣套住自己的雙腿很多年，結果使得腿部無法正常發育。波莉太窮了，無法獨自扛起一家生計，只好被迫將阿爾弗和他的妹妹伊迪絲送到城裡嚴格的藍衣清教徒孤兒院學校。之後阿爾弗成為先前藍儂家族中教育程度最高的人，也很快就在某家利物浦運輸公司中找到薪水不錯的工作。

約翰的母系族譜則可以追溯到威爾斯。愛爾蘭與威爾斯的混合血統，使他擁有個性堅強的族系，這兩個凱爾特國度和文化混為一體，並享有共同特性，包括鮮明的想像力、偶發的陰鬱、固執、熱情與友善的態度。

約翰隱晦的威爾斯族譜現在已經真相大白了。他的外曾祖父約翰．米爾瓦德（John Milward，有時拼成米歐瓦德）是湯瑪斯．米爾瓦德（Thomas Milward）的兒子，湯瑪斯則是弗林特郡高治安官約翰．荷伊．威廉斯爵士的首席園丁。這位約翰於一八三〇年代中旬出生在富麗堂皇的多爾本廳，他的父親在該處工作。小米爾瓦德在青春期時，就擔任威廉斯家族律師秘書的學徒。在他二十多歲初期，一場可怕的狩獵意外使他切除了左手臂。他在萊爾的小旅館內養傷時，愛上了二十歲的瑪莉．伊莉莎白．莫里斯（Mary Elizabeth Morris），她來自靠近威爾斯北海岸科爾溫灣里斯費恩村的伯斯尤葛里德社區。瑪莉當時從家裡被趕了出來，因為鄰居讓她懷孕生下了一名私生子。當她和她的新愛人懷上新孩子時，他們急於躲避更多的醜聞，於是逃到英格蘭。約翰．藍儂未來將成為裁縫師的母系外祖母安妮．珍（Annie Jane），則於一八七一年出生在切斯特的熊與兵舍酒館中的租屋處。一家人不久後就搬到利物浦，而母親瑪莉個性變得盛氣凌人，並拒絕使用威爾斯語以外的其他語言。夫妻間的關係就此決裂，約翰貧困又孤寂地在五十歲中旬過世，瑪莉則活到八十多歲，在一九三二年去世。

透過瑪莉的族系，可以發現約翰的曾曾曾外祖父是來自卡那封郡蘭溫達村的理查．法林頓牧師（Richard Farrington），他是位寫過威爾斯古物相關書籍的知名作家。透過他的家族，約翰的族系也許能追溯到伊莉莎白時代的安格爾西島高治安官歐文·歐普·休（Owain ap Hugh）；而又能從這名祖先追溯到幾世代前的都鐸·歐普·古魯福德（Tudor ap Gruffud），他是歐文·格林杜爾（Owain Glynd r）的哥哥。格林杜爾是十五世紀的最後一名威爾斯親王，也被莎士比亞在《亨利四世》（*King Henry IV*）第一部中詮釋過。這也讓這位威爾斯國家英雄成為約翰的祖上叔父。因此，約翰是十三世紀時統治威爾斯的盧埃林大帝的直系子孫。而且，透過盧埃林的妻子瓊安，約翰也成為英格蘭國王約翰、蘇格蘭國王馬爾科姆、征服者威廉與阿爾弗雷德大帝的後代。如果這些族譜被證明屬實的話，約翰會怎麼面對這種顯赫的家世呢？

約翰的母系外曾祖父威廉·史丹利（William Stanley）於一八四六年出生在伯明罕。他在二十歲出頭時搬到利物浦，並在那裡認識並娶了他來自北愛爾蘭的妻子伊萊莎。夫妻倆住在利物浦的埃弗頓。他們在一八七四年出生的三子喬治·厄尼斯特·史丹利（George Ernest Stanley），將成為約翰的母系外祖父。喬治長大後成為商船水手，在海上工作多年，同時也為高桅帆船與其它海上船隻製作風帆。他後來為倫敦—利物浦—格拉斯哥拖船打撈公司工作，該公司負責打撈當地的海上船隻。他在一八九〇年代晚期認識了安妮·珍·米爾瓦德。兩人組成家庭後才結婚。儘管紀錄錯綜複雜，約翰同母異父的妹妹茱莉亞·貝爾德堅稱他們倆的長子與次女亨利與夏綠蒂在出生後不久就夭折，遺骸被葬在利物浦的聖公會大教堂。他們的第三個孩子是瑪莉·伊莉莎白，也就是替約翰的母親養大他，並對他真正握有影響力的咪咪姑媽。喬治與安在未婚狀況下生下了一個孩子，他們在一九〇六年底結婚，之後生了四個女兒，她們叫自己的父親「把把」，之後暱稱他為

「老爹」。這五名氣勢凌人的史丹利姐妹中的四妹，就是約翰的母親茱莉亞，於一九一四年三月十二日出生在南利物浦的托克斯泰斯，當時正值第一次世界大戰。

如果你認識她的話，會希望她是誰？你會比較喜歡好心的蕩婦茱莉亞嗎？她是個長舌婦，也是個毫無道德感的女孩，因為她在投卡德侯電影院擔任女引座員時，吸收了太多好萊塢的荒唐氛圍。她伶牙俐齒、身材性感，穿戴女服務生制服與藥盒帽的她十分靈巧，也愛慕虛榮到會帶著妝上床睡覺。穿著有捲曲褶邊又充滿香味的衣物的她，經常去利物浦的俱樂部和舞廳玩，和水手、士兵、碼頭工人與服務生嬉鬧，讓男人們樂成一團，但又會用厚臉皮的大笑讓自己不被得逞。她四處留情，在生下小孩後又毫不在乎地把小孩送走。還是你偏好備受誤解的茱莉亞．藍儂．史丹利呢？將這些幻想與之前對她寫過、說過與臆測過的無數字語擺在一起後，你能像我一樣同意，真正的茱莉亞和每個人都一樣飄移在不同的極端之間嗎？以及她絕非罪人或聖人？她也不像謠言中那麼惡毒？約翰的旅程由她身上展開，地點在他們出生的城市。約翰崇拜她，為她付出，並在如〈母親〉（*Mother*）和〈茱莉亞〉等揪心的歌曲中譴責與懷念她。

利物浦並非這對母子唯一的共同點。兩人都有凱爾特民族的淡紅棕色頭髮（不過眼睛的顏色不同；茱莉亞有雙嬰兒藍的雙眼，約翰的眼球則是淡棕色）。兩人都出生在世界大戰即將開始之際，並度過了戰爭時期。兩人都是有音樂天賦的邊緣人和搗蛋鬼，個性膽大包天，又喜歡讓群眾開心，充滿生命力，卻又極度寂寞。兩人都背負了家族的絕望與輕視，也以令人心碎的方式，成為彼此的靈感來源。兩人都在四十歲時死在他人手中，留下永遠無法痊癒的傷痛與分離。

一九一四年的利物浦依然是座驕傲、繁榮又堅毅的城市，擁有雄偉的建築與可觀的成就。它是冠達郵輪的誕生地，該公司創辦於一八三九年，並領導了海洋革命。到了一八七〇年，據說所有利物浦人要不是為那家大型船運公司工作，就是認識裡頭的員工。多虧了農業與工業革命使大量人群搬遷，這座城市的居民數量一世紀前還不滿十萬人，到了一九二〇年代卻多出了八倍人口。來自維吉尼亞州的煙草與西印度群島的糖是重要進口貨物，和這類商品有關的加工業規模相當龐大。釀酒業、銀行業和保險業帶來了巨大的財富；大西洋奴隸貿易也是。在天秤的另一端，有上千名工人辛苦地在各類工廠中工作，也在不斷擴張的造船廠中進行毫無安全性的勞務。上層勞動階級與地位較低的中產階級成員經常從事商業活動，並擔任經理、文書行政和辦公室職員。技藝優良的裁縫師、製衣匠、皮貨商和女帽商人滿足了富有菁英階級的衣著需求。北方的紳士們穿得和首都中的男士一樣得體。儘管許多勞動階級的女子在學校、商店、工廠和製衣業中工作，她們卻只是冰山一角。大量的窮苦女性成為奴僕，在富有的商人家族中擔任家僕、清潔工、廚娘和保姆。許多已婚和守寡的女子則在家幫人洗衣，以免挨餓。在光鮮亮麗的大樓遠處，遠離富裕的氛圍後，尋常人家居住的磚造房子被煤灰染得漆黑，空氣中也瀰漫著煤煙的臭氣和馬與人類排泄物的氣味。生命在長至腳踝的衣襬之下的平頭靴底下的礫石路上苟延殘喘，並隨著馬車的行進而顛簸。在被社會遺忘的人群居住的貧民窟深處，有著一處一無所有的貧窮地獄。

不列顛再也無法統治海洋了。喬治五世統治下的英國，已不再是世上最尖端的工業大國，外國競爭正在增加。在擁有優越心態的強國中，利物浦曾一度擔任海事中心，而當時它的重要性又被世界大戰所提升。梅西河沿岸有綿延數英哩的碼頭，是擁有戰略地位的深水港，從該地跨越大西洋三千五百海浬後就能抵達紐約，它同時也身為進入歐洲的門戶。利物浦在同盟軍對抗德軍的計畫中有極高重要性。必要貨物、食物、燃料和生產用的補給品、士兵、醫療人員、戰犯與難民都會經過它的碼頭。

城市裡的年輕人踴躍從軍。有一萬兩千名以上的利物浦男性自願出海作戰。另外有三千多人受到基奇納伯爵的戰呼鼓舞，因而加入軍隊。幾乎有一百萬名女子在彈藥工廠、管理大眾運輸、警察局、政府部門與郵局工作，她們骯髒的長裙掃過鋪了鵝卵石的街道。到了一九一八年，女性獲得了投票權。但到了一九二三年，國會中卻只有八名女性成員，而一直到一九二八年前，二十一歲以上的女性都不能投票。同時，一九二〇年代的利物浦則經歷了巨大的社會改革。由於勞工在戰爭時付出了勞力與自我犧牲，使他們得到強大的影響力。社會改革自然發生，不須人力催促。公共住宅的提供率以前所未見的速率提升。當全國得等到一九四八年才進入福利國家階段時，利物浦下層階級的希望與期待便不斷攀升。

茱莉亞不可能記得戰火連綿的嬰兒時光，因為她是家中備受寵愛的小妹，上面還有姐姐瑪莉·伊莉莎白（日後的咪咪）、伊莉莎白·珍（Elizabeth Jane，又稱貝蒂或莉茲，最後家人都叫她「老媽」）與安·喬治安娜（Anne Georgina，姐妹們叫她安，但之後大家都叫她「奶媽」）。她們的老爸會彈班卓琴，也教會了他的四女。很快地，茱莉亞光靠傾聽便能充滿自信地彈琴，還能邊彈邊唱，之後也能相當熟練地演奏烏克麗麗與鍵盤式手風琴。等到第五名史丹利姐妹哈瑞特（又稱哈瑞）出生的時候，茱莉亞已經成為早熟的「漂亮妹妹」，同時也是家中特立獨行的成員。路上總有人會對她發出嘖嘖聲，連盲人也受她吸引，她還是「那個玩音樂的女孩」。基於此，加上她鮮明的性格，使她相當得寵。她並不喜歡念書，於是在一九二九年前途未卜地離開了學校。她在城市裡靠近湖邊的賽夫頓公園遇見了阿爾弗．藍儂，隨即兩人開始打情罵俏。就算那不是一見鍾情，也算得上恰當的見面場合了。

但阿爾弗聽見了大海的呼喚，狂野的海洋正向他招手。這名年輕人放棄了陸地，追尋討海的生活，成了商船水手，出發探索新世界。他有時會被稱為弗萊迪或小藍。他對工作非常上手，還得到難以抗拒的優勢，獲利極高的禁運品交易成了他最愛的甜頭。他很快就受到提拔，從新手服務生努力攀升到資深經理的地位，他竭盡全力地往上爬。和他的情人一樣，阿爾弗對音樂也很有心得；他常常寫長篇情書給茱莉亞。阿爾弗隨身攜帶一只口琴，腦中也總是迴響著歌曲的旋律。茱莉亞與他陷入熱戀，完全不在乎其他事，但她相當清楚，自己的家庭不認為藍儂家的小子配得上她。因此俏麗聰慧又迷人的茱莉亞，雖然敞開自己的感情生活，隨時隨地都能和不同人調情，但將自己的真心藏了起來。在阿爾弗跑船的期間，兩人不太可能只對彼此專一。阿爾弗可能和每個老練水手一樣，在不同的港口有不同的女友；或許茱莉亞也勉強答應幾位不願意罷休的饑渴追求者。可能和傳聞一樣，她用某些理由譏諷阿爾弗，嘲笑他不可能像個男子漢鼓起勇氣，之後阿爾弗便求婚了。無論真相為何，他們於一九三八年十二月三日在波頓街的戶政事務所結婚了，就在他們第一次見面後的十一年。當時茱莉亞二十四歲，雙方的家人對於這則婚事毫不知情，也無人在場。他們倆在電影院中度蜜月，新婚之夜也分開住：她回到自己家，他則回到旅館。兩人彷彿正為了面對家族怒火作準備，但是隔天阿爾弗就逃回海上了，在西印度群島之間來回待了三個月。

＊

除了倫敦外，沒有任何英國城市遭受到比利物浦更嚴重的轟炸。它被當成目標的原因，是因為它是英國最大的西海岸港口，重要的食物補給與其他貨物都會運送到利物浦。摧毀這條補給路線之後，就能確保英國戰敗。德國空軍在一九四〇年八月到一九四二年一月之間，對默西賽德郡發動了八十幾次空襲。一九四一年五月，空襲次數達到高峰：城市連續七晚都遭到轟炸。儘管港口、工廠和鐵路總是主要目標，但梅西河兩側的廣闊區域也遭到破壞或摧毀。德國轟炸機從被征服國的機場起飛，包括法國、比利時、荷蘭和挪威，前往利物浦，並以夜襲加強攻勢。一九四〇年八月二十八日，當茱莉亞．藍儂懷著六個月大的約翰時，有一百六十台轟炸機往默西賽德郡拋下炸彈。在那年的聖誕節閃電戰中，城市遭受了最嚴重的攻擊。在約翰六個月大時，空襲不斷無情地落下。到了一九四一年四月底，大部分的利物浦已經遭受了超過六十次的空襲。碼頭受到毀損，船隻也被擊沉。包括知名的棉花交易所、海關大樓和圓形戲院等企業建築，醫院、教會、學校的房屋都被夷平。道路、電車軌道與鐵路也都被摧毀。到了一九四二年，約莫有四千人被殺，還有上千人受到重傷。這些損害在多年後才得到修復。

儘管年紀從十八歲到四十一歲的健壯男丁都受到強制徵召，當時二十六歲的阿爾弗．藍儂卻沒有入伍，因為他的職業被認定為海上的保留職業❷。茱莉亞的父母和女兒們咪咪、安、茱莉亞

❷ 譯注：國家認為過於重要而不需服兵役的特殊職業。

都搬離了市中心，並在韋佛崔區的潘尼巷郊區中的新堡路九號租屋。每當阿爾弗的船靠港時，他就會去找妻子，之後他們宣稱是在史丹利家排屋中的廚房地板上懷了約翰。但是當時最老練的婦產科醫生有辦法如此精準地判斷出胎兒受精的時刻嗎？接著阿爾弗再度離開，登上負責保護北大西洋貿易路線的船隻，也不知道自己往後還有沒有機會再見到愛人。

儘管溺愛約翰的咪咪姑媽堅稱他出生在空襲之中，但事實並非如此。當茱莉亞在牛津街上的利物浦婦產科醫院生下她的長子與唯一的孩子時，一切都很平靜。那間醫院現在成了學生宿舍，上頭依然有砲彈碎片留下的傷痕以及宣稱該地是約翰．溫斯頓．藍儂出生地的紀念匾額。拜訪那棟建築是個令人難忘的經驗，因為關於該處的記憶有好幾天都讓我感到不安，但是當我多次回到中央公園的草莓園紀念碑時，卻幾乎沒有感覺。你去過那裡嗎？去看看吧。

不久之後，愛國的茱莉亞便帶著寶寶回到位於新堡路的家[7]，她用兒子的中間名褒揚了愛國情操。咪咪嫁給了從未放棄過她的追求者，成了喬治．史密斯（George Smith）的太太。她的丈夫是位當地酪農，在幾英哩外的伍爾頓擁有一座繼承來的農舍；茱莉亞和她的孩子有時會去那裡，偶爾還加上阿爾弗。約翰大約在兩歲後才認識父親。儘管丈夫長期不在家，茱莉亞也沒有苦守寒窯，反而自在地生活，如戰場上的俏姑娘般放縱地與軍人們廝混在一起。阿爾弗也非聖人，他犯下了棄船罪，並因為將歪腦筋動到另一艘船的貨物而被逮捕，被拘留在阿爾吉利亞。茱莉亞習慣定時從商船海員管理處收到他一部份薪水和長篇信件，卻突然發現自己什麼也領不到，既沒得到阿爾弗的音訊，也不曉得他發生了什麼事，於是認定自己的丈夫冷血地遺棄了自己和親生兒子。她只好見機行事，為了養家就在當地的酒館找了個女侍工作。她在那認識了一名威爾斯士兵，只知道對方叫「泰菲・威廉斯」（Taffy Williams）。當阿爾弗在一年半後回到家時，發現自己的妻子已懷上了泰菲的孩子。成年的約翰依然記得當時發生的騷動。茱莉亞改口堅稱自己是被某位姓名不詳的士兵強暴，不知道孩子的父親是誰。威廉斯不認為那是別人的孩子，也願意照顧母子兩人，但是要求茱莉亞放棄自己的孩子。茱莉亞拒絕這麼做，也就此結束與威爾斯士兵的關係。隨後阿爾弗懇求茱莉亞讓他擔任未出世孩子的父親，並讓他們四人組成家庭，但茱莉亞拒絕了他。她耿直的父母和強勢的姐姐們不只害怕在社會上丟臉，也畏懼鄰居的閒話，當時更為他們心愛的小孫子與外甥的福祉與幸福感到憂心忡忡。

但阿爾弗不打算放棄自己的兒子。沒有人知道他究竟如何說服約翰離開史丹利家，改去他哥哥席德位於馬格豪爾的家。是什麼讓茱莉亞允許他將兩人的兒子送走好幾週，之後讓約翰和席德與他的妻女，在位於利物浦北邊數英哩的地方待上好幾個月？可能是憂鬱使然。席德的妻子梅姬要求讓約翰就讀當地學校，這些藍儂家族成員對他們的外甥如此盡心照護，更大膽希望能爭取約翰的監護權。他的父母在哪裡？席德和梅姬在這段期間從來沒看過茱莉亞來訪，而任性的阿爾弗在一九四五年春季毫無預警地前來，並告訴他們說自己要接回兒子時，他們的心都碎了。

茱莉亞・藍儂於一九四五年六月十九日在當地救世軍創辦的產婦之家——艾姆斯伍德醫院生下第二個孩子。史丹利家族對她荒唐的行為感到悲痛，也拒絕讓她再玷污家族的好名聲，因此對她施加壓力，讓別人收養了這名孩子。於是被她命名為維多莉亞・伊莉莎白・藍儂（Victoria Elizabeth Lennon）的小女兒，被送給一對丈夫來自挪威的當地夫婦：佩德與瑪格麗特・佩德森（Peder and Margaret Pedersen）。佩德森家將新女兒改名為莉莉安・英格麗德・瑪莉亞（Lillian

Ingrid Maria），並在克羅斯比扶養她，該地離茱莉亞的住處只有幾英哩遠，但英格麗德從未見過她的親生父母和同母異父的哥哥約翰。一直到她決定再婚而需要自己的出生證明時，才發現了自己的真實身分。英格麗德感到相當震驚，但態度也很堅毅。在她的養母還在世時，她對於聯繫自己的親生家庭這件事感到惴惴不安。直到瑪格麗特．佩德森在一九九八年過世時，英格麗德才說出真相。在某段期間，她似乎相信自己是養父的親生女兒，因為據說水手佩德曾和茱莉亞有過一腿。而維多莉亞．藍儂的出生證明上沒有生父的姓名。

〈2〉

放棄

茱莉亞．藍儂曾對戰爭做出貢獻嗎？就我們所知，她從未被徵調。這令人相當訝異，因為許多心智正常、身體也健康的婦女在四〇年代時都是如此。從一九四一年春季開始，年紀在十八歲到六十歲之間的英國女性都必須註記並接受徵詢，也被要求在不同工作中做選擇。身為母親並不能免除勞務，得義務接下這兩項任務。一九四一年十二月的國民服役法使徵調女性合法化，儘管剛開始只有二十到三十歲之間的女性受到徵召，但是到了一九四三年，全國近百分之九十的單身女子，與百分之八十的已婚女性都已投身勞務，在工廠中工作、擔任農地女工或加入軍隊。這些役別包括皇家海軍女子服務團、空軍婦女輔助隊、輔助服務團和特別行動局。上千名女子駕駛救護車和無武裝飛機，或在前線擔任護士。就連當時只有十九歲的伊莉莎白公主殿下，也就是未來的伊莉莎白二世女王，也於一九四五年加入輔助服務團。在受過司機與技師訓練後，公主被升至下級司令員。首相．邱吉爾最年輕的女兒瑪莉也前往服役，日後成為蘇姆斯夫人。

有八萬人加入女子地面軍進行耕作與收成。女子志工團在城市中是個勢力龐大的組織，特別是在首都裡：她們負責管理倫敦地鐵中的避難所，泡了上百萬杯的茶。以前待在家中的太太們，現在都穿上連身工作服，捲起袖子與髮辮，以便在工廠製造車輛、飛機、化學藥劑與彈藥。她們在造船廠、鐵路、運河與公車上從事勞務。三百五十名女子建造了倫敦的滑鐵盧橋，使它又被稱為「女士橋」，不過她們的功勞要到半世紀後才被官方承認。在一九四四年，有將近兩萬五千名女子在英國建築業中工作，卻得到比從事同職業的男性更低的薪水！

如果茱莉亞避開了生產線與造船廠的勞務，那她有參與戰爭時期的「能用則用」和「縫衣省錢」計畫嗎？儘管打毛線在戰爭時成了全國女性的愛好，卻很難想像當地酒吧的幫浦後有個艷麗的侍女在打毛線。

我想著茱莉亞的事，她在我的心頭縈繞了很多年。約翰被她的回憶纏身，這也使她顯得相當有趣。我將她想像成擁有麗塔．海華斯（Rita Hayworth）風格[1]的致命女郎，穿著襯裙靠在梳妝檯旁，為鼻子上粉，並抹紅雙唇，再噴上香水，為另一個荒唐的夜晚梳妝打扮。她對自己的倒影說出藉口：在戰爭時期，最好及時行樂。尋常的社會規範再也無效，人們的頭上彷彿懸著達摩克里斯之劍❶，面對隨時都有可能被炸死的真實危機，誰能責怪人們罔顧道德與謹慎呢？全國的性病案例戲劇化地上升，懷孕率也不遑多讓。墮胎尚未合法化，甚至在一九六七年前都被認為是犯罪行為。但這並沒有阻止某些女子採用家庭療法，滾燙的熱水澡、薑、縫衣針、刀子、燙髮棒或是蹲在一鍋滾燙熱水的蒸氣上等方式都對健康有害，有些甚至會造成生命危險，而地下墮胎醫生的野蠻行徑也同樣可怕[2]。儘管社會上依然無法接受私生子（過了數十年後才改觀），被單親家庭的母親養大的孩童數量卻大幅度增加。性教育因此誕生。對茱莉亞與她的孩子而言，麻煩終於結束了。

備受敬愛的史丹利家女主人「媽媽」過世了；老爸則活得久了點，直到一九四九年才辭世。據說小約翰和他嚴格的維多利亞時代祖父有著情感連結，兩人經常在碼頭邊散步或「到海邊走走」[3]，他們會望向梅西河彼端，並指出對岸的其他建築。咪咪姑媽曾是伍爾頓康復醫院的實習護士（她在那認識了丈夫喬治，當時他負責送牛奶到醫院），也是個總會照顧姐妹們與她們孩子的大姐；她插手管所有人的事，也經常與父親意見相左。咪咪密切注意著一切，自然對約翰母親的生活

---

❶ 譯注：典故出自古希臘軼事，形容末日隨時會到來。

方式對他造成的影響感到害怕。顯然後來她決定要掌控事情的發展，以便「為孩子的利益著想」。

那句語焉不詳的陰森話語究竟有什麼意思？簡單來說，它揭露了明確的情況：當小孩的母親交了新男友，並炫耀自己對男友的感情深厚，對他而非自己的孩子投注大量關注時，小孩就一定會受苦。如果男友不喜歡那小孩，或在更糟的情況下，對小孩不好，那麼母親對情人的公然示愛，便會導致孩子受到忽視與虐待。顯然茱莉亞不認為如此。在那個時代很少有人公開討論這種事；在更進步的現代，我們有針對兒童福祉發展出的廣泛科學研究。始於一九八〇年代的負面童年經驗又稱ＡＣＥ研究，是全世界對童年虐待與日後人生的健康與心理福祉之間的關聯，進行過最大型也最深入的調查行動之一。[4]它由美國聖地牙哥的凱薩醫療機構健康評估診所的文森·費力提醫生所主持，國際上也有分會。它的發現令人相當震驚。我們現在明確了解，哪些因素會危害孩童的基礎自我認知與健全發展。年幼的孩童透過與父母和照顧者的關係來體驗世界，在充滿關愛的環境中，他們的情緒與生理會健康成長。健全的育兒過程所需的基本要素很單純：安全、穩定與一致；習慣、持續與規範。感情則是未知因素，讓我們稱呼它為「愛」。孩子不該被拖著四處奔波，也不該被間扯進父母的爭執中，更不該是受人擺佈的棋子。無論在任何情況下，他都不該被要求在父母親之間做選擇。我們現在知道孩提時代的創傷會導致憂鬱與其他成年時期的心理症狀以及生理疾病。為何會這樣呢？因為壓力含有毒素。長期暴露在壓力賀爾蒙之下，會壓抑發展中的大腦，並中斷腦內神經元的連結；在童年早期，這些神經元相當脆弱，也還在發育。免疫系統遭受打壓，讓兒童容易感染與引起慢性的健康問題。壓力賀爾蒙還會傷害大腦中負責處理記憶與學習的部分，對個體造成可能引發終身缺陷的傷害。

咪咪．史密斯完全不懂這些事，她也許沒有恰當詞彙或醫學知識來幫助自己緩解恐懼，但她很敏銳，有著強烈的直覺，正義感相當明確。對大多人而言，她可能有點太像海欣絲．巴基特（Hyacinth Bucket）[5]，也太過注重他人的想法。她脾氣很差，容易批判他人，但至少她充滿責任感，行為也合乎道德。她看得出茱莉亞不只行為自私，還把自己的需求擺在約翰之前。雖然沒有人認為茱莉亞不愛她兒子，因為從各方面看來，她都相當寵愛約翰，甚至有些溺愛。但作為母親，她毫無章法，從未將兒子擺在心頭首位。咪咪打從內心認為約翰需要更好的母親，儘管她總是堅稱自己不想要小孩，她的自尊卻說服自己扮演母親的身分。於是她開始「管教約翰」，並將他拉進自己舒適並有條有序的家庭。她與丈夫喬治會平靜且帶著尊嚴地養大他，將他視為己出，並養出全家人都能為之驕傲的好男孩。

同盟軍在一九四五年五月八日慶祝納粹德國的投降。狂歡者湧上林蔭大道，一路走到白金漢宮，向喬治六世國王、伊莉莎白王后與他們的女兒伊莉莎白公主和瑪格麗特公主歡呼。大家不必再節省食物配給，國內四處因此掀起了街頭狂歡。想像下巴沾滿果醬、膝蓋也有擦傷的約翰，穿著短褲和自家編織的毛衣，和其他小孩坐在沿著道路中央擺放的桌子旁，在彩旗與英國國旗底下咧嘴微笑，並大吃三明治、精靈蛋糕和果凍。他當時才四歲半，日後說自己對第二次世紀大戰歐戰勝利紀念日毫無記憶。他記得一些東西，但對當天沒有印象。

茱莉亞換了工作，並愛上了自己工作的酒吧裡的一名客人。約翰．戴金斯（John Dykins）是個黝黑棕眼又帶著短沿紳士帽的推銷員，是個因為呼吸道症狀而避開了兵役的當地奸商。他會往吧台亮出鈔票，吸引年輕又漂亮的女侍。茱莉亞的家人當然不贊同，但她哪會在乎？她叫新情人

「鮑比」，或許是為了讓孩子獨佔約翰這個名字。

一九四五年十一月，在約翰過了五歲生日的一個月後，他開始就讀莫斯皮茲路小學。從報到的第一天起，他就格格不入。他早就會寫字、閱讀、畫圖與上色、處理個人需求、為自己著想、充滿好奇，進度也似乎比同學超前許多。打從一開始，他就需要比標準公立教育更好的課程，又或許他其實需要更少的一般課程，以便專注於激發創造力。茱莉亞根本沒注意到這點。她會送約翰上下學，接著在酒吧上中午時段的班，直到該接約翰下課的時間。五個月內，她就搬出了老爸的家，和鮑比同居在位於蓋特艾可一棟狹小的公寓，她、男友與兒子睡在同一張雙人床上，約翰也清楚他們倆在床上會做些什麼。咪咪自然相當光火，立刻臭罵了那對同居罪侶一頓。當鮑比把她趕出門後，咪咪怒氣沖沖地衝到利物浦市議會，向相關社服單位檢舉了他們兩人。顯然她沒考慮到背叛妹妹的後果。社工人員了解狀況後，便和她回到她口中那處罪惡巢穴，咪咪馬上得到了約翰的暫時扶養權，期限則有待評估，但她的監護人地位可能從未受到評鑑過。她肯定開心地收拾了約翰的行李，抓起他的小手，帶他回到門迪普宅，也就是她位於伍爾頓區曼拉弗大街二五一號的住家。約翰在那永遠不需和別人共用臥房，更別提床了。

但約翰戴綠帽的父親阿爾弗呢？這時他已經當了茱莉亞七年的丈夫。當他放假離開海上，發現自己的兒子和個性尖銳的大姨與她溫吞的老公住在一起時，立刻前往他們的住處。在他得知咪咪將約翰從莫斯皮茲路小學轉到多佛達爾幼兒學校時，肯定覺得很困惑。他在第二天再次拜訪咪咪，說想帶約翰去逛街，卻做出了截然不同的事。他將年幼的兒子帶往利物浦萊姆街站，並搭車前往黑潭，拜訪另一名商船水手比利・霍爾（Billy Hall）。儘管接下來發生的駭人事件被廣為流傳，事實卻平凡無奇。據說阿爾弗打算帶兒子移民到紐西蘭，約翰會先被送去給比利的父母照顧；茱莉亞衝到黑潭[6]要求丈夫歸還孩子；約翰則被迫在父母之間做選擇，剛開始他想和阿爾弗待在一起，接著則猶豫不決，之後焦慮地想黏在母親身邊。但他確實有這樣做嗎？紀錄各有不同。比利．霍爾否定了如此戲劇化的發展。他記得茱莉亞與鮑比．戴金斯來到霍爾家，並在他母親家的前廳舉行了相當明理的會議。阿爾弗最後則滿意於大家作出的正確決定：約翰會和茱利亞回到利物浦居住。[7]

這一切都很順利。但一九四六年六月那命運般的一天後所發生的事，則一點都不理想。阿爾弗在當地酒吧難過地喝得酩酊大醉，之後回到海上生活，一直到二十年後才再度見到他兒子……當時披頭四已征服了全世界，約翰也成為了國際巨星。茱莉亞接受了自己的決定，也承擔著一切。再說，她又懷孕了。茱莉亞與戴金斯搬進老爸家，一起分擔家族開銷，並照顧生病的老爸。約翰則回到門迪普宅，由咪咪姑媽與喬治姑丈照顧。一切塵埃落定。從五歲開始，儘管茱莉亞依然住在走路就能到達的距離內，約翰卻從未再與父母同住過。

咪咪與喬治的年齡分別是四十與四十三歲，房屋則以英格蘭西南部的一連串山脈為名，加上他們有鉛框的彩色玻璃、開襟毛衣、落伍又溫順的做事態度以及飼養的雜種狗莎莉和暹羅貓們，使他們感覺起來更像是代理祖父母。喬治家世代相傳的酪農事業與土地遭到英國政府徵收，喬治也被徵召，但從軍三年後就退伍了，並在斯皮克一處飛機工廠工作，直到戰爭結束。他有一段期間在伍爾頓車站上夜班，清理公車與電車；在那個時代，電車依然沿著曼拉弗大街行駛，不過現在那裡長滿雜草。喬治一定對家道中落與喪失輕閒的退休生活感到難過，不過生活還是得過。他們必須節儉持家，因為食物配給制當時還沒解除（到一九五四年才完全終止）。咪咪自己煮飯、打掃和洗衣服，但依然保有名門家族的氛圍。儘管僕人呼叫鈴已被棄置，但廚房中供應早餐、並經常有老鼠遊蕩的房間，依然被裝模作樣地稱為「晨間起居室」。房內驕傲地展示了定期除塵的珍貴瓷盤，房屋的莊重外貌依然維持著，即便在室內也一樣。儘管如此，家裡幾乎沒有什麼錢，最後甚至被迫收容學生房客。

約翰必定難以接受這種環境上的改變。他是如何適應的？五歲時，他還在學習管理自己的情緒；依然在學習自我控制的能力，也會對小事發脾氣，但咪咪從來不能容忍這點。五歲時，他還在想辦法自行穿衣、用手指扣鈕扣和嘗試綁鞋帶。他還不太會使用牙刷，也會在乳牙掉下時感到慌張。咪咪有給予他最需要的愛、關懷和認同嗎？還是她經常表現出責難與冰冷的態度？她認為約翰該做出他的年紀還無法表現的行為嗎？咪咪似乎相當注重餐桌禮儀和嚴謹的上床時間、回話的方式，還有重音與聲調。她不會接受約翰像個斯高斯人一樣大吼大叫[8]。她也要求約翰每週都去伍爾頓的聖彼得教堂上主日學，他曾短暫地加入教會合唱團。痛苦的小男孩該如何承受這一切？他該如何接受當媽媽有了新男友，就不需要他這件事？為何爸爸讓媽媽把他從那個男人家帶走，卻又把他送回姑媽家，並永遠把他留在那裡？他曾穿著棉線睡衣，獨自躺在窄小的單人床上，待在冰冷前廊上頭的小單人房中（現今的前廊建於一九五二年），思索自己做了什麼，讓媽媽和爸爸不喜歡自己，才想把他送走；一想到這點，就使人揪心。如果約翰變得極度內向又容易分心，並無法分辨現實與幻想之間的界線，會有人對此感到訝異嗎？

幸虧有他的姑丈。高大灰髮又抽著菸斗的喬治，是個善良又有耐心，並喜歡笑鬧的男人，他也曾經歷過一段苦日子。即便他唯唯諾諾地遵從另一半，但是在約翰不清楚自己歸屬的那些日子裡，他是約翰最忠實的同伴。當約翰疲勞地從學校回家，感到陰鬱不安，又被咪咪命令去擺設餐桌和收拾自己的衣服時，依然會被在咪咪背後做鬼臉的喬治姑丈逗得哈哈大笑，氣氛也輕鬆不少。雖然約翰對運動沒有興趣，也沒有才能，卻和喬治在整齊的花園玩球，花園中種滿蘋了果樹，還放有煤庫和草坪滾壓器。靠著喬治的幫助與鼓勵，他學會騎腳踏車；也多虧了喬治，才讓他迷上書本。咪咪和她丈夫經常大量閱讀，屋裡有各類型的書籍。約翰在童年的最愛包括《愛麗絲夢遊仙境》、《搗蛋鬼威廉》（*Just William*）和《柳林風聲》（*The Wind in the Willows*）[9]。喬治也教他閱讀報紙，這加強了他的素描、漫畫繪製與敘事的能力；喬治還教他如何玩拼字遊戲。約翰在早熟的年紀就學會控制自己的想像力，可能得完全歸功於喬治。

這些事並不會詆毀咪咪為了讓外甥得到新生活所做出的努力，無論他的姑媽得到了哪種評價，她的確在乎約翰，做法也出自善意。她接下了母親的角色，卻不願成為他的「媽咪」，因為他已經有了。她會陪約翰上下學，也明確表示她永遠會等待他，更從不會為了晚上出去玩而丟下他；她絕對不會使約翰成為鑰匙兒童。如果他繼續受到茱莉亞和鮑比扶養，事情可能就完全不同。在這種狀況下，他可能成為不良少年或惹出更糟的麻煩。

那茱莉亞呢？她確實會拜訪自己的兒子。但是之後那些訪視行程是否變得越來越少，直到她頂多只算是回憶？她沒有完全消失。她的其他姐姐也會來；每個人都對約翰的福祉貢獻了一份心力。五姐妹就是五姐妹。據說咪咪不讓茱莉亞來訪，認為自己得掌握紀律與權威。這個說法可能太誇張了。無論真相為何，好像沒有人質疑過這種安排。茱莉亞也似乎從未試圖接回約翰。她為戴金斯生了兩名女兒，分別是小茱莉亞與傑姬，住在相當靠近門迪普宅的公營房屋內，地址是布魯姆菲爾德路一號。屋裡有足夠空間能容納約翰，但他真正的家庭從未邀他同住。母子之間出現了一道鴻溝，於是茱莉亞開始演變成他的幻想核心。

約翰的年輕生活中有一個咪咪影響極小的元素，就是他的交友圈。身為流離失所的獨生子，他當然會找尋替代手足和玩伴，而約翰在這點上十分幸運。他和一群放蕩不羈的壯小子們打成一片：書蟲伊凡．「伊夫」（他們叫他「伊薇」）．范根（Ivan 'Ive' Vaughan）、警察之子奈哲．瓦利（Nigel Walley）和彼特．「雪球」．修頓（Pete 'Snowball' Shotton），他得到這種綽號的原因，是因為他有一頭幾近白金色的捲髮。他們的名字被世人記得的原因，是出於他們童年時與約翰及尚未誕生的披頭四所產生的連結。彼特和約翰很快就成為雙人組「修儂與洛頓」或「洛頓與修儂」，一輩子幾乎與彼此如影隨形。約翰很快就取代了彼特成為團體中的領袖，這也是他注定要扮演的角色，彼特非常支持他。上主日學的孩子們，必須講出自己的全名來答數。當彼特聽到約翰說出自己的中間名「溫斯頓」時，開心地為自己的朋友取了「小溫」的綽號。每當他覺得該挫挫約翰的傲氣時，就會用這綽號喊他。這事經常發生，儘管如此，他們的友誼依然蓬勃增長。

約翰與彼特迅速催生了彼此最糟的一面。他們很快就變成滿嘴髒話、熱愛冒險、憤世嫉俗的小混混，在伍爾頓周遭私闖民宅、肆意破壞和偷東西。他們性好冒險，經常抓住繩索，從樹上盪到開過來的公車頂端，或在鐵路天橋上往蒸汽火車丟擲小石頭，也往路燈丟磚塊，就只為了好玩。約翰策劃了大部分的惡作劇。咪咪肯定會因此大發雷霆，但這個約翰與她在家裡認識的約翰不同；如果她知道的話，一定不會相信自己的外甥過著和家裡截然不同的生活，甚至說著完全不同的語言。

「約翰直覺地成為注意力的中心。」彼特在一九八三年回憶道，「他強而有力的性格總是吸引了大批仰慕他的觀眾。對團體中的其他人而言，約翰是我們的諧星和哲學家，同時也是法外之徒與明星。像奈哲和伊夫一樣，我發覺自己喜歡照他的想法與建議走。」10

彼特很快就成為約翰不可或缺的夥伴，他擔任了惡作劇同伴、跟班、採石工人樂團成員（修頓在約翰的第一個樂團中負責搓洗衣板❷）、合夥人、司機、保鑣與共同譜曲人。彼特幫助約翰寫下〈我是海象〉（*I Am Walrus*），也為保羅．麥卡尼的〈艾蓮娜．瑞比〉提供了故事11。彼特承認，他和約翰甚至分享過女友和床伴，也不見得總是分開進行。從警校學員到超市老闆，修頓之後成為披頭四蘋果商店的店長和蘋果公司的第一位執行董事。當一切「垮台」時，他輕鬆地退居為約翰的個人助理，之後則創立了自己的事業，並在一九八〇年代創立了胖阿巴克爾美式連鎖餐廳。

根據約翰在利物浦藝術學院的好友、《梅西河節奏報》（*Mersey Beat*）創辦人與作家的比爾．哈利（Bill Harry）所說12，彼特是「約翰除了披頭四以外最親密的朋友。約翰尊重彼特，因為對方傾力支持自己，個性也有點像約翰，有些尖酸又陰沉。約翰會在很多事情上諮詢彼特的建議，他們的友誼也從學生時代一路延伸到一九六〇年代。我知道他們也曾於一九七〇年代在紐約見面。」

❷譯注：洗衣板為各類樂團中常見的樂器。

全球知名的搖滾巨星居然依賴著自己的童年好友，儘管這種事情乍看之下不太可能發生，甚至還令人感到訝異，但這並非不尋常的現象。這種狀況發生過很多次。較為知名的案例包括大衛・鮑伊與他的童年玩伴喬治・安德伍德（George Underwood），安德伍德因為「導致」大衛的瞳孔放大而變得惡名昭彰[13]。兩人八歲時在布羅姆利一處教堂中的幼童軍中認識彼此。「我們見了面，就是這樣：我們從此就成了最好的朋友。」安德伍德告訴我。「我們的首次談話內容是關於音樂：民歌爵士樂……它基本上混雜了藍調、爵士樂和民謠，還可以用自製樂器演奏……你只需要你媽的洗衣板，就是那塊用來擦洗衣服、上頭又有突起的木板，以及茶葉箱貝斯❸。」巧合的是，彼特・修頓在早期的採石工人樂團中（該樂團由他命名）使用的樂器就是洗衣板。其他範例包括巴布・狄倫，當他還是鮑比・齊默曼❹時，在一九五三年認識了好朋友羅易・肯普（Louie Kemp），當時兩人分別是十二歲與十一歲，地點位在威斯康辛州韋伯斯特村的荷索夏令營。兩人形影不離地相處了四十年。喬治・麥可、安德魯・瑞吉里（Andrew Ridgely）與大衛・奧斯汀（David Austin）自小就是最好的朋友，長大後也一同製作了世界級的音樂。安德魯與大衛兩人都因喬治在二〇一六年聖誕節過世大為沮喪。王子在七年級時認識了他最親近的童年好友安德烈・西蒙（André Cymone），當時他們都十二歲。他們一起在王子創立革命樂隊（Revolution）前的現場演奏團體中表演。王子之後搬去和西蒙的家人一起住。兩人對許多事物展現了第六感，包括音樂與女孩。「你甚至不需開口，就知道對方在想什麼。」西蒙說。那肯定就是關鍵。

❸ 譯注：以空茶葉木箱作為共鳴器的家用樂器。

❹ 譯注：Bobby Zimmerman，為巴布・狄倫的本名。

這種友誼相當特殊，特別是當其中一人名利雙收，另一人則毫無名氣的狀況下。成名之前就出現的友誼，不會受到可能顛覆這關係的因素所影響，因此更顯美好。當一個人沒有名氣時，幾乎不可能（更別提不實際了）和名人走得親近；而明星一輩子都認識、卻不知名的朋友，變得彌足珍貴。再說，對名人而言，和「以前」就認識他的朋友維持關係相當重要。只有他們清楚自己的真面目。只有跟他們共處時，才能展現最真實的自己，自在地放鬆和放下戒心。有鑑於這點，兒時好友獲得了獨特地位。這也可能使名人陷入兩難。名人經常難以接受的，是自己富裕又知名的大人物身分，但是兒時好友認識並欣賞本人。當藝術家越來越受到支持者的崇拜，就越想重返過往的時光。因此，他變得更依賴之前出現在他生活中的對象，因為自己能和他們分享美好的過去。孩提時代的好友、沉靜的見證人與最初的夥伴，成為了導向更單純、更「快樂」歲月的管道。高級巨星用於往後窺視的後照鏡，經常泛著玫瑰色。約翰用於時間旅行的道具則更為複雜，他似乎利用萬花筒觀察每個角度。

當時咪咪並不曉得自己打了場敗仗。儘管她努力想將約翰塑造為受人尊重又負責任的學生，想讓他成為成績優異的文法學校學生，並考上大學，或許還能闖出自己的天下，成為醫生、律師、會計或老師，但這一切都是徒勞。

憤慨不已的失能童年、有序卻嚴謹死板的家庭環境，激發出了叛逆的行為，能對其演奏的欽羡觀眾群，並在他們面前昂首闊步。約翰正在前往成功的路上，只需要為自己的憤怒與頹喪找到出口，能夠安撫他無法理解或控制的痛苦，並進行表達的方式。當時他心中已經浮現音樂了嗎？我猜如果音樂並非鑲嵌在他的基因中，至少在當時肯定就已萌芽。即便沒有受過正式教育，他的父母阿爾弗與茱莉亞卻都擁有音樂能力。現代研究顯示，音樂能力也許能夠遺傳，但提早暴露在音樂下，也能創造並激發該才能。約翰碰到的第一個樂器，可能就是他祖父的班卓琴或烏克麗麗，老爸也曾教他的女兒茱莉亞彈過。但也有可能是咪咪其中一名學生房客質樸的口琴。這很諷刺，因為他自己的父親也隨身攜帶一台口風琴，應該能輕易地教導約翰才對。那位名叫哈洛德・菲利浦的學生，答應約翰說如果他隔天能吹出一整個旋律，自己就把口琴送給他。約翰吹出了兩種旋律，等到魯道夫也試過後，他才得到口琴。當他收下口琴後，感覺到一股強烈的震撼。他永遠不會忘懷這件事。他日後描述一九四七年的聖誕節早晨，以及那天早上在聖誕襪中收到的禮物，是「人生中最棒的時刻之一」。[14]

七歲大的約翰，繼承了他母親的近視，帶著宅男般的厚眼鏡，還能吹出步錯的口琴聲。他將幫助發聲與視力的工具緊緊藏在口袋裡，謹慎地防備著大男孩們，並隨時準備好拳頭、雙腳和尖酸又諷刺的言語。在高年級學校裡，他需要全神貫注地還擊。

在花園中的一棵樹上，約翰能清楚看到一座建於一八七〇年代的歌德復興式雄偉大宅，那座房屋豎立在一度長了野草莓的土地上。三〇年代時，大宅被捐給救世軍，改名為「草莓園」後重新開幕，成為收養女孩的孤兒院。約翰會聽到她們的笑鬧玩耍聲。她們的雀躍感染了他。很快他就爬過高牆，和她們打成一片。

〈3〉茱莉亞

由於太過聰明，等到約翰通過十一＋考試❶時，已經對學習沒有興趣了。被迫死背無用的資訊和乘法表，讓他覺得毫無意義。儘管他態度冷漠，卻仍然被利物浦最受人尊重的其中一座學術機構錄取，也就是採石坡男子中學，並於一九五二年九月四日開始在該校接受中學教育。讓他鬆了一口氣的是，彼特的成績也達到錄取標準，不然分離就太難受了。向同伴伊凡．范根（他前往位於市中心的利物浦學院）與奈哲．瓦利（他錄取了藍衣學校）道別後，穿著黑色制服外套的修儂與洛頓便開始每天從伍爾頓的曼拉弗大街與河谷路路口，一起騎腳踏車去一英哩多外的採石坡中學。約翰騎著他自豪的拉列．蘭頓牌單車，和以往一樣上學。雖然兩人在剛開學時都拿到一連串的好成績，但他們的成績很快就一路下滑，整學期與半學期的紀錄中都有記載此事。也幸虧他們的成績一同下跌，使得這搞笑兩人組在這間學校的五年時光中都沒有被拆散。如果搗蛋和惡作劇行為有O水準❷的話，兩人絕對會拿到優異的成績。他們善於惡搞老師，違規行為也永無止盡地發生。遲到、逃學、說髒話、肆無忌憚、往老師潑灑墨汁、破壞教室設備和把其他學校的學生偷渡進來，這一切都很常見。違規行為的後果則是兩人經常被罰留校察看，在大多日子裡，約翰與彼特都會被關在學校裡。當他們的玩笑完全沒有收斂時，光火的老師們氣得無計可施，只好將他們送去和校長開會。這句話的意思是「一頓痛打」，也就是用棍子往他們的屁股上毒打一頓。更火上加油的是，懲處事件會被記錄在懲罰紀錄冊中，有時他們還得罰寫上百次的「我不

❶ 譯注：英格蘭和北愛爾蘭地區在國小最後一年施予的考試。
❷ 譯注：英格蘭普通教育證書中的一部分分數。

該……」等字句。

拍打、鞭撻、杖擊臀部和手掌儘管接近虐待，在一九五〇年代的英國學校中卻依然合法，也相當常見。儘管現代人相當難以想像，但當其他矯正手段失敗時，老師被允許能以「重大違規」名目在兒童身上施加暴力，此舉也為大眾所接受。教育人員被認為是代位父母，是和親生父母擁有相同權力的角色。公立學校中的體罰要等到三十多年後才會被取消，儘管體罰在一九八六年就在公立教育中被禁止，要等到一九九八年，它才從英格蘭和威爾斯的私立學校中消失，蘇格蘭是二〇〇〇年，北愛爾蘭則是二〇〇三年。一想到這點，就讓人感到心痛。毆打小孩從來不是正確之舉，成人不該對未成年人的任何身體部位施加暴力。恰當體罰與兒童虐待之間的界線究竟在哪？它根本不存在。

聯合國兒童基金會、聯合國與其他組織曾做出廣泛研究，認為體罰是無所不在的暴力行為，也在世界上許多國家禁止這件事發生。《聯合國秘書長關於針對兒童的暴力的研究》在二〇〇一年開始進行研究，並於二〇〇六年問世，其中記錄了此問題的龐大規模。證據十分明確，體罰會催生侵略性行為、破壞公物行為與毀壞行徑、反社會與破壞性舉動、低智慧成就、貧弱的社交技巧與心理健康問題，包括緊張、憂鬱和低自尊。它會造成沮喪情緒，也會導致注意力不集中、逃學行為，甚至是休學；還會引發注意力不足症狀、藥物濫用，甚至是腦部損傷。經歷體罰的青少年，比別人有三倍以上的機率會虐待自己的妻兒。毆打行為會讓孩子認為，打人是正常行為；解決問題最好的方式，就是揮出拳頭。[1]將這一切納入考量後，就不難理解約翰為何痛恨學校與老師，與他對權威表現出的散漫態度，或是他在青少年時期發展出的個性和風度。他天生的早熟讓他感到無聊，並做出荒唐舉動，最後則受到暴力處分，使他回以負面且蠻橫的行為。他甚至會把氣發洩在最親近的人身上，包括他最好的朋友彼特。

對繪畫與寫作的強烈天分成了約翰的救贖。他受到路易斯．卡洛❸的啟發，也模仿了卡洛的行為，畫出老師們的滑稽卡通式肖像，還寫下相配的譏諷歌詞。彼特被約翰的天賦所驚艷，央求他畫更多東西。約翰很快就習慣在每晚都畫出新作品，最後還創辦了一份諷刺報紙《每日嚎叫報》（*Daily Howl*）。這其實只是一本畫滿了惡毒玩笑的學校作業簿，班上的同學們會傳閱這本簿子，還得擠進排隊名單才有辦法看。那些怪異的文字與圖片有種超現實的感覺，反映出作者對生理殘缺、弱勢與醜惡事物的病態執著。約翰明顯對受苦的人感到某種程度的同理心，他的同學們肯定無法了解這項行為的原因，但都覺得約翰令人作嘔的圖畫相當好笑。男學生們的幽默感和與其相關的荒唐事物、廁所笑話和性愛都獨樹一格。《每日嚎叫報》讓人能一窺約翰扭曲的心靈，裡頭明顯已經有了黑暗又陰森的一面。

「像我一樣的人們在十歲、八歲或九歲時，就已經清楚了自己所謂的天賦。」約翰在一九七一年時說。「我總是會想：『為何沒人發現我的天份？』沒人發現我比這間學校裡任何人都還聰明嗎？也沒人發現老師很笨？他們教的都是我不需要的資訊。我在高中裡感到他媽的失落。這些情況對我來說太明顯了。他們為何不送我去藝術學校？他們為何不訓練我？他們為何要強迫我像其他人一樣當個他媽的乖乖牌？我與眾不同，一直以來都是如此。為什麼沒有人注意到我？」[2]

❸ 譯注：Lewis Carroll，《愛麗絲夢遊仙境》的作者。

約翰從年輕時就展現出的明顯傲慢，幾乎是出自低落的自尊。這種性格通常在童年形成。這引發了對他精神狀態的無盡推論，以及他是否受到某種當時甚至還沒有名稱的症候群或病症纏身。我們知道約翰從未受過正式診斷。數年來的無數評論者扮演過業餘心理學家，描述他患有自戀型人格障礙、邊緣型人格障礙、多重人格障礙、依附障礙症等等。有人信誓旦旦地宣稱他「一定有躁鬱症」，或說他是「典型的先天性家庭式亞斯伯格症案例」。他們是怎麼**知道**的？不過，無論你提出任何病症，約翰·藍儂就明顯都有。加上他的癮頭：海洛因、性愛和酒精，以及龐大的財富和全球聞名的身分，你就能看出他的問題。他充滿依賴性、神經質、陰晴不定、精神不穩、幼稚、自我中心又殘酷。他盡一切力量讓自己得到關注，過度彌補自己的弱點，無法接受批判。他將自己包裝為充滿魅力的外向份子，並能輕易用自己的魅力、天分與機智誘惑他人，卻也會迅速透露出自己缺乏同理心，更別提他抱持的輕蔑了。他無法自制。我們知道他會打老婆，也是個情緒虐待者：特別是對他的兒子朱利安；他還是個偽君子與病態的撒謊者。他終生不斷企圖改寫過往歷史，也經常產生自我矛盾。

但想以「缺乏自信」來解釋約翰複雜的個性，反而會激起更多的疑問。

「我會以『受到自戀式傷害』來形容藍儂。」心理治療師理查·休斯說道。「那類傷害的其中一種後果是缺乏自信，但那並非躁鬱症。

描述某人『受到自戀式傷害』並非診斷，比較像是『角色風格』。這並非病理學名詞，而是心理治療師與精神科醫生透過帶有發展性與關聯性的觀點，來探索人格的方式。要記住，我們都有一點邊緣型人格，也都受過自戀式傷害。

我們不該試圖診斷約翰。這樣會病態化他的狀況，即便只是在推測過去，我也認為不需要這麼做。一般而言，人們只有在發生嚴重崩潰狀況，並需要病理治療時，才能被診斷出『失調症』。只因為『有類似自閉情況』就做出診斷，是極度困難的，因為自閉症的症狀以及資料來源並不相符。現代對亞斯伯格症的概念，一直到一九八一年才成型，那時藍儂已經過世一年了。」

休斯指出，儘管人們傾向專注在個人的發展性與關連性背景上，也不該忽略他的成長背景。首先，約翰出生在戰後的利物浦：那是座環境嚴苛的移民城市，帶有天主教的核心思想，並因受到連續轟炸而嚴重受損。

「有證據能證明，當發展需求沒有被滿足或出現不一致性的話，兒童就不會發展出自我調節的能力。」休斯解釋道。「到了成年時期，他會因此游移在過度自滿與自卑或低自信之間。缺乏一致的心理依附，會催生諸如解離、分裂與自我安撫等防禦機制，其中也包括酒精與毒品；這可能導致強烈的疏離感，也使病患無法維持有意義的親密關係。當然，對自戀型人格而言，那永遠是別人的錯。」

眾所皆知，擁有自戀型症狀的人很難產生同理心。身為成人，他們可能表顯得高度社會化，也充滿吸引力和魅力；但同時他們也會在人際關係出現脆弱或親密性時排斥他人。

「儘管如此，」理查．休斯說，「自戀者經常對『結合者』感到飢渴。藍儂便曾這樣，他非常理想化。他需要『雙胞胎』，也產生『鏡像效應』❹。我想到他與布萊恩．愛普斯坦、保羅．

❹ 譯注：意指人透過下意識模仿對方的行為，以獲得好感或共鳴。

麥卡尼與小野洋子的顯著關係，而他們之間的關係究竟由誰開始，又由誰結束？

身為名人會增加另一層複雜性，因為有許多人將自己投射到約翰身上。他代表了現代與戰後時期。他們要他成為偶像與哲學家。這除了與他的背景有關，也與支持者本身的缺憾有關。這一切都強化了他創造出的自我，也加深了他自戀式的傷口。在披頭四的高峰期時，這代價感覺起來肯定相當划算。」

不過，我們依然能繼續對他逐漸萌生的自覺性感到好奇；他開始覺得自己的身分與擁有的事物並不足夠。我們可以合理猜測他需要別的事物：為了他自己，也是為了世界。畢竟，他曾寫道：「你需要的就是愛。」[3]

*

把焦點轉回學校。約翰承認，有些老師確實會關注他，也鼓勵他繪畫；那是他最能表現自己的方式。

「但大多時候，他們都試著強迫我成為他媽的牙醫或老師……我不是在披頭四闖出名號或等你們聽說過我時，才變成藝術家；我一輩子都是這種人。」

咪咪則覺得不受約翰尊重，因為儘管自己給了他各種人生機會，他卻不守規範，也不認真念書。每天想到這些事，就令她憤怒地覺得必須處分他，因此她將約翰的圖畫與詩詞都丟進垃圾桶。

「我以前常對我姑媽說：『妳丟了我他媽的詩；等我有名了，妳就會後悔。』她還是扔了那些鬼東西。」他事後抱怨道。「當我還小時，她從不把我當成某種該死的天才對待，對此我永遠無法原諒她。」

*

一九五五年六月四日星期六，約翰十四歲，當天他摯愛的姑丈喬治因劇烈內出血而被救護車送往賽夫頓綜合醫院，並在隔天過世。他沒有顯露出任何重病跡象，享年五十二歲，死因是非酒精引起的肝硬化和腹腔破裂。此時的約翰不知在哪。他是否已經開始過暑假，並和他的「愛丁堡姑姑」老媽、她的第二任丈夫伯特與表哥史丹利，一起待在伯特位於杜內斯的山戈灣小農場？他的同母異父妹妹茱莉亞堅稱如此，她確信咪咪每年夏天都會把約翰送到遙遠的蘇格蘭，「以便讓他遠離他母親。」

「那次假日回來後，約翰得面對另一場災難。」茱莉亞說。「他的喬治姑丈，也就是咪咪的丈夫，在他離開時去世了；當時喬治在某個星期天（原文如此）下午下樓，要去上晚班。咪咪說其中一名房客麥可．費許威克叫了救護車……」[4]

無論當喬治姑丈過世時，他是否待在蘇格蘭首都，約翰肯定樂於拜訪他住在當地的親戚。他喜歡和他們在充滿美景的地方旅行，包括偏遠的西北方高地，那裡有保存良好的海灘、洞穴、瀑布、海豹、鯨魚和各種鳥類。對這名利物浦城市男孩來說，那一定像座樂園。[5]

史丹利表哥的父親英年早逝，而史丹則被送去位於蘇格蘭邊界皮布爾斯鎮的寄宿學校。他的母親改嫁，現在則是位愛丁堡牙醫的妻子。那座城市成了他們的新家。

「約翰那時開始搭公車來愛丁堡拜訪我們。」史丹回憶道，他比約翰大了十一歲，也相當保護對方。「總共有六名表親，但約翰、我們的表妹莉拉與我特別親近。」

大人和小孩們會一同擠進家族汽車中，並開上六小時的車程，幾乎往北走了三百英哩，約翰從九歲到十六歲中間都會與他們同行。

「他很喜歡去那裡度假。」史丹回憶道。「他會在山丘間奔跑，蓋砂壩，撿沙灘上的東西，並畫下小農場和周邊風景。他從未忘卻那段時光，當我們長大後，也經常提起那時期。」[6]約翰當時居住的家族小農舍還位在當地。他在那寫下的一首詩，便啟發了披頭四專輯《橡膠靈魂》（*Rubber Soul*）裡的歌曲〈在我的一生中〉。

在那些日子裡，孩子們是否不能與死亡事務有所牽扯？難道只是因為約翰離家五百多英哩，也無法透過信件以外的方式聯絡他嗎？而信件也得花很久才會抵達他手上。咪咪是否不願讓約翰得知他失去了在過去九年裡，如父親般善待他的姑丈？或者約翰當時還沒去蘇格蘭，但在學期結束後的七月前往該處，而咪咪則因為壓力與憂鬱而被送進醫院？當喬治姑丈生病那個可怕的週六，難道他只是不在家嗎？相關紀錄並不清楚。儘管對約翰而言，六月第一週放暑假確實太早，但那段時期中，學生是可以因在學期內有規劃好的旅行，而提出申請並獲准離校。另一個對此時間點的解釋，則是蘇格蘭學校的半學期與假日和英格蘭與威爾斯的學校不同，一九五〇年代時的差異可能也更大。

咪咪真的沒有叫約翰回利物浦，參加他姑丈的葬禮與下葬過程嗎？等他回到家，他冰冷的姑丈已經躺在位於聖彼得教堂墓園中的家族墓穴中了。或者他其實一直待在伍爾頓，但他有參與葬禮嗎？我們知道他在咪咪丈夫的葬禮當天，寫了封文情並茂的慰問信給她，她也終生珍藏著這封信。我們不知道他在哪裡寫下這封信。但清楚約翰受到重大打擊，也不知道該如何處理自己的哀痛。他日後回想道，他和表妹莉拉對喬治的死放聲大笑；喜劇與悲劇、笑聲與痛苦之間，有條模糊的界線。約翰的痛苦強烈到使他感到全然無助，他用笑聲來表達自己的傷痛，莉拉無法幫上他，但她也不禁和約翰一起大笑。當約翰獨處時，難過地為姑丈的死哭了出來。這是可以理解的行為。但他該如何適應這股喪親之痛？之前才被親生父母遺棄，現在又遇到這種事？現在有誰會為他挺身而出？咪咪成了寡婦，她的脾氣又會變得多壞？約翰穿起了喬治的舊大衣，彷彿想用同伴的氛圍包裹自己；他似乎想用喬治無趣的中年男子氣息保護自己，並吸收對方的DNA。[7]即便大衣變得又髒又破，約翰也不願意丟掉它。就讀藝術學院期間，他都堅持穿著這件大衣。至於態度依然毫不動搖的咪咪，則太過直率又嚴謹，不願讓別人看到自己沉浸在悲傷中。但她確實用微妙的方式表現出自己的痛苦，她再也不使用客廳，因為她和丈夫曾在客廳裡一起放鬆與閱讀。從此她只待在廚房和狹小的晨間起居室，並讓那一度舒適的前廳變得冷清。儘管約翰繼續和咪咪住在門迪普宅，少了喬治的生活卻永遠變得不同了。

*

儘管原因不明，這場悲劇卻和約翰與母親低調重建關係的時間點不謀而合。咪咪不曉得的是，約翰下課後開始繞路回家，並秘密地和母親共度時光。彼特．修頓記得，當他和約翰同時因為某種搗蛋行為而遭到短期停學時，因為太害怕而不敢回家面對現實。於是他們每天早上照樣起床，並照平常的習慣走。他們扣起制服，迅速吃完碎麥片，接著跳上腳踏車去學校。只不過他們沒有去學校，反而跑去茱莉亞位於阿勒頓的房子，地點只在幾英哩外，距離不會遠到無法讓他們經常來訪。她也張開雙臂歡迎了這兩個討喜的孩子。

約翰敬愛也敬畏茱莉亞。咪咪是個冷硬的禁欲主義者，滿嘴「這都是為了你好」，加上她嚴格的個人行為與道德感、軍事化的作風與家裡擦亮的瓷器，根本不可能與她充滿魅力的妹妹競爭。茱莉亞溫暖好客又放浪不羈，散發出一股廉價但吸引人的氣質，青少年們根本無法抗拒這點。她性感又性好調情，還有頑皮的幽默感與響亮的笑聲；她會穿著高跟鞋逛街，拿著雞毛撢子蹦跳，並邊眨眼邊遞出甜點和氣泡酒。她家充滿熱鬧的女性氛圍，也過著典型的混亂家庭生活。她歡迎任何人，訪客越多越好，也總是拉長用餐時間。更棒的是，家裡還有約翰兩個同母異父的小妹妹茱莉亞與傑姬，會和他們一起玩。據說他很喜愛她們，也喜歡花時間和她們相處。[8]

茱莉亞和她兒子像極了雙胞胎。兩人都大膽又精力旺盛，熱愛及時行樂，輕視權威，也不喜歡傳統與規範。他們倆個性怪異、天生幽默、也似乎極需逗別人笑。重要的是，兩人都熱愛音樂。約翰對音樂的熱愛能夠茁壯，大多是茱莉亞的功勞。她不只老抱著班卓琴，也教會約翰如何彈奏，同時擁有大量的唱片收藏和一台留聲機，上頭的擴音器還連接到屋內其他房間中。照以前的說法，茱莉亞以自己的方式「趕流行」：她是潮流的忠實追蹤者。當時留聲機還不是很普及，咪咪家自然沒有。三十三又三分之一轉密紋唱片「LP」：密紋唱片在一九四八年才出現，兩面都提供了二十五分鐘的音樂；而四十五轉「單曲唱片」（能容納八分鐘的歌）則在隔年問世。鮑比和茱莉亞的收藏中自然有些大牌樂團，包括格倫．米勒（Glenn Miller）、班尼．古德曼（Benny Goodman）和亞提．蕭（Artie Shaw）；有些四〇年代的爵士樂、藍調和傳統爵士樂；或許還有一些知名鄉村音樂歌手，像是珮西・克萊恩（Patsy Cline）和切特・阿特金斯（Chet Atkins）；自然也有當年的低音歌手，包括以翻唱黑人節奏藍調暢銷歌曲而出名的帕特・博尼（Pat Boone）。巴比・達林（Bobby Darrin）、弗蘭基・阿瓦隆（Frankie Avalon）、尼爾・薩達卡（Neil Sedaka）、康妮・法蘭西斯（Connie Francis）與瑞奇・尼爾森（Rickie Nelson）都是約翰可能聽過的藝術家，以及卡爾・帕金斯（Carl Perkins）、傑瑞・李・路易斯（Jerry Lee Lewis）、派瑞・寇摩（Perry Como）、納京高（Nat 'King' Cole）、東尼・班奈特（Tony Bennett）、桃樂絲・黛、茱莉・倫敦（Julie London）、吉姆・里夫斯（Jim Reeves）和哈利・貝拉方提（Harry Belafonte）。還有數不盡的樂團：企鵝樂團（Penguins）、烏鴉樂團（the Crows）、頭巾樂團（the Turbans）、紡織工樂隊（the Weavers）與豐恬姐妹（Fontane Sisters）；還有派特斯合唱團（The Platters），他們的〈大偽裝者〉（*The Great Pretender*）是一九五五年的暢銷單曲。

如果一九五〇年代是原始藍調和厭世的節奏藍調在美國廣播電台找到新生命、並養出了一批飢渴新聽眾的時代，此時則出現了轉捩點。這股「新」音樂（其實存在已久）彷彿突如其來地得到影響力，成了青少年次文化大爆炸的跳板，達到史無前例的影響規模。有上百萬個孩子聽到了這股改革的號角聲。他們也急於追蹤好萊塢端出的叛逆偶像：《飛車黨》（*The Wild One*）中的馬龍・白蘭度（Marlon Brando）和《養子不教誰之過》（*Rebel Without a Cause*）裡的詹姆斯・狄恩（James Dean）。這也在叛逆青年和節奏藍調產生了連結。事實上，電影工業立刻加入了這股熱潮。在一九五五年，《黑板叢林》（*The Blackboard Jungle*）與片中由比爾・哈利與彗星樂團（Bill Haley and the Comets）演唱的雋永主題曲〈晝夜搖滾〉（*Rock Around the Clock*），則為時代畫下了分水嶺。觀眾們極度熱愛這部前所未見的電影，使支持者們無法自制。這些穿著翻領夾克和緊身褲的泰迪男孩❺們身上帶著刀械，還會在電影播放時劃開戲院的座位。

從藍調、鄉村歌謠與黑白文化之間，誕生了鄉村搖滾樂。而鄉村搖滾樂透過知名歌手：約翰・李・胡克（John Lee Hooker）、穆迪・瓦特斯（Muddy Waters）、丁骨・沃爾克（T-Bone Walker）、波・迪德利（Bo Diddley），和無線電塔與銀幕上的視覺效果，催生了帶來文化衝擊的搖滾樂。它接受並吸收各種影響，從非洲鼓樂、舞曲、福音音樂、漢博恩舞蹈節奏❻與夏威夷風格的鋼棒吉他；它擁有適應性、豐沛度、變異傾向與拒絕妥協的特性，長久以來這讓搖滾樂受到強烈歡迎。因此，才有了小理察（Little Richard）和胖子多明諾（Fats Domino）的突破。因此，才出現了巴迪・霍利與艾維斯・普里斯萊（Elvis Presley）。當普里斯萊穿著方格夾克，於一九五六年九月九日在《艾德・蘇利文秀》上首度拿起麥克風表演時，第一代的搖滾世代體驗到了耶穌再臨般的奇蹟：〈別冷酷〉（*Don't be Cruel*）、〈溫柔地愛我〉（*Love Me Tender*）、〈準備小子〉（*Ready Teddy*）和〈獵犬〉（*Hound Dog*），在那晚的當季首播集中得到了全美綜合觀眾的百分之八十二點六的收視率。儘管普里斯萊性感的扭臀動作和放電般的眼神被刪減播出，攝影棚內熱烈的群眾尖叫聲，依然讓電視機前的觀眾們感受到相同的魅力。

此時出現的傳奇歌手，成了未來的四名披頭四成員對歌曲與音樂家的早期靈感來源，而這也

❺ 譯注：五〇年代英國受到摩德文化影響的年輕人族群。

❻ 譯注：一種黑人舞蹈。

得歸功於美國的大西洋水手們，因為他們順道開闢了運送黑膠唱片的通路。美國水手透過利物浦港口，將最新的美國專輯賣給當地人；也就是水手們將較不有名的異國藝術家引進了英國主流中。如果他們卸下了這類唱片，那他們是在哪販賣唱片，又有哪種店家在購買唱片呢？當時在利物浦的商店中買不到美國進口品。如果黑市存在，那肯定不顯眼。那時的利物浦依然是音樂沙漠。其實比起不知名的美國音樂家，知名的美國樂手一開始對約翰的想像力影響更大。這些藝術家包括知名的爵士樂與藍調鋼琴師和歌手強尼・雷（Johnnie Ray），與法蘭基・萊恩（Frankie Laine），他是一九四〇年代晚期和一九五〇年代早期最知名的歌手之一，也被稱為「美國首席歌曲塑型師」、「老皮肺」和「鋼製扁桃體先生」。萊恩不只擅長知名的鄉村歌曲，還能從流行樂和福音歌曲，唱到民謠和藍調，成就超越賓・克羅斯比（Bing Crosby）和法蘭克・辛納屈（Frank Sinatra）。雷的〈送我寶貝回家〉（*Walking My Baby Back Home*）與萊恩的〈冷水〉（*Cool Water*），都是約翰會用從不離身的「豎琴」為朋友即興演奏的歌曲[9]。炙熱的一九五五年夏天中無趣的六週，不只讓人無所事事，沒閒錢好花，更沒地方可去；因此閒晃的大伙會到公園裡曬太陽，抽菸或和女孩調情，而大多女生也只喜歡約翰。男孩與女孩都會因口琴聲而開始唱成一團。他快成功了。照事情的演變來看，那確實是獨一無二的夏天。它預示了巨大的改變。適合全家人的平淡音樂，正受到充滿威脅性和刺激感、並讓父母感到光火的搖滾樂打壓。在影響眾人生活的音樂大雜燴中，有首單曲改變了約翰的人生。

「第一首搖滾樂曲〈晝夜搖滾〉吵雜、粗俗又性感，完全不像我們聽過的任何音樂。」彼特・修頓說。「約翰與我都立刻喜歡起了那種特色。其實，那首歌唯一有問題的部分，在於歌手的形象，不過我們當時不可能了解這點。比爾．哈利身材肥胖，已婚，外表和行為舉止又相當傳統。」[10]

但貓王艾維斯在哈利之後登場，在各方面都達到了哈利這名彗星樂團主唱所樹立的標竿。艾維斯的長相、態度和歌聲成了廣大美國夢的縮影，而人們之前只有在誇耀那夢想的電影中才能體會這點。普里斯萊以誘人的方式拉近了應允之地，也在各層面滿足了所有叛逆青少年。在當時，就連約翰也不敢相信自己居然會追上貓王的腳步。一個來自落後地區的無名男孩？他甚至連吉他都沒有。

但他會傾聽，他也可以做夢。

他母親家的另一種吸引力，是因為茱莉亞並不像咪咪，家裡還有個另一半，約翰剛好也不在意這點。在喬治姑丈過世後，由於缺乏男性典範，鮑比．戴金斯不久就得到了約翰的信任。戴金斯已不再挨家挨戶地推銷，他成了阿爾弗船上服務生工作的陸地版本，在利物浦的大型旅館中工作。他很喜歡喝酒，約翰也注意到了這件事，而對此戴金斯則流露出警覺的尊重態度。他也有某些難以忽視的臉部抽搐動作，這總讓約翰和彼特哈哈大笑。他們很快就開始叫他「阿扭」，不過並非出自惡意。孩子們很喜歡他，不只是因為他常常塞點自己賺到的小費給他們。

「茱莉亞家」成了男孩們的第二個住所。當他們想逃學時，就會跑去她家。他們知道，約翰的母親覺得他們帶來了繁瑣家事與帶女兒上下學之間的休閒時光。她從不責罵和處罰他們，也不會告兩人的密；也永遠不會去和校長談，或是找來容易跺腳大罵的咪咪。她家是個令人放鬆的庇護所，他們能在那吃飽喝足，也能放鬆地隨意行動，完全不會遭到責難或懲處。難怪約翰與彼特會開始花越來越多時間待在那。由於經常與咪咪發生激烈爭執，約翰甚至開始在母親家過夜。當待在門迪普宅的生活變得難以忍受時，他便向咪咪挑釁說，自己要逃家，永遠不會回來。

「作為報復，」彼特．修頓說，「咪咪居然殺了約翰最愛的小狗莎莉。有次他從茱莉亞家回去，發現莎莉不見；那是我少數看到約翰哭的其中一次。咪咪用於辯駁自身極端行為的理由，提醒了約翰曾發誓永遠不回門迪普宅。她辯稱，既然約翰不會帶狗去散步了，她只好毀了那條狗。」[11]

「咪咪姑媽殺了約翰．藍儂的狗。」啊，咪咪，妳真的做了這種事？這確實令人難以想像。如果妳像彼特說的一樣下了手，妳內心中究竟充滿了哪種怒火與混亂情緒，才使妳做出這種暴行？無論在任何情況下，從孩子身上剝奪對方關懷又喜愛的無辜生物，都是件殘忍的事。莎莉對約翰而言，一直都是重要的命根子，她是約翰回家的誘因，是從不批判他的最佳朋友，也為他帶來安心與無條件的愛。她也是對喬治姑丈的連結，約翰尚未從姑丈的死中平復，而莎莉提醒了約翰家裡昔日的樣貌。心理學家伊莉莎白．安德森觀察道：「動物和孩童相處時會產生無與倫比的神奇效應，並催生效用極強的治療作用。」[12]

因為約翰充滿麻煩的受教過程，加上體內混亂的賀爾蒙，使得內心備受折磨的他比以前更不確定自己在世界上的角色地位，也對自己和人生不斷變化的觀點感到困惑，此時莎莉成了約翰需要依賴的伴侶。當她消失後，約翰徹底地心碎了。這無可避免地使他遠離咪咪，並越來越親近茱莉亞。對姐妹倆而言，這並不令人訝異。

當遇到生命瓶頸時，約翰和彼特有時會談起想逃到海上。咪咪確實一直害怕這件事，認為這孩子會試圖跟上他無能父親阿爾弗的腳步。對航海城市中的男孩而言，這是明顯的脫逃路徑。但多虧了那些和他形影不離的朋友們，這方向一直都只是最後方案。

*

兩人發現了性愛。和所有青少年一樣，他們已經談論這個話題很多年了，不過總是無法得到多少資訊。學校只教最基礎的常識，細節則讓老師難堪地滿臉通紅。彼特的父母不認為該教導自己的孩子這點，約翰自然也無法讓咪咪吐露半句話。彼特認為約翰大約在十一歲發現自慰的刺激感。在他們倆人之間，這點約翰進步多了。他立刻向朋友示範了這項絕妙新技巧，彼特對此感到相當訝異，但一開始學得有點慢。不久後，大夥共同自慰就成了最新的流行風潮，也經常吸引一大票興奮的群眾，似乎沒人在此時感到害羞過。大多男孩都很想旁觀，互相測量彼此的長度、比較形狀、大小和效果，也一起幻想，並在過程中與彼此學習。約翰直言不諱：他喜歡看著法國女星碧姬．芭杜（Brigitte Bardot）打手槍。他完全不覺難為情地向朋友們誇耀，說自己把心中理想女人的小型雜誌海報貼在臥房中的牆壁和天花板上，讓他能看個爽。

讓他擺脫處男身的下一步，則發生在潘尼巷上的別墅電影院；週六下午，他都在包廂中和不知名的當地女孩胡混。經歷過這些約會後，他們很快就成為炮友；大膽又有自信、口齒又伶俐的約翰對此相當拿手。由於他受到北方沙文主義的薰陶，認為女性只有一種用途，在其他方面則毫無優點，他便經常在感情關係中全身而退。他一贏得第一個正式女朋友芭芭拉．貝克（Barbara Baker）的心，就立刻對她冷淡起來，並迅速甩掉了她。除非有機會能讓她吹起床單號笛[13]（身旁經常有彼特和彼特新女友在，或是其他有女伴的朋友），不然當對方來找他時，約翰甚至會假裝不在家。他越躲，女友就越熱切地跟著他。即便這是一九五〇年代中期，他在當時的心態依然相當驚人。約翰來自受女性主宰的家庭，他四名性情剛烈的姑姑和性好爭吵的母親都不是能被輕易打發的人。他對咪咪姑媽維持著不情願的尊敬，因為對方為了養大他而做了諸多犧牲；同時也著迷於生下他的女人，如果他為母親立了一塊紀念碑，也不會有人感到訝異。所以他為何對女性會有這麼負面的看法？他的自卑再度造成影響。透過他稀鬆平常、充滿控制欲、同時又冷淡的態度，加上他強烈的個人魅力，他自然能夠在自己的人際圈中取得優勢，同時提升自己的地位，並加強他的受歡迎程度。

＊

在此同時，約翰對音樂的品味也產生變化。他和彼特相當熱衷於收聽盧森堡廣播電台，晚上都會蓋著被子偷聽；約翰還會戴著貝克萊特牌耳機，並將耳機連到延長線上。他們大量收聽吉恩·文森特（Gene Vincent）、艾維斯·普里斯萊、比爾·哈利等人的歌曲。他們透過共同朋友唐納·比提（Donald Beatty）認識了麥克·希爾（Mike Hill），那孩子願意出借他的電唱機與一大疊美國唱片。多虧有麥克，他們才發現了小理察、查克·貝里（Chuck Berry）和巴迪·霍利。雖然對不是自己發現這些罕見的厲害歌手感到悶悶不樂，約翰依然放下了不悅，用音樂填滿了自己的生活。

「在發生那麼多事後，那是十五歲的我唯一能吸收的東西。」在多年後的訪談中，他這樣告訴《滾石雜誌》的楊・韋納（Jann Wenner）。「搖滾樂是唯一真實的東西，其他都不只過是幻夢一場。而搖滾樂的重點，特別是好搖滾樂（不管如何定義『好』的標準），則在於它的坦然；真實感能使你面對自我。你會立刻認出音樂表達的真相……」

除了音樂外，男孩們也得改變外型。茱莉亞幫他出了治裝費，約翰將自己改造成泰迪男孩。「泰德族」是個放蕩不羈的族群，他們用對愛德華時代男性衣著的誇張詮釋風格來打扮自己。他們穿著絲絨背心、厚底靴和飾扣式領帶，並在社區內胡作非為。約翰與彼特並非拿錢辦事的幫派成員，他們只是想打扮成同樣的風格。約翰很快就成了廉價版的泰迪男孩，還加上貓王風格的油頭。手頭更加拮据的彼特，則盡力跟上約翰的進度。但當兩人迷上盧尼・多尼根（Lonnie Donegan）時，又立刻改變了風格。他們不是唯一這樣做的人，幾乎全英國的孩子都在盧森堡廣播電台上，聽過多尼根的民歌爵士樂樂團和鉛肚皮（Lead Belly）的〈岩石島公路〉（*Rock Island Line*），也為他們投注了上百萬枚硬幣，並高聲吶喊：「**我們**辦得到！」

《岩石島公路》是首張在英國得到金唱片殊榮的專輯。它在全世界賣出了一百萬張以上的唱片，也催生了一股浪潮，並迅速為全國民眾所著迷。有一陣子，英國國內大約有三萬到五萬個民歌爵士樂團體。最知名的樂團包括查斯・麥克德維特（Chas McDevitt）的民歌爵士樂樂團、強尼・鄧肯（Johnny Duncan）、草根藍調男孩樂團（Bluegrass Boys）和毒蛇樂團（The Vipers）。當傑克・古德（Jack Good）的《六五特別秀》（*The Six-Five Special*）於一九五七年在英國廣播公司的電視頻道上首播時，約翰已經在策劃自己的採石工人樂團了；該節目是第一個以民歌爵士樂作為開場曲的英國青少年節目，節目中會播放民歌爵士樂，以及諸如泰瑞・鄧內（Terry Dene）、佩圖拉・克拉克（Petula Clark）、馬蒂・魏爾德（Marty Wilde）和湯米・斯蒂爾（Tommy Steele）等流行歌手的表演。約翰的「第一把吉他」是借來的。他真的有在荷西樂器行，在那間位於史丹利街上的傳奇店家買了一把廉價吉他嗎？他的「第一把吉他」是咪咪或茱莉亞送的嗎？但嚴格來說，那其實是他的「第二把吉他」。一般來說，大部人認為是茱莉亞送的，但這段軼事其實相當複雜。約翰第一把「正式」吉他是透過大眾刊物《起床號》（*Reveille*），向位於南倫敦的一家郵購公司訂購的。一九五七年三月的雜誌刊出了供販售或租用的〈搖滾樂吉他〉廣告，茱莉亞似乎也下了訂單。約翰收到的吉他，是把廉價的四分之三尺寸加羅頓冠軍牌原聲吉他。他立刻寫下了自己的第一首歌〈卡莉普索岩〉（*Calypso Rock*），可惜這首歌從未被收錄，日後他也完全忘了歌曲的內容。它的旋律與歌詞也消失在歷史中，只留下了歌曲的名稱。

儘管大多人認為咪咪送了他第一把吉他，彼特・修頓卻堅持是茱莉亞付的錢。無論如何，確實是茱莉亞教他彈班卓琴，並鼓勵她兒子首次嘗試彈奏胖子多明諾的〈真可惜〉（*Ain't That a Shame*），而他的咪咪姑媽則始終抱持打壓態度。茱莉亞邀請約翰到她家練習吉他，而咪咪則把他從後門趕出去，整條街都聽得到她的大吼大罵。

儘管彼特相當猶豫，因為他承認自己完全不懂音樂，也從不明白讓他加入任何樂團能帶來哪種助益，但採石工人樂隊依然就此成立，約翰擔任吉他手，彼特則負責彈奏洗衣板。採石坡中學的同學比爾・史密斯（Bill Smith）則被找來彈茶葉箱貝斯。不可靠的比爾很快就被他們的朋友藍・蓋瑞（Len Garry）取代，他的候補成員則是老玩伴奈哲・瓦利和伊凡・范根。另一名同學羅德・戴維斯（Rod Davis），則來幫忙彈班卓琴。團裡也加入了第二名吉他手艾瑞克・葛里菲斯

（Eric Griffiths）和鼓手柯林·漢頓（Colin Hanton）。儘管被寫為「採石工人」，但彼特堅稱他們的團名有三個英文字❼。奈哲·瓦利很快就被任命為「經紀人」，並負責宣傳表演事宜，但當時根本沒有安排任何表演。接著，當他們要從採石坡學校畢業時，彼特的媽媽為他們在伍爾頓村的年度活動「聖彼特教堂花園派對」中安排了登台演出的機會，時間是一九五七年七月六日。

這場宴會改變了約翰的命運。約翰姑丈的遺骸就埋在離表演場地不遠的墓園中；艾蓮娜·瑞比的墓碑也矗立在哥德復興式教堂以紅色砂岩打造的建築陰影下。教堂上頭建有扶壁和石像鬼，地點則位於利物浦的最高點，約翰曾在此上主日學，也曾加入合唱團，而他也正是在這裡碰上了對手。約翰擔任吉他手與主唱，艾瑞克彈奏另一把吉他，羅德負責班卓琴，彼特彈著洗衣板，藍則處理茶葉箱貝斯。當天下午採石工人在一台貨車後方表演，並受到群眾的歡呼，其中也包括了約翰的母親茱莉亞和同母異父的妹妹傑姬。玫瑰皇后❽受到加冕，蛋糕被吃得一乾二淨，警犬也被送回基地。雜耍舞台被拆解，套圈遊戲用的圈子也被收起來，準備明年再用；穿著遊行華服的人們也換回了便服。爵士樂手們回到道路另一頭的教會大廳，為當晚的大舞會排練，同台的還有柴郡騎兵隊樂團（Band of the Cheshire Yeomanry）；此時伊凡·范根帶著一名學校同學晃了進來，這個人名叫詹姆斯·保羅·麥卡尼（James Paul McCartney）。

後人肯定分析與重新演繹過上百萬次這場震盪世界的事件。但這個「現代音樂史上的關鍵

❼ 譯注：原名為 The Quarry Men 或 The Quarrymen。

❽ 譯注：被推舉來帶領教會活動的年輕女孩。

日」並沒有被列入正式紀錄；沒有東西能證明它確實發生過，或有除了目擊證人的第一手回憶以外的佐證。儘管確實有約翰與採石工人在當天下午表演〈耍起帥〉（*Puttin' on the Style*）與〈寶貝，來扮家家酒吧〉（*Baby Let's Play House*）的簡短錄音——即便年代還很早，但那歌聲卻明顯屬於約翰·藍儂——卻沒有錄音記錄十六歲的藍儂和剛滿十五歲的麥卡尼之間的第一場對話，也沒有人錄下他們對彼此彈出的第一個音符。[14]

約翰當時不知道的是，保羅那天下午看過了採石工人的表演，感到大為震撼。

「我記得自己很吃驚，想著：『太棒了！』因為我很喜歡他們的音樂。」保羅回憶道。[15]「我記得約翰唱了首叫〈和我一起走〉（*Come Go with Me*）的歌。[16]他在廣播上聽過這首歌。他不清楚歌詞內容，但知道該如何唱副歌，其他歌詞都是他掰的。

我心想：『哇，他看起來很帥，也很會唱歌，感覺像是個厲害的主唱。』當然了，他沒戴眼鏡，所以看起來更溫和。我記得約翰當時表演得很好。他是團裡唯一厲害的樂手，其他人技巧都沒那麼高明。」

他們在第一眼就看上彼此，但同時也對彼此虎視眈眈。約翰態度高傲，表現出無聲的批判；保羅較為溫順，也對約翰感到有些敬畏。約翰穿著輕便的格子衫，梳了個油頭；保羅的衣著相當整齊，穿著白夾克和緊身長褲。約翰撥動著班卓琴弦，將他的吉他調到了A弦，並放鬆E弦。左撇子保羅把吉他上下顛倒地拿起來彈，並讓約翰看如何正確調整琴弦，接著彈出艾迪·科克蘭（Eddie Cochran）的〈二十道階梯搖滾〉（*Twenty Flight Rock*）。他也彈了吉恩·文森特的〈Be-Bop-A-Lula〉與幾首小理察的歌。約翰很容易忘記歌詞；保羅則能輕易背熟歌詞。他憑記憶寫下了幾首約翰最喜歡的歌的歌詞，讓樂團大為讚嘆。約翰不太情願地對這名長得像大眼猴的臭小子感到欽佩，但似乎直覺地知道發生了某種特別的事。他尊敬卻又憎恨保羅。他一定立刻察覺到讓這小子入團絕對有好處，但如果他邀請保羅加入，自己會不會遭到取代？

「當時我心想：『他和我一樣厲害。』」約翰日後承認道。「到那時為止，我都還是領頭羊。我想：『如果我挑戰他的話，不知道會發生什麼事？』」[17]

幾年過後，約翰更清楚地說明了自己當下的困境。「我有個樂團。」他說。「我是主唱和隊長。接著我碰到保羅，便得做出決定：該讓這個比其他人厲害的人入團嗎？要讓團隊變強，還是讓**我**變強？」[18]

約翰的矛盾來自於放棄控制權。他的本能打從第一次見面開始就告訴自己，一旦保羅加入，就得和他合作，而不能只將對方當成另一個團員。儘管約翰想要繼續在自己成立的樂團擔任領袖，但他清楚一旦保羅一同掌權，樂團會變得更好，這也對他有幫助。雖然約翰考慮了好一段時間，但他其實在當天就已經接受保羅無可避免成為採石工人的重要下一步了。如果他們能預見未來，並瞥見日後將發生的權力鬥爭、決裂和爭吵，與他們合作下的最高巔峰和險惡的對立狀況的話，也許當下就會分道揚鑣。事已如此，他們只能全力以赴。儘管他們還很年輕，卻已經很明白這點。

鑽研人類潛力的臨床心理學家與科學家們，對創造性夥伴關係的秘密感到好奇，已經有超過一世紀的時間了。究竟是哪種神奇力量會出現在兩名天賦異稟的人之間，並加速兩人間的化學反應，使他們的合作關係比獨立作業更有生產力？無論那種力量是什麼，藍儂與麥卡尼都是此效應的完美範例。如果夥伴關係成功的原因，是因為兩人能增強彼此的強項，遮蔽對方的弱點，並在讓彼此發光發熱時打造成功機會的話，就沒有必要為他們的未來擔心。保羅充滿親和力的臉孔、可愛的歌詞與華麗的旋律，配上約翰眉頭深鎖又不斷嘶吼的兇猛感、即興藍調與衝勁；將約翰的陰鬱與憤怒，和保羅溫暖的魅力與奇想混在一起；用約翰的浪蕩與尖酸性格，腐化保羅表達出的感性單純，會得到什麼成果？我們將之稱為魔力。確實如此。兩人將對方逼出了舒適圈，他們激發出彼此最佳的優點，並讓對方變得更加完美。他們從不畏懼點醒或嘲弄對方，也自然而然地刺激彼此進步。他們複雜的合作關係中，卻有著驚人的單純感。作為唱歌與編曲、錄音與表演雙人組，他們的表現比單打獨鬥來得強多了。

*

倒帶……回到約翰對那名害羞但富有音樂天賦的男孩說：「我覺得可以。」的時刻。想想彼特．修頓的感覺，畢竟他現在失了寵，因為約翰現在把時間都花在和這個聰明的程咬金練習吉他和弦。但這臭小子是打哪來的？

他來自利物浦的斯皮克。詹姆斯．保羅．麥卡尼出生在瓦爾頓綜合醫院，父母親是羅馬天主教徒瑪莉與清教徒吉姆。父母雙方都是和善又勤奮的人，總是低調行事。保羅的父親為棉花中盤商工作，閒暇時則在他自己的非正式樂團吉姆．麥克樂團（Jim Mac's Band）中彈奏鋼琴。他母親則身兼護士與助產士，她在工作時駐紮在此地。兩人在戰時相識並結婚，他們的長子在一九四二年六月十八日出生。保羅的小弟彼得．麥可（Peter Michael）在十八個月後出生；根據傳統，他被稱為麥可和「我們的小孩」。[19]和約翰一樣，保羅非常習慣家族聚會、親人無止盡的寵愛以及性格剛強的姑媽們。他透過觀察父親演奏，而學會了鋼琴。家人為他安排了正式課程，也付了錢，但保羅沒興趣接受「正規」的教育，並抗議說自己學還比較好。他從沒有學會讀譜或編曲過，而是用自己的二手樂器學會了喇叭的基礎吹奏技巧，並早在擁有吉他之前，就用朋友的吉他學會彈C、F、G／G7和弦。這名開朗又長相單純的男孩曾有嬰兒肥，此時則成了纖瘦又迷人的孩子。他在往返學校的巴士頂層認識了第一個一起抽菸的朋友，那是個在「學校」（學院別稱）小他一年級的男孩，名叫喬治．哈里森（上述其中一個借他吉他的朋友）。喬治是家中四個孩子中的么子，住在公有住宅裡。他的父親是從船隻管事轉為公車售票員的哈洛德，母親則是唱片行助理露薏絲。他在一九五六年聽到〈傷心旅館〉（*Heartbreak Hotel*），便和保羅與約翰同時迷上了艾維斯．普里斯萊。

一九五六年也是個改變人生的年份。保羅一家從衰敗的斯皮克搬到另一個更為適宜居住的區域中的公營房屋，這次住在阿勒頓。佛斯林路，離曼拉弗大街上的門迪普宅只有十分鐘的步行路程。他的母親擔任衛生訪視員，由於她的工作，使得這棟樸素但舒適的租屋處成了屬於他們的房子。在保羅十四歲前，他在此處開始毫不費力地編寫自己的歌曲，用家用鋼琴譜出了〈當我六十四歲〉（*When I'm Sixty-Four*）。[20]他四十六歲的母親在這棟房裡首次出現了停經的患病症狀，但是對此忽視不理，只是吞了幾顆減緩消化不良的藥丸，就繼續做事。她的長子買了自己的第一張唱片：吉恩．文森特的《*Be-Bop-A-Lula*》，驕傲地把唱片從庫里唱片行帶回家。由於他母親刻意不將可怕的真相告訴孩子們，保羅完全不知道自己的母親被診斷出罹患腫瘤，還被送往醫院接受乳房切除術。一切都太遲了，轉移到腦部的乳癌細胞已經失去控制。她的兒子們和她見了最後一面，卻完全不知道自己即將失去母親。她死於十月三十一日，保羅當時還不滿十五歲，他的弟弟則只有十二歲。沒人帶他們去參加母親的安魂彌撒，他們也沒有參與她的下葬過程。他們心碎的父親無所適從，大概預料到丈夫會在家裡感到一頭霧水，他的妻子在最後一次前往醫院前，還在小屋中留下了鉅細靡遺的指示筆記。家族的心團結在一起，而保羅關起了他的心，讓自己沉浸在音樂中，並寫了首受他母親的死而啟發出的歌：〈我失去我的小女孩〉（*I Lost My Little Girl*）。[21]

*

利物浦一名年輕的實習股票經紀人與爵士樂迷亞倫．希特納（Alan Sytner），於一九五七年一月在馬修街底下的舊倉庫地窖成立了洞穴俱樂部。「十八道濕滑的石階往下導向一連串臭氣熏天的磚砌地下墓穴。」《每日電訊報》（*Daily Telegraph*）如此形容該處。希特納在歐洲旅行時曾探訪過地下爵士酒吧之後，例如位於巴黎拉丁區旁的塞納河底下的玉榭路上知名的玉榭地窖，決心要打造一間風格類似的店。[22]馬修街位於利物浦的蔬果批發市場中心。它的地窖類似玉榭地窖的十六世紀建築的粗曠結構，也建有磚砌拱門與迷宮般的通道。這些通道在二戰時曾被當作防空洞，也能容納六百多名樂迷。儘管剛開始只有爵士樂手在裡頭表演，很快地，表演的邀請名單就加入了民歌爵士樂團體，當時利物浦有上百個這類樂團。而採石工人的「經紀人」奈哲．瓦利輟了學，在蓋特艾可的李．帕克高爾夫球俱樂部擔任職業高爾夫助理的實習生，曾碰巧跟希特納的醫生父親在打球。奈哲趁機請他引見自己給亞倫認識，以便為他的樂團在洞穴俱樂部取得表演機會。老希特納慷慨地在高爾夫球俱樂部舉行了面試，之後採石工人就被邀請到洞穴俱樂部的爵士樂時間內表演。他們在俱樂部中的第一場表演發生在一九五七年八月七日星期三。樂團接到了嚴格指示，要他們指演奏民歌爵士樂。約翰自然有別的想法。當晚，在依照指示緩緩地以民歌爵士樂開場後，他明目張膽地演奏起了改編版的〈別冷酷〉。其餘瞠目結舌的採石工人成員只好跟上。希特納對此大為光火。他擠過人群，往約翰手中塞了張快速寫下的紙條，要他「別彈該死的搖滾樂！」

爾後，亞倫・希特納在一九五九年將洞穴俱樂部賣給雷・麥可佛（Ray McFall），他日後將藍調與搖滾樂納入表演類型之中，因為這類音樂的需求趨勢正在上漲。不過在數年過後，希特納總是主張自己在最知名的利物浦子弟歷史中扮演了重要角色。

「沒有我，就沒有洞穴俱樂部。沒有我，就沒有披頭四。」他在一九九八年如此宣稱。「少了我，那些鬼東西就不會出現。噢，藍儂和麥卡尼成了天才和厲害的歌手。但你們告訴我，如果沒有洞穴俱樂部的話，他們會走紅嗎？如果披頭四只在馬格豪爾的教堂裡表演，有人會注意到他們嗎？」[23]

會計師書記員麥可佛在一九五九年以兩千七百五十英鎊買下洞穴俱樂部，並找艾克・比爾克（Acker Bilk）與巔峰爵士樂團（Paramount Jazz Band）為重新開幕進行首場表演。他注意到日趨興盛的節拍音樂已經開始吸收傳統爵士樂的聽眾，於是開始找來新的樂團。羅里・史托姆與颶風樂隊（Rory Storm and the Hurricanes）曾於一九六〇年五月在俱樂部裡演出，林哥・史達當時在團內擔任鼓手。店內的DJ鮑伯・伍勒（Bob Wooler）讓雷注意到披頭四後，雷便簽下他們，他們則在一九六一年二月的午餐時間登台演出；當時他們才風塵僕僕地從漢堡回國。麥可費命令他們好好打點自己，這樣才能吸引到比較體面的顧客。布萊恩・愛普斯坦在一九六一年十一月造訪了這間俱樂部，並在同年十一月簽下披頭四。一直到一九六三年八月，他們在洞穴俱樂部總共表演了兩百九十二次，每次演出都賺進了二十五先令（一點二五英鎊）。在披頭四熱潮於一九六四年爆發後，洞穴俱樂部便成了他們的聖殿。它甚至在盧森堡廣播電台還有每週播放的節目，之後也吸引了當代的知名樂團們，包括何許人合唱團與奇想樂團（The Kinks）。

由於無法負擔高額的抽水維修費用，麥可佛在一九六六年賣掉俱樂部，並宣告破產。它曾一度在更換老闆後重新開張，但在一九七三年遭到拆除。現今的洞穴俱樂部是利物浦最受訪客歡迎的地標之一，地點位於馬修路，離原址離有幾碼遠。

*

保羅在一九五七年十月受邀入團後（大概是他與約翰首次見面的三個月後），與採石工人樂團在新克拉伯摩爾廳首度進行公開表演，時間是十月十八日星期五；該處是位於北利物浦的保守黨男性俱樂部。他們於十一月二十三日再次到那裡表演，成員們穿著相仿的服裝：白襯衫和黑長褲，整齊地綁好了鞋帶。他們的演出曲目包括貓王、吉恩・文森特、巴迪・霍利、卡爾・帕金斯和小理察。此時民歌爵士樂的元素正在消失。他們搭著公車來回前往演奏。保羅和樂團在洞穴俱樂部的首演舉辦在一九五八年一月二十四日。[24]當時他的十六歲生日還有五個月才到，約翰只有十七歲。你懂我的意思。

兩人現在形影不離，只要時間允許就會碰面，並隨身攜帶著吉他。多虧保羅在咪咪的門迪普宅、吉姆．麥卡尼的佛斯林路二十號住宅和茱莉亞位在布魯姆菲爾德路一號的住家等地方毫不懈怠的努力，他將約翰成功地訓練成及格的吉他手。保羅的學業成績正一路向下滑，也因為老是跟那名成為他最好朋友的小痞子鬼混，而惹惱了他爸；但他喜歡目前不斷茁壯的前景。他們大膽地作夢。多虧了奈哲．瓦利，他們不斷收到演出邀請：社交俱樂部表演，還有城裡的大型派對與舞會，這類的活動都舉辦在學期間的晚上。彼特．修頓還在，不過他已經辭去了採石工人中的職位。儘管如此，他和約翰依然是非常好的朋友。彼特和保羅正為了得到約翰的關注和情感而競爭。約翰才不想管這兩個像娘們般互相較勁的小子，他咧嘴一笑，讓他們自行解決爭端。再怎麼說，畢竟還有更重要的事得擔心。樂團顯然需要另一名吉他手，這名吉他手得能應付他和保羅都彈不來的複雜獨奏。一九五八年初，保羅的老同學喬治看了他們的現場表演，保羅將他介紹給約翰，並進行了一場面試。面試場所就在公車的上層。這小子會彈吉他，但接下來要怎麼做？約翰是個成年人，保羅是個男孩，但小喬治．哈里森還不滿十五歲，只能算得上是個小孩。但情況很快就改變了。一九五九年二月，喬治滿十六歲，離開學校在雜貨店當技師學徒。既然他現在有了工作，也許約翰會認真看待他。

*

有些評論者對約翰在不打算公開的私人錄音或廣播中提到的暗示感到興奮，因為這些言論在他被殺後遭到公開；這些人大力聲稱約翰可能對母親有性欲，但那念頭只不過是幻想而已。有些人還認為他們確實發生過親密行為，但這點毫無證據。茱莉亞從未對此提出意見，因為她已經永遠失去了發言權。

約翰對正式教育興趣缺缺，也公然蔑視學校，難道還會有人預料他會考好O水準考試嗎？咪咪一定祈禱他會在最後一刻悔悟並製造奇蹟，得到她從未享受過的大好機會，並將他自己重塑為某種值得她栽培的人物。不過他母親完全不在意這點，因為她在約翰身上認出和自己一樣的搗蛋鬼精神，這使約翰成了她自己的回聲與倒影，是個「特殊」又「與眾不同」的「特異人物」，無論情況如何，他都會留下自己的印記；他太過聰明，又充滿才氣，不可能乖乖聽話。因為妹妹不支持自己更為傳統的決定，甚至還鼓勵約翰走出自己的路，咪咪可能會想揍她。但約翰已確定了他的喜好：女孩與音樂。音樂與女孩。只有搖滾樂才重要。看好了，他很快就會「出頭天」。

在此同時，咪咪姑媽決定要力挽頹勢。即便約翰連拿手的藝術課程都被當掉，她依然說服了採石坡中學的校長帕布喬伊先生，讓校長推薦約翰就讀利物浦藝術學院。她的計畫成功了。她至少能安慰自己，約翰未來能靠當個商業藝術家來養活自己。一九五七年九月十六日，在約翰十七歲生日的三週前，他成了藝術學院的學生。他已經迫不急待，從一開始就逮住機會讓自己與眾不同，並穿上一系列無法分類的古怪打扮，但外頭都套了喬治姑丈的舊大衣。表面而言，他還是咪咪家的一份子，「他的」音樂在該處不受贊同，也只能在後花園或前廊練習；他盡可能把時間花在茱莉亞家，他能在那盡情彈奏、唱歌、播放唱片和四處亂跳。他在茱莉亞家寫下了他最早的一首歌：〈哈囉小女孩〉（*Hello Little Girl*）。[25]

＊

儘管約翰專注於音樂，也相當執著於發展樂團，他卻沒有專心在藝術學院的課程上。雖然他的天賦非常明顯，而且他在作業即將到繳交期限時、能迅速反應使自己從危機中脫身的本領也很高明，但到了第一年的尾聲，他開始感到無聊。除了和不可能帶回家見母親（更別提咪咪了）的女人在巷弄廝混，或在咖啡廳與酒吧大肆飲酒，以及和同類份子無所事事地遊蕩外，他什麼正事也沒做。他只是名義上的藝術系學生。以他所擁有的天資，這確實可惜。與此同時，他的樂團也不再有那麼多的表演邀請，因為他們的「經紀人」奈哲．瓦利由於長期生病而必須辭職，所以沒有人處理和安排樂團的工作。採石工人需要重新構思未來了。

他們並非唯一遭遇劣境的人。茱莉亞．藍儂的日子也不好過。一連串不幸事件的巔峰，是她男友鮑比．戴金斯因為酒駕遭到逮捕，收到高額罰金，之後被開除。這一切讓她在一九五八年七月十五日星期二，和咪咪進行了那場她希望不要發生的真心對談。她把約翰留在自己位於布魯姆菲爾德路一號的住家，並帶著鮑比給她的最後通牒去找咪咪。由於經濟困窘，鮑比堅持要茱莉亞告知咪咪，說他們無法再照顧約翰。他們不會再養他了。因為健壯的青少年吃得比一整家子還多，鮑比的話也不無道理。不過要茱莉亞對咪咪說這件事，讓她感到悲痛又羞愧，尤其是在她姐姐早已為約翰付出這麼多後；她將扶養約翰德的重擔和花費，從茱莉亞身上一肩擔下。咪咪自己的經濟情況也不甚樂觀，也還在努力收容房客，以便應付她和約翰的支出。

當茱莉亞完成這項不愉快的任務之後，在當晚九點五十分離開。儘管時間已經晚了，天色卻還沒完全變黑。咪咪在前門向她妹妹道別時，奈哲・瓦利剛好來找約翰。茱莉亞鬧著他，要他陪自己走去公車站。當兩人走到街角時就互相道別，茱莉亞跨越曼拉弗大街，奈哲則往另一個方向走。此時奈哲聽見剎車的尖鳴與一股可怕的撞擊聲，他的血液嚇得彷彿凍結，因為聲音來源只有一種可能。他轉身看見茱莉亞飛了出去。她被一台史丹德牌先鋒汽車撞上，駕駛是下班的員警與無人同行的實習司機艾瑞克・克拉格（Eric Clague），他同時也是利物浦市立警局的一二六C號警官。她在落地前，就失去了生命。她被送到賽夫頓綜合醫院時已經死亡，死因是大腦受到顱內破裂造成的嚴重傷害。她享年四十四歲。法醫驗屍時判定她為意外死亡。

約翰有參加母親一週後的葬禮嗎？他從未提過此事。他當時在愛丁堡念醫學院的表妹莉拉，確認自己有和約翰一同出席葬禮。他同母異父的妹妹們：十一歲的茱莉亞和八歲的傑姬，甚至還不知道媽媽已經死了。她們被帶離家中，去蘇格蘭找老媽姑媽和伯特姑丈「度假」，但姐妹倆對他們不熟。她們離開當天還不知道，她們將永遠看不到自己的家了。當她們回到利物浦後，被迫與母系家族的哈瑞姑媽和她的丈夫諾曼姑丈，同住在冰冷又毫無感情的家中，同時也失去了她們的父親。她們從未得到合理的解釋。直到多年後，她們被法院裁定保護時，才得知此事。小茱莉亞日後描述當時的可怕情況，將其稱為「兒童虐待」，我也同意她的說法。26

約翰當時曾大哭大鬧嗎？他是否喝得酩酊大醉，性格也變得更暴躁急迫？還是他無助又沉默地待在床上？他比之前變得更嚴苛、惡毒、尖酸、厭世、乖戾又叛逆嗎？他是否擺脫了權威性，並痛恨起「既定規範」，對這兩者深惡痛絕？日後這心態也使他成了積極的反動者。歷史記載他做出了上述所有行為，矛盾性似乎相當恰當。一切都是事實。

「那是我遇過最糟的事。」約翰在悲劇發生的十年後說。「她很偉大。我以為……我現在對任何人都沒有責任了。」27

數年後，在他於一九八〇年死亡之前，他的回憶依然相當鮮明痛苦。

「我失去了母親兩次。」他說。「第一次，是我五歲搬去和姑媽住時。第二次，則是她死亡時……那段時間對我來說非常難熬，也讓我變得非常苦悶。當時還年輕的我，肩上背負了相當重的負擔。身為青少年、搖滾歌手和藝術系學生，加上我母親在我和她重新開始建立關係時死亡……我們在幾年內就很熟悉彼此，我們能與彼此溝通，我們相處得很好……這些經驗對我造成很大的創傷。」

他對死者與失落感到憤怒。這點一定造成了他與咪咪的衝突，他覺得自己無法再與姑媽同住了。當他每天早上拉開窗簾時，都會看到母親死亡的地點。想想看那種狀況。我曾站在約翰童年臥房的窗戶旁，像他一樣往外看，那真是令人難以忍受。他是怎麼保持鎮靜的？他因痛苦而自我孤立，也無法吐露自己的哀痛，即便對彼特也無法開口，因為他害怕那會影響他們的友誼。他失去了那對可愛的同母異父妹妹，也許她們還能對他帶來手足間的慰藉。他和最親近的音樂夥伴分享了最惡劣的經驗，卻無法和保羅談這件事。約翰非常需要依賴某人。誰能成為讓他仰賴的基石呢？

〈4〉

露娜

他找到了兩個人。兩者都在他面前出現了一陣子，因為他們都是藝術學校的學生。

辛西亞・鮑威爾（Cynthia Powell）經常被形容為「井井有序」的人。她是個「漂亮的尤物」。她美麗端莊、語氣甜美，做事充滿自信與謹慎，舉止也從不招搖。她來自霍伊萊克，一個位於維拉爾半島的富裕海濱城鎮，該地有由傑格[1]設計的戰爭紀念碑、顯眼的舊燈塔、許多登錄建築❶、一間帆船俱樂部與一座海水浴場。皇家利物浦高爾夫球俱樂部也位在當地，它擁有英格蘭第二古老的林克思球場❷，至今依然是英國高爾夫球公開賽的舉辦場地之一。

辛西亞於一九三九年九月出生在黑潭，是三兄妹中的么女。因為她有兩名兄長，所以不會輕易被年輕男子沖昏頭。她的父親查爾斯曾是奇異公司的員工。她的母親莉莉安懷著女兒時，便和許多其他懷孕女子一同撤遷到黑潭，以便讓她們的嬰孩遠離轟炸。辛西亞出生之後，她父母決定不要冒著德軍持續空襲的危險繼續留在當地生活。他們搬到海岸邊，辛西亞也在那長大。她在年幼時就顯露出卓越的藝術能力，贏得了許多比賽，並錄取了城裡的藝術中學，人們也認為她會就讀利物浦藝術學院。然而當她父親罹患肺癌末期時，要她忘了上大學的事，所以那時她可能真的不打算繼續升學。若真是如此，歷史可能會出現大逆轉。他說自己活不了多久，無法養活她母親，因此要辛西亞去找工作。他在女兒十七歲時過世。她母親做了和咪咪姑媽一樣的事，開始收容房客，以便讓辛西亞去追夢。她和約翰一樣在一九五七年九月入學，主修版畫藝術，要不是他

❶ 譯注：受英國特殊建築和歷史遺產法定列表保護的建築物。
❷ 譯注：一種高爾夫球場設計，指沿岸沙丘和地面高低起伏的草地。

們修了同一堂書寫字體課，他們可能永遠不會相遇。

「小辛」比約翰大一歲，差別也很明顯。精神散漫又毫無組織性的約翰，通常是兩手空空地晃到教室來，前提是他願意來上課。他膽大妄為又自作主張，經常拿走她的鉛筆、鋼筆、尺等工具。他從來不歸還，辛西亞也不敢向他索討。總是遲到的約翰，經常宿醉又不修邊幅，也是學校裡最不可能和膽小的「霍伊萊克小姐」交往的人。他來上書寫字體課真的是因為其他老師把他從課堂上趕走嗎？這是採石坡中學遺留的陰影。約翰學得乖嗎？大概不會吧。沒人知道辛西亞被他哪一點吸引，因為他對辛西亞並不好。雖然他不自禁地取笑她的口音、穿著、「整齊感」、明顯的傲慢，辛西亞身上卻有某種他摸不著頭緒的東西。她不是約翰喜歡的類型，他同樣也不是辛西亞喜歡的類型。但兩人之間產生了化學反應，邱比特的箭射中了彼此，他們無力抵抗。於是他們開始交往。約翰迫不及待把她介紹給彼特，當時彼特意外地成了實習警官。他對這件事的俗套情節感到相當困惑：

「……我非常訝異，因為這個漂亮、家世又好的年輕女孩，和常跟約翰廝混的不檢點娘們完全不同。」他坦率地說。「小辛非常有禮貌，也極度害羞，我忍不住覺得，她在約翰手中太容易受到摧殘了。」[2]

是反差的吸引力嗎？最新的科學研究駁斥了這種可能，但在我們一九八九年的採訪中，討論起這點與他們關係中的其他層面時，辛西亞確實指出了這種可能。採訪發生在她不幸的藍儂餐廳開幕前，餐廳位於倫敦劇院區的邊陲。儘管她與合夥人們下了重金投資，甚至找來了彼得・史托克頓（Peter Stockton，他是辛西亞在上聖馬丁道的鄰居彼得・史特連費洛〔Peter Stringfellow〕手下的花俏總經理）來為她經營店面，但這項創投計畫依然維持不久。她在餐廳充滿娛樂風格的開幕當週某天下午，邀請我到餐廳來。

自從與約翰離婚後，辛西亞又離了兩次婚。她在一九七〇年向第二任丈夫羅伯托．巴薩尼尼（Roberto Bassanini）說了「我願意。」他是名義大利旅館老闆。他們的婚姻維持了三年。她的第三任丈夫約翰．特維斯（John Twist）是名來自藍卡斯特的工程師。兩人在一九七六年結婚，並於七年後離異。當我們碰面時，她和私人司機吉姆．克里斯蒂（Jim Christie）同居在利物浦，對方小她四歲，在湖區的彭里斯工作。

她改回了第一任夫家姓氏，說這樣「對生意比較好」。她帶著原本的姓氏為維葉拉織品公司設計家用擺設品，並發售了自己的香水：「女人」；這是回應約翰在一九八〇年寫給洋子的暢銷歌曲。辛西亞熱愛烹飪，也在北威爾斯的魯斯因擁有一間餐館與民宿，名叫奧利佛小酒館。她對自己賺錢的方式十分坦然，「需求優先。」她聳聳肩說。「約翰給我的贍養費非常少（十萬英鎊與朱利安的監護權），現在當然都花光了。為了維生，我願意做任何事。我像大家一樣，都有帳單要繳。」

保羅．麥卡尼已故的妻子琳達安排了我們的會面。琳達與我曾短暫在一本名叫《麥卡太太》的書上合作，但她中途決定不要出版。在藍儂夫婦的婚姻結束後，保羅依然與辛西亞保持聯繫，也曾為朱利安寫下披頭四的〈嘿，朱迪〉（*Hey Jude*）[3]。披頭四在一九六八年八月發行這首歌，當時約翰的長子只有五歲大；這首歌至今仍是他們最暢銷的單曲之一，保羅是為了安慰那位承受父母離婚之苦的孩子，寫出了這首歌。

我前去拜訪的原因，是要討論辛西亞想寫的新回憶錄。她在一九七八年出版的第一本書《藍儂的轉變》迴響非常差。約翰在為了洋子離開後抗拒她並拒絕與她溝通，使她感到非常沮喪，因此寫了那本書「作為給他的長篇公開信，並在信中大吐苦水」。事後回想起來，她承認自己應該做出不同的反應。既然她已經接受了約翰在一九八〇年十二月遇刺的事件，她便想再試一次。她需要講述從自身角度出發的故事，她再也不需要害怕約翰的譴責了。她諮詢過他人的建議，判斷自己需要專業協助。但她隨即忙於準備自己的餐廳，擱置了這個計畫。數年後的二〇〇五年，她自行撰寫並出版了第二本回憶錄。書名是《我深愛過的約翰藍儂》，內容比第一本書更加大膽坦白。

一九八九年那天，辛西亞坐在自己的單色系小餐館中的角落餐桌邊，不斷抽著香菸，並持續斟滿葡萄酒杯。

「一切都始於約翰母親的死。」她說。她巧克力色的雙眼在厚重的金邊眼鏡後頭閃爍。她經常撥弄厚重的金色瀏海，友善的嗓音中帶有一絲斯高斯腔調。儘管她已年滿五十，也並非妖豔女子，還是能吸引他人的目光。真不愧曾是藍儂家的一分子。

「當時發生的一切都很複雜。」辛西亞解釋道。「約翰母親的死對他的心理造成相當深的創傷，那時他才十七歲。我不認為他曾走出過傷痛。這件事使他無法和女人維持正常關係。

他從未向我好好解釋過一切細節。不過，我也不覺得他能說得出口。我得自行拼湊他口中的隻字片語，再輔以其他人說的話。我知道大家都說他母親『放蕩不羈』，還是個毫無自制的人，在約翰剛開始上學時就遺棄了自己的兒子。約翰說他去和『咪咪姑媽與喬治姑丈』一起住，也就是他母親的姐姐與她的丈夫，我也清楚約翰與他姑丈相當親近。他很少提起自己的父親，有些人稱他父親『阿爾弗』，有些人則喊他『弗萊迪』。我知道他母親和父親離異，並和另一個名叫鮑比・戴金斯的人同居，兩人也生了幾個小孩。我知道他崇拜自己的母親，她教約翰彈奏班卓琴，也送了他第一把吉他。咪咪則是個截然不同的人。我得小心說話，因為她還在世（咪咪在兩年後於一九九一年十二月過世，享壽八十五歲）。她嚴格地養大約翰，還加上許多規範與期望。她很難取悅，也很容易失望；這麼說吧，她會向對方表現出自己的不悅。從約翰形容的方式看來，她的妹妹茱莉亞完全不像她。茱莉亞比較不死板，個性更開朗放鬆。約翰明顯比較能體會她的感覺。對我而言，他確實是他母親的親生兒子。儘管咪咪自然也愛著約翰，卻對約翰感到非常失望。在她眼中，約翰從未發揮自己的潛力，也浪費了自己的大好機會。

我清楚約翰在學校表現不好，不過每個人都能看出他有多聰明，也總是快人一步。我知道他的許多問題都出自無聊，這也能解釋為何他無法專心念書。他勉強錄取了藝術學院，但他其實可能根本進不了學校。因為他在班上坐在我後面，我們才認識彼此。他會戳我的背，向我借鉛筆之類的東西，當然我從沒把東西拿回來過。」

辛西亞親口承認，她的親友都不懂她在約翰身上看到了哪種優點。

「我們看起來一點都不像在交往。」她咧嘴一笑。「他的『衣著』，如果那算得上衣物的話，幾乎像是流浪漢的打扮。事實上，我還看過穿得更整齊的流浪漢。約翰只差沒用一條細線來繫靴子了。他會撕掉舊學校運動夾克的口袋，並穿著那件外套閒晃，即便外套對他來說其實太小，而磨破的袖子也只能包覆到他手肘以下的部位。他老是穿著一件舊大衣，我覺得那根本是狗窩裡撿來的。後來我才知道那是他喬治姑丈的外套，他不忍心丟掉它。當他穿那件大衣時，一定覺得很靠近姑丈，也感到安心。」

打從一開始，約翰對辛西亞而言就是個挑戰。

「他大多時候都很陰沉，也經常無法控制怒氣。」她說。「他會不斷咒罵，都是些非常低俗惡劣、不該在女士面前說的話。我不習慣聽到那種髒話，因為我父母從未罵過髒話，我也承認，自己以前覺得說髒話很難為情。在那些日子裡，我經常羞得滿臉通紅，但約翰似乎從不在乎。我想他喜歡讓我感到難為情，那會讓他有優越感。」

讓辛西亞最煩心的事，則是他缺乏野心與動力。

「好，」她承認，「當時我們還很年輕。但約翰從不計畫任何事，讓我不禁感到困惑。我是說，他總是知道自己在週末要做什麼，通常也跟功課無關。但他從不談自己的未來或生活。那些是約翰絕口不提的事。我有時候會覺得他不想活太久，那也讓我心煩。這樣說好了，他似乎對生命毫不在乎。或許是因為他經歷過的一切。當你媽拋下你，你爸也離開你，接著養你長大的姑丈又死了，你又老是得應付個性複雜、粗魯又滿腹牢騷的姑媽，也沒有姑丈能幫自己減輕負擔，養的狗還碰上那可怕的事，然後媽媽又死了，那時你正重新開始和她變親……確實是一大籮筐的悲劇吧？難怪約翰會變成這樣。他非常脆弱，也很需要有人照顧。想想看，他只是個孩子，但在某些方面，我卻覺得他像個中年人。有時他確實如此，但大多時候他只是個男孩。在那魯莽又瀟灑的外表下，藏了一個困惑又無助的小男孩。」

辛西亞認為他引出了她的母性本能。

「我對他的保護欲很強，也經常告訴自己，別人不了解他。」她向我說道。「我常常覺得自己像他的母親。我很獨立，也相當有動力。我工作，我念書，也不遲交作業。我喜歡讓自己保持忙碌，也喜歡有工作目標。除了音樂以外，約翰似乎沒有動力。彷彿他母親的死讓他停滯不前。我以前有時會想，他根本不在乎自己是死是活。」

她想改變他嗎？

「對，當然了。但也不對。我心底很崇拜他，他擺脫了一切。我不夠勇敢，不敢像約翰一樣隨心所欲，不過有時我也很想這樣做。所以約翰的行為，對我來說就像是替代式的刺激感。他很危險，他以我從來不敢嘗試的方式吸引關注。他有某種神奇的特質，讓人很難抵抗他的魅力。他是個叛逆份子，就算他什麼都不做，也能吸引房裡所有人的目光。」

所以大學裡最壞的男孩，就此吸引了冰山美人？只為了測試自己的能耐嗎？

「我不認為是這樣。」辛西亞反駁道。「當『他的女友』有某種吸引力，因為沒人認為那會發生。我承認，自己沾上了一些他的光。我沒辦法解釋原因，但事情自然而然發生了。我害羞又低調，和他交往時確實也嚇壞了人們。待在約翰身邊，成為他的親近人士之一，能讓任何人都變得更有趣。但我母親受不了他，也明白表示了自己的看法。她警告我說，約翰會帶來非常糟糕的影響，我們的關係也不會有好下場。當然，這只讓我更想要他。警告自己的兒子或女兒不要靠近某個他們可能會愛上的可怕人物，只是火上加油吧？咪咪也是這樣。她只看到自己眼中的約翰，看不到別人眼中的約翰。他是咪咪的心頭肉，沒有女人能配得上她的約翰。雖然自己這樣說很怪，但就連像我一樣家世不錯的女孩也是。咪咪無法接受或認同比**她自己**還更親近約翰的人。」

當他們剛開始交往時，辛西亞就知道約翰是自己的真命天子嗎？

「我們十八歲時懂什麼？」她的笑容充滿遺憾。「別忘了，他是家中最年輕的孩子，而那年紀的女孩們通常都比男孩成熟。但在我們倆之間，他才是『老成』的人，而我則是害羞又單純的小女孩。當我們在一起時，一想到他，我總是會小鹿亂撞，也總是紅著臉又喘著氣。約翰讓我幾乎無法呼吸。我彷彿毫無選擇：我**必須**和他交往，僅此而已。人們能以力量牽制對方這點，感覺非常性感，不是嗎？我想，一看到或想到那些時刻，就會讓人腎上腺素上升吧。他身上混和了自信與無助這點相當迷人。他並不認為自己優於他人，但他也不在乎其他人。

約翰能弄到任何他想要的女孩。他能追到任何女孩，但他想要**我**。事實上，我願意為他做任何事。即便在我們離婚多年後，我還是這樣認為，即便我們之間發生了那麼多壞事。約翰很複雜，他比大多人認為得還更糟糕。我最希望的事，就是讓他感到快樂。我不認為他體驗過快樂，這讓我很難過。」

約翰能「弄到任何他想要的女孩」。他一直以來幻想的女人，是銀幕上的魅惑美女，比任何氣血方剛的年輕男子夢想中的女人的頭髮顏色更金、嘴巴翹得更有吸引力，也更妖豔。奧莉薇亞·紐頓—強（Olivia Newton-John）在五〇年代的美國高中懷舊電影《火爆浪子》（*Grease*）中飾演的角色珊迪，褪下自己宛如怕事的珊德拉·迪伊❸形象，穿上皮衣和危險的女孩們一同玩樂；小辛比這更早前就做出類似的行為，她拿起雙氧水和唇膏，並肆無忌憚地把自己打扮得像是

---

❸ 譯注：Sandra Dee，美國五〇年代女演員。

碧姬．芭杜。咪咪的眼睛幾乎要掉出來了，她大力聲明自己對霍伊萊克小姐放蕩的舉止感到不齒。小辛沒有理會她，如果她主日學老師般的形象無法贏得約翰姑媽的好感，那她變得風情萬種也沒什麼損失。無論得做出任何事來保有約翰，小辛都願意做。

*

姐妹是種特別的存在。無論是繼姐妹、同母異父姐妹、親生姐妹或乾姐妹，她們經常被兄弟忽視或勉強容忍，好似她們可有可無。但男孩就是需要兄弟，缺乏兄弟的男孩會找尋替代人物，約翰也是如此。他有表兄弟，但因為地理限制只能偶爾與對方互動，次數也隨年齡增長而逐漸減少。他的鄰居夥伴們只剩下他的樂團，後來樂團改名成了強尼和月亮狗（Johnny and the Moondogs）。約翰見證了彼特．修頓的畢業，他也在團裡漫不經心地待過一會，之後一直是約翰最忠心的朋友。由於彼特已經加入了藍衣男孩[4]，因此約翰得找出其他和自己頻率相同的人。某個不只會加強他（他潛意識中肯定知道自己需要這種人）、還能受他宰制的人。

當他選擇史都特．沙克里夫時，人們一開始一定覺得很怪；或許更明確地說，是史都屈服於約翰。兩者明顯都不是對方喜歡的型。藍儂身材高大，外表凶狠，看起來有點像混混，明顯有泰迪男孩的風格，同時毫無耐心，總是眉頭深鎖，並對權威嗤之以鼻，也總是能逃過處分。而史都是個矮小陰沉、帶著眼鏡的蘇格蘭人，骨架纖細，手指也相當光滑；看起來完全不像清潔工（他

[4] 譯注：警察的俗稱。

還兼職開卡車，以賺取第一年的學費），同時也是個專注又有天賦的藝術家，這點讓約翰相當佩服，而史都也不會自謙說「少來了」。他看起來比較年輕，舉止卻更為年長。他一度蓄起梵谷風格的小鬍子，可能是想讓自己看起來變得成熟點。他為自己的藝術受苦，因為他擁有真正的藝術天分。他住在冰冷又毫無裝飾的閣樓單人房，床墊就擺在地板上，家具只有一只老木箱和貝利沙燈❺。當約翰在一九六〇年初搬去和他在公寓中同住時，咪咪勃然大怒。她拜託小辛說服約翰搬離那裡，但小辛向她解釋自己無法逼約翰做他不想做的事，於是咪咪堅持讓她能繼續洗約翰的衣服，這樣他一週至少還會回家一兩次，咪咪也能讓他吃一頓熱菜。

儘管約翰自認是藝術家，事實上卻只畫過素描和漫畫。他喜歡說藝術是他的「初戀」，但他的行動卻從未銜接上那種感情。注意了，他的石版畫與限量版繪畫在今日會得到高價，並不令人訝異。他異想天開的圖畫、探索「和平」、「愛」與「真相」的肖像和漫畫式人像畫（洋子後來為許多圖畫上色），在現今大受歡迎，近幾年的價格還越飆越高。當知名藝術家因離世而無法再創作更多作品後，總會出現這種情形。二〇一四年，蘇富比的紐約辦事處拍賣了一幅藍儂畫作，標題是《未命題的四眼吉他手肖像》（*Untitled Illustration of a Four-Eyed Guitar Player*），賣出了破紀錄的十萬九千三百七十五塊美金。這張潦草的筆墨素描的售出價格比原先的開價多了四倍，也是受拍賣的約翰原創藝術品與真跡中的其中一部，這次的展品量最為完善。拍賣會名稱為「你就問吧：一九六四年至六五年的原版繪畫與手稿」，會場上的拍賣品全數售光，並賺進了接近三百萬

❺ 譯注：英國閃爍著橘黃色的行人指示路燈。

美金的金額。藝術家約翰有無可否認的廣大支持者，但拍賣品能得到這種高價的理由，是否是因為這些作品是世上最偉大的巨星所做的？

我們很熟悉「音樂家身兼視覺藝術家」的概念。巴布・狄倫的畢卡索風格繪畫與粉彩繪畫、約翰・麥倫坎普（John Mellencamp）的大型油畫與「多媒體作品」、卡特・史蒂文斯（Cat Stevens）迷人的專輯封面、吉姆・莫里森（Jim Morrison）的抽象表現主義、迪・迪・雷蒙（Dee Dee Ramone）的塗鴉式繪畫、羅尼・伍德對滾石樂團（還有其他藝術家）的雕刻研究、帕蒂・史密斯（Patti Smith）的繪畫與相片；布萊恩・伊諾（Brian Eno）、瓊妮・密契爾（Joni Mitchell）、格蕾絲・斯里克（Grace Slick）與大衛・鮑伊的藝術作品，都只是冰山一角；鮑伊自己繪製了「音樂之聲」。畫家約翰也並非唯一讓手沾滿顏料的披頭四成員。麥卡[6]在一九八〇年代開始繪畫；林哥做過普普藝術的實驗；喬治・哈里森與同為歌手的基斯・威斯特（Keith West）於一九八六年合作，創作根據他最知名的歌曲所製作的畫作。四名披頭四成員所製作的藝術品都被展覽過。

約翰究竟是位創作藝術的音樂家，還是位創作音樂的藝術家？如果我們不要陷入窠臼，將他視為能透過多種的媒介來表現自己的創造性人物，不是比較好嗎？創造出美妙音樂的想像力、內心與願景，只不過是透過另一種媒介進行表達，這並非不尋常的事。畢卡索會寫詩與超現實舞台劇本；達利與路易斯・布紐爾（Luis Buñuel）共同創作了劇本，並寫出小說《隱藏的臉孔》（*Hidden Faces*）。新表現主義者朱利安・許納貝（Julian Schnabel）也拍過敘事長片，包括講述同

[6] 譯注：Macca，英國媒體給麥卡尼的綽號。

為藝術家的尚—米樹．巴斯奇亞（Jean-Michel Basquiat）的知名電影《輕狂歲月》（*Basquiat*），片中包含了驚人的原聲帶，大衛．鮑伊也在其中飾演安迪．沃荷。普普藝術之王本人也拍攝過上百部電影，也寫了一本內容混亂的小說《A》（*A: A Novel*）。如果我們要談這件事的話，更不該忽視概念藝術家小野洋子，她在十九歲時就寫出童話故事《隱形花》（*Invisible Flower*，書一直到二〇一二年，才在她兒子西恩的堅持下出版）；她在一九六六年出版了奇特的教學型詩集《葡萄柚》（*Grapefruit*），同時也曾獨立創作音樂，或與她丈夫一同進行。我們也不該遺忘，有些身兼搖滾巨星的畫家，曾製造出比自己的最佳音樂還高明的畫作。約翰可能會覺得今日所謂的名人藝術活動相當離譜，就像是國王的新衣般。藝廊接二連三地追尋早已因非視覺作品而出名的藝術家，而不願在乎擁有相似才能的無名優秀藝術家，因此無法維持「為藝術而藝術」的氣節。

*

史都特．沙克里夫不只幫約翰做功課，也讓約翰認識了法國印象派畫家。雷諾瓦、莫內、馬奈和羅特列克都是他欣賞的畫家與靈感來源。十九世紀晚期逐漸得到知名度的巴黎藝術家們，將這股透過細膩的筆觸畫出光線、時間與物質的門派提升到完美的境界。但它冒犯了當時的藝術傳統。這種較為抽象、定義又模糊的藝術風格，能夠傳達心情與情緒，也激發出了特殊氛圍，並滲入音樂與文學之中。同時也啟發了梵谷，他從荷蘭搬到巴黎，以便在高更、畢沙羅和莫內底下學習，並利用色彩進行表達情緒的實驗。他發掘了將痛苦、抑鬱和苦難灌入藝術作品中的方式。用比喻來形容的話，他等同於割開血管，將血液恣意噴濺在畫布上。藝術家透過繪畫來表現靈魂與感覺，在當時是革命性的舉動。梵谷發明了這項日後被稱為表現主義的新風格，或許他因此失去了理智，在三十七歲時舉槍自盡。

我們可能知道太多事了。對任何藝術方式而言，最吸引人的部分都是它們的謎團，那些筆觸間的留白，以及沒有演奏出的無聲音符。任何領域的藝術家都不只想讓我們看見他心中的一部分，同時也試圖弄清楚自己的存在意義。約翰也同意這種觀點。

「如果我有能力成為別種人的話，我就會改變。」他在一九七一年說。「當藝術家並不好玩。你懂箇中道理，比如寫作就是種酷刑。我讀過關於梵谷和貝多芬這些該死的傢伙的東西。如果他們看過精神科醫生的話，我們就不會看到高更的偉大畫作了。這些渾蛋會把我們壓榨到死；我們只能像馬戲團動物一樣不斷表演。

從這角度來看，我不想當藝術家，也討厭表演給什麼都不懂的該死白痴看。他們什麼都感覺不到。我才是體會那種感覺的人，因為我是表達者。他們活在我和其他藝術家的生活之中……」[4]

*

儘管史都像約翰一樣熱愛搖滾樂，也把自己的外表打造成酷炫搖滾歌手的樣子，他卻沒有任何搖滾新星的氣息。因為在他短暫擔任合唱團團員時，他的唱歌能耐就被完全耗盡了。雖然他曾上過鋼琴課，在空軍童子軍團吹奏過號角，他父親也教過他用吉他彈幾個和弦，但他並不是特別傑出的演奏者。他認識保羅．麥卡尼與喬治．哈里森的原因，純粹是地緣關係。在他們還在藝術學院隔壁的利物浦學院念書時，就經常和約翰在空的大學教室中排練。史都很佩服男孩們，也受到樂團吸引，因此開始出席派對來看他們表演。

在史都的油畫《夏日繪畫》被選入在利物浦的步行者畫廊舉辦的約翰．摩爾斯繪畫獎時，那個重要的時刻來臨了。那幅畫在該處從一九五九年十一月一路展到一九六〇年的新年[5]。而摩爾斯本人用六十五英鎊買下了這幅畫，此舉被這名青澀的年輕藝術家視為重大的轉捩點，更別提能發一筆橫財了。約翰、保羅與喬治立刻幫他花光了這筆錢。因為樂團目前缺了鼓手與鼓組、貝斯手和貝斯，大夥都認為史都可以擔任其中一職，但他得自行購買樂器。無法想像自己成為鼓手的史都，被說服嘗試擔任貝斯手。他從法蘭克．荷西樂器行買下了一台霍夫納總統級500/5型貝斯。

「問題是，」保羅．麥卡尼說，「他彈不好。這是個缺點，但他長得不錯，所以沒造成太大的問題。」

保羅承認，當史都特在一九五九年聖誕節時加入逐漸擴張的樂團時，他和喬治都很忌妒。

「這是我當時處理不好的事。」保羅說。「我們總是對約翰的其他朋友感到有些吃醋。他是比較年長的成員，所以狀況自然會這樣發展。史都特加入的時候，感覺搶走了我和喬治的地位，我們得退居次要位置。史都特和約翰同年，也一起上藝術學院，還是個非常優秀的畫家，加上他還有我們缺少的錢。」[6]

此時的樂團名為銀色披頭四（Silver Beatles），這個名字肯定受到大量採用「生物」名稱的節奏藍調與嘟．喔普❼樂團影響，這類團體在一九四〇與五〇年代稱霸了許多美國流行樂排行榜。許多團體採用鳥的名字，如烏鴉樂團、紅鶴樂團（The Flamingos）、金鶯樂團（The Orioles）、知

❼譯注：doo-wop，一九五〇年到一九六〇年相當風行的節奏藍調風格。

更鳥樂團（The Robins）、渡鴉樂團（The Ravens）、雲雀樂團（The Larks）、企鵝樂團（The Penguins）、燕子樂團（The Swallows）和鷦鷯樂團（The Wrens）。也有「動物」系列的樂團，像是可卡犬樂團（The Spaniels）、響尾蛇樂團（The Rattlesnakes，巴里．吉布〔Barry Gibb〕的民歌爵士樂／搖滾樂團在一九五八年轉變為比吉斯〔Bee Gees〕）、黑斑羚樂團（The Impalas）、泰迪熊樂團（The Teddy Bears）與最知名的蜘蛛樂團（The Spiders）。最重要的則是巴迪．霍利的蟋蟀樂團（Crickets），他們效法了以鳥名命名的樂團，但是因為對選用昆蟲名稱產生興趣，巴迪與團員們忽略了原有的布朗克斯區節奏藍調合唱團：蟋蟀合唱團；原本他們選擇取名為甲蟲樂團，但中途決定更換團名。日後，披頭四為了致敬蟋蟀樂團，而取了自己的團名（拼法稍作改變）。真是風水輪流轉。

〈5〉 蒙娜麗莎

約翰強迫史都特．沙克里夫加入他本身能力不足以參與的樂團，和約翰本身的不安全感有什麼關聯？因為他當時已經習慣透過充滿魅力的霸凌行為，讓咪咪以外的任何人照他的意願行動，周圍的人不見得會發現他的行為只是煙幕彈。猶豫不絕的史都的音樂才華，沒有比彼特．修頓好多少。修頓明快地接受了自己的不足，一退團便立刻捨棄了洗衣板樂手的角色；但史都有藝術天分。他成功在望，而且長相俊俏，能迷倒女孩子。音樂對約翰來說能夠輕鬆上手，所以可能也認為所有人都能輕易辦到這件事，特別是擁有創造力的人；他以為對方只需要擁有毅力和專注，再稍微練習幾次就行。而史都參加他的樂團的事實就是這樣。從潛意識或較為陰險的角度來看，其實是約翰需要他參加。受到保羅早熟的音樂天分威脅，約翰的光環可能會被團裡更為年輕、善良、俊俏、也更有音樂素養的成員奪走。這樣的安排早有問題，而其他人可能也察覺到了。史都的主要用處，就是陪襯約翰。

儘管約翰肯定會對這說法不屑一顧，但如果當時有恰當的診斷方式的話，就能發現他表現出現代所謂自戀型人格的症狀。他直覺地嚴格批評他人，有時還相當殘忍，彷彿對方的存在只為了襯托他的地位與重要性。他慣於破口大罵與輕視他人，這種方式也反映出他的自我優越。當時年輕的他，不會理解是因為自己極度缺乏自信，才急於控制並打壓別人。他與史都的關係便是典型範例。他想要史都入團，但也會嘲笑對方貧瘠的音樂才能，當史都無法達到要求時責難對方。約翰沒有試著幫助史都改善「壞」習慣，或有建設性地協助對方彈奏貝斯，反而不斷責罵、傷害史都的自信心。約翰會表現出可怕的被動侵略性，甚至是明確的侵略行為，導致他周遭的人時時如履薄冰，害怕他下一步會說或做的事。他經常對他們言詞譏諷或說出充滿惡意的尖酸言詞，並毫不思索地大放厥詞，讓別人十分緊張，卻又同時否認自己的感覺與缺點。他也容易陰鬱地縮進自己的世界裡，害他的跟班們絞盡腦汁，思考自己是否說了或做了什麼讓他動怒的事。

我們都遇過自戀份子，都清楚有多容易破壞和這種人的關係，並為此付出代價。他們像上天賜予的禮物般降臨，從光亮的高位由上往下望向我們；他們拒絕妥協，總是需要成為注意的焦點；前一分鐘還充滿溫情，下一分鐘就變得刻薄殘酷。他們傾向將接觸到的人包覆在潛意識中的負面情緒裡。傳記作者與心理學家都能在此層面從約翰身上觀察到大量跡象。雖然即便是擁有專業資格的人士，也不可能精確診斷出自己從未見過的對象的症狀，更別提對方還已辭世；但我們依然能反思塑造出他的經驗。我們能合理認為，他極度複雜又失能的童年，正是他所有問題的根源。他是終極的矛盾綜合體，既是好人，也是惡棍。比起一九五〇年代和六〇年代，現代人更了解大腦早期的重要發展，以及成年自我的建構。我們因此能透過年代久遠、卻充滿資訊的角度得出結論：遭受遺棄又充滿依賴性的孩童約翰，正是彼得潘。[1]他從來沒有長大。他痛恨自己。當時他套在身上的厚重皮革夾克，擁有明確的象徵，能隱藏並保護脆弱的肌膚。任何刮傷或損害這件外衣的人，都會成為他的怒火與暴行的目標。他受到自卑感驅使而做出這些行為，無法自制。他可以傷害或排斥他人，但一旦有人這樣對他，就準備倒大楣了。儘管他能夠維持親密的私人關係，最後卻免不了將自己擺在優先地位，很快就會透過某種明顯行為或自我傷害來破壞合作關係。過了一段時間後，加入規模龐大地難以估計的名利，再摻入藥物濫用，並添加感情不忠與家庭暴力，災難就此爆發。或許約翰從來無法過著「正常」的生活，前提是如果真有這種生活的話。

「和所有偉大的藝術家一樣，他受過無法康復的損傷。」知名的搖滾樂經紀人、作曲人、導演與作家西蒙・納皮爾貝爾思考道。他管理過馬克・波倫、艾瑞克・克萊普頓、傑夫・貝克（Jeff Beck）和喬治・麥可的職業生涯。在六〇年代初期，他與約翰私交甚密。

「他大多時候都盛氣凌人、怒氣衝天、並情緒低落。」西蒙・納皮爾貝爾說。「有時他會掩飾這點。但我從來沒看過保羅表現出那種態度，他以完全不同的方式度過了他們的走紅期，他一直都是最有禮貌的披頭四成員。約翰總是會說一些尖酸的話，想讓自己高人一等，也矮化對方的地位；要不然就是忽略你。他不喜歡自己，也只想死掉。但聽好了，你講的這些人是**藝術家**，他們可不是正常人。但是因為我容易同情難搞的聰明人，所以從沒有被他嚇唬過。我們的年齡相當，而且我看他的方式和別人不同。所以對我來說，他是個好人。」

從約翰的青春期晚期開始，他就被迫摧毀任何發生在他身上的好事，包括戀愛關係與職業成功；而這點便是挖掘他生命、愛情與死亡的關鍵。誰殺了約翰・藍儂？兇手就是**他自己**。

*

現在沒有人會覺得女性的搖滾歌手經紀人、俱樂部促銷員或娛樂大亨奇怪。人們習慣了莎朗・奧斯朋（Sharon Osbourne）、阿波羅尼亞・科特羅（Apollonia Kotero）、蒂娜・戴維斯（Tina Davis）、珍奈特・比利格・里奇（Janet Billig Rich）與黛安娜・哈特（Dianna Hart）[2]。然而，這類型的女人在當時相當罕見。蒙娜・貝斯特的個人故事，與她作為「披頭四之母」在他們生涯中扮演的重要角色，在晚期的不同狀況中可能會使他們走上不同的道路。她或許能打造出比較能適應名氣帶來的不穩定因素與瘋狂的團體，披頭四可能也不會在全球當紅時期的巔峰解散，或許還會繼續表演與錄歌到二十一世紀；即便約翰與喬治分別在一九八〇年和二〇〇一年死亡，也不會影響團體的表現。

性格放蕩的黑髮女子蒙娜，是卡斯巴咖啡俱樂部的所有人，她於一九五九年八月在自己巨大利物浦住家的地窖中開了這間店。靈感來自於她在電視上看過的某個東西：位於蘇活區老康普頓街，因埃拉尼兄弟三年前開業而得名的2i咖啡吧。那是「披頭族」的聚會地，該族群是美國「垮掉的一代」的支派，曾被作家傑克・凱魯亞克（Jack Kerouac）與艾倫・金斯堡（Allen Ginsberg）等人發揚光大。紐約心懷不滿的年輕人與備受壓抑的文青們追隨了這股風潮，而這趨勢很快地演變成席捲全球的嬉皮運動。倫敦的披頭族聚集在新的咖啡吧中朗誦詩文、討論音樂與藝術電影、為了風格靈感而蒐集義大利雜誌、交換唱片，並隨著點唱機中的音樂搖擺。這種店最初吸引大批年輕人的原因很單純：它們開得比酒吧晚。2i咖啡吧儘管名稱中有錯誤的撇號❶，卻在日後得到「歐洲第一家搖滾俱樂部」的傳奇稱號，也算是個大熔爐。伊恩・「山米」・山韋爾（Ian ‘Sammy’ Samwell）在這裡認識了哈利・韋伯（Harry Webb），韋伯之後變成克里夫・理查（Cliff Richard），山韋爾為他寫了〈動吧〉（*Move It*），那是克里夫於一九五八年八月發行的第一張唱片。四個月前，天蓬俱樂部在牛津街一百六十五號開幕。四年後的一九六二年，滾石樂團會在那進行首次表演。

天蓬俱樂部在一九六四年遷到沃多爾街九十號。南莫爾頓街上的存貨唱片行是那個時代的重

❶譯注：2i咖啡吧原文為2i’s Coffee Bar，英文文法應為2is’。

要地點，因為它引進了別處買不到的節奏藍調、藍調或搖滾樂。布萊恩・瓊斯（Brian Jones）、艾瑞克・克萊普頓和許多其他年輕的搖滾新星都成了蘇活區的居民，蒙娜的荷包因此變得飽滿。

她的卡斯巴俱樂部是會員制場所，以避免低劣顧客大量前來。那年第一季有三百名顧客光顧，並繳了兩先令與六便士（半克朗）的年費。她裝了台濃縮咖啡機（當時非常難取得），還提供點心與無酒精飲料，也會為她急切的顧客們在一台小型丹瑟特留聲機上播放唱片。

在另一支樂團取消出席後，約翰的採石工人樂團自然得到了開幕夜的表演機會。除了喬治・哈里森在開幕時要在萊斯・史都華四重奏樂團（Les Stewart Quartet）中擔任吉他手之外，那組樂團中的成員也在幫老闆娘整理會場。她不只需要替代用的表演，也需要更多的人手來幫忙刷油漆。約翰、保羅、喬治和史都特・沙克里夫同意幫忙。當一群藝術家來幫忙的時候絕對不會只留下空白的牆面，他們用星星、彩虹、飛龍、蜘蛛、甚至還有甲蟲來裝飾空間。這些壁畫中還有約翰的女友小辛為他畫的輪廓像，自然都被保留起來，供後人觀賞。而其他的故事也流傳了下來。根據蒙娜家人的說法，當她發現十九歲的約翰在地窖牆壁上刻下自己的名字時，出手揍了他，「在他後腦杓敲了一記」。

「他的眼鏡飛了出去，然後他就踩到鏡片了。」她兒子羅雅格說。

這讓近視的約翰焦慮地想知道自己該怎麼回家。好在蒙娜救了他。

「因此約翰・藍儂在接下來一個月都戴著我奶奶的眼鏡。」羅雅格解釋道，聲稱是他們的傳家寶「奶奶的眼鏡」影響了約翰數年後的形象。[3]

二〇〇六年，黑曼綠道八號底下的老礦坑成為了第二級登錄建築，日後重新開張為觀光景點，成為披頭四利物浦旅遊行程中的當紅地點。

約翰的樂團此時已經換了好幾個名字：強尼與月亮狗、傑佩吉三人組（Japage 3）和偏執樂團（Los Paranoias），之後又變回採石工人樂團。他們從一九五九年八月二十九日到十月之間，進行了大約七場週六夜演出，來自萊斯．史都華四重奏樂團的肯．布朗（Ken Brown）也與約翰、保羅、喬治同台演出，一場表演可以得到十五先令。他們沒有鼓手，也沒有廣播系統。儘管如此，依然有三百多名當地青少年擠進店裡看他們的首演，整晚在令人窒息的地窖中揮汗跳舞。約翰說服了蒙娜讓一位名叫哈利的業餘吉他手和他們更換表演時間，這樣他們才能借用他的擴音器。受到首晚表演的鼓勵，蒙娜建議他們成為駐店歌手，並談妥了更有吸引力的團體酬金。她放鬆地坐下，算起收到的入場費，並看著排隊人潮延伸到綠道遠處的街角。在每週六夜的表演後，「蒙姐」都會讓這批年輕音樂家踏進她的私人房間。她對東方哲學與印度傳統充滿吸引力的話題，尤其吸引了喬治．哈里森的注意。

後來的發展相當良好。保羅與喬治和利物浦學院的尼爾．阿斯皮納爾（Neil Aspinall）變得非常友好，後來阿斯皮納爾也成了他們首位樂團的巡迴演出管理員。他開著蒙娜買來的二手康莫厢型車，把樂團的裝備來回載到利物浦周遭的表演場地。到了一九六〇年三月，史都和約翰將樂團重新命名為披頭四，不過不懂這種「怪」名字的俱樂部，還是經常以「銀色金龜」（The Silver Beetles）的名稱來做宣傳。尼爾和蒙娜的兒子彼特成為了非常親近的朋友，於是阿斯皮納爾於一九六一年開始在貝斯特家租了間房居住。當時二十歲的他十分容易受到影響，與大她十七歲的蒙娜有了一段關係。之後蒙娜懷了孕。儘管生意相當成功（她已經有超過一千名以上的會員），她依然在披頭四於一九六二年六月進行最後演出後，正好是她的第三個兒子出生之前，關閉了卡斯巴咖啡俱樂部。文森・「羅雅格」・貝斯特（Vincent 'Roag' Best）出生於一九六二年七月。阿斯皮納爾繼續為披頭四工作，也終生為他們所雇用。在身兼前電話工程師與洞穴俱樂部的兼職樂團管理員的邁爾・伊凡斯（Mal Evans）開始幫他們搬運設備後，尼爾就被升為私人助理。蒙娜與尼爾在一九六八年分手。尼爾日後成了蘋果公司的執行長。他在二〇〇八年死於肺癌，享壽六十七歲，過世前保羅・麥卡尼也守候在他身旁。

蒙娜上了學院重點中學的兒子彼特也成為了音樂家。在蒙娜買給他第一台鼓組後不久，他就組了第一支自己的樂團黑傑克（Black Jacks）。在後來一次起了酬勞爭端後，約翰與採石工人就此離開，彼特的黑傑克樂團取代他們成為卡斯巴的駐店樂團。作為當時唯一讓業餘樂團表演的當地會場，許多人表現出了想參予表演的興趣，也為此競爭。默西賽德郡大多的新樂團都會在那裡演出過一兩次，包括蓋瑞與前導者樂團（Gerry and the Pacemakers）和搜尋者樂團（The Searchers）。採石工人也很快就重返舞台，並經常在該處表演。約翰與保羅在蒙娜的地窖中說服史都買下他的第一把貝斯，和加入他們的樂團。蒙娜的兒子彼特也在那座地下室中加入了披頭四，擔任他們迫切需要的鼓手，不過當他同母異父的弟弟羅雅格出生後，彼特就被披頭四踢出去了。但在那之前，我們得先談漢堡的事。

在蒙娜的兒子成為披頭四成員之後，她就接下了管理他們事業的責任，並成了他們的第一位經紀人。她遊說了洞穴俱樂部的老闆雷・麥可佛，讓他們得到午餐時刻的表演時段。麥可佛當時專注於爵士樂，但搖滾開始流行時，他立刻就改變了自己的態度。如果唱片店經理布萊恩・愛普斯坦沒有像個機智又老練的企業家出現的話，蒙娜大概還會繼續管理披頭四。蒙娜可能被他唬住了，所以交出了控制權。但即便在他們和愛普斯坦簽約之後，她依然與他們保持聯繫。她為他們開啟了自己的家園、餵飽他們、將大筆鈔票塞入他們的口袋中、在他們的腦袋中填入想法，之後也宣稱自己比他們的父母對他們更好。她成了愛普斯坦的眼中釘，所以稱她為「那個女人」。

彼得、保羅和喬治在一九六〇年十一月從漢堡遭到驅逐出境。蒙娜安撫了男孩們，並幫他們取回了裝備：要想到，在那難以相互溝通又有語言障礙的時代，這並非易事。隔年，她不斷纏著格拉納達電視台，試圖讓披頭四登上製作人強尼．漢普（Johnnie Hamp）的熱門節目《人們與地點》（*People and Places*）。一九六七年，當披頭四正在準備《比伯軍曹》❷的封面設計時，約翰甚至膽大包天地問蒙娜，是否能借用她父親在印度獲頒的戰爭勳章來拍照。雖然因為披頭四將彼特踢出樂團感覺不快，但她依然同意了。顯然披頭四相當尊敬她。他們以笨拙又羞赧的方式，對她表達永生難忘的感激，即便在他們成為當紅炸子雞後，仍然和她保持聯絡，還會在巡迴途中寄禮物給她。那麼蒙娜有因為與史上最知名的樂團有牽扯而受傷嗎？這麼說好了，她從未開別間俱樂部，從未管理別支樂團，從未經營其他生意，也只讓一部分付了房費的客人進駐她神聖的家園。她從未搬出位於黑曼綠道上的大宅，顯示出她對那棟房屋有強烈的依戀，因為它代表了她在披頭四精采故事中所扮演的角色。她在約翰死後八年心臟病發，當天是約翰的四十八歲生日。她享壽六十四歲。

❷ 譯注：*Sgt. Pepper*，為披頭四第八張專輯《比伯軍曹的寂寞芳心俱樂部》（*Sgt. Pepper's Lonely Hearts Club Band*）的簡稱。

〈6〉
煉獄

身兼前歌手、藍花楹咖啡吧（脫衣舞吧／夜店）老闆和惡質的演出經紀人亞倫・威廉斯（Allan Williams），是名嗓音尖銳、身材矮小的威爾斯人；他為店裡的常客披頭四（有時是表演者，有時是油漆工）安排了漢堡的演出。當時惡名昭彰的英德拉俱樂部與帝王地下室俱樂部，至今都還開在聖保利區的大自由街上，該地是潛藏在聖約瑟夫雄偉天主教教堂陰影中的淫邪地帶。店家老闆是布魯諾・克許米德（Bruno Koschmider），一位對英國樂團情有獨鍾的德國企業家。克許還擁有一間班比藝術劇院，又稱「班比電影院」，那是位於大自由街轉角的保羅－路森街上的小電影院。

倫敦的蘇活區與阿姆斯特丹的德瓦倫都無法與繩索街的紅燈區比擬，因為在六〇年代初期，當地等於是水手們的首都。它相當靠近城裡規模龐大的碼頭，還有大量的妓院、脫衣舞俱樂部與夜總會，裡頭總是擠滿了妓女、皮條客、變性人、黑道和毒販，也會吸引大批客人整晚前來找尋啤酒、樂團、女人和打架，實際進行的順序可能也是如此。若你現在前往那裡，可能會將人潮洶湧又高掛霓虹燈的地區，誤認為是為新婚夫婦創立的黑暗版迪士尼樂園。街道上到處都是穿著吊帶襪、舞裙、薄紗與色情片舞鞋的妓女；暈船的水手可能剛從現場性愛秀中跌撞地走到礫石街上撒尿嘔吐。這裡沒什麼體面的景象，不過依然有種特殊的魔力。也因為漢堡在披頭四歷史中的重要地位，多年來總是受到許多人以充滿宗教崇拜感的口吻所描寫。

男孩們在這裡落入了最艱困的工作中；據說披頭四在職業生涯中，在漢堡表演的次數比其他地方還多。儘管紀錄各有不同，總表演數也與他們在洞穴俱樂部進行的演出數目打成平手，但他們在漢堡約莫進行了兩百八十場表演。無論有多少次演出（沒人在乎實際表演數目有多少，知道場次很多就可以了），他們都全力以赴並上緊發條，將小理察、艾維斯・普里斯萊、卡爾・帕金斯、胖子多明諾等人的歌曲用自己的詮釋震撼全場，「表演了一萬小時」。[1]男孩們也在這裡認識了林哥．史達，這宣告了保羅將不用再兼任鼓手；披頭四在此擴充了表演曲目，首度錄製了商業歌曲，並且擔任東尼．雪瑞登（Tony Sheridan）的歌曲〈我的波妮〉（*My Bonnie*）的和音樂團。這項工作使他們吸引了利物浦唱片行老闆布萊恩．愛普斯坦的注意，並讓他自願擔任他們的經紀人。他們在這裡認識了許多酷炫的新朋友，激發他們集體留起長至鎖骨的中性髮型，使他們得到「拖把頭」的稱號。在這座腐臭又被遺棄的排水溝城市之中，約翰毫無自制地展現了厭惡人類的一面，徹底轉變成咄咄逼人、傲慢又尖酸刻薄的小無賴。他在舞台上踏著行軍步伐，侮辱主持人，嘴裡喊著「希特勒萬歲！」或「納粹！」、「蠢貨！」、「智障！」和「德國佬！」。他會把一只黑色小梳子靠在上唇，假裝是希特勒式的鬍鬚，並四處模仿殘障人士。克許曾命令披頭四得「好好表演」，約翰則完全依自己的風格執行這要求，還在舞台上打架。有一次他居然全身只套了一個馬桶蓋。但客人們一點都不生氣，反而源源不絕地前來。

某場加勒比鋼鼓表演種下了意想不到的後果。他們剛離開「傑克」咖啡屋（位在史萊特街上潮濕的地下室，地點靠近藝術學院），前去德國港口進行表演。他們寄卡片回老家給威廉斯，大肆談論起當地的風光。察覺機會的威廉斯向克許米德自薦，想要擔任默西賽德郡樂團們的經紀人。他沒辦法找羅里．史托姆與颶風樂隊，因為他們要到布特林海濱度假村進行夏季表演，因此拒絕了威廉斯；他也無法得到已經被預訂的蓋瑞與前導者樂團，於是威廉斯將披頭四賣給了克許米德。保羅、彼特和喬治已經離開了學校，約翰搞砸了期末考，被踢出藝術學院；因為已經沒有什麼事能阻擋他們，他們便亟欲出發，並說服自己這正是鞏固事業、使他們一炮而紅的大好機會。一九六〇年八月十六日，他們剛從為期兩週的北蘇格蘭之旅回來，當時是為了拉瑞・派恩斯（Larry Parnes）的徒弟強尼・珍特爾（Johnny Gentle）而去；約翰、保羅、史都、喬治、威廉斯、威廉斯的妻子貝瑞兒、她的兄弟巴瑞・張（Barry Chang）與「伍德邦恩公爵」（Lord Woodbine），也就是千里達的音樂推廣人哈洛德・阿道夫斯・菲利浦（威廉斯與他共同經營一間利物浦脫衣俱樂部），一同擠進威廉斯的綠色奧斯汀廂型車，並繞路去倫敦接服務生喬治・史登納（Georg Sterner，他擔任口譯員以及「披頭四間諜」，同時在帝王地下室俱樂部擔任克許手下的服務生），再到哈威奇搭船前往荷蘭角港。他們嘈雜地駛過荷蘭，開入德國，並在隔天抵達表演場地，在趕著上台表演前只休息了幾小時。他們一晚會表演數個小時直到清晨，彷彿一週表演八天，並維持了六週，同時全擠在班比電影院幕後擁塞又骯髒的宿舍裡。

羅里・史托姆與颶風樂隊在十月底達，也迅速開始每天表演九十五或九十六分鐘，和披頭四交替演出。哈囉，林哥。

男孩們在一九六〇年八月到一九六二年十二月間進行了五次漢堡之旅，而在行程中發生的鬧劇足以創作成小說與電影。他們在英德拉俱樂部待了四十八個晚上，接著在該處的噪音遭到抱怨後，改在帝王地下室俱樂部待了五十八晚；有三個月待在前十俱樂部；還參與了明星俱樂部為期七週的開幕表演。他們在一九六二年的十一月和十二月回到漢堡，進行第四場與第五場活動；明星俱樂部早在幾個月前就預訂了他們的時間。林哥在這最後兩次行程中擔任鼓手，因為他已經在那年八月取代了彼特・貝斯特。披頭四不太情願地接下於一九六二年十二月十八日開始的兩週表演。而多虧了首張專輯《好好愛我》（*Love Me Do*），他們在英國獲得了巨大的迴響。

約翰曾說過一句知名的話：他在利物浦出生，卻在漢堡長大。他們都一樣。他們只有這條路可走，被拖出舒適的家中後，經歷了業火般的考驗，並迅速學會在歐洲最混亂的街道上保護自己。他們結交了新朋友，包括前輕量級拳擊冠軍霍斯特・法舍爾（Horst Fascher），他是人渣中的一盞明燈。身為前任慣犯的他，被克許米德雇用為圍事；他自認是名低吟歌手，覺得他的新朋友們搶了自己的鋒頭。但這其實從未發生，不過人都有夢嘛。他們與他的初次會面充滿敵意。當喬治・哈里森問他是不是納粹時，霍斯特揍了他一頓；約翰辱罵他時，法舍爾把他拖進男廁，朝他尿了一身。他也有正當理由生氣，因為他的家人在大屠殺時接納並幫助了猶太人。但在那之後，他的態度軟化，也喜歡了上這些骯髒的小夥子，並開始照顧他們。

要記得，當年約翰還不滿二十歲，他們在德國首演時，保羅和喬治比他更年輕；一想到他們和脫衣舞孃、妓女、人妖、攜帶彈簧刀的暴力罪犯，以及兜售毒品並揮舞短棍的保全人員和酒吧職員混在一起，就足以讓咪咪氣得提早入土。她並不清楚約翰在學生時期就已開始濫用藥物，要是知道也可能會對當時發生的事感到驚駭。反正晚上能安睡就好❶。為了加強自己在每晚數場演出時的體力，並為一大群只為了喝酒和打架而前去店裡的客人演奏，男孩們開始服用苯甲嗎林，又稱「普瑞藥」。那是芬美曲秦藥物的品牌名稱，在美國街頭被稱作「碰碰丸」。苯甲嗎林是一種強烈的興奮劑，會引發一些令人不適的副作用，也被用於抑制食欲。當他們和著啤酒吞下藥丸時，有時會口吐白沫，並接連好幾天都維持清醒。當他們因藥效而亢奮時，表演會大受歡迎。約

❶ 譯注：此句話影射藍儂的同名歌曲〈安眠即可〉（*Whatever Gets You Thru the Night*）。

翰自然服藥過量，有時會一次吞下四五顆苯甲嗎林，不像保羅較為自制地只服用一顆。據說彼特幾乎沒有服藥，這可算是個成就。

「漢堡的服務生們都有苯甲嗎林，還有許多其他藥丸，但我特別記得苯甲嗎林，因為當時的旅途很長。他們都會吃這種藥來讓自己維持清醒，以便長時間通霄工作。」約翰回憶道。「所以當服務生們看到樂手們因疲勞或酒精而倒下，他們就會給你這種藥。你會吃藥，並開始講話，精神也好了起來，接著彷彿能無止盡地工作……直到藥效結束，然後你又得再吃一顆。」[2]

不久後，他們就發現自己需要更強勁，也能快速生效的藥，例如具有高度成癮性的安非他命、被列為抗憂鬱及抗緊張的藥物，街頭人稱「黑色轟炸機」、「法國藍調」與「紫心」。

他們的名聲不只傳遍了數千名放假水手耳中，也立刻傳進漢堡一部分比較習慣傳統爵士樂的年輕知識份子耳裡；特別是城裡的設計專業學院（現為應用科技大學）中穿著黑衣的陰鬱畢業生。該校專注於藝術、時尚與攝影。克勞斯．弗爾曼（Klaus Voormann）率先前來，之後帶上他的女友阿斯翠德．基爾赫（Astrid Kirchherr）和共同朋友尤根．沃爾瑪（Jürgen Vollmer），他們的同道中人後來也迅速加入。當我為本書採訪克勞斯時，他剛滿八十一歲。

「數十年來，人們不斷要我分析我的好友約翰．藍儂。」他說。「但我不會這麼做，因為我辦不到。這太困難了。

我只能說，對我而言，成名前的約翰是我最喜歡的版本。他並不快樂。噢，不，我說反了。約翰總是非常頹喪，他語帶諷刺卻又很幽默，也試著用笑話或惡作劇掩飾自身的問題。他不輕易觸及自己的角色與定位，這點我非常清楚，問題出在他的母親以及童年時期的麻煩。她當時才離世幾年而已，因此當他來漢堡時，還沒有解決心魔。

約翰假裝是個搖滾歌手，但那其實不是他。他非常強硬。他是我在樂團中認識的第一個人，我不知道該如何判斷他。我很害怕，覺得他會傷害我，卻總是被他身上某種感覺強烈吸引。」

克勞斯承認，自己的朋友圈和披頭四的共通點非常少。

「我們是藝術家，穿著麂皮與皮革大衣，加上輕飄飄的圍巾，頂著可笑的髮型。我們和他們相當不同。因為我們的外型與本質：個性深沉、肅穆、又充滿質疑，所以我們很少前往那類的俱樂部，那裡總是有很多人打架。但幸運的是，服務生發現我們和樂團成了朋友後，就開始保護並照顧我們。我們大部分晚上都會去大自由街聽他們表演。」

在柏林出生的克勞斯有閱讀障礙，父親是位醫生。他比約翰大兩歲半，在大概二十二歲的時候遇見了披頭四。克勞斯身兼平面設計師與商業藝術家，為某位德國音樂家所製作的純樂器版《走，別跑》（*Walk Don't Run*，該曲由投機者樂團〔The Ventures〕在一九六〇年發行）繪製了首張專業唱片封面。

「我對此很驕傲。我會說一點英文，也把這份作品帶去給約翰看，他要我去找史都，因為史都是團裡的藝術家。我因此與披頭四結了緣。史都和我坐下來聊康丁斯基❷和其他我們最喜歡的藝術家，大家也都加入了討論。就連約翰也是，雖然他不太喜歡不是與他直接有關的情境。

他們完全不像我們以往認識的人，他們所做的一切都出自直覺，這對我們來說非常厲害。我

❷譯注：Wassily Kandinsky，俄國畫家與藝術理論家。

想，他們大概也覺得我們很有趣。我們受過的教育讓我們變得敏感又喜歡問問題。我們當時是某種存在主義者，也遵循那類哲學思想，所以約翰就決定叫我們『存仔』。」[3]

「我當然認為他們會成功。」克勞斯堅持道。「我從最早看見他們在台上的時候開始，就很清楚他們會大紅大紫。你可以從他們身上觀察到一切成功的要素：約翰獨特的搖滾唱腔與能量、保羅擁有旋律感的強烈和聲、甜美的喬治用大膽的方式演奏艾迪．科克蘭與喬．布朗（Joe Brown）的歌曲。每個成員都有強烈的個人風格，一旦合作又能創造出魔法般的效果。當我在沉浸在他們的演出時，從未分析過；我就是單純在感受。」

但約翰對他而言是個謎團。克勞斯哀嘆道，儘管約翰充滿表演欲、又總是天馬行空，卻從來不願意讓朋友們踏進他的內心。

「最後他有些放鬆了，偶爾會向我透漏隻字片語，但他只願講出一丁點資訊，也鮮少提到自己的事。只有一次，在我們的友誼維持了許多年後，當時他住在美國進行個人工作，我去看他，他才對我敞開心胸。不過，在漢堡時他說得並不多。我很想認識他。

我記得有天晚上，我們喝得酩酊大醉，接著去了一家脫衣舞俱樂部，後來被踢了出去。當時約莫清晨五點，他和我去魚市場，我們倆發抖地坐在一張露天長椅上聊天。那是個古怪的親密時刻，但他依然不願意向我敞開心防。他不願放鬆，當時他確實處在和自己脫節的情況；儘管我年紀稍長，但我也有自己的問題。不過看到他處於痛苦之中，也讓我感到難過。他會憤怒到用拳頭打破櫥櫃的門板，把他珍貴的皮革夾克扯爛。他是個好朋友，是對我來說非常重要的朋友，但我幫不了他。」

克勞斯回想道，當時披頭四的主要問題，是因為沒有成人指引他們。

「這是最根本的問題。他們的年紀不夠大到能獨自待在漢堡。他們只是孩子，但沒人照顧他們，沒有媽媽或姑媽能幫忙處理家事，而且在他們前往漢堡前，已經過慣了那種生活。他們只是從利物浦被拉到外國工作的年輕人；你無法想像住在那種糟糕宿舍裡的骯髒狀況，還得被迫夜復一夜地持續工作，他們得服藥才能保持清醒。我們為他們感到很難過，因為班比電影院的宿舍非常惡劣，連動物都不適合住在裡頭。他們睡覺的房間，其實只是掃具間，裡頭沒有衣櫥、沒有適當的床鋪，只有行軍床。房裡到處都是穢物，他們用一只鍋子當馬桶；裡頭也沒有能盥洗的地方，他們得把腳泡在電影院中的公廁水槽裡。如果我們沒出現的話，他們就會繼續過那種生活。情況太可怕了，噁心到讓我們感到震驚，讓人難過得想哭。我們也不是什麼大英雄，只是想讓他們的生活正常一點。阿斯翠德和我邀請他們到她母親的家中，讓他們能好好洗個澡、洗頭和吃點正常的食物。他們急迫地需要被照顧，阿斯翠德也為他們提供了這點。我們成了他們的家人，阿斯翠德和我就像他們的父母。我們照顧這批男孩，讓他們再度快樂起來。我們帶他們去電影院、環遊漢堡和周圍地區，還去了波羅的海。他們非常樂於接受新經驗，特別是史都。」

當年二十二歲的阿斯翠德，現在已經八十二歲了，經歷過兩次中風。當時她曾是攝影系學生與攝影師助理，拍下了披頭四早期最經典的幾張黑白照片；日後這些照片都曾在英國、德國、奧地利、美國和日本展覽過，也印刷在限量版書籍中。

「這段記憶像是我腦中的旋轉木馬，他們看起來相當驚人……我的一生在幾分鐘內完全改變。我只想和他們待在一起，好好認識他們。」她在二〇〇五年這麼說。[4]

她是個美貌驚人又暖心的金髮女子。從約翰的角度看來，她是「德國版的碧姬．芭杜」，就像是他青少年夢想中女神的完美再現。[5]每個披頭四成員都為她所著迷。阿斯翠德帶他們去聖靈廣場，那裡也被稱為漢堡大教堂，城裡最知名的遊樂場便位於該地；她在那裡為他們拍照。尤根．沃爾瑪也在漢堡周邊拍下了他們的團體照與個人照。阿斯翠德將他們帶回位於阿通納的家喝茶，並見了她守寡的母親尼爾莎。阿通納是漢堡富有的西部市郊，曾一度擁有繁榮的猶太社區。他們瞪大眼睛地盯著她的臥房瞧：那是間被燭光點亮的神奇房間，裡頭上了黑色油漆，天花板鋪有銀絲箔，床上還有黑緞布床單。他們和尼爾莎相處甚歡，使得他們很快就幾乎每天都去她家吃晚餐。不久她也被說服，幫他們從和自己關係友好的當地藥劑師手上拿到大量苯甲嗎林，因為那是正式的處方藥。另一名長期藥物供應人則是羅沙．霍夫曼（Rosa Hoffman），他是俱樂部裡的公廁清潔員之一。

就連憤世嫉俗又冷硬的約翰，也受到阿斯翠德的吸引。他在寫給小辛長達十頁、還加上附註與插圖的信件中，文情並茂地提到阿絲翠德，使得她相當吃醋。但她沒什麼好擔心的。後來她和保羅的女友多特．羅納（Dot Rhone）一起前往漢堡拜訪約翰，並在當地度過為期兩週的生日假期時，阿絲翠德態度溫暖地接待了她們，甚至讓小辛住在她母親家裡（多特則和保羅一同住在公廁清潔員羅沙的船屋中）。小辛親眼見到史都和阿絲翠德訂婚，為彼此戴上金戒指。史都對她一見鍾情。到了最後，阿絲翠德將這名脆弱的藝術家描述為她一生的摯愛。但因為悲劇性的理由，他們未能成婚。

離婚過兩次、膝下無子又隱遁於世的阿絲翠德一直保有美貌與毅力。她始終稱自己的首位未婚夫史都特・沙克里夫為「我一生的摯愛」；他在二十一歲時死在她懷裡。她於二〇二〇年五月十二日在漢堡辭世，距離史都死亡已經過了五十八年，而離她的八十二歲生日只剩下八天。她以自己的羅利庫爾德牌相機在老家鎮上率先拍下了臉孔稚嫩的披頭四，而這些照片則像星辰般懸掛在他們的宇宙中。但她總是對自己打造出他們形象與風格這點，表現得相當謙遜。

「我為他們貢獻出最重要的東西，」她堅持道，「就是友誼。」

同時，披頭四愁雲慘霧地在一九六〇年十月回到利物浦。他們甩了克許米德，轉而為規模更大、態度也更專業的競爭店家工作：前十俱樂部。當他們回到班比電影院取回微薄的行李時，保羅與彼特發現自己得在黑暗中摸索，於是他們把保險套釘在牆上並在上頭點火，這讓克許米德勃然大怒。雖然這沒有造成永久的傷害，但克許米德立刻報警，指控他們企圖縱火。嫌犯遭到逮捕，並在接受質詢過後被遣送出境。喬治被發現只有十七歲，根本還太小不適合在那裡工作，而且他沒有工作證。約翰的工作證不久後也被取消，他得自己搭火車回家，還害怕自己永遠無法回到英格蘭。

史都得了扁桃腺炎，在痊癒前一直待在漢堡，後來的機票由阿絲翠德替他支付。但他的心已經不在利物浦或披頭四上了。他在一九六一年七月為了愛情放棄了搖滾樂，搬去阿通納和未婚妻同居後，他進入漢堡美術學院就讀，打算在日後擔任美術老師。但自某段時間開始，他不斷苦於嚴重頭痛、畏光，甚至會間歇式眼盲。某天他在上課時無預警地昏迷，尼爾莎立刻找來了醫生。儘管測不出確切原因，史都的狀況卻開始惡化。一九六二年四月十日，尼爾莎緊急把上班中的阿絲翠德找來，陪他搭救護車去醫院。在他們抵達醫院前，史都就死在她懷裡。後來他的死因被診斷為「動脈瘤破裂導致腦部癱瘓，血液流入右腦室」。他得年二十一歲。阿絲翠德因悲慟欲絕而崩潰。但是保羅、約翰與彼特回到漢堡進行下一場演出時，她得去機場接他們。喬治、史都的母親米麗與披頭四的心經紀人布萊恩・愛普斯坦則搭稍晚的下一班飛機過去。男孩們悲傷地難以自拔。喬治與約翰盡力安慰阿絲翠德，因為她完全失去了生存意志。她在日後的訪談中說，約翰當時告訴她，她必須決定自己要「活著或死亡，沒有其他問題比這重要。」[6]

阿絲翠德與約翰都沒有參加史都特在利物浦的葬禮。主動或被動缺席最親近的人的葬禮，已經成了約翰生命中的要素之一。他似乎終身都受到他朋友的回憶纏身。小野洋子後來說，約翰經常愉快地提起史都特，也形容他為「自己的另一面」和「動力」。「我覺得自己彷彿認識史都，因為約翰幾乎每天都提起他。」小野說。[7]是因為約翰自身的罪惡感或對他人反響的畏懼，使他不願出席葬禮，向對方致上最後的敬意嗎？

一直有人認為，約翰得為史都特的死負責。這項驚人聲明來自寶琳・克羅寧・沙克里夫（Pauline Cronin Sutcliffe），她在描寫關於她死去哥哥的書中提出。出版前的封面宣傳扭曲了長島心理治療師與藝術品販子的說法，其中據稱約翰向史都進行攻擊。她被媒體大量抹黑，因為她「深切相信」史都的致命腦出血，是因為約翰在一九五九年因嫉妒引發暴怒，進而突然攻擊他所造成的。據說寶琳宣稱在史都的人生最後一年裡，在素描本中寫下了幾乎難以辨識的潦草字跡與驚嘆語句，都「反映出他的心理健康正在走下坡」。驗屍報告確實指出可能是由踢擊或打擊造成的頭骨凹陷處。但在二〇〇三年七月，在邦瀚斯倫敦支部拍賣她過世哥哥的上百件個人物品時（內容包括他的出生證明、利物浦藝術學院的文憑、照片、詩詞、阿絲翠德寫給她未婚夫家人的信件、史都寫給她的情書、有些據稱由史都寫出的「披頭四失落歌曲」中的歌詞以及他的素描本），她承認自己說史都死前數週曾與約翰曾打過架，「一點幫助都沒有」；但她否認自己責怪約翰造成了害死史都特的傷。

「我並沒有說過報紙上刊出的言論，也對此感到很震驚。」她說。「對因此受到冒犯的約翰·藍儂的家人、我自己的家人、還有全世界上百萬名披頭四歌迷，我感到相當抱歉。」

沙克里夫小姐將四十年的人生都奉獻於收集關於她哥哥的紀念品，以及撰寫他的故事。她說，沙克里夫家族沒有任何收入，維持家族的成本也太昂貴了。她相信歌迷會急於擁有史都特·沙克里夫生涯中的一部分，因為就是他創造了披頭四的經典形象。

「我總是相信史都特不只是披頭四幕後的核心力量，也是影響他們公眾形象最深的成員，因為他製造了如今還在世上迴盪的風格陳述。不過更重要的是，他是個曾為了追尋初戀，而放下與披頭四的連結的人——也就是他的藝術。」

無論真相為何，傳記作者與歌迷長期以來都對此產生分歧。史都特的傷被認為有許多可能的原因，從街頭鬥毆（約翰在其中撲向他是為了保護對方，而非傷害），到史都特本人濫用安非他命。

「我哥哥不只被揍過一次。」寶琳在另一場訪談中說道。「其實，他們都被打過。從五〇年代晚期到六〇年代初期，這是利物浦搖滾樂團的生活之一。總是會有幫派追殺他們……當時的世界就是這樣。」[8]

沙克里夫小姐曾協助拍攝一九九三年由史帝芬·杜夫（Stephen Dorff）主演的電影《年少情

狂》（*Backbeat*），該片改編自她哥哥和披頭四度過的生涯，也討論了關於兩人間同志情緣的傳言。如果史都與約翰在利物浦藝術學院同居時曾有肉體關係，她說自己也不會感到訝異。「約翰曾說過這件事發生過。」她指出這點，但卻不願透露來源。她描述約翰為「一位非常聰明的年輕人，但性格複雜，也沒有人真的了解他。」

從寶琳．沙克里夫的分析觀點來看，約翰喜歡史都的原因，是因為史都是唯一看透他的人。史都特明白約翰的怒火代表了失望與對傷痛的發洩，問題也源自於無人了解他。只有史都特懂他。那他為何要背叛史都特？**因為，你總是會摘下最甜美的玫瑰，並壓爛它，直到花瓣掉落。**[9]不過，他們的友誼依然持續，甚至變得茁壯。

「我讀過阿絲翠德手中的一些信件。」克勞斯．弗爾曼告訴我。「在史都特為了和她交往而離開披頭四後，史都特與約翰依然保持密切的信件通聯。我認識他們時就有這種感覺；讀過那些信後，我也想起約翰很尊敬史都特，認為對方比自己優越。約翰對自己相當沒有安全感，導致他總得崇拜某個比他厲害的人。在日後的生涯中，他再也找不到比史都特更優秀的英雄了。」

*

一九六二年七月，另一位知名的貝斯手得到了在大自由街上發光發熱的機會，也熱切且天真地認為，自己將會遇見約翰。十九歲的法蘭克．艾倫（Frank Allen）很快就因為成為搜尋者樂團的成員，而得到國際知名度，但當時他只是克里夫．班奈特（Cliff Bennett）紅及一時的反抗煽動者樂團（Rebel Rousers）中的吉他手。班奈特的樂團當時在新開幕的明星俱樂部中表演，該店與布魯諾・克許米德的帝王地下室俱樂部是競爭對手。

「明星俱樂部的所有人是曼弗雷・懷斯雷德（Manfred Weissleder），店長則是霍斯特・法舍爾；在周圍的酒吧和性愛俱樂部中，它宛如一座教堂。」法蘭克回憶道。[10]「它比帝王地下室俱樂部大多了，不只找來來自英國的好幾個樂團，特別是一大群從利物浦過來的無名樂手，還加上來自美國的表演人員。當我們在那裡表演時，曾和許多傳奇同台演出，像是比爾・哈利與彗星樂團、喬伊・迪伊與星亮者樂團（Joey Dee & the Starliters）、埃弗里兄弟（The Everly Brothers）、波・迪德利（我曾在他的樂團中彈貝斯）、吉恩・文森特、文斯・泰勒（Vince Taylor）、雷・查爾斯（Ray Charles）、胖子多明諾和傑瑞・李・路易斯等人。第一次表演時，我們發現俱樂部裡的眾人都在談論一支來自默西賽德郡、名叫披頭四的樂團。到處都是他們的照片，還有其他到目前為止都沒人聽過的樂團相片。包括貝緹娜、歌蒂、籮絲等酒吧女侍們明顯都喜歡他們。」

由於披頭四當時被盛讚為國內最厲害的樂團，法蘭克與其它男孩們便對他們感到非常好奇，也很想與他們競爭。他們在十二月三十日回到漢堡時，就非常想見到披頭四。

「在老家，」法蘭克回憶道，「他們用《好好愛我》勉強擠進暢銷排行榜：以首張唱片來說，並不是很厲害的成績。總之，有傳言說他們的經紀人布萊恩・愛普斯坦自己買下了大量唱片，以便衝高排行榜上的成績。那當然是個骯髒的招數，但很常見。最後，它攀上英國暢銷排行榜的第十七名。

那年的冬天非常可怕。大雪讓希斯洛機場關閉了一整天。當晚我們預計要在明星俱樂部表演。由於天候影響，我們差點無法成行。不過，機場當晚還是開放了一陣子，但我們抵達時已經太晚了，霍斯特來接我們，並把我們直接載到俱樂部。我們不可能上台了，但至少還能看看其他演出人員。

擁有絕佳節奏藍調唱腔的克里夫．班奈特並不隨便稱讚人，那時他專心地盯著披頭四看。他感到非常佩服。「我也對他們感到吃驚，但我得說自己並沒有過度興奮。他們不太有知識分子的味道，在態度與表演上都相當粗曠，我想那是他們穿黑色圓領毛衣的時期。但他們身上有某種氛圍，那使他們與眾不同。他們掌握全場的方式非常神奇，他們確實很厲害。」

法蘭克與樂團在一九六三年元旦再度碰上了披頭四。這次換披頭四研究名聲極高的反抗煽動者了。

「披頭四預計在隔天飛回英格蘭。他們的航班時間一定很晚，因為當我要走進梳妝間時，就碰到剛踏出門的約翰．藍儂，當時中午才剛過。我們面對面看著彼此。我向他自我介紹，說自己很喜歡他們的演出，也提到自己聽說他們要出新專輯了。我希望他和樂團能得到巨大成功。約翰專注地盯著我，態度並沒有警覺，反而比較像條蛇，在準備絞殺並吞噬毫無防備之力的老鼠前，先評估對方的大小。那態度相當嚇人。當時我是個緊張兮兮的小鬼頭，在很多層面來說，到現在也是。

『啊，對，你是法蘭克吧？』約翰說。『對，我也喜歡你們的表演。我跟俱樂部裡的人聊過，你似乎是團裡受歡迎程度僅次於克里夫的成員。』他暫停了一下，接著痛下殺手。『但我想不出原因。』他冷笑道。『因為你的和音彈得他媽的爛透了。』」

法蘭克被捅了一刀。「我不確定自己是否受到侮辱，或這其實是某種友善但怪異的利物浦招呼用語。」他說。「我不知道該如何回應，只能勉強回答：『嗯，祝你們的新專輯好運，見到你真好。』約翰則回答：『對，真高興看到你，法蘭克。再會啦。』

隨後披頭四前往機場，我們一群人則留在舞台上，聽特大號泰勒（Kingsize Taylor）前晚表演時錄下的未修剪錄音。在阿德里安・巴柏（Adrian Barber，他是另一個厲害的默西節拍❸樂團三巨頭〔Big Three〕的前任成員，後來退團去當明星俱樂部的音效工程師）的幫助下，他們在流行樂史上留下了不小的迴響；不過當時沒人明白這迴響**有多大**。[11]

霍斯特・法舍爾接著拿出了一張小唱片，那是約翰給他的醋酸鹽唱盤，上頭已經錄製了披頭四的新單曲。阿德里安用俱樂部的播音系統播放了那首歌。從亮麗的開場樂器獨奏到結尾，整首歌都令人眼界大開。這點無庸置疑。〈請取悅我〉（*Please Please Me*）會將他們推上《好好愛我》無法觸及的高峰。」

這兩名年輕音樂家日後又多次碰上彼此，兩人都沒有提過第一次見面發生的事。「我後來與他再見面時，就完全沒有任何不適。」法蘭克說。「他可以當好好先生或惡霸，而且瞬間就能切換性情。你永遠不知道自己碰到他時，會遇上哪種態度，你也得學會別因這種事感到心煩。

許多年後，我們在紐約一間名叫剪接室的俱樂部表演。龐鳳儀也在觀眾中；她參與了藍儂七〇年代惡名昭彰的『失落的週末』時期。表演結束後，她過來聊天。我向她述說了在漢堡發生的故事，還補上我自己的理論，認為儘管他表現得自信又狂妄，但約翰其實和我們所有人一樣充滿

❸ 譯注：Merseybeat，指來自梅西河畔的利物浦和曼徹斯特的樂團。

不安全感。我說，他應付這點的方式就是先出手攻擊。『你說得一點都沒錯！』她驚呼道。『那就是約翰。』」

〈7〉斯文加利❶

布萊恩・愛普斯坦曾說過，二十一歲時他自覺像個老頭。自從十六歲開始，他就穿著靴子與西裝，口吻彬彬有禮，也有優秀的工作；當他碰上披頭四時，也才二十多歲，但這名前RADA[1]學生肯定察覺對方正是能達成自己未完成的野心的媒介。這位擁有俄國與猶太血統的失敗演員是個未出櫃的同性戀者，在當時公開自己的性向很可能遭到囚禁。[2]成果不彰的公立學校教育只讓他得到了安慰獎：沉悶不變、但發展蓬勃的家族事業。布萊恩失去了青少年時光，也似乎直接從青春期跳到中年。披頭四代表了他錯過的所有事物，他被這些替代性的刺激感引誘著。

在他管理新的北角音樂店時，首度聽說披頭四；該店是愛普斯坦家族的商業帝國裡的一部分。他在《梅西河節奏報》中讀過他們的事；那是比爾・哈利出版的音樂雜誌，布萊恩在上頭刊登了廣告，也將成疊的雜誌擺在店裡。在一九六一年八月，他也開始在該雜誌上撰寫專欄文章。約翰很快也開始寫。有天一名顧客前來找一張名叫《我的波妮》的唱片，挑起了布萊恩的興趣。當他發現專輯中收錄了披頭四的歌，也就是那幾個常造訪他店裡的當地男孩時，他便決定要看看他們的表現。布萊恩對洞穴俱樂部並不陌生，也常常去店裡，他打聽到披頭四其中一場中午演出將在十一月九日舉行。他和私人助理阿利斯特・泰勒（Alistair Taylor）前往俱樂部，並發現自己和女學生與午休中的上班族混在一起。

「我立刻對他們的音樂、節奏和台上的幽默感到震驚，甚至在之後與他們碰面時，又再度被

❶ 譯注：svengali，指試圖惡意操縱他人的人，典出法國小說喬治・杜穆利爾（George du Maurier）所著的小說《特里比》（*Trilby*）。

他們的個人魅力吸引。」他在《精選集》❷中的電視訪談說道。「這一切就始於那一刻。」

儘管他們擁有明顯的化學反應、傳染力強的幽默感與出奇精闢的音樂才華，這批粗鄙搖滾歌手的外在形象卻相當糟糕。他們輕率地穿著牛仔褲與皮夾克，外觀無趣、粗野、隱約帶有威脅感，又完全不懂舞台之道。他們在表演期間抽菸、喝酒、戲弄彼此、咒罵、說閒話和胡鬧，彷彿完全不在意觀眾，或覺得觀眾打擾了他們。布萊恩可能給自己惹了個大麻煩，但他深深被披頭四吸引，一再回去觀看他們的表演。他想要他們，儘管他之前從來沒有經營藝人的經驗，但他在下個月就成了他們的經紀人。

「世上最簡單的事，莫過於在事過境遷後批判歷史人物。」艾德・畢克奈爾（Ed Bicknell）說。他管理險峻海峽樂團（Dire Straits）長達二十六年，也曾經營過史考特・沃克（Scott Walker）、傑瑞・拉費提（Gerry Rafferty）和布萊恩・費瑞（Bryan Ferry）的事業，這名坦率的約克郡人毫不做作地開口。「在流行樂中，只有一位知名經紀人出現在布萊恩之前：艾維斯・普里斯萊的經紀人湯姆中校・帕克（Colonel Tom Parker）。一九六一年時，沒什麼人知道他的事。更少人清楚他做了什麼事。帕克的背景宛如嘉年華表演，他肯定不是『中校』。英國沒有嘉年華會，濱海的露天遊樂場算是最類似的場合了。」[3]

和當今不同的是，當時沒有書本、紀錄片、傳記和學術課程，自然也沒有能解答疑問的對象。所以當布萊恩自願『管理』披頭四時，雙方都不知道這有什麼意義，他們得隨機應變。

❷譯注：*The Beatles Anthology*，收錄電視訪談、專輯、與披頭四相關歷史書籍的收藏集。

當時『流行樂』被視為稍縱即逝的趨勢，如果你沒變成全能藝人的話，這種工作也許能持續兩年，然後你就得回鐵路上幹活了。工作『場所』都由擁有『綜藝』背景的中年男子所經營。像是姓『盧』、『萊斯里』和『伯納德』的人。[4]」

畢克奈爾解釋，流行樂受到放任，而他們的顧客也受到父母的寵愛。克里夫．理查與影子樂團（The Shadows）很快就碰上了宛如兒童劇場般的夏季，也登上各種電視節目：新表演都得向《小子》（*The Kids*）致敬。電視圈和廣播圈都認為那是「難聽的美國噪音」，至少一開始是這樣。電影在不久後出現，搖滾樂被迅速沖淡，並且被「家庭娛樂」取代。青少年的陰鬱心理，被矮化為「年輕人」與「暑假」。

「很快地，」艾德說，「披頭四也發現他們遇到了同樣的處境。他們得為了販賣專輯與單曲而製作加長版影片，裡頭也毫無危險的叛逆氣息。這就是當代的想法，它被稱為『流行樂』的原因就是因為它流行，那才是重點。它在後來才成為『藝術』。」當然了，披頭四的目標並非在文化史中佔有一席之地。他們還很年輕，也只想玩樂。他們並沒有仰望未來或夢想成為「名人」，那一切都還遙不可及。

「但愛普斯坦確實擁有**所有**經紀人都必須具備的特質：信念。他有相當強大的信念。為了讓這股信念成真，它必須轉變為某種執念，強烈到將『不』這字解讀為『嗯，或許吧』。所以儘管處處碰壁，你也得繼續前進，直到聽到『好』的回應。喬治．馬丁曾告訴我，他想簽下披頭四的一大原因，除了根本不會花多少錢以外，就是布萊恩對『男孩們』強大的堅持與信念。」

一九六二年一月二十四日，他們在蒙娜．貝斯特家簽署了一份五年合約。由於保羅、喬治和彼特都未滿二十一歲，愛普斯坦需要他們的父母同意。由於約翰已經成年，便無人理睬咪咪的抗議。儘管她長久以來不斷對他做的所有事情進行批判與雞蛋裡挑骨頭，還打壓他並破壞他的自信心，但她不會有機會毀了這件事。

但「這」就是約翰要的嗎？布萊恩企圖包裝、行銷、商業化以及利用他們，而他們被打造出的模樣和約翰解讀自己的方向大相逕庭。他先前已經表明過，自己絕對不會穿上與他人款式相同的西裝與領帶。但接下來他還是配合地穿上相應的衣物，對自己感到困惑不已。他說過一句知名的話：「我會穿西裝；如果有人付我錢的話，要我穿該死的氣球也行。」他妥協了，出賣了自己。他放棄對自我性格的控制、約翰．藍儂的精髓和使他變得獨特的元素。**為什麼**？是為了輕視咪咪嗎？為了給她好看？為了讓她見識到，自己不是她心目中和父母一個樣、又一無是處的廢物？咪咪一有機會，就不斷批評他一無是處。美化修飾自己的本性，並為了名利而讓自己套上別人的外型，對約翰這樣的人來說似乎做得太過頭了。你得進行分析，才會理解真相。他做出的叛逆小事，像是用錯誤方式繫領帶或沒扣上襯衫上半部的鈕扣，都是微妙的線索。他明顯不喜歡當下發生的事，但他看得出重點，也知道自己沒有選擇。即便約翰反對讓四名成員都被包裝得過度做作，還得穿上相同的舞台服裝，也必須留起幾乎相同的髮型，他卻遵守了規定，因為事情當時就得這樣進行；藝術家屈服於經紀人。前例歌手中最成功的範例就是克里夫．理查與影子樂團，他們穿上燕尾服與領帶，因此大賺了一筆。這對他們有效……所以管他的。他講出了自己的心聲，接著和隔壁的人一樣用力甩起頭髮。但這是否就是他第一個自我破壞的行為呢？這是約翰第一次被謀害嗎？

如果你視情況隨機應變，肯定會犯錯；但只有當自己回頭審視時，才會發現曾經犯過錯。就算當代的搖滾樂與流行樂經紀人，讀過各類專書、上過相關課程、並得到學歷（以及一件學校T恤），如果他們在一九六三年的利物浦闖蕩的話，可能也會犯下一模一樣的錯。

「布萊恩犯過錯嗎？當然了。」艾德．畢克奈爾說。「**每個人**都會犯錯。經紀人喜歡認為自己造成了比實際上更大的影響，但其實這是藝術家的天分與動力使一切順利進行。布萊恩數十年來不斷因他為披頭四做出的商業化合約，而遭到批判，讓他放下了大部分的控制權與獲益權，但這一切都是馬後炮。這狀況當然很糟，但他當時能仰賴哪種資訊？我們的老朋友中校幾乎是獨自用貓王得到成功。但當時沒有規則，毫無前例，也沒有歷史規定你該得到百分之幾的利潤。在中校的情況中，他在貓王分紅前，就先拿走了一大部分紅利，使得布萊恩．愛普斯坦的交易相較之下沒那麼糟。

當你作為經紀人，就擁有不同的責任。首先，你得做生意：在當時，唱片公司與歌曲發行人有『標準』交易。『不接受就拉倒』就是準則，推銷員也沒什麼不同。所以，在你擁有經紀人最偉大的天賦之前，你會和布萊恩一樣踏入絕境；那天賦正是手段。在許多層面上，科技都讓我們回到了原點。只有一件事是肯定的：企業永遠都會走最短的捷徑。換句話說，就是最便宜的路線。

第二，你得『管理』表演。在布萊恩的狀況中，那代表了披頭四。別忘了，再過不久他就簽下了許多歌手，而幾乎所有人都來自利物浦。這就是困難的部分，其中充滿了心理因素、欺瞞、政治性與獨裁性因子。

在每個樂團中，都有個想當領袖的人。他們達成目的的原因，通常都是因為性格上的優勢與身為最火爆的人，同時是最不願妥協的成員，通常也是最惡劣的混蛋。有時才華能幫上忙，但不一定是必要元素。民主在樂團中起不了作用，也因此最後他們都會解體。混蛋總會率先離開，因為身為混蛋，就會擁有跟小型星球一樣大的自尊，還加上自我執著。這和自己的地盤有關。」

喬治．馬丁告訴畢克奈爾，約翰是個可怕的惡霸：「特別是對喬治．哈里森，當他早期試著寫歌時，被約翰極度輕視，甚至是不屑。過了好幾年後，藍儂才不情願地承認〈某個東西〉（*Something*）是《艾比路》專輯中最優秀的歌曲。」[5]

*

布萊恩往披頭四腦中灌輸了一些禮儀，教會他們在表演結束時一同鞠躬的妙法，並讓他們變得聰明點。有紀錄指出，他把他們載到維拉爾見他的朋友：裁縫師貝諾．多恩（Beno Dorn）。他幫披頭四做出了第一套相同的西裝。來自倫敦的時尚人物傑夫．德克斯特（Jeff Dexter）身兼專業舞者、歌手、DJ與河岸街上的萊塞姆劇院的常客；愛普斯坦向他諮詢了在樂團長期形象上的意見。

「對，就是我帶他們去見道格．米林斯（Dougie Millings），他縫製了經典的無領披頭四西裝。」德克斯特確認這點。「他是當年的搖滾樂專用裁縫師。

他們也從愛尼洛與戴維德舞鞋店挑了我穿的滑雪後社交靴；那種鞋好穿又好脫。我們叫這種鞋『滑雪後社交靴』的原因，是因為舞者會稱舞池為『滑雪道』和『地毯』，就像俗話說『切地毯』❸。事實上，我想披頭四買了愛尼洛的巴巴靴❹，我也從道格的工作室直接帶他們去沃多爾街上的明星製衫店。」

愛普斯坦的下一步是讓他們得到錄製歌曲的合約。儘管過程峰迴路轉，也不如他預期中簡單，但他的北角音樂店與大型廠商之間的商業人脈，還是讓他們與EMI集團的帕洛風唱片公司（Parlophone）簽訂了合約，而他們的製作人正是喬治．馬丁。

另一項目標則是曝光度。多虧了蒙娜．貝斯特的努力，格拉納達電視台已經在打聽披頭四了。那是當時英格蘭西北部的重要當地電視台，收視範圍非常廣：從北部的湖區到南部的陶瓷區，也從北威爾斯一路延伸到約克郡海岸。能在格拉納達的節目上出場，就能催生未來上其他節目的機會。製作人強尼．漢普在我們的採訪進行時年滿八十七歲。他在披頭四的演變過程中相當重要，之後也會利用藍儂與麥卡尼的音樂製作知名的電視特別節目。保羅在披頭四的《精選集》中坦承他們並不想參與，參與的原因只是出自對他們的朋友強尼的忠誠。因為他經常去德國的大型軍事基地看美國表演，也曾於一九六二年在大自由街看過披頭四演出。

「我很佩服他們。」強尼告訴我。「當時他們在音樂上比其他表演者好得多。那時我和布萊

---

❸ 譯注：原文的 cut a rug 在英文中代表「去跳舞吧」的意思。
❹ 譯注：又稱雀爾喜靴。

恩・愛普斯坦還不熟，只知道他是披頭四的經紀人。他們共事了好一段期間，那時人們經常更換經紀人。有一陣子我和他經常一起吃晚餐：在倫敦的奇想餐廳（他最喜愛的餐廳之一），以及在利物浦的帝國劇院後頭一家小旅館中的優秀餐廳。他總是有點害怕披頭四，並稱他們為『男孩們』。特別是約翰。我後來才明白，他一定愛上約翰了，但他從未向我坦承自己對約翰的感覺。他一直試著當個好生意人。

格拉納達電視台有群研究人員在拍攝一支節目，內容是關於英格蘭以北的樂團。萊斯里・伍德海德（Leslie Woodhead）當時是研究人員，也是我們的新導演，而在一九六一年到一九六二年之間，他執導了披頭四在洞穴俱樂部拍攝的第一部影片，正好就在他們發行第一張唱片前。披頭四的片段最後並沒有播出，因為它不符播放標準。但現在那段影片成了完美的歷史傑作。布萊恩・愛普斯坦打了好幾通電話給我，詢問為何沒有播放那支影片。我無法告訴他原因，但電視台確實讓披頭四表演〈好好愛我〉作為補償。」

當格拉納達電視台要求強尼對《人們與地點》節目進行更動後，披頭四便被邀請來表演〈請取悅我〉。

「對我來說，約翰總是鶴立雞群。」強尼回憶道。「他們是最早沒有『正式』主唱的其中一支樂團，但我認為約翰就是主唱。我的目光總是受他吸引，也老是和他談話。他看起來像個王子，有種貴族氛圍，即便身穿黑色皮衣，身上卻依然有種不凡的優雅感，而其他人感覺起來就只是孩子。」

這名製作人從一開始就明確察覺到約翰的黑暗面。

「這點無可避免。」他斷言道。「那太明顯了。大多時候，他都是個憤怒、輕率、又令人反感的人。他有時對我感到很惱火，特別是在『街頭攝影機』在攝影棚內跟著他們時：跟進了更衣室、化妝間還有道具組。我們當時就知道，自己拍攝的畫面將會締造歷史。當約翰發現這個潛力時，改變了主意。他會像該死的殘廢一樣跛著腳走來走去，就像是鐘樓怪人。

我們後來明白約翰同時扮演了好幾個人。和他打交道的成功關鍵與激發他最佳一面的重點，就是認出每天你碰到的是哪個約翰，接著以恰當方式和那版本的他互動。我敢大膽地說，自己有認出明星素質的能力，也就是所謂的『X因子』，也會對表演者表達尊重。真正的天賦會讓我感動得流下眼淚，因此我明白自己見證了某種特別又美妙的事。約翰也在我身上認出這點，我們因此互動良好。我懂他，他也懂我。一切都落在平衡點上。」

曾經有過一拍即合的關鍵時刻嗎？

「有次他唱了〈舞動尖叫〉❺。」

「他們提過『梅西河唱腔』（又稱梅西河節拍），」強尼思忖道。「但我不認為那種東西真的存在。希拉・布萊克（Cilla Black）的第一首暢銷單曲是伯特・巴卡拉克（Burt Bacharach）歌曲（〈有心的人〉〔*Anyone Who Had a Heart*〕，由哈爾・大衛〔Hal David〕填詞）的翻唱版。蓋瑞與前導者樂團（米契・莫〔Mitch Murray〕的〈你怎麼辦到的？〉〔*How Do You Do It?*〕，原本要讓亞當・費斯〔Adam Faith〕演唱，後來被指定讓披頭四首唱）與比利・克拉默與達科塔（Billy J.

❺ 譯注：*Twist and Shout*，為披頭四翻唱的同名歌曲。

Kramer and the Dakotas）的〈小孩童〉（*Little Children*，由約翰・萊斯里・麥法蘭〔John Leslie McFarland〕和莫爾特・舒曼〔Mort Schuman〕編曲）：他們的暢銷歌曲都不是自己的歌。所謂的『梅西河唱腔』是後人編出的東西。如果梅西河唱腔真的有代表的話，對我來說就是披頭四。所以我很容易理解為何披頭四在全球走紅。主要是因為他們的歌曲，加上他們的個性和四人間的化學反應。他們非常獨特。」

數年來，強尼與約翰之間發展出了某種友誼，不過他們並沒有經常來往。漢普記得披頭四曾在表演後待下來閒晃，他們不喜歡立刻回去倫敦或利物浦，所以他們會去喝一杯。約翰特別對強尼製作的藍調與福音音樂特別節目感興趣，節目叫做《我聽見藍調》（*I Hear the Blues*），來賓包括穆迪・瓦特斯、桑尼小子・威廉森（Sonny Boy Williamson）、威利・迪克森（Willie Dixon）、瘦子孟斐斯（Memphis Slim）和阿隆索・「盧尼」・強森（Alonzo 'Lonnie' Johnson），盧尼・多尼根就是從強森身上得到了自己的暱稱。

「約翰想和我聊這些厲害的表演。他也很喜歡我在一九六三年製播的小理察特別節目，以及一九六四年的傑瑞・李・路易斯節目。還有我和搖滾樂老祖母羅賽塔・塔普姐妹（Sister Rosetta Tharpe）（聽聽看〈下雨了嗎？〉〔*Didn't It Rain?*〕）合作的《藍調與福音列車》（*Blues and Gospel Train*）。我們的話題大多是關於音樂。他想成為和那些人一樣的藝術家，他打從內心最深處感受到了這點。那就是關鍵，這點觸動了我，我因此很喜愛他。『我是**他們**之一。我也是真正的音樂家，強尼。』他彷彿這樣對我說。他不需要把話說開。也不需要說服我。我已經清楚他超越了披頭四的身分；其他人遲早也會明白這點。對，我很了解這點。」[6]

＊

小辛依然存在。她說自己去過披頭四的「所有」表演，但這根本不可能發生。特別是在接下來的表演後，約翰與他此時已成了前任員警的老友彼特．修頓，下午都帶著一對女孩待在床上。小辛的母親搬到加拿大去照顧表親的嬰兒，小辛則搬入咪咪家，成為其中一名付費房客。約翰的姑媽根本不想搭理他女友，而小辛也瞧不起咪咪，所以這段怪異安排中唯一的受益人就是約翰。他從史都特的舊公寓中搬回家住。門迪普宅並不如傳言般龐大豪華，裡頭的房間數比外人猜想得還少。我去過那裡，也看過那些房間。除了小辛以外，還有兩名房客：這意味屋內住了五名成人，卻只有一座廁所和分隔開的浴室。這棟半獨立式住宅已經人滿為患了。

約翰在一九六一年十月第一週與保羅前往巴黎慶祝自己的二十一歲生日，身上帶了咪咪姑媽給他的一百英鎊。小辛不是比較恰當的旅伴嗎？當時這名新手美術老師正忙著準備她的期末考和分發學校的工作經驗。那時約翰與他的編曲夥伴兼團員在法國首都的街頭碰上了尤根．沃爾瑪，於沃爾瑪帶著他的漢堡老朋友們回到自己的旅館，並將他們的頭髮剪成特別的「Exi」髮型。

＊

他們於一九六二年元旦在倫敦進行的迪卡唱片試鏡尷尬地收尾。那是經典的「謝了，不過不用」的情況。

「但迪卡唱片的A&R❻經理迪克・羅維（Dick Rowe）數年來都聲稱，他從未拒絕披頭四。」西蒙・納皮爾貝爾說道。「那完全是鬼扯。他們那天為兩支樂團錄音：披頭四和布萊恩・波爾與震音樂團（Brian Poole and the Tremeloes）。羅維問製作人同事麥克・史密斯（Mike Smith）該簽下哪個樂團。史密斯曾去洞穴俱樂部看披頭四表演過，也對他們感到興奮，但日後謠傳他覺得披頭四沒有觀眾的演出就不好。那絕非事實，麥克只是不想在每次需要和披頭四見面工作時，就一路跑到利物浦。於是他選擇了駐點於本地的震音樂團，他們早已用〈舞動尖叫〉賣出好成績，那首歌也被披頭四收錄在《請取悅我》和《好好愛我》中。」

*

回到漢堡後，披頭四那年四月工作地十分辛苦，因為他們收到了史都特・沙克里夫可怕的死訊。小辛則因為受不了咪咪的冷嘲熱諷，而搬出咪咪家，和自己的一名姑媽住在一起，同時尋找著新的租屋處。當男孩們在兩天後回到利物浦時，尼爾・阿斯皮納爾便載著他們到倫敦，到EMI集團與喬治・馬丁試鏡。一兩個月後，他們就拿到了無法拒絕的條件。披頭四正一路往成功邁進。這就是約翰想要的一切嗎？不只如此。他的女友懷孕了。

現今的女性擁有辛西亞當年缺乏的選擇。在一九五〇年代與六〇年代初期，好女孩不會進行婚前性行為。開放性行為並不被大眾接受，主要是因為有懷孕的風險。儘管英國在一九六一年引

❻ 譯注：Artist & Repertoire，直譯為「歌手與曲目」，指流行樂產業中負責挖掘新歌手並為其打造市場價值的部門。

進了避孕藥，國民保健署也大多只開給已成家的年長婦女。避孕藥要到一九六七年才會被開放給大眾，當時女孩們才得到身體自主權，感情關係的機能也才改變。在那之前，大眾認為女孩們就該結婚持家，大多女性在年輕時就留在家裡照顧小孩，並在丈夫出外工作時煮飯和打掃：這種生活方式被理想化成「完美家庭」。在現實中，這是一種囚禁女性的方式，女人交出了個人權力與獨立性（當時很少女人有銀行帳戶），以便成為「一家之主」的僕人，以及廚房爐子的奴隸。此時這位拘謹小姐正期待與她心愛的男人共度這種生活，但是她的男友即將成為全球超級巨星，使她無法如願。

布萊恩．愛普斯坦已經向他的男孩們表明，認真的情感關係會損害他們在眾多女性歌迷中的受歡迎程度，因此必須保密與否認這種關係。當約翰告訴小辛為何她得成為秘密時，她可以理解，混在觀看披頭四表演的觀眾群時也相當低調。因此她不知道該如何告訴對方，自己已經身懷六甲了。

「我想，當時比起告訴我媽，我更害怕告訴約翰這件事。」她承認道。

「我媽要從加拿大過來看我，所以這件事瞞不了她。我很確定，她只要看我一眼，就會知道。至於約翰，我很害怕他的反應，我很怕我們會大吵一架，彷彿這不知怎麼的好像是我的錯。我獨自痛哭失聲，最後做了個決定。約翰一定會甩了我，因為樂團終於上軌道了，他不能被這種事拖住。而我不可能去墮胎，當時墮胎依然是違法行為，雖然當年確實有女人會去找黑街墮胎醫生，但那得冒上生命危險。現在的女孩們當然也會心急於不知該不該留下嬰兒，但至少她們能做決定。」

只有一件事可做。

「我要獨自處理這件事。」小辛說。「我知道我會感到羞恥，也會受傷，但我不敢往別的方向想。我還是得告訴約翰，他有權知道。我有好幾天開不了口，但最後我深吸一口氣面對現實。我對那天還記憶猶新。我看著他的臉變得毫無血色，接著我退縮並發起抖來。我也許甚至說服了自己說他會打我。但當他說：『我們得結婚』時，感覺就像我所有的聖誕願望都成真了。我簡直不敢相信。我說他不必這樣做，如果他不想結婚的話，我也能理解。他堅持說，不，他愛我，事情就這樣定了。『我們倆一起做出了寶寶，』他說。『也得要我們倆合作才能把小孩養大。我不會讓妳獨自承受這一切。』我嚎啕大哭，心中充滿了喜悅、感謝與放鬆感。我們會成為正常的小家庭。」她愛她，對啦，對啦，對啦。[7]

布萊恩．愛普斯坦當然試圖說服約翰放棄婚姻，但當他發現他旗下的歌手對此相當認真時，仍舊盡全力協助對方。打扮光鮮亮麗的布萊恩幫他們取得了結婚許可，和宜人山戶政登記所登記了八月二十三日的日期，並用自己的私人禮車護送新娘穿過滂沱大雨，還在當地一間名叫瑞斯餐館的當地咖啡廳支付了兩人的婚禮早餐，也提供這對新婚夫婦婚後的第一個家：他將自己位於利物浦的喬治亞區中用於偷情的公寓，暫時借給他們居住。過程中沒有花束、婚紗、照片、葡萄酒、致詞或任何亮麗光景，但當晚他們有了披頭四、笑話、真誠的愉悅情感與一場表演。藍儂先生親吻了新娘，並出外工作，藍儂太太則待在家。[8]

咪咪自然大發雷霆。她拒絕祝福約翰，也用各種惡毒言語咒罵小辛。儘管以某些程度而言，她的憤怒早已是預料中的事，但小辛告訴我，咪咪的責罵比她之前任何話語或行徑都將約翰傷得更重。她對約翰而言就像是母親，即便她多年來挖苦與吹毛求疵，但是當婚姻和為人父這種人生里程碑出現時，他依然渴求咪咪的認同。他想要咪咪在場，帶著驕傲微笑並支持他。她不只不參加婚禮，也不允許其他家人參加。這實在太侮辱人了。因此在小辛差點流產後，提議在懷孕幾個月後去見咪咪時，得鼓起莫大的勇氣。他們發現咪咪的態度在披頭四扶搖直上的成功後慢慢軟化，也出奇積極地幫忙這對即將產子的年輕夫婦。注意到布萊恩的公寓只是暫時居所，狀況也不甚理想，而約翰與樂團也得回到漢堡時，咪咪便邀請他們搬回門迪普宅。一等最後幾名房客搬出去，他們就能租用一樓的房間，咪咪則會睡在頂樓。當下的一切情況看似相當不錯，不過一旦將咪咪的脾氣與她對小辛的不屑，和約翰大多時間都不在家這幾點因素考量進去後，情況就不同了。

＊

一九六三年初，披頭四的確是利物浦的金童，但還沒席捲全英國。他們在二月為了支持海倫．夏皮洛（Helen Shapiro）而進行的巡迴演出，使他們的新單曲〈請取悅我〉登上排行榜第二名（在北角音樂店和《旋律製造者》的排行榜上名列第一）。他們的名氣正一路攀升。約翰偷偷花了點時間陪老婆，他們的小孩在幾週內就要出生了。但他驚恐地發現小辛剪掉了修長的金髮，他充滿憤怒與恨意的反應令人出乎意料，相較之下咪咪的脾氣還溫和多了，小辛對此感到震驚又心碎。當我們談起這件事的時候，她已經原諒約翰了。

「可憐的約翰，這一切對他而言都太難以承受了。」她說。「即便披頭四的成功令人感到興奮，那也是我們最期待的事，但對約翰而言，卻有些東西不太對勁。他不願多談，我也只能透過多年來的隻字片語拼湊出答案。他們正在錄自己的歌，歌曲也非常熱賣，這當然是他們急切希望的事情。但約翰很難接受布萊恩堅持要他們套上全新的形象，這種『外型』和『態度』完全不是他的本色。而且他們現在成了媒體焦點，他就得謹守分寸。這些事讓他承受了很大的壓力，因為他得隱藏並壓抑本性，而他又會三不五時抗拒這點。於是當我也突然改變了自己的『形象』時，就超過了他的忍受範圍。他沒辦法承受這種變化。他想要原本的小辛，和自己一開始愛上的那個女孩。他只想要我維持原樣。當時我太年輕也太注意自己了，完全沒察覺這點。我當時認為，孩子出生之後自己一定會變得寒酸又難看，於是想讓自己振作起來。無論原因為何，那都是個錯誤。如果可以的話，我多想讓一切回到原本的樣子。」

*

他們在倫敦錄製了首張唱片《請取悅我》，並立刻回去進行了巡迴演出。小辛被迫獨自在醫院進行痛苦的分娩。這名嚇壞了的二十三歲女子，在四月八日早餐前生下孩子，身旁甚至沒有咪咪握著她的手。等到陰晴不定的姑媽屈尊地前去探視新生兒時，小辛早已打電話通知她的外甥說小孩出生了。約翰・溫斯頓・藍儂過了三天才見到約翰・查爾斯・朱利安（John Charles Julian）。然而三週後，他就離開累壞的母親與他們的小嬰兒，和艾普[7]悠哉地度假去了。

---

[7] 譯注：Eppy，披頭四私下對愛普斯坦的暱稱。

〈8〉第五人

約翰從來沒對小辛忠誠過。一次都沒有，即便是在他的夢中也沒發生過。不管是在學校派對瞞著她和其他學生廝混，或像隻陰溝老鼠般待在遙遠的漢堡時，所有可能發生的事早都發生過了。德國的女孩們作風比較開放，加上幾乎每晚都有狂歡派對，守貞禁欲更不是約翰的作風。

在彼特．貝斯特的印象中，連約翰都形容自己是「好色的豬哥」：「約翰樹立了我們飆車般的激進生活方式。」他如此形容在漢堡早期的日子。「也許他自覺比我們更沒有束縛；他沒有父母干涉，也遠離了他口中咪咪姑媽常拋出的責罵。他能隨心所欲，想玩得多兇都可以。在那些荒唐的日子裡，我們的性欲都相當旺盛，但藍儂的肉欲明顯比其他人都強……即便如此，約翰還是有體力自慰，也從不把這件事當作秘密。他會帶一些口味較淡的色情照片進房，把自己反鎖五分鐘，接著帶著滿意的笑臉重回披頭四身邊。」

約翰也很喜歡講自己的瘋狂故事給別人聽，而許多故事都與多重性伴侶和無視於地心引力的驚人體位有關。「多多益善呀！」他會笑著說道。[1]

先暫停一下……想想現在比較不具批判性、接受度也更高的當今社會，人們不是心態比較開放嗎？然而披頭四變得如此神聖，有一部分歌迷的年紀還太輕，並沒有在一開始就接觸到這支樂團，於是似乎認為他們無比聖潔。當任何關於偶像的小醜聞出現時，這類死忠歌迷都會在社群媒體上發火，變得極度苛刻。這些人心中的偶像形象，有時還摻入了迪士尼風格的天真、超自然的天分與幾近魔法的力量，把偶像們變成了被大量美化的幻象。他們就是種幻想。那些詼諧、鬥嘴、外表整潔、老實，還能帶回家見爸媽的披頭四形象根本不存在。那是場**戲**。有些藝術家比其他人更有人性。披頭四比大多人更有人性、更強悍、更容易犯錯、更容易受到影響、也享受過更多性愛。連保羅也是嗎？那是當然。

所以，如果這是個問題，重點就不在於約翰有沒有和其他男人發生過性行為，或者他是不是異性戀，這並不重要。重點在於他的不忠。從所有資料與他人的回憶中看來，約翰只有在家時會扮演丈夫與父親的角色，而且當下也心不在焉，態度慍怒又分心。小辛向我坦承，同時也在她的第二本回憶錄《我深愛過的約翰藍儂》中確認，約翰確實承認過有婚外情，小辛也對他保證自己不在意。她當然不清楚事情的全貌，但她是否故意視而不見呢？她對約翰與死忠歌迷們通姦行為（數年來肯定發生過成千上百次）的容忍，顯示小辛願意做出任何事來留住他。她因為害怕離婚，內心與靈魂一定承受了巨大的煎熬，因為當年離婚依然會招來流言蜚語和惡名。因此她準備好接受任何狀況，**幾乎**是所有狀況。她唯一無法接受的界線，就是布萊恩·愛普斯坦與約翰有性關係的「骯髒」揣測。當時她差點相信了八卦傳言，因為「大家」都在講。但當年令人瞠目結舌的事，現在可能就沒那麼令人訝異了，也許在當今受到啟蒙的時代中，我們很難將這種事當作醜聞；至少在第一世界中大多地區是如此。當時兩情相悅的成年人之間的同性戀活動還不合法。即便在疑似發生關係的兩人死亡後數十年，謠言依然不減。但無論大家怎麼說，房裡也只有他們倆，他們是唯一能說出真相的人。小辛堅持這件事從沒發生過。

「這種謠言毫無真實性可言。」她在回憶錄中堅持道。「約翰百分之百是個異性戀者，就像當年大多數的男孩一樣，他也對同性戀感到相當驚懼。」

保羅曾言之有理地指出，自己和約翰多年來都擠在一起生活，如果約翰有同性戀傾向的話，早就至少對他出手過一次了，然而約翰從來沒這樣做。他也提及《精選集》中的其中一集，重申道約翰認為一起短短的度個假，是個能讓愛普斯坦知道他們之中誰才是老大的好機會。但這說來諷刺，因為約翰到目前為止都沒有行動，只是默默地讓布萊恩做決定。

但約翰清楚愛普斯坦是同性戀者。那他為何要接受他們經紀人的邀約，陪對方去西班牙度將近兩週的假，也只有他們兩人同行？而不是到加納利群島和披頭四的保羅、喬治與林哥一起放兩週假？克勞斯．弗爾曼早就看出了端倪。

「他們的情況就像婚姻。」他說。「一開始是蜜月期，接著因為兩人的不相容，摩擦便緩緩出現。他們不像滾石樂團由米克擔任領袖，其他人則乖乖聽話（因此他們才能撐了這麼多年）；對披頭四而言，他們有三名領袖和一個跟隨者：林哥。因此他們不可能長期合作。

儘管保羅是個友善的人，但他在團內與別人總是有些格格不入，也習慣了自己行動。這和布萊恩．愛普斯坦愛上約翰也有關，這使得保羅覺得被孤立。即便在布萊恩離開後，他也總是會有這種感覺。

我記得當他們在一九六三年以〈她愛你〉（*She Loves You*）得到排行榜第一名後，就和我一起待在我父親位於特內里費島的房子。來的人包括保羅、喬治和林哥，沒有約翰，因為他和布萊恩度假去了。當時喬治忙著認識在路邊店家工作的女孩，還讓她看單曲封面；林哥到處閒晃；而保羅則對約翰的離開感到惱怒。這點很明顯。」

克勞斯說，他很久以前就看出披頭四會解散了。

「他們的爭端變得越來越激烈，發生頻率也越來越高。他們打過幾次架，彼此間的氣氛也益發劍拔弩張。他們的狀況就像是出了問題的婚姻，離婚這個選項已經無可避免。」

回想一九八〇年與愛普斯坦的關係時，約翰這樣說道：

「這個嘛，幾乎像是戀愛，但也不完全是。這段關係從未開花結果，但那是段相當激烈的關係。這是我第一次與自己清楚對方**是**同性戀者的人打交道。他對我坦承過……我們曾坐在托雷莫利諾斯的咖啡廳內，看著眼前的男孩，然後我會說：『你喜歡那個傢伙嗎，還是這個？』我很享受那段時光，感覺自己像個作家：你懂的，**我在體驗這一切**。」[2]

他也說（他搞錯了日期，甚至忘了他的妻子在他離開前就生下了兒子）：「小辛準備要生小孩，假期也都計畫好了，但我沒有為了孩子而取消假期，當時的我真是個**混蛋**。我就去度假了，然後看著布萊恩搭訕那些男孩們。我喜歡故意表現得像個娘娘腔，這樣很好玩，但接著利物浦裡就傳出了謠言。感覺糟透了，這讓人很難堪。」[3]

出於非常明顯的原因，布萊恩．愛普斯坦從未對此事發表過意見。曾獲頒官佐勳章的影子樂團成員布萊恩．班奈特（Brian Bennett）也沒開過口，直到現在。

身為第一個得到巨星身分的伴奏樂團，影子樂團依然被認為是英國單曲排行榜上最暢銷的樂團之一。布萊恩在一九六一年十月入團，披頭四非常喜歡他們。

「我和約翰．藍儂有三次令人印象深刻的近距離接觸。」布萊恩回憶道。

「第一次是在錫切斯，當地被稱為『西班牙的聖特羅佩』，當時我們在那裡邊度假，邊製作一張西班牙語專輯。約翰和布萊恩．愛普斯坦開車南下到西班牙，和我們待在海灘上的同一間旅館。約翰鎮日穿著不同的牛仔褲坐在海裡，讓褲子縮水到合身尺寸，並讓它們褪到恰當色澤。我完全想不到為什麼他們倆獨自待在那裡，卻沒找其他團員來。」[4]

第二次是我在ＥＭＩ集團的二號工作室工作時，當時約翰在三號工作室。我們碰上彼此。『嗨，約翰。』我說。『最近還好嗎？』『就在錄他媽的唱片呀！』他在離開前這樣說，應該是去處理那張專輯了。這讓我想到他可能想說的話：『就算他媽的影子樂團在我家後院表演，我也不會去看！』我永遠不知道他有沒有說那句話，但我能想像這是他會說的典型藍儂式刻薄言語。

第三次確實發生在**某個後院**裡，在保羅．麥卡尼的金姑媽的花園裡。」[5]

「當天是保羅在利物浦度過的二十一歲生日，時間是一九六三年六月十八日。」布萊恩說。「我們那時在黑潭表演。保羅與他當時的女友珍．愛舍（Jane Asher）開著他的路華攬勝休旅車到萊姆街站接我們去他姑媽家，當我們抵達時，派對已經人滿為患了。他們搭了一座大帳篷，但房子很小，所以空間有點擁擠。當晚由一支叫佛莫斯特樂團（The Fourmost）的團體負責表演。我們在那裡看到幾個自己認識的人，包括比利．克拉默，我也和保羅的爸爸吉姆大聊特聊。

辛西亞則跟我妻子瑪格麗特聊天，並問她影子樂團出外巡迴演出時，在家都如何自處。派對快結束前，現場爆發了一場爭執。大家都喝了很多酒，因此談話音量也越來越大聲。當人們意見不合又喝了酒後，事情總會變得很糟。當時，如果你說某個人是『娘炮』或『死同志』的話，通常就會惹上麻煩。我想大概是有人罵約翰是『死同志』，於是事情就這麼發生了。被狠揍了一頓的人被抬了出去。」

歷史記載攻擊者是約翰，被攻擊的人則是洞穴俱樂部的ＤＪ與披頭四擁護者的鮑勃．伍勒：他是大家心目中個性最溫和的人，也總是盡心盡力地支持與宣傳披頭四。他當時開玩笑地問了約翰與布萊恩．愛普斯坦最近的「蜜月」過得如何。他絕對不是唯一一個這樣問的人，但對約翰而言這就是壓垮他的最後一根稻草。他失去控制，撲向嘲笑他的人，並毒打了對方一頓，導致伍勒被緊急送往醫院。對約翰不幸的是，這樁事件上了當地小報，並在隔天傳到了艦隊街報社的耳中，而他對DJ充滿悔意的電報並無法彌補傷害。八年後的一九七一年，他在一場訪談中提起此事：

「我當時肯定因為害怕心裡的娘炮性格，才變得那麼生氣。你知道，當你才二十一歲時，會想當個男子漢。如果現在有人對我這樣說話，我完全不會在意。所以那時我痛扁了他一頓，還拿了根棍子揍他；這也是我的腦海中第一次浮現：『我能宰了這傢伙。』那念頭像螢幕上的文字一樣浮現在我腦中。如果我再打他一下，他就會掛了。」6

約翰的朋友彼特・修頓照慣例記得所有過往罪孽的細節。根據彼特的說法，他在假期過後打電話到門迪普宅找他的朋友，也稍微鬧了約翰一下……好吧，是大鬧，並得到了坦白的回覆，因為約翰總是會把真相告訴彼特。約翰坦承，布萊恩向他告白。這名優雅的經紀人毫不停歇的糾纏惹毛了約翰，最後他決定虛晃一招，故意脫下衣服邀請布萊恩做點什麼。當時愛普畏縮起來，結結巴巴地說他「不做那種事」。約翰覺得很有趣……並問布萊恩到底喜歡**什麼事**。

「所以我讓他幫我打手槍。」約翰聳肩說道。

「所以呢？」彼特回答。「那他媽的有什麼大不了？」7

兩人同意布萊恩已經受夠多苦了，因為他曾被利物浦碼頭工人習慣性的毆打——布萊恩總是去找這種娛樂活動。因為照他們的說法，溫文儒雅的布萊恩喜歡粗暴一點的性愛，所以那次約翰引誘他，也是出於對布萊恩感到難過。彼特能理解這點，也感同身受，而話題也就此打住。

一次？當我和保羅．甘巴奇尼（Paul Gambaccini）談論有關約翰的話題時，他提出了更多相關資訊。

「妳怎麼看待約翰與布萊恩．愛普斯坦的假期？」這位知名的ＢＢＣ主持人與「流行樂教授」問道。

「他們肯定發生過關係。」我回答。

「妳是這樣想嗎？妳有相關人士的說法嗎？」

「我沒有約翰的自白。」

「嗯，我可以告訴妳，約翰曾和一個人談過這件事，那人就是約翰．里德（John Reid，艾爾頓．強的前經紀人）。約翰．里德私下告訴我過約翰．藍儂提到的內容。我會告訴妳他說了什麼，但除非約翰．里德允許妳這樣做，不然我不能讓妳把這件事寫入書中。」

「我會問他的。」我說。

「好：約翰．里德說，一九七四年我們和艾爾頓與約翰待在波士頓時，他忍不住問約翰，他和愛普斯坦的謠言到底是不是真的。因為約翰對約翰．里德說：『除了布萊恩．愛普斯坦之外，你是我碰過最嚇人的人。』於是從不放過機會的約翰．里德便說：『你和布萊恩上過床嗎？』約翰回答：『兩次。一次是想看看我自己喜不喜歡，另一次則是確保自己不喜歡。』」

順道一提，這些年來我都不想當宣布：『約翰．藍儂和布萊恩．愛普斯坦上過床』的人。妳能了解我對此的感覺吧？可能是想讓歷史紀錄維持準確，或者讓約翰保有隱私權？還有這會不會讓辛西亞（當時已過世）或朱利安感到難過？我是不擔心洋子，因為她可能會覺得這是個好點子。雙性戀，**好耶**。」

「西蒙．納皮爾貝爾說愛普斯坦和約翰都曾跟他說，他們在西班牙上過床。」我說。

「啊，我不是唯一的人呀。太好了。」保羅回答。

還有關於約翰與大衛．鮑伊的婚外情，大衛自己也向我提過這點。根據他的說法，事情發生過很多次。他沒有講述細節，我也沒有逼問他，但他對此暢所欲言。我也把米克．傑格（Mick Jagger）的事告訴保羅。[8]

「哼。我有點覺得被排擠了。」保羅說。

我也是。對，我得到了約翰．里德的允許。

*

「布萊恩．愛普斯坦沒有說謊的理由。」西蒙．納皮爾貝爾指出。「這很合理：如果約翰是同性戀的話，他就需要嘗試看看。結果，他不是同性戀。約翰會去嘗試，他不會畏懼新經驗，無論什麼經驗都好：新藥物或新宗教都一樣。約翰總是帶頭嘗試全新的實驗性事物。布萊恩愛上約翰了嗎？我不曉得。我清楚的是，布萊恩非常**執迷**於披頭四的熱情。他很羨慕那股自己永遠無法參與的同袍情誼，那種團體歸屬感。布萊恩愛上了這種感覺。他了解這點，也將這種情懷販賣給大眾，也行銷得相當傑出。這就是披頭四成功的關鍵。

世上所有男人都在某段時間內嘗試過別的男人。特別是堅持自己沒試過的人。約翰．藍儂沒上過公立學校，裡頭所有人都玩過這招，因此對他而言，這等於是嘗試之前沒試過的東西。他當然很尊敬布萊恩，布萊恩也很愛披頭四的本質。所以兩人間有對彼此的共同景仰，這種情感能輕易演變成兩名男子間的肉欲，特別是娛樂業中的男人；他們出外喝了幾杯酒後，就發現自己與對方獨處。我不懂的是，為何多年來大家一直覺得這是大事。這跟嘗試日本菜沒什麼兩樣。試試看，你可能會喜歡。約翰的好奇心很強。他**為何不**嘗試呢？」

*

有許多人在競爭得到非正式的「披頭四第五人」稱號。媒體最早在一九六三年提到這種人，當時他們還沒在全球走紅，而此事也讓約翰相當心煩。當《滾石雜誌》的編輯問他這問題時，他馬上讓發問者明白，自己不只反對這種概念，也對那些大搖大擺地吹噓自己對披頭四存在與成就做出貢獻的人，感到相當光火。

「我不是披頭四。」約翰堅持道。「我是我。保羅不是披頭四。布萊恩・愛普斯坦不是披頭四，迪克・詹姆斯（Dick James）也不是。披頭四就是披頭四。」[9]他也強烈貶低了製作人喬治・馬丁的貢獻。不過，保羅點出了製作人以及經紀人的功勞。喬治・哈里森有別的說法，堅持如果有人能稱自己為「披頭四第五人」，那就是德瑞克・泰勒（Derek Taylor，他是利物浦出身的前艦隊街記者、專欄作家、公關、製作人與作家，日後成為蘋果公司的公關長），與前樂團司機兼巡迴演出經紀人兼公關，最後成為蘋果執行長的尼爾・阿斯皮納爾。

至於樂手方面，原本的貝斯手史都特・沙克里夫嚴格來說是「第四名」披頭四成員，因為他比鼓手彼特・貝斯特加入得更早，貝斯特算是「第五人」，因此讓林哥（更嚴格來說）成了「第六人」。至於貢獻，史都和樂團的名稱有很大的關聯，也是第一個採用拖把頭髮型的成員。

儘管並不算是樂手，約翰的童年好友彼特．修頓曾管理他們的蘋果服飾店，並成為蘋果公司的第一位執行董事，也在採石工人樂團裡彈奏洗衣板，在好幾張唱片中演奏打擊樂，並想出點子來加強〈我是海象〉與〈艾蓮娜．瑞比〉的歌詞。

但其實最正確的人選還是喬治．馬丁吧？他是最明顯的「披頭四第五人」。他不只製作了他們大部分的歌曲，也創造了曲目中的管絃樂、純樂器旋律和聲樂配置，並在不同曲目中彈奏鋼琴，包括〈苦難〉（Misery）與〈在我的一生中〉。

喬治．亨利．馬丁（George Henry Martin）於一九二六年一月三日出生在北倫敦的哈洛威，父母則是「身無分文又毫無音樂天分」的亨利與柏莎。他的木匠父親經常找不到工作，所以在街上賣報紙養家。在馬丁一家獲得一台解體的直立式鋼琴之後，他姐姐就能上鋼琴課了。喬治向她學習，也偷學了幾堂課，不過他大多是自學。到了十五歲，他組了一隻舞團。他讀了好幾間學校，包括位於海格的聖約瑟夫小學和史丹佛山的聖伊格納修斯學院，之後馬丁舉家搬到市郊，喬治改為就讀布羅姆利文法學校。

他在英國陸軍部擔任工料測量師和書記員，之後則在一九四三年加入皇家海軍中的艦隊航空兵。他受過飛行員的訓練，但從未上場飛行。一九四七年退伍後，他便回到市政廳音樂與戲劇學院繼續讀書，主修鋼琴與雙簧管。

「我看不懂樂譜，也不會編曲。」他承認道。「但他們依然讓我入學。我花了三年逼自己學會看懂譜曲。」

他的雙簧管老師是瑪格麗特・艾略特（Margaret Eliot），她的演員女兒珍・愛舍在後來成了保羅・麥卡尼的女友。珍的哥哥彼得・愛舍（Peter Asher，他是流行樂團體彼得與高登雙人組〔Peter and Gordon〕的一員），日後成為蘋果唱片公司（Apple Records）的A&R部門主管，並發掘了詹姆斯・泰勒，還擔任他的製作人與經紀人。一九四八年，在二十二歲生日當天，喬治娶了珍・「薛娜」・奇斯荷姆（Jean 'Sheena' Chisholm），這位他在被派駐在蘇格蘭時所認識的住在當地的未來新娘。他五十三歲的母親對此感到非常難過，在婚禮三週後死於腦出血，喬治因此無法原諒自己。薛娜與喬治有兩個孩子，分別是亞莉西絲與格瑞高里。

喬治曾短暫工作於BBC的古典音樂部門，並在一九五〇年加入EMI集團，擔任小品牌帕洛風唱片公司總裁的助理。五年後，他繼承了老闆奧斯卡・普魯斯（Oscar Preuss）的職位，並打響了身為喜劇與新穎歌曲❶製作人的名聲[10]，並與法蘭德斯與史旺（Flanders and Swann）、彼得・謝勒、史派克・米利根（Spike Milligan）和羅爾夫・哈里斯（Rolf Harris）合作。一九六二年，布萊恩・愛普斯坦為他帶來披頭四。那是這名認真不懈的經紀人的最後一搏，因為他先前已經被其他家唱片公司拒絕了。而成功的關鍵是他們相同的幽默感。喬治終生都拒絕將自己視為「打造出」披頭四的人，也總是駁斥他是他們的「斯文加利」。

「坊間有許多無稽之談。」他曾這麼說道。「在這種傳說中，他們都是沒受過教育的鄉野蠢夫，我則是為他們打造形象的富翁。事實上，披頭四和我有非常相似的背景，我上過和他們類似

❶譯注：novelty song，在一九二〇到三〇年代相當風行的無厘頭歌曲。

的學校。在音樂上，我們基本上都自學。至於我們的腔調，在我成為皇家海軍的軍官前，我的口音和他們一樣都屬於勞動階級。當你和那種組織的人打交道時，肯定會吸收到一些裝模作樣的腔調。我也參與過戲劇社團，這也有幫助。而音樂方面，我則是勉強學習。我對此不斷實驗，也從工作中學習。」

他說，自己與披頭四之間會出現化學反應，是因為他們都是《呆子秀》❷的忠實觀眾。

「他們很崇拜彼得・謝勒，也知道我會錄他的節目。當我們開始合作時，他們還沒成名。那種魔力並非在一瞬間發生，而是慢慢萌芽。但當他們一炮而紅時，情況就一發不可收拾了。」

他幾乎沒有時間回家睡覺，除了滿檔的行程外，喬治同時也在錄製希拉・布萊克、比利・克拉默與達科塔、蓋瑞與前導者樂團、伯納德・克里賓斯（Bernard Cribbins）和麥特・蒙洛（Matt Monro）的專輯；這種情況遲早得改變。之後因為他和帕洛風唱片公司的秘書茱蒂・洛克哈特・史密斯（Judy Lockhart Smith）捲入了婚外情，使他的婚姻出現了大麻煩。他與薛娜離婚，並在一九六六年娶了茱蒂。他們生下了一子一女，分別是吉爾斯與露西。

披頭四也在同年停止巡迴演出，並遷入工作室。《比伯軍曹的寂寞芳心俱樂部》於一九六七年發行，並被認為是世上最偉大的專輯。布萊恩・愛普斯坦不久後就過世了。披頭四比以往都還需要喬治・馬丁。但他們拒絕讓他處理〈順其自然〉（*Let it Be*），這首歌由菲爾・史佩克特（Phil Spector）製作，後來他們只能怯懦地回去找他處理樂團的最後絕唱《艾比路》。喬治曾反對

❷ 譯注：*The Goon Show*，一九五〇年代的英國喜劇節目。

EMI不支付製作人版稅的不公之舉，之後則以自由雇員的身分製作了披頭四後期的歌曲。他和工作夥伴約翰・伯吉斯（John Burgess）與其他兩名製作人共同創立了聯合獨立錄音（Associated Independent Recordings）：AIR。在披頭四之後，喬治與許多領域不同的歌手合作，包括傑夫・貝克、尼爾・薩達卡和幽浮合唱團（UFO）。他將這經驗比喻為「結了數十年的婚，突然發現自己可以搞婚外情。」他和保羅在一九八二年重拾合作關係，當時喬治製作了麥卡尼的《拔河》（*Tug of War*）。當位於牛津圓環的辦公室租約到期時，喬治便在貝爾賽斯公園中一處改為俗用的教堂裡，建立了世界級的工作室：林德赫斯特大宅。正當他經歷著前所未有的工作經驗時，他的生命遭受了殘酷的打擊。喬治被診斷出患有漸進性聽力喪失，也從未由此病症中康復。

「問題起於六〇年代。」他說，「當時我正與披頭四共事。我一次會花十二到十四小時連續聆聽高分貝的聲響。沒人告訴我這樣會損害我的耳朵，所以我在之後告訴我手下的所有工程師：『別這樣做！戴上耳塞！』我一直到九〇年代才注意到這件事。當然，到了那時已經太遲了。」他於一九七九年出版的自傳《你只需要雙耳》（*All You Need is Ears*）變得相當諷刺。耳聾症狀使他提早從工作室中退休。他停止錄製音樂，但並沒有完全罷手，他的兒子吉爾斯擔任了「他的耳朵」。他在全世界指揮了演出披頭四歌曲的交響樂會，也對經典樂曲標上注記，並對《比伯軍曹》製作過程進行演說。喬治在一九九六年受封騎士爵位，並協助策劃女王二〇〇二年金禧登基慶典中的現場音樂會，並護送女王陛下到舞台上。

在一九九八年，馬丁家族發行了《在我的一生中》，裡頭涵蓋了由喬治最喜歡的明星演唱的披頭四精選歌曲，表演者包括歌蒂・韓（Goldie Hawn）、羅賓・威廉斯（Robin Williams）和史恩．康納萊（Sean Connery）。二〇〇六年，馬丁父子倆為太陽馬戲團的一場表演進行配樂，成品便是知名的專輯《愛》（*Love*），「它是披頭四音樂生涯的大雜燴」。

他是全世界最知名的製作人，當我在一九八〇年碰上這位「披頭四第五人」時，只是個辦公室跑腿小妹。他在牛津街上的蝶蛹唱片公司的大廳中叫住我，當時我在該公司的美術部門工作。喬治在這家公司裡經營ＡＩＲ錄音室，他偕同創立的唱片公司擁有俯瞰牛津圓環的大型建築，蝶蛹唱片則以鉅資買下這座建物。當時我的皮革迷你裙、T恤和破爛的靴子，完全搭不上他衣冠楚楚的外表。五十多歲的喬治有六呎二高，身上穿著整齊的條紋襯衫與海軍藍領帶。灰髮觸及了他的領口，而他眼角滿佈魚尾紋的藍色雙眼則閃閃發亮。

「來我的辦公室見個妳認識的人。」他咧嘴一笑地說。

約翰．伯吉斯是ＡＩＲ錄音室的執行董事與弗萊迪與夢想家樂團（Freddie & the Dreamers）和曼弗瑞德．曼恩（Manfred Mann）的前任唱片製作人，他曾和我已故的父親，也就是退休職業足球員肯．瓊斯，在慈善足球隊娛樂圈十一號上一同踢球。球隊由前任運動員、藝人、星探與藝術家經紀人組成。史恩．康納萊、吉米．塔巴克（Jimmy Tarbuck）、戴斯．歐康納（Des O'Connor）和大衛．弗羅斯特（David Frost）都曾在六〇年代參與該球隊，當時的觀眾人數經常超過三萬人。約翰在一九五一年加入ＥＭＩ的媒體與宣傳部門。在公司併購國會唱片公司後，他就負責管理法蘭克．辛納屈、迪恩．馬丁（Dean Martin）和佩姬．李（Peggy Lee）。但他最想做的是製作音樂，最後則成了助理製作人。自從以身為ＥＭＩ員工的身分在艾比路上的錄音室與彼此見面後，喬治與約翰共事了好幾年。我只有在小時候見過約翰，而他在二〇一四年過世。

他們帶我去吃午餐。喬治和我想像得一模一樣：幽默又令人討喜地害羞；約翰喜歡逗笑大家。他們是個傑出的雙人組。用餐途中，我們發現喬治和我讀同一間學校：位於肯特的布羅姆利文法學校。搖滾歌手彼得．佛萊普頓（Peter Frampton）與比利．艾鐸也唸過那間學校。喬治記得我們的學校銘言：「Dum Cresco Spero」，意指「當我成長時，心中懷抱希望」。

那年十二月，約翰．藍儂在曼哈頓遭到謀害。喬治在七〇年代曾沉默地承受這名前任披頭四成員的尖酸諷刺。約翰嘲諷並貶低他們製作人的「影響力」與貢獻，而保羅、喬治和林哥則「總是很好心」。無比忠誠的喬治自然對約翰的死感到難過，甚至沒能舉辦可以讓他致上敬意的葬禮。喬治飛去了蒙賽拉特島，前一年他在該處開設了自己夢想中的錄音室。他說，自己坐著盯著海洋看，並在腦中回想藍儂的音樂。在十年後，這間錄音室與整座島被雨果颶風給夷平了。

我離開蝶蛹唱片之後在艦隊街就業，之後的數年內也採訪了喬治好幾次，他從來沒拒絕過。在我們於二〇一一年在位於南倫敦的克羅伊登的BRIT學校碰面之前，我已經有好一段陣子沒見過他了。喬治是這座學校的創立幹部之一，該校的校友包括艾美．懷斯、愛黛兒、凱蒂．瑪露（Katie Melua）、潔西．J（Jessie J）和蘿拉．楊（Lola Young）。為了慶祝BRIT學校的二十週年慶，校內要建立一座以他命名的高級錄音室。結果火災警報響了起來，每個人都跑出門外，然後喬治和我碰見彼此，在停車場中回憶了一番往事。

我最後一次看到他，是在二〇一二年十月的金徽章獎頒獎典禮上，地點位於薩伏依。彼時喬治已是個顫抖又耳聾的年邁八十六歲老人，他接受了英國詞曲創作與作家學會的頒獎。因為他不只因為披頭四而聞名全球，還製作過電影配樂、龐德電影主題曲、交響樂、暢銷書、三十張排行榜冠軍：他最後一張冠軍專輯，是艾爾頓・強一九九七年重製的《風中之燭》（*Candle in the Wind*），那是艾爾頓・強用於紀念威爾斯王妃黛安娜的歌曲。喬治製作過無數專輯，半世紀來也比史上任何製作人產出過更多家喻戶曉的歌手，這獎項也無法完全反映出他的功績。

「我有很不錯的發展機會。」他說。「我知道自己看起來又老又落伍。但變老的特點，就是當你的外表老去，內心卻不覺得有任何不同。愛爾蘭人不是說過，我們都會在某個年紀時『停下來』嗎？我一輩子都在過三十歲的生活。我很同意蕭伯納的說法：『我們不會因為變老而停止玩耍；我們變老的原因，是因為我們不再玩耍。』」

「我一直很幸運，這是事實。」他繼續說。「我和厲害的人們共事過，也很享受這些關係，這些人也不只是流行樂歌星。我也從來不跟自己不喜歡的人合作。生命太短暫了。」

誠懇的喬治總是不願接下那備受爭議的稱號，往往都聲稱在他看來，世上只有一位「披頭四第五人」，那就是布萊恩・愛普斯坦。

當保羅在他過世後的記者會中發表聲明時，他說：

「我有許多關於這名偉人的回憶，這將會永遠留存在我心中。他是位真正的紳士，對我而言也像是第二位父親。他用高明的技巧與幽默感引領了披頭四的事業，使他成了我與家人真正的朋友。如果有人配得上披頭四第五人的頭銜，那就是喬治了。

從他給披頭四第一張唱片合約，到我最後一次見到他時，他都是我所見過最慷慨聰明、也最有音樂氣息的人。」[11]

〈9〉亞美利哥

在發生於所謂的搖擺六〇年代的這場遊戲中，如果地方性樂團與歌手想存活的話，就都得前往英國娛樂業的中心。披頭四也不惶多讓：他們緊湊的巡迴演出、錄歌工作與拍片行程都使他們必須待在倫敦。這自然少不了位於南部的高級居所：約翰、喬治、林哥的家位於住滿股票經紀人的薩里郡，這使樂團成員和彼此住得較為緊密，也較能相互倚賴。只有保羅住在外地，他搬到位於聖約翰伍德的卡文迪許大道上。他能從該處走到艾比路上的錄音室，至今他依然住在那裡。這座優雅的豪宅絕對比「肯伍德」更適合約翰，那是他位於聖喬治山的卡文迪許路上、外型不太優雅的仿都鐸式住宅；他對這棟屋子的第一件改建工程，就是挖掘游泳池。但他還得考慮家人，小辛肯定對住家有些要求。至於男孩們則沒有改變。變得不多。大概沒變吧。至少他們還保有鄉音。你可以讓男孩們離開利物浦，但你無法抹去斯高斯腔調。他們真的是首批始終維持勞動階級精神的勞動階級歌手嗎？約翰認為如此。[1]

備受尊崇的搖滾歌手公關基斯・埃瑟姆（Keith Altham）曾代表過何許人合唱團、滾石樂團、海灘男孩（The Beach Boys）、小臉樂隊（The Small Faces）、范・莫里森（Van Morrison）、馬克・波倫等人；六〇年代時，他也是流行樂記者與時尚人物，並受僱於《華美雜誌》（*Fabulous*），那是《華美２０８雜誌》（*Fab 208*）的前身。當披頭四出現在一九六四年一月的雜誌封面上時，銷售量達到了一百萬份。那本價值一先令的雜誌，今日已經漲價到七十五英鎊。

「我在得到編輯的同意後，」基斯回憶道，「打給愛普斯坦說：『有好消息，布萊恩。《華美雜誌》同意用三個月的時間刊載披頭四專題。要開始拍照了。』『噢，太好了。』愛普回答，『那你派車來載男孩們吧。』**什麼**？我們連克里夫・理查都沒派車接送！

布萊恩是個衣冠楚楚又受過教育的老派紳士。他親切有禮，但有點天真，不明白遊戲規則。但他也清楚得很，他預測披頭四會比貓王更有名，而有段時間他們確實如此。他製造了**四名**貓王，他們同時也會寫歌，普里斯萊則從來沒做到這點。各年齡層的人都能欣賞這些歌曲，他們的音樂確實受到所有人歡迎。每個人都在唱這些歌，或用口哨吹奏歌曲旋律。他們的秘密是什麼？就是保羅的善良與約翰的惡毒。約翰比較難相處，口齒尖酸，又充滿思緒。他讓保羅情感充沛的歌詞多了一抹冷峻感，不過保羅自然是比較商業化的作曲者。他們是個傑出的團隊。兩人與彼此完美地配合，他們有強烈的化學反應。布萊恩看出該如何包裝那點，並因此發了大財。那就是他帶來的優勢。這確實有用。」

上述的拍照行程對基斯．埃瑟姆是好消息。

「我一整個下午都跟披頭四在菲利特威出版社（日後成為ＩＰＣ雜誌）工作。我**真的**開了禮車去梅費爾的威斯特伯里飯店接他們！當天我也了解到，約翰將會是佔據我最多時間的披頭四成員。我會花上人生中的許多年來思考關於他的事。

當天他剛起床，全身亂成一團，但這並沒讓他的態度軟化多少。他叫我『**欸！你啊**，《華美雜誌》的基斯』。我當下明白他在測試我。他總會說些惡毒話語來激出別人的反應。在他做出開頭的衝突後，他便會判斷你的為人，接著才會放鬆。我得說，我很喜歡早期的約翰。不過，即便在那些年頭裡，通常也有兩個約翰。他有點像傑基與海德❶。幾杯黃湯下肚後，他會變得很不友

❶ 譯注：英國作家羅伯特．路易斯．史蒂文生所著《化身博士》的主角與其黑暗面人格。

善，彷彿他無法自制。我會在地下酒吧之類的地點碰到他，而他要不忽視我，要不就會說出一些難聽的話。」

基斯發現，約翰自認為是披頭四的領袖。

「他會讓你確信**那是**他的樂團。他有嚴重的童年創傷，也太過敏感了。我想他在找可以衝撞的風車。[2]他透過咒罵殘障之類的人來測試他人，甚至在台上也這樣做；試想今天發生**這種事**的後果。他想看看自己能不能激怒觀眾。現在看以前的表演畫面，總是讓人覺得怵目驚心。他對此感到很興奮。當約翰無法應對事情時，就會嘲笑對方，他並非真的想嘲笑殘疾人士，只是很害怕被視為懦夫或變成殘障。這讓他難以相處。這名伶牙俐齒又尖酸刻薄的搗蛋鬼和私下的約翰完全不同，很少人看過他的那一面。我見過，也目睹了他心底那名飽受喪親之痛的小男孩。他的諷刺態度代表了他的脆弱。他可能在小時候需要精神醫師的幫助，但他自然從來沒得到那種協助。等到他在七〇年代開始與亞瑟·亞諾夫進行基礎療程的時候，一切都太遲了。」

*

由於披頭四成了全英國與全歐洲家喻戶曉的名人，共有一千五百萬觀眾觀看他們在瓦爾·帕內爾的《倫敦守護神劇院週日夜》（*Sunday Night at the London Palladium*）上的表演。現場票完全售完，大批青少年歌迷們興奮地幾乎昏厥。這是個轉捩點，但他們還沒在「真正重要的地點」成名。

「簡單來說，美國之所以很重要是因為它是全世界最大的市場。」喬治·馬丁確認道。「一九六四年一月，〈我想牽你的手〉（*I Want to Hold Your Hand*）在美國排行榜奪冠，為我們打開了那個市場。」

如果他們的成功在日後看來似乎過度高漲，喬治也不以為意。

「重要的是，沒有英國歌手用同種方式打入美國市場。」喬治說。「美國一直是娛樂界的黃金城。在好萊塢的黃金時代，我們經常崇拜能飄洋過海、並在美國闖出一片天的英國明星……」他先提起許多已被遺忘的螢幕偶像，然後才說到：「……卡萊・葛倫（Cary Grant）、雷・米倫（Ray Milland），當然還有卓別林。要在世界上成名，你就得先在美國獲得成功。」

「在英格蘭，」他繼續說。「進口的美國唱片主宰了市場，我們從來無法打破這項障礙。美國唱片的銷售量以往曾以五比一的比例壓過本土唱片。這不太令人感到訝異……從辛納屈、普里斯萊、克羅斯比，到米契・米勒（Mitch Miller）、蓋・米歇爾（Guy Mitchell）和桃樂絲・黛都是。裡頭也有許多響亮的名字，當然大多都是爵士樂手：艾靈頓公爵（Duke Ellington）、路易・阿姆斯壯（Louis Armstrong）、貝西伯爵（Count Basie）等人。有了這種傳統背景，扭轉趨勢根本是不可能的事。

披頭四當時將做的事史無前例，而我們也幾乎不敢相信。親自踏上那塊土地，看到那些知名美國明星排隊看披頭四，還對他們致敬，實在是非常特殊的經驗。」[3]

他們在美國發行的前兩張專輯：《請取悅我》和《由我傳給你》（*From Me to You*），都沒有在排行榜上樹立佳績，因此EMI集團的美國分公司國會唱片，對他們並不感興趣。一直到電視主持人艾德・蘇利文在希斯洛機場轉機，碰上了上千名狂熱的青少女時，才點燃了他的好奇心。這究竟是什麼情況？某個從瑞典飛回老家的流行樂團嗎？他從來沒聽說過他們，不過某種直覺讓他認為不該忽視這點。沒錯，他同意愛普的說法，覺得這些傢伙可能比貓王更紅，因此他馬上就邀請了披頭四上他的節目。而國會唱片正需要這記當頭棒喝，因為這間公司不只拖延發售披頭四的唱片，也不願意發行他們未來的專輯。當CBS電視台的新聞主播華特．克朗凱（Walter Cronkite）謹慎地探索了所謂的「披頭四狂熱」，並提到了「英倫入侵」；而孩子們開始寫信給當地電台，懇請對方播放披頭四的音樂時，國會電台的態度出現了一百八十度的巨變。《我想牽你的手》在一九六三年的十二月下旬緊急上市。短短數天內，銷售量就達到了一百萬張。早說過會這樣了。

＊

出生在布朗克斯區的BBC廣播節目主持人保羅．甘巴奇尼當時才十四歲，那麼他是在哪裡接觸到披頭四，又有什麼契機呢？

「是在紐約廣播電台WINS上。當時我坐在康乃狄克州住家的前廊上，剛打開收音機。大約下午一點四十分時，DJ說：『我要為曼哈頓西區的英籍船運工人們播首歌。他們來到我們的城裡，也想聽聽老家的排行榜冠軍歌曲。這首歌是披頭四的〈我想牽你的手〉。』他播放了那張專輯，而我彷彿聽見了旁人無法聽見的狗哨音。我只能說：我徹底理解了他們的音樂。

你得明白一件事：約莫在兩個月前，甘迺迪總統在十一月二十二日遭到暗殺。我們處在深沉的全國哀悼中，那是我一生中感到最悲傷的時刻。暗殺發生後的幾天內，這國家毫無動力。雖然歌唱修女（Singing Nun）的歌曲在甘迺迪遭刺前曾在排行榜上緩緩上升，在那之後卻突然躍上了冠軍。彷彿全國都在懺悔。[4]

接著是巴比．雲頓（Bobby Vinton），他重唱了沃恩．門羅（Vaughn Monroe）的一九四〇年代歌曲〈好了！我又說了一次〉（*There! I've Said It Again*）。那首歌也得到了排行榜冠軍。」結果，在披頭四出現前，它是最後一首佔據美國百大單曲冠軍的歌。

「所以，」保羅回憶道，「當時彷彿**所有人**都在哀悼，包括流行樂榜單。忽然間，時間在五週之後，這股新音樂卻飄入我們耳裡，抹去了之前發生的一切。速度快得像是當今的社群媒體。我這個世代的美國人習慣聽類似WINS的電台，所以大家都聽到了〈我想牽你的手〉，也立刻想聽更多披頭四的作品。

我曾對保羅．麥卡尼說：『心理學家說，大悲只能被大喜取代。披頭四在早期那四個月中在美國獲取的巨大成功，是因為大眾想逃離對甘迺迪總統的哀悼情緒。』『我從來沒這樣想過！』他回答道。他根本沒想過這點！說實在的，他根本不可能聯想到這件事。因為對他而言，這種過程每天都在發生，也是他生活中的一部分，他根本不會想到甘迺迪總統。」

據「甘波」❷的描述，披頭四「在失敗中獲得了優勢」：「因為英國的成功歌曲在美國並不暢銷。而國會唱片則將之前的單曲都交由其他品牌發行，所以當他們認為《我想牽你的手》能做為他們大力推銷的作品時，被其他品牌發行的披頭四單曲也在**同時間**一起再度發售。每個人都想分一杯羹。他們可不打算等待，於是市面上出現了托利唱片的《好好愛我》、維傑唱片的《請取

---

❷ 譯注：Gambo，甘巴奇尼的綽號。

悅我》、天鵝唱片的《她愛你》；接著還有一九六四年四月四日那知名的一週，當時披頭四奪下了美國排行榜前五名：〈愛情無價〉（*Can't Buy Me Love*）、〈舞動尖叫〉、〈她愛你〉、〈我想牽你的手〉和〈請取悅我〉。這項前所未有的成績，日後也沒有被人打破過。這包括了串流影音。當然了，在那些日子裡，你得買實體唱片。所以這些單曲確實**大賣**。他們還**攻下**了排行榜前五名。披頭四那年就發行了二十五首進了百大排行榜的單曲。我們愛死披頭四了。」

但是他們到底是透過何種方式掌握了美國人的想像力？

「剛開始，他們傳達的只是一種極度正面的訊息：『我**想**做些事』。那些事是什麼？『牽你的手。』『她愛你，好耶好耶好耶。』他們不會說：『不不不。』在甘迺迪刺殺事件這種成為歷史性悲劇發生後，他們的音樂便帶來了相當振奮人心的體驗。我們邁入了嶄新的快樂時代。當他們登上《艾德·蘇利文秀》後，更加證明了這點，因為當時該節目獲得了**史上**最高的收視率。想想看在現在，同時間有七千三百萬人在觀看同一個節目。因此才有許多搖滾巨星說，那場表演為他們點亮了職業生涯的契機。布魯斯·史普林斯汀（Bruce Springsteen）、比利·喬、湯姆·佩蒂（Tom Petty）等人，都說當他們目睹披頭四上艾德·蘇利文的節目時，便覺得：『噢，我一定也得**這樣做**！』」

但等一下。當時其他英國團體也嘗試過，但都徒勞無功。披頭四也見證了前輩們的失敗，他們知道自己只有一次機會。因此他們決定採取一項保險措施：除非他們在美國奪得排行榜冠軍，否則他們不願搭上波音七〇七—三三一挑戰飛剪號飛機前往美國。接著他們登榜，於是披頭四便飛往美國。他們英俊又俊俏的臉蛋出現在《時代雜誌》（*Time*）、《生活》雜誌（*Life*）和《新聞週刊》（*Newsweek*）上。一九六四年二月七日星期五下午一點二十分，當泛美世界航空一〇一號班機將他們載進甘迺迪機場時，外頭亂成一團，有四千名歇斯底里的歌迷和兩百多位勉強擠進人群的記者前來迎接他們。他們立刻開始工作，並獲得巨大的成功。〈我想牽你的手〉佔據了排行榜首位七週，接著被〈她愛你〉取代，四月則由〈愛情無價〉奪冠。披頭四的單曲蟬聯了三個多月的排行榜冠軍，在五月才被〈你好，多莉〉（*Hello Dolly*）超越。從現在來看，披頭四和路易斯．阿姆斯壯❸擁有令人著迷的反差。毫不氣餒的男孩們以〈好好愛我〉反擊，那年八月他們發行了〈一夜狂歡〉，並在之後以〈感覺良好〉（*I Feel Fine*）超越前作的成績。他們在一年內拿到六次美國排行榜冠軍，並打破了貓王在一九五〇年代晚期的紀錄。沒人能擊敗他們。許多五〇年代美國偶像的事業都受到打擊，包括尼爾．薩達卡。除了披頭四以外，在他們之前出現的歌曲都變得索然無味。他們冷靜無謂的態度、不動聲色的幽默感與機智、對自己說出的笑話發出的哄堂大笑，以及在記者會上冷漠地抽菸和瞎搞，加上他們面對自己與任何事的輕鬆態度，使美國人民大吃一驚。

二月九日星期天，他們被禮車載到CBS電視台的第五十號攝影棚，連他們在該處的校音過程都被拍了下來。晚間八點後，裡頭則響起：「先生小姐們……披頭四登場！」他們先以〈我所有的愛〉和〈直到你出現〉（*Till There Was You*）暖場，接著唱起〈她愛你〉。他們的第二場表演則用〈我看見她佇立在那〉（*I Saw Her Standing There*）和〈我想牽你的手〉將氣氛帶到最高點。

❸譯注：〈你好，多莉〉為阿姆斯壯為同名音樂劇演唱的歌曲。

他們幾乎聽不見自己的歌聲。熱潮開始了。收視率再創新高：七千三百萬的觀影人數，幾乎代表了百分之四十的美國人口。

「當七千三百萬人打開電視時，電視上只有披頭四、披頭四、披頭四。」甘巴奇尼回憶道。

你有看嗎？

「當然有！我一直想，如果你問任何和我同輩的人『抱歉了，女孩們，他結婚了』這句話的出處的話，大家都會說是當晚。原因就是約翰。情況太美妙了。他們所有人都造成了巨大影響，但約翰引發的迴響最大。每個人都目睹了這個現場，也都記得這點。那場表演給人留下的印象，使它成為了我們這一世代的明確視覺表徵。

他們有四個人，彼此也完全不同，因此所有年輕人都得到了各自的代表。接著我們也因為聽不膩披頭四，所以每個人都想知道**更多**關於他們的事，而林哥正是那扇**入口**。因為保羅、約翰與喬治有如天際之上的神明，他們高不可攀，你怎麼可能成為他們？不可能。但林哥便是美國人口中的一般人，英國人則會稱他為老實人，因此他成了我們在披頭四中的情感投射對象，這是我的男性觀點，女性角度自然完全不同。我記得比爾．懷曼（Bill Wyman）提過在同時發生的滾石樂團表演，以及場地中的尿騷味。女人們真的會當場尿濕褲子，比爾說那股臭味令人難以忍受，原因是歇斯底里的情緒使人們完全失去了肌肉控制。看看早期的電視節目，就會明白了。那些女孩陷入瘋狂；男孩們也在看表演，你知道他們也喜歡眼前的樂團，但他們不會放聲尖叫和昏倒，他們不會舉手搖擺。比起周圍發生的騷動，他們相對冷靜。

有些媒體毫無重點地瞎扯說，「流行」終究會得到同種下場。他們了無興致地說，世界早就看過這種潮流了：法蘭茲・李斯特（Franz Liszt）、法蘭克・辛納屈和艾維斯・普里斯萊。**換下一個吧**。肯・羅素（**Ken Russell**）在一九七五年執導的性愛狂想電影《李斯特狂熱》（*Lisztomania*）中，找來何許人合唱團的主唱羅傑・多特里（Roger Daltrey）主演片中的十九世紀匈牙利作曲家與樂會鋼琴師，使世上最知名的其中一個搖滾巨星，演出了**史上第一位**搖滾巨星。李斯特狂熱被認為是一種生理現象，在巴黎的樂會季首度受到發現，當時的女子們歇斯底里到會攻擊彼此，她們的行為甚至被認為具有傳染性。一百年後，法蘭克・辛納屈在四〇年代的時髦少女影迷也發生過類似的狂躁現象。接著是五〇年代的普里斯萊與六〇年代的披頭四；十年後則交棒給波倫，他的歌迷狂熱則被稱為「霸王龍狂喜」。

「但早期從來沒有人尿失禁！」甘巴奇尼說。

「你們現在完全無法想像，在我的世代中只有貓王與披頭四才會讓女孩們失去控制到那種程度。難怪會有人認為這種事只會出現幾年而已，因為那些女孩之後都會長大。她們不會永遠為了這種事尖叫，你也不可能每週都霸佔排行榜前五名，因此這種現象遲早會淡化，或是完全消失。

但在披頭四得到驚人名氣的第一年，他們便相當嚴肅地試圖回答這問題：『當這一切結束後，你們要怎麼做？』這種想法認為這一切**都會**結束。當然這彷彿像是問貝多芬或莫札特說：『等這一切結束後，你有什麼計畫嗎？』**這不會結束**。對最偉大的古典樂作曲家來說不會結束，對披頭四而言也一樣。」

保羅讓我想起某句他說了二十年的話：音樂史上有兩個重要時期，你要不活在那時期，要不就已錯過了。第一個是十八世紀的維也納，當時貝多芬、莫札特和舒伯特共同生活在同一時代。

想像身為其中一名養尊處優的貴族，並參加他們的首場演奏，也能在沙龍中與他們打成一片。即便我們沒有經歷過那時代，卻也幸運地能夠享受同樣的音樂，但能身處當下的感覺一定相當驚人。接著他說，然後是一九六〇年代的披頭四狂熱；你要不經歷過當時的狀況，要不就已錯過了。

「當時**非常**刺激。」他熱切地說，似乎又變回了青少年。「披頭四是文化上的指揮中心。因為披頭四留了長髮，所以人們也照做。接著，大家也不再穿西裝和領帶，因為披頭四不穿了。之後人們服用迷幻藥，因為披頭四也這樣做。當時非常類似大衛·鮑伊在未來造成的風潮，只不過鮑伊引發的規模較小，歌迷們會打扮成鮑伊去年的形象前往演唱會。

依然讓我訝異的是，他們代表並引領了自己的世代。這是前所未見的事，他們也樹立了前例。要記住，披頭四是自己寫歌，辛納屈和普里斯萊可沒有編過曲。披頭四相當拿手的其中一件事，便是他們會寫出**當下**心中的想法，這也使他們產出大量作品。他們不侷限自己，構思過程相當自然，這也改變了一切。」

回想過去，保羅將他的整個職業生涯，描述為對披頭四的反應。

「我認為，如果你想確實活在自己的時代中，就得與當代的事物建立連結。當時我上了大學，同時披頭四則正統治著音樂與大眾娛樂文化，所以我得想辦法加入這行。音樂能透過廣播與媒體進行傳播，而我找到了《滾石雜誌》，那自然也是我的下一步。」

*

《艾德．蘇利文秀》過後兩天，三名披頭四大神與林哥搭火車去華盛頓特區，準備去華盛頓體育館進行首場美國現場表演。無論他們去哪，場面都亂成一片；即便是在表演後於英國大使館舉辦的接待會上也是如此。一名行徑脫序的客人剪下了林哥後腦勺上的一束頭髮，並帶著髮束逃跑，氣炸的史達追了出去。歌迷也不需要擔心，因為到處都是廉價的披頭四商品，所以不用理會愛普可怕的特賣會以及被炒高的價格。回到紐約的卡內基音樂廳進行兩場演出後（「提醒我，你是怎麼到那去的？」「練習呀！」），他們被送到邁阿密，再度上《艾德．蘇利文秀》表演。製作人們明白他們會碰上退燒的情況：二月十六日只有七千多萬名觀眾進行第二次收看。隨之而來的則是陽光普照的插曲。在這段時間中，他們與卡修斯．克萊（Cassius Clay）拍了張現在相當知名的合照，接著克萊與桑尼．里斯頓（Sonny Liston）進行了一場充滿爭議的拳擊賽，這次賽事被稱為二十世紀第四偉大的體育時刻。傳奇碰上了傳奇：披頭四與未來最偉大的拳王穆罕默德．阿里。

數天後他們回到倫敦，得到了如英雄般的迎接陣仗。一萬名女學生、學生、秘書和女店員在晨曦中上下蹦跳，焦急地想瞥見她們的偶像。

〈10〉 阿爾瑪

「關於約翰最讓我訝異的一件事，」基斯．埃瑟姆說。「就是他相當渴望愛情。要記得，當我認識他時，他已經結婚了，所以他根本不應該找新對象。但他**確實**在尋覓新人。約翰的問題在於，當他找到愛情時，會立刻害怕失去這段感情。所以他會排斥愛情，並將之拒於門外。彷彿在說：『我要在你遺棄我前，先把你趕跑。』」

但他從未趕跑初戀情人。

辛西亞．藍儂告訴我，約翰相信他的「真愛」是阿爾瑪．科根：那是位比他大八歲的歌星，曾一度受到歡迎，但已逐漸過氣。儘管兩名女子同時存在，他卻怪異地相信阿爾瑪是他深愛的母親茱莉亞的轉世化身。她們的人生重疊了二十六年。辛西亞堅稱是因為科根的死，加上約翰急需某個替代用的母親人物，才使他奔入小野洋子的懷抱中。

「約翰以為我不曉得他和阿爾瑪的事，我也從來沒說溜嘴。」小辛承認道。「現在不帶情緒地想想，我看得出對方的吸引力。阿爾瑪的年紀比約翰大，也是個姑媽型的人物。」

約翰自然對年長女子情有獨鍾。

「別忘了，洋子也大他七歲。阿爾瑪在很多層面和洋子一樣，是個非常強勢的女人，兩人都受到自我價值的驅使。你無法形容這兩人是傳統觀點中的美女，但她們彷彿深信自己很特別。如果你能用這點說服自己，那其他人也會相信你，她們在這方面也很相似。不，我並不對約翰與阿爾瑪交往感到訝異。她性感活潑又風趣，是個見過世面的女子。約翰**怎麼可能不**受她吸引呢？」

辛西亞說，當阿爾瑪在一九六六年罹患卵巢癌過世時只有三十四歲，約翰當時「傷心欲絕」。「這是場悲劇，我也對他們感到很同情：阿爾瑪、她的母親與妹妹，對，甚至還加上約翰。當時從自私的觀點看來，我不禁感到鬆了一口氣。我丈夫在感情上用於取代他摯愛的咪咪的女人，現在終於消失了，我的婚姻不再有威脅了。」

阿爾瑪，這名「嗓音中帶著笑意的女孩」以及英國首位女性流行歌手，曾是一九五〇年代收入最高的英國女藝人。電視出現後，她成為了家喻戶曉的人物。她的本名是阿爾瑪·安潔拉·科根（Alma Angela Cohen），出生於一九三二年五月十九日的白教堂區中一戶猶太家庭，也擁有俄羅與羅馬尼亞的血統；當她還是小女孩時，就開始參加選秀節目了。她在午茶舞會中唱歌以賺取生活費，同時學習服裝設計，並在音樂劇與滑稽鬧劇中表演。之後她被倫敦的坎伯蘭飯店選為駐店樂團歌手。她的首張單曲由HMV❶發行；她在二十歲生日當天錄製了那首歌，這也讓她受到BBC廣播電台的注意。她在一九五四年四月發行的〈鐘底藍調〉（*Bell Bottom Blues*），讓她首度踏登上暢銷排行榜前五名，那是約翰的母親過世四年前。當六〇年代與電視時代到來時，她已經主持了自己的節目。她的形象是典型的五〇年代舞廳打扮：以薄紗與蕾絲縫製的多層次襯裙，飄逸又以馬拉布生絲構成；人面獅身像般的眼部妝容邊緣則有修長的假睫毛；加上塗滿髮膠的蓬鬆髮型，還有紅唇與鑲滿人工鑽的華麗外表。她的嗓音游移在孩子氣與妖媚之間，並唱出清脆的歌聲，還佐以一記媚眼。

「她是個典型的東區時髦猶太女孩，心地善良，一頭蜂窩式髮型，還穿著亮眼的罩裙。」辛西亞回想道。「那絕對不是我會有的造型。她有點落伍，她的歌都是五〇年代的美國肥皂歌，像

❶譯注：英國連鎖唱片行。

是〈夢之船〉（*Dreamboat*）或〈甜蜜時刻〉（*Sugartime*）。當約翰與我上大學時，阿爾瑪．科根是個大明星。約翰受不了她，他經常取笑阿爾瑪，還會模仿她唱『早上有糖，晚上有糖，晚餐時有糖』，讓我們哄堂大笑。當時我從未想過他居然會喜歡大上自己很多歲的女人，他甚至無法忍受對方的音樂，還無情地取笑她。因為約翰確實有特別殘忍的個性，他沒辦法控制自己。」

披頭四在一九六四年一月十二日首度碰上阿爾瑪，是在他們共同出席聯合電視相當受歡迎的綜藝節目《倫敦守護神劇院週日夜》時，男孩們去年十月才首度在該節目登台。「約翰對她很著迷。」喬治．哈里森事後說道。「他覺得阿爾瑪很性感，也在她過世時悲慟不已。」

當他們被邀請到她位於史戴佛廣場四十四號的住家時，似乎只是遲早會發生的事而已；這座位於肯辛頓大街的小巧公寓位於現在鑲有藍色牌匾的建築內，她和寡婦母親菲與妹妹珊德拉同住。阿爾瑪在此迎接了一些娛樂業中的大牌人士：諾爾．寇威爾爵士（Sir Noël Coward）、小山米．戴維斯（Sammy Davis Jr）、奧黛莉．赫本（Audrey Hepburn）和卡萊．葛倫。她與布萊恩．愛普斯坦相當親近。他與音樂劇《孤雛淚》（*Oliver!*）的創作者與作曲家萊恩納爾．巴特（Lionel Bart）都是她的「常客」，巴特也讓阿爾瑪在音樂劇中演出「南西」一角。八卦謠傳布萊恩打算向他這位艷麗的朋友求婚，布萊恩帶她去利物浦見自己的父母，據說他們也很喜歡她。美中不足的一點則是巴特，因為儘管他明顯偏愛茱蒂．嘉蘭（Judy Garland），卻也想娶阿爾瑪。兩人都是同性戀這點也毫無影響，然而當時已經三十多歲的阿爾瑪，註定永遠無法結婚。也有傳言指出她是同性戀，和沼澤謀殺案❷的兇手米拉・韓德麗（Myra Hindley）有關聯。

「我從未受邀去阿爾瑪的派對，我一直被當成不能公開的秘密。」辛西亞說。

「約翰是個知名流行歌手，因此得討好大批女性歌迷。如果他有老婆和寶寶當拖油瓶，對他的觀感並不好。布萊恩堅持這點，我也只能接受約翰得維持單身的形象。每個知名人士都會參加那些派對：羅傑・摩爾（Roger Moore）、埃賽爾・摩爾曼（Ethel Merman）、米高・肯恩（Michael Caine）與瑪格麗特公主（Princess Margaret）。我從來沒去過。」她這麼告訴我，但她在接受採訪後十五年出版的回憶錄中提出與這段聲明相反的說詞。

「我們經常被邀請到她位於肯辛頓大街上富麗堂皇的公寓。」小辛宣稱道，描述阿爾瑪的家裝飾得「像座奢華的夜店，到處擺滿了顏色濃郁暗沉的絲綢布料與錦緞」。她描寫了裡頭「酒池肉林般的豪奢狀況」，自己喝了大量香檳，也說在那環境與華麗的人群中被迫感到「自己極度不完美」，也感到那裡「不適合她」。時間讓她的記憶力改善了不少。[1]

「很多年後我才聽說，約翰與保羅經常在阿爾瑪家待了很長一段時間。」她告訴我。「約翰對她母親的暱稱是『麥柯基老媽』，並稱她妹妹為『莎拉亮片』。保羅用阿爾瑪的鋼琴譜出了〈昨日〉（*Yesterday*），阿爾瑪的妹妹珊德拉則坐在他身旁。保羅應該也與珊德拉有某種關係，但我不知道那是不是事實。那首歌的暫定名稱是『炒蛋』，因為菲剛做了這道菜讓他們配茶吃。『炒蛋，噢寶貝，我真愛你的腿……』」阿爾瑪後來成為首位錄製〈昨日〉的女歌手。

❷ 譯注：一九六三年至一九六五年發生於英國的連環殺人案。

她和約翰很快就開始了婚外情，地點在倫敦的旅館房間中。他們會變裝前去，也會以「溫斯頓先生與夫人」的名義登記住宿。那是約翰的中間名。由於披頭四經常出外巡迴演唱，他們碰面的機會變得比較少。

阿爾瑪的明星光環逐漸淡去，因為更為年輕時髦的女歌手出現了，像是達斯蒂・斯普林菲爾德（Dusty Springfield）、珊蒂・蕭（Sandie Shaw）與露露（Lulu）。她盡可能地留住自己的觀眾，甚至還錄了披頭四的暢銷歌曲，像是〈救命！〉、〈感覺良好〉以及〈昨日〉，還有偏重弦樂、曲風悲傷的〈一週八天〉（*Eight Days a Week*），她在其中加入刺耳又喧鬧的尾音，破壞了整首歌的氛圍。儘管這些翻唱版本忠於原味，品質也良好，但依然無法阻止她的聲勢下滑。

後來阿爾瑪的體重戲劇化地下降，她的朋友們將此解釋為她迷戀上注射減肥藥的成果，也許是為了激起她世界知名的年輕愛人的熱情。她在一九六六年被診斷出罹患卵巢癌，但可能從來沒人告訴她。無論她清不清楚這件事，她拒絕為了維持健康而停止工作。她開始為新專輯寫歌，也繼續旅行和表演。然而，她在瑞典巡迴表演時倒地不起，她嚴重的病況很快就被發現了。她被直接送往倫敦的密德薩斯醫院，並於十月二十六日病逝，享年三十四歲。她和約翰注定要道別。當她過世時，約翰和辛西亞待在西班牙，當時他正在拍攝理查・萊斯特（Richard Lester）的電影《我如何贏得戰爭》（*How I Won the War*）。他也在西班牙提早兩週慶祝二十六歲生日。

比起在廣播上播出她對歐文・柏林（Irving Berlin）的歌曲〈天堂，我在天堂〉（*Heaven, I'm in Heaven*）撩人心弦的翻唱版本，一定有更為低調的方式能公布她的死訊。事情就這樣傳開了，她的葬禮是個名人大雜燴：所有知名人士都到場了。據說與她陷入熱戀的即興俱樂部經理布萊恩・莫里斯（Brian Morris），當場崩潰並企圖跳入她的墳墓。她被埋在赫特福德郡的布希鎮中的猶太墓園裡。

辛西亞堅信，如果阿爾瑪還活著，約翰便永遠不會為了她而拋家棄子。辛西亞相信，他們的婚外情自然會以失敗告終。「就像他的其他戀情一樣。」她悔恨地說，約翰也會夾著尾巴逃回家裡，「他總是這樣做」。

辛西亞真的相信阿爾瑪是約翰的真愛嗎？

「經歷哀痛時，我們能說服自己相信任何事。」她平靜地說。

「因為她死了，約翰就能說服自己相信這點。這不會威脅到其他事物，自然也沒有危害到我們。」

只是時候未到。

〈11〉

生活年代

無論發生什麼事，都要保持心胸開闊，不要積怨。要去問「怎麼了？」和「你在哪？」這類的問題，並準備好面對不同的真相。面對童年心魔時，這是約翰在未來數年應該採取的更成熟、更恰當、也更顧及大局的態度。然而在他二十多歲暴躁又叛逆的時期中，他完全不想那樣做。照約翰看來，他爸為了在海上過著無憂無慮的生活，拋棄了自己和媽媽。約翰對此十分憤怒，他有權如此，加上當時沒有什麼事能改變他對那點的想法。

相傳弗萊迪．藍儂發現他的兒子變得全球知名後，像個討厭鬼般出現了。他在離肯伍德不遠的旅館與酒吧內擔任洗碗工和廚房雜工，在知道約翰與小辛的住址之後，穿著破爛地出現在他們的門外，想乞求對方的援助。小辛幫他剪了頭髮，烤了威爾斯乾酪給他吃，然後一起等約翰回家，但約翰沒有回來。接著弗萊迪在一九六四年四月衝進北角音樂店，身邊帶著一名急於找到新聞的記者，並要求要看他多年不見的兒子。他的舉動讓愛普斯坦大為慌張，也點燃了約翰的怒火。或許隨著每次講述，這些故事都一再受到修飾。約翰真的被找去辦公室面對父親了？他真的對父親嘶吼出「你二十年來去哪了」嗎？畢竟除了戲劇劇本之外，哪有正常人會這樣說話？但是，他又該說什麼？你會**如何**反應？我試著想像老少藍儂在一生中第三次面對彼此時的景象；除了皺紋、雙下巴與油膩的灰髮外，兩人根本是同一個模子刻出來的。老人訝異地盯著近在眼前的年輕自己，年輕人則窺見了自己憔悴的未來。在這種時刻裡，臉龐成為鏡子，時光旅行在此成真。

弗萊迪只有五十三歲，但天啊……人生對他並不好。他看起來適合躺在滑鐵盧橋底下拱門中的睡袋裡，還緊抓著用棕色紙袋包裹的貝爾威士忌。他抗議說是茱莉亞拋棄了**他**，而非相反；親友們背叛了自己，而他也用光了原已貧瘠的運氣，整個人身無分文。約翰似乎流露出了同情，他將手伸進口袋中，打發了遺棄自己的父親。但單純又好騙的弗萊迪容易受人利用，有些應該對此感到羞愧的人，居然趁機將他拉進錄音室，錄製了〈我的一生（我的愛與我的家）〉（*That's My Life* 〔*My Love and My Home*〕），這首歌由歌手經紀人東尼．卡特萊特（Tony Cartwright）編寫，當時他正在處理湯姆．瓊斯（Tom Jones）。這張單曲由派唱片公司於一九六五年十二月三十一日發行。

「弗萊迪是個天生的藝人，用充滿濃郁情感的歌聲，向整間酒吧裡的人唱歌。」東尼．卡特萊特在二〇一二年對《每日郵報》（*Daily Mail*）提起他「最好的朋友」。「他不想搭披頭四風潮的順風車，但我覺得他能靠自己的能力成為明星。消息開始瘋傳，隔天我就接到披頭四的經紀人布萊恩．愛普斯坦打來的電話。『告訴我這不是真的，東尼。』他懇求道。『約翰的父親真的是廚房雜工嗎？報紙會怎麼寫**那種事**？』」

這張單曲打出了名號。專輯中的鼓手與貝斯手分別是米契．米切爾（Mitch Mitchell）與諾爾．瑞丁（Noel Redding），當時完全沒人在乎這點。事後才有人發現，老藍儂的單曲居然有那幾位吉米．罕醉克斯體驗樂隊（Jimi Hendrix Experience）中備受崇敬的成員。

弗萊迪的專輯震驚了排行榜，那似乎正是這張專輯的本意。既然它有和披頭四的關聯，為何沒被電台熱播呢？披頭四此時正在阿姆斯特丹為荷蘭電視台錄節目。輪盤唱片的莫里斯．李維（Morris Levy）從美國打電話給東尼，興奮地說：「你得帶藍儂老爹過來。他已經賣出一萬八千張唱片了，在九個州都很熱賣！」他們預測這會成功，但那張單曲隨即消失。日後約翰與布萊恩被控破壞了這計畫。真的嗎？自然有人懷疑他們進行了秘密措施，導致弗萊迪與東尼前往肯伍德質問約翰，詢問他為何要做這種事，並懇求他放弗萊迪一馬。據說約翰一句話都不願說。他拒絕邀他們進門，並當場摔上門。他真的有這樣做嗎？如果是事實，他們怎麼穿過大門和女孩們？約翰和小辛肯定會注意到他們。

「弗萊迪相當心碎，也立刻放棄了音樂。」東尼堅稱。「『它只帶給我悲傷。』」他說自己手下的藝人這麼說。「『我寧可回去洗盤子。』他也照做了。」

但他的說法輕易忽略了弗萊迪．藍儂自認為是最新的當紅名人，並在倫敦大肆宣揚自己的過程。當時有很多類似的事。比方說，在一九六六年一月六日，他在大衛．鮑伊和下三樂團（Lower Third）由派唱片發行的首張單曲〈不自禁想我〉（*Can't Help Thinking About Me*）的發行派對上大出風頭，派對在貝斯沃特的歡樂酒吧舉行，人們記得他喝得酩酊大醉，並急切地想對群眾誇耀自己的知名身分。卡特萊特也沒有在訪談中提起弗萊迪．藍儂後續和一支名叫慈愛樂團（Loving Kind）的團體錄製的三張單曲。那些歌曲也沒有賺錢，不過現在可以賣出等同收藏品的高價。

如果不是因為那張用意不良的專輯（它只羞辱並激怒了約翰，還使他和弗萊迪更趨分裂），事情會有不同的變化嗎？他們是否會盡釋前嫌，並營造出某種情感聯繫？無論究竟有多少情感消失，他們之間依然還有基因的連結。但情濃於血，我們無法對此做出改變，背叛總是最有殺傷力的要素。

＊

約翰確實心軟了。弗萊迪在一九六六年與另一個女人交往，或者該說是「女孩」。他遇見了寶琳．瓊斯（Pauline Jones）；她是艾克賽特大學的大學生，出生於一九四八年七月，比弗萊迪小了三十五歲。在一九六六年至一九六七年的聖誕節至跨年期間，兩人都在托比水壺旅館的廚房裡工作，才因此遇見彼此。[1] 寶琳懇求自己的母親同意自己嫁給他，但琴．瓊斯（Jean Jones）拒絕了。弗萊迪繼續在報紙上大出風頭，使約翰逐漸感到惱怒。一九六七年夏季，約翰父系家族的查理叔叔寫信給他，懇求他忽略小報上的消息，並央求約翰去見他父親。當時約翰因超覺靜坐大師瑪哈禮希．瑪赫西．優濟的教誨而感到心軟，因此同意了對方的要求。或許有自己的父親在場，就能減低小辛的母親莉莉安帶來的苛刻影響：莉莉安從不掩飾自己對約翰的輕視，同時又樂於花他的錢。約翰邀請他父親搬來和自己與小辛同住，但新鮮感很快就消失了：約翰很少待在家，弗萊迪感到很寂寞。他請約翰幫自己在附近找住處。約翰找了間位於邱區公寓，並給父親零用錢。一九六七年十二月二十一日，弗萊迪與寶琳受邀參加在倫敦的皇家蘭卡斯特飯店舉辦的《奇幻之旅》（*Magical Mystery Tour*）首映華服宴會。五〇年代的搖滾歌手約翰喝得酩酊大醉，並誇張地與喬治．哈里森的妻子貝蒂調情。弗萊迪與寶琳在肯伍德過聖誕。後來小辛雇用了寶琳擔任居家保母與歌迷俱樂部秘書，並讓她住在弗萊迪以前的房間。寶琳很快就搬出去和弗萊迪同居，並在未滿二十歲的時候懷了孕。她母親試圖使她成為受法院管理的受監護人，而約翰為他們支付了對抗她母親的官司費用。備受壓力的寶琳隨後流產。法官允許他們交往，但禁止他們在寶琳滿二十一歲前結婚。一九六八年六月，她再度懷孕。約翰幫助他們私奔到蘇格蘭，讓他們能在當地合法結婚。他們在格雷特納．格林小鎮結婚，當天可能是寶琳的二十歲生日。約翰在布來頓找了間備有一間臥房的公寓給他們，之後在當地為他們買了一棟房子，並保留地契。在約翰的同父異母兄弟中的老大大衛．亨利於一九六九年二月出生後（羅賓．法蘭西斯則於一九七三年十月出生），約翰便切斷了與父親的聯繫。他們再將近二十年之後才再度見面。

在約翰從英格蘭搬到紐約，永遠不再搬回來前，約翰與弗萊迪只見了一次面。當時約翰與小辛已經離婚了，娶了洋子。夫婦倆住在帝騰赫斯特莊園，那是他們位於雅士谷附近的喬治亞式大宅；他們剛從洛杉磯一趟改變人生的旅途回來，當時他們接受了心理治療師亞瑟．亞諾夫的人格改變原始療法。醫生幫助病人透過尖叫來重新體驗並消化童年的痛苦，他也教導他們如何面對引發這類傷痛的對象，以便移除這種痛苦。因此，約翰在他的三十歲生日，也就是一九七〇年十月九日時，邀請他父親去肯伍德。弗萊迪以為要去慶祝，便盛裝打扮地帶穿著長裙的寶琳和他們年幼的兒子大衛與生日禮物過去，但約翰並沒有準備滿是香檳的華麗派對，反而告訴父親，要他來是要告知他，自己將不再提供金援了。

「我離開療程後，便叫他滾遠點，而他確實滾了；我希望自己沒這樣做，因為每個人都有自身的問題，包括浪蕩的父親也是。」約翰於一九七六年在《精選集》中的訪談中承認道。「我現在年紀比較大了，了解擁有孩子或離婚帶來的壓力，也明白人們為何無法適應自己的責任。」

他不只要收回他們的住家，也不再給弗萊迪與寶琳生活費。約翰要取回對自己的掌控權。我們可以了解他這麼做的動機，但是無論他對父親感到多麼生氣，或有多想因為父親遺棄自己而懲罰對方，還是做得太過頭了。他釋出的強烈怒火，肯定與藥物造成的偏執性情有關。他明顯認定弗萊迪是自己所有憂慮與失能狀況的源頭，甚至威脅說如果弗萊迪敢散播任何風聲，就要殺了對方。弗萊迪後來從未走出這次殘忍攻擊的陰影，他和約翰再也沒有見過彼此。

「亞諾夫得負起很大的責任。」心理諮商師柯斯莫・赫爾史多姆嘆道。「許多人認為自己需要更多東西。我們都在找尋某種解釋，因為想得知真相是自然的人性需求。有些像約翰這樣的人，必須找出這些事的答案；其他人則不那麼執著，還有更多人光活著就夠忙了。所以接著出現了這些自以為有『答案』的怪異人士：要記住，當時是藥物濫用與主張『探索內心自我』的年代。這些人說能夠提供找出答案的途徑，這樣除了能占人便宜，還能維持自己的生計。

亞瑟・亞諾夫？他根本是滿口胡扯。當時的人們似乎喜歡那種療法，但它無法承受時間的考驗。我不認為真的有人相信這種事。儘管如此，藍儂和亞諾夫進行的療程可能對他起了某種效用。在四〇年代、五〇年代和六〇年代，心理治療的主流觀點認為，混亂的精神狀態都是『內心衝突』的結果。認為人需要一週五天的五年療程，才能重塑個人認知的想法，相當有佛洛伊德的風格。接著出現了ＬＳＤ[1]，能讓你經歷前所未見的情感大爆發。這是得到啟蒙的捷徑。」

曾在利物浦當醫學院學生的赫爾史多姆醫生，也曾親自試過這類藥物。

「我不否認這點。這不是秘密。它的確會改變你看事情的方式，也會給你不同的觀點。如果

[1] 譯注：麥角酸二乙醯胺，為強烈的致幻劑與精神興奮劑。

你年輕又好奇的話，就會喜歡探索觀察事物的不同方式。這種經驗充滿迷幻感，也有不同的色彩與類型。如果你能承受的話，當然沒問題，但的確也有很多人因為這藥物而墮落。ＬＳＤ對約翰造成了比原始療法還強大的效用，尤其是對他這樣的心靈而言。那是種非常強效的藥物，它會混淆大腦。很多人在服藥後，都會經歷幻覺，令人不安的幻覺、有趣的幻覺。有些幻覺是很棒的體驗，但大多都不是。一定要記住，在那個時代，服用迷幻藥是種靈性行為，就像打開一扇新的門。人們認為這是畢生任務的一部分，得讓其他人一同加入，因此約翰才會給老婆和其他人這種藥。當然了，ＬＳＤ也是改變披頭四寫歌方式的最重要推手。」

＊

弗萊迪確實寫出了自傳，不過他並不打算出版。他為了約翰才寫下這本書，想從自己的角度講述約翰遭遺棄的始末：他想讓約翰知道，是茱莉亞毀了那段婚姻，並使約翰成為破碎家庭的受害者，真凶並不是他。弗萊迪變成了家庭主夫，並待在家裡照顧嬰兒們；這點出奇地預告了約翰在七〇年代中旬在紐約扮演的角色。他將自己無法給約翰的時間與關愛，都給了年幼的兒子們，而他的妻子則和洋子一樣出外工作。

在約翰趕走他五年後，弗萊迪被診斷出罹患胃癌。當時是一九七六年。除了透過蘋果公司的辦公室外，寶琳無法聯絡住在紐約的約翰與洋子。她好心地讓約翰知道他父親要過世了。約翰做了什麼？他送了花過去。他打電話到醫院，並讓老爸接起聽筒。他喋喋不休地說話，也道了歉。我們只希望他的悔意出自真心，也希望兩人電話中的和解帶給他們平靜。[2]

約翰向父親坦承，自己後悔接受原始療法，他擔下了兩人分裂的責任。他說自己很想讓五個月前出生的小兒子西恩見見他的祖父，然而這從未發生，這彷彿像是弗萊迪讓病魔贏得了勝利的笑聲。他在一九七六年四月的愚人節過世，享壽六十三歲。約翰告訴繼母說他會支付喪葬費用，但她拒絕了他的提議，因此約翰也只能在遠方哀悼。所有寂寞的人都體驗過這感覺。只有她和曾為弗萊迪寫過首張單曲的老友東尼．卡特萊特出席了葬禮。[3]

〈12〉贖罪者

有時當我們檢視某件事時，比起證明它的本質，錯誤解讀它容易多了。我們清楚披頭四「改變了世界」，他們掀起了文化風暴，也成了現代音樂工業中的老祖宗。然而對他們而言，這些並不是美夢成真。在超越常人想像的成功故事幕後，有著全然不同的光景，這些過程奪走了他們的自由，破壞了他們的人格，挑戰了他們的理智，並差點吸乾了他們的靈魂。成功的感覺肯定像是贏了樂透頭獎，他們真幸運，這會改變他們的一生，我們完全想不出要用那一大筆錢做什麼事！但接著我們想起這種財富經常會終結的事物：婚姻、家庭、友誼、甚至是目標與自我價值。當金錢成為重點時，人們就會忽視重要的人事物。對，披頭四的大船上載滿了無盡的寶藏，這一切都很棒。他們克服了無數的困境與犧牲換來了美好的成果，上萬小時的辛勞都已值得，為這些教育程度極低的後街男孩們帶來巨大的財富與名氣，原本他們可能只會淪落到……哪裡？他們「走運」了。他們工作得越勤奮，就變得越幸運。[1]但對知情人士來說，成功像是個陷阱；令人疲憊的單曲——專輯——巡迴演出，這些循環成了一場鬧劇；他們成了受責任控制的奴隸：現場演出、記者會、廣播、電視與一連串的訪談。想想那句格言：「小心自己的願望。」有一段時間，他們完全沒打算注意這點。不過，他們每個人（也許保羅除外）都迅速有了同樣的煩惱：身為披頭四，並不如一開始想得美好；壓力太大，他們付出的代價也太高了。他們開始對群眾的尖叫、因渴望被聽見而做出的努力，以及無所不在的性愛感到無聊。當然了，他們相當沉迷；人們帶盲眼人士與殘疾人士前來讓他們碰觸，彷彿披頭四能在水上行走，也具有治療神力。他們對被關在旅館房間中感到無聊，那段時間與囚禁無異；在他們造訪過的許多國家中，也只能見到機場、表演場地和住宿地點。連我們都對此感到無趣。他們的獨立性已消失地無影無蹤。他們沒辦法外食，因為餐廳會擠滿樂迷，他們只能叫放在托盤上的客房服務餐點。這有什麼意義？有首歌唱道：「給我錢（我要錢）」❶。某段時間開始，銀行對帳單失去了吸引力，稅務員得到了最後的勝利：在他們的新專輯《左輪手槍》中，喬治的同名新歌〈稅務員〉（*Taxman*）便反映了這種想法，他在歌裡批判了威爾遜❷政府的百分之九十五稅收。

凡事總有代價。這是指什麼？當你搭著旋轉木馬，它旋轉得越來越快，並逐漸失去控制，突然間，想要跳下設施逃走已經變得太危險了……

在一九六五年八月十五日星期天，他們為第二場美國巡迴演出做開幕秀。他們被直升機載到世界博覽會的地址，也就是法拉盛草原可樂娜公園（日後那裡成為美國網球公開賽的舉辦地點），並搭著富國銀行的卡車到謝亞球場，那是紐約大都會隊的新主場。這不只是他們至今為止規模最大的演唱會，也是史上第一場在體育館舉辦的搖滾演唱會。五萬五千六百張票全部售罄，這是前所未見的事。[2]暖場表演人員包括布蘭妲·哈洛威（Brenda Holloway）和群聲公司（Sounds Incorporated）。米克·傑格、基斯·理查茲和馬文·蓋伊（Marvin Gaye）都在場，以及十七歲的芭芭拉·巴赫（Barbara Bach）和二十四歲的琳達·伊斯特曼（Linda Eastman），兩人都是道地的紐約人，也是未來的披頭四成員妻子。「我一開始感興趣的是約翰。」琳達說。「他是我的披頭四英雄。但當我認識他之後，驚豔感迅速消失，也發現自己喜歡的其實是保羅。」[3]

---

❶ 譯注：源自巴瑞特·史壯（Barrett Strong）於一九五九年錄製的歌曲〈金錢（這是我想要的）〉（*Money*〔*That's What I Want*〕）。披頭四也曾翻唱過此歌曲。

❷ 譯注：Harold Wilson，英國政治家，曾於一九六四年至一九七〇年與一九七四至一九七六年兩度擔任英國首相。

這場表演的片段相當驚人。如果你還沒看過的話，拜託你趕緊看看。當他們從棒球隊更衣室跑進球場時，觀眾歡聲雷動，上百萬顆燈泡發出的閃光使他們什麼都看不見。艾德．蘇利文介紹他們：「他們受到祖國的敬重，也得到女王表揚，還在美國本地大受歡迎……」看到這麼多成年女性與女孩們失去自制、昏倒在地，甚至被搬運出場，都令人感到相當訝異。當男孩們出現時，就連警方與保全人員都把手掌貼在頭上，並用手指塞住耳朵。人群的噪音大到不可能聽到音樂，樂團也聽不見自己的聲響。他們以〈舞動尖叫〉作為開場，盡力扯開嗓子，狂野地彈奏和打鼓，在半小時內唱遍了十二首重點歌曲——想想看現在要怎麼擺脫這種狀況，他們完全放飛自我。被巨響震得甚麼都聽不見的林哥，根本沒辦法聽見其他人的音樂，但他需要聽到音樂才能維持節拍；他事後承認自己得偷瞄其他人搖擺的屁股，才知道如何跟上節奏。

保羅、喬治與林哥在數年之後說，他們覺得約翰在謝亞球場的表演中崩潰了。這名最怪異的披頭四成員游移在最佳時刻的邊緣，並接受了周圍超現實的氛圍。當時值得一看的片段是，他像個瘋狂發明家般大笑，其他人則相互交換眼神，彷彿在說：「搞什麼鬼？」，同時又頻頻向觀眾們投以緊張的眼神。當約翰向天空揮舞雙臂，並對雲端大聲吟唱，彷彿受到某種隱形神靈控制時，人們又是怎麼想？他那可怕地顫抖抓擊，和不隨節奏發生的跺腳動作呢？在老家場合的觀眾前做出這樣的瘋狂舉止，也許還能被諒解；但在一大群未受到徹底拉攏的美國觀眾前，表現出如此駭人的行徑就完全是另一回事，而隔年惡名昭彰的事件也證明了這點。當保羅奏起謝幕曲〈我難過〉（*I'm Down*）時，約翰已經臣服於瘋狂之下。他走向電風琴，並開始用手肘彈奏，一面狂野地大笑。這種氛圍相當有感染性，保羅在舞台上旋轉，像是隨時要飛走，而喬治則露出招牌撲克臉，並逐漸融入無法控制的狂喜中。

在苦難結束後，眾人都感覺到披頭四已攀至巔峰了。當某位記者問他們，無法聽到自己演奏或唱出的歌曲，是否會讓他們感到心煩時，約翰毫無表情地回答：「不會，我們不介意。我們家裡還有唱片。」

他日後對席德·伯恩斯坦（Sid Bernstein，一九六四年在沒有聽說過披頭四的情況下，便幫他們訂下了卡內基音樂廳的演唱會宣傳人）說：「我在謝亞球場見到了生涯高峰。」

這句話推論的明顯意涵是，之後的狀況不會比這次表演更好了。真的嗎？理解約翰的個性後，這句話會不會只是玩笑呢？

或許會越來越好？這是否也代表情況已經糟到不能再糟了嗎？[4]

＊

當他們在一年後回到法拉盛草原進行第四場演出與最後一場美國巡迴表演時，狀況截然不同。在數十年之後，他們甚至不記得曾在謝亞球場表演過第二次。可以諒解他們的記憶模糊，因為他們這之間已經飛越了太廣泛的距離，也服下了過多藥物。他們過著雙重人生這點並沒有幫助。在全球舞台上，他們是大家的披頭四，也是全世界的情人；在老家，則必須持續維持平衡，他們必須滿足（或配合）另一半、朋友、小孩或跟屁蟲們的需求，並無助地試圖遵循家中的規範。保羅還在與他美艷的金髮甜心女演員珍·愛舍交往，不過他們的工作排程與保羅的其他事務使兩人漸行漸遠。雖然他最後求了婚，他們也在一九六七年聖誕節宣布訂婚，但保羅依然持續在外地工作與玩耍。珍在一九六八年七月對ＢＢＣ電視主持人西蒙·迪（Simon Dee）感傷地確認一切都已結束了。僅僅九個月後，他就娶了單親媽媽琳達·伊斯特曼，兩人也生下了三個小孩。林哥在一九六五年二月娶了別名小莫（本名是瑪莉·考克斯〔Mary Cox〕，他們在洞穴俱樂部的表演中相識）的髮型師莫琳，三個孩子中的老大在那年九月出生。喬治（他自己親口承認）無止盡地追求女色、酗酒、毆打老婆和扮演「缺席的父親」，導致他們在十年後離婚。喬治與貝蒂·伯伊德在一九六六年一月再婚，她與披頭四在一九六四年的《一夜狂歡》片場共事過（她只有一個字的台詞），但他們沒有孩子。愛好偷情的喬治很快就轟動地將妻子託付給自己的朋友艾瑞克·克萊普頓，並在一九七七年與她離婚，然後在一九七八年與唱片公司員工奧莉薇亞·艾利亞斯（Olivia Arias）結婚，並在同年生下一名兒子。在此同時，約翰則持續與辛西亞困在婚姻困境中，並絲毫沒有對驚慌的小朱利安盡到為人父的責任。[5]

這名人生充滿矛盾的大男孩，隨著披頭四生涯中的瘋狂事蹟而變得更加難以相處；他怎麼可能成為好丈夫與好父親？這種機會相當渺茫，幾乎不存在。任何人都能看出，他是一個不成熟又失能、腦袋受到上百萬人影響、而且一開始就無從拿捏自身本質的人；從任何觀點來看，這種要求對他而言都太困難了。

當約翰邀請記者朋友莫琳·克里夫（Maureen Cleave）到位於長滿氣味芬芳的樹林的韋布里奇中龐大又鑲滿木板的「糖果屋」（「等我知道自己真正想要哪種房子，就會買了。」）時，一大群歌迷早已在大門等她，為她在約翰鋪滿舒適地毯的城堡中指路。她對接下來所見感到印象深刻，約翰的紫色餐廳、書籍（皮革裝訂的經典、《搗蛋鬼威廉》、好幾架的晦澀書本）、酒窖、華麗的車輛、滑稽的收藏品（大猩猩戲服和好幾套盔甲，這會有人要嗎？）、一本巨大的聖經、一只上頭寫了「ＩＨＳ」的巨型十字架（這是基督教對「耶穌基督」的象徵文字）和一隻名叫咪咪的貓，誰都能猜到取名的由來。約翰讓她見到鮮少有人看過、也令人欽羨（上頭目前掛了「擱置」的招牌）的私生活。這位精明的記者在精闢的文章中觀察到，他似乎受制於諸多的財產。自從上一次巡迴演出結束後，他做了什麼事？看電視；讀書，讀關於世界宗教的書，包括但不侷限於「迷幻藥天后」提摩西・李瑞（Timothy Leary）對《西藏度亡經》（*The Tibetan Book of the Dead*）的研究，以及休・薛菲爾德（Hugh J. Schonfield）所著的《逾越節陰謀》（*The Passover Plot*），後者中備受爭議的情節，敘述耶穌基督只是個平凡人，利用使徒們幫助他假造奇蹟；還有播唱片、唱片、和更多唱片。他會聽喬治深愛的印度音樂，那明顯對他有強烈的作用。他也經常睡大覺。當然還有服用迷幻藥（他沒說這點），但從沒有對他的三歲兒子付出多少關注。他和司機將莫琳載回倫敦，順道探訪愛普斯坦，並買了更多東西；當有千萬身價的超級巨星窮極無聊地逛街時，又離龐德街只有咫尺之遙時，他會做出什麼事？他還喋喋不休地胡扯了一堆關於居家幸福的鬼話，還有他父親弗萊迪・藍儂的第二次回歸，並隨口提起他對此事的偏見等等雜事，就只為了好玩。

在這兩名年輕大人物之間的尋常談話中，約翰的話並沒有什麼好提的。據說他們倆也曾有一段情——這**肯定**會發生；莫琳是個年輕的女記者，即便她對工作非常拿手，也不可能取得這種獨家新聞。克里夫的專訪刊載在一九六六年三月的倫敦《標準晚報》（*Evening Standard*）上，標題寫著：「披頭四如何**生活**？約翰・藍儂的生活方式」，副標則是：「在薩里郡的山丘上……一位蓄勢待發的知名年輕人正在等待」。副標寫對了。

沒人質疑此事，編輯也沒有收到任何投訴。只有當那份報紙中看似無害的七行引言，被七月二十九日的《行事曆雜誌》（*DATEbook*）在不照原意的狀況下引用時，事情才開始變糟；那是一本言論誇大的激進美國雜誌，披頭四與他們的經紀和公關團隊都相當熟悉這本刊物，它相當不尋常地將社會政治報導與娛樂新聞並列在一起。美國聖經帶[3]的人民對此感到特別光火，並指控約翰散播褻瀆言論，還大肆要求將他宰了。此事發生在披頭四美國巡迴演唱開始數天前。想像當時的混亂狀況：從紐約到猶他州之間兩千英哩的範圍內，有眾多無線電台禁播了他們的歌曲。大眾公然焚燒他們的黑膠唱片、書本和商品，有些店家甚至直接將所有的披頭四存貨丟入火中。DJ們和其他對年輕人有影響力的人士，心胸狹隘地發表了令人印象深刻的怨言，咒罵這些不再受到歡迎的癟三們，認定他們明顯**言行不一**。他們被抬上高峰，接著又一股腦地被推下神壇。這股排斥聲浪瀰漫得相當廣泛、充滿怒氣，也對這件「罪狀」做出極度誇張的反應：**禁播披頭四！披頭四滾回去！耶穌為了你而死，約翰．藍儂！**群眾對他們與「他們代表的一切」表現出的暴力情緒已高漲得令人作嘔。在所有白人至上主義者中，居然連三K黨[4]也加入了這場混亂，和往常一樣揮舞著暴力與死亡的大旗。就連在老家的小辛，都被上百封恐嚇信嚇壞。面對這種程度的敵意與排斥，有誰為不會為自己的性命感到害怕？

[3] 譯注：美國基督教福音派的保守勢力根據地，一般指美國南部。
[4] 譯注：美國白人至上主義團體，奉行基督教恐怖主義，在十九世紀首次出現。

究竟是什麼話引起了眾怒？

「基督教會消失，它將會逐漸萎縮。我不需要對這件事進行抗辯：我沒說錯，也會有人證明我的說法。現在我們比耶穌還受歡迎，我不知道搖滾樂和基督教哪個會先消失。耶穌英格蘭教會沒什麼問題，但他的信徒們愚笨又陳腐。對我來說，是這些人扭曲了基督教。」

在英國，這不是什麼大事。《標準晚報》甚至不覺得約翰說的話特別到能作為引言，艦隊街的其餘媒體也忽略了這段話，它就這樣消失在新聞浪潮中。這也不是不合理的行為。因為儘管大多數英國民眾依然會在聖公會教堂中結婚，死後也埋在教會墓園中，大部分民眾也會在填寫正式表格時，將自己的信仰歸類為「英格蘭教會」，但是當時的英國卻不是一個由熱情的教會信徒組成的國家。許多知名人士都會對神職人員大開玩笑，包括約翰景仰的彼得．謝勒。教會似乎頂多是種時代上的謬誤，無法滿足年輕一代的需求。

但在美國，情況卻大為不同。約翰對當地的反應大惑不解。儘管對指控抱持反抗態度，他卻害怕有人會在他們回到美國時「做了他」。即便如此，他也拒絕服從得了流感的布萊恩．愛普斯坦充滿損害控制的指示；愛普斯坦要求他誠心道歉，以便澆熄大眾的怒火。最後生病的經紀人只好在紐約的美國飯店安排記者會，他邀請了全世界的媒體，並對他們唸出了約翰勉強同意的聲明稿。

從披頭四降落那一刻起，內部人士就發現約翰身上有股令人畏懼的怒氣，他也明顯正努力壓抑著自己，這導致他對那個問題的回應變得相當隱晦又不情願。比方說，當他們在芝加哥準備八月十二號在舊國際半圓形體育館以兩場表演展開巡迴演出時，他的回應相當不安：「我的觀點只來自於自己曾讀過或觀察過的基督教狀況，還有它的過往、現在與未來。對我來說，它似乎在萎縮。我沒有在毀謗它或說它很糟，我只有說它似乎在萎縮，也不再與世界接軌了。」

記者們沒有因此放過他。無論有人問哪種問題，總會有某個痞子記者準備把話題拉回醜聞上。抓到把柄的狗仔們打算用這種話題轟炸他，想打探他的口風，讓他吐露些醜話讓醜聞更惡化。誘騙藍儂，真是個好遊戲！值得嘉許的是，約翰控制住了脾氣，不過這場小題大作的風暴（愛普斯坦在《新音樂快報》〔*NME, New Musical Express*〕中如此形容這起事件）仍持續肆虐。儘管只有一小部分的人進行了抗議，但不負責任的媒體報導使這件事成了對大眾的侮辱，並讓情況看起來比實際還糟。同時美國的成年人們則往下睥睨著「小鬼頭們」，一面冷笑道：早就告訴過你們了。最後約翰確實道歉了。他道了歉，一切船過水無痕，群眾的怒火隨之消退。表演繼續進行。

雖然報導指出他們於一九六六年八月二十三日在謝亞球場的表演是場「失敗」，有一萬一千個座位空蕩無人，他們卻依然賣出了四萬五千張以上的票。還真令人失望呀。加上其他零碎的表演，他們還得到了羅尼特組合（The Ronettes）的幫忙。約翰一直想讓該團的當紅主唱羅妮[6]當自己的情人，她事後也承認，自己受到非常大的誘惑，而小辛根本不清楚這件事。他們唱了十一首歌，包括〈白日旅客〉（*Day Tripper*）、〈感覺良好〉、〈流浪者〉（*Nowhere Man*）、〈平裝書作家〉（*Paperback Writer*）與〈高大莎莉〉（*Long Tall Sally*）。男孩們輕鬆地完成表演，看起來相當有活力，也發出享受的歌聲，並彈出曲調，讓哭泣的觀眾們感到欣喜。他們也做出了其他必要行為，或者應該說是熬過那些步驟。因為傷害已然存在，從那一刻起，他們作為巡迴樂團的日子就不多了。所有的內部人士都明白，一切永遠不會和以前一樣了。

問題是，約翰沒有錯。《掌控人生》巡迴表演結束後，當他能掌握常理與後見之明之間的平衡時，他曾指出：「我說過我們比耶穌更受歡迎，這是事實。我相信耶穌是對的，佛陀也是對的，所有和他們一樣的宗教人物都沒有錯。他們都說了相同的道義，我也相信這點。我相信耶穌說過的話，像是他對愛與良善的基本概念，但我並不相信人們**說**他講過的話。」

「當時我可能太過年輕，而沒有注意到約翰口中『披頭四比耶穌更受歡迎』的言論。」法政牧師艾利森．喬伊斯說，他是倫敦艦隊街上的聖布里奇記者教會中的教區長。

「現在想想，披頭四確實得到了前所未見的全球知名度，而他也用特別聳動的方式來形容這點（這就是年輕人的膽量呀！），但基督徒怎麼會被這種話冒犯？基督教信仰遠比任何貶低它的言論還強大；再說，這是褻瀆言論嗎？人類把神釘上樹，讓祂經歷罪犯般的死亡。沒有什麼行為比那更惡毒了。相較之下，言論與意見毫無意義。

我從來不相信約翰．藍儂試圖與上帝競爭。和大多人一樣，他也在追尋自我存在的目的。因為他太有名了，被迫在大眾的目光下進行搜尋。世界上有上百萬人都把約翰當成某種神明，或許也從他的歌曲中認定，他擁有生命中的一切答案。但事實恰好相反，他和大家一樣都在尋找生命的目的。」

〈13〉

洋子

當瓦解的氣泡釋放出衝擊波時，科學家將之稱為「空蝕現象」，這股突然噴發出的能量會發出一種聲響。聚集在船隻推進器旁的上百萬顆微型氣泡在海底內爆時，會發出一股震耳欲聾的撞擊聲，一陣又一陣的撞擊最後會癱瘓推進器。我們也許永遠也聽不見這種聲響，但我們習慣了氣泡的聲音：氣球爆破的聲響、裝有冰塊的玻璃杯中的可樂嘶嘶聲與香檳的噴湧聲。我們認得出共鳴。但當小孩將往圓圈中的洗衣精吹氣，讓閃爍彩色光芒的氣泡飛入空中時，我們會在這些泡泡破裂時聽到什麼？

你從未聽過快淹死的人發出的尖叫聲，因為這種聲音並不存在。那是種寂靜的崩潰感，讓人緩慢又無聲地沉入虛空中。它代表了放棄。捨棄一切。也是沉默的聲音。

林哥普遍被認為是四人中性情最溫和的成員，總是配合大家前往任何地點。他也曾經舉棋不定，並經歷信心上的危機。他很快就會生氣地離開，告訴其他人說他「走了」，但他會回來的。而保羅寧可永遠進行巡迴表演，數十年後看來，他依然在做相同的事。喬治直言不諱：他已經滿足了自己的需求，但也在等這段時期自然結束。不過，披頭四的現象已經逼死了約翰。那就像是寄生蟲，它鑽入約翰的皮下組織，並竄入他的細胞，偷偷佔據了約翰的心。

一九六六年八月二十九日的最後一場現場演唱會在燭台公園（當時該地是舊金山巨人隊的主場）舉行，但是這從未被宣傳為他們的最後一場表演。[1]事情就這樣自然而然發生。當他們的巡迴車隊穿過美國時，似乎到處碰上問題與挑戰、炸彈與鬥爭。當他們的熱情減退時，體力也自然下降。才經過了幾個地點，他們就為自己的性命感到擔憂。狀況不再「相同」了。怎麼可能會一樣呢？他們並沒有在海灣邊這座曾身為掏金熱中心的城市裡碰上盛大歡迎，儘管體育館中能容納四萬兩千五百人，裡頭的座位卻只有半滿。羅妮與熱情的羅尼特組合再度擔綱來賓。外頭起了風，也飄起了霧，空氣中還有種不祥的冷冽感。男孩們在後台與名人、新人和瓊・拜亞（Joan Baez）一起玩樂，彷彿不太情願上台表演。他們在當晚九點半上台做離別前的演出。他們對這最後一場表演感到失望，卻又鬆了一口氣；於是他們拿了台攝影機，想拍下群眾與他們的照片，以給後人留作紀念。氣泡已經爆開了，它沒有發出爆裂巨響，反而低聲嗚咽。[2]十年了。夠了。該集體跳船啦！約翰抓住了安全帶。他嗆著氣游到水面上，並一路游到岸邊。

「披頭四」吞噬了客套的保羅總愛提起的「乖巧的小搖滾樂團」，但保羅同時也對得到的一切榮光感到滿意（他也應該如此）。因為「披頭四」並不是四個分開的人。他們是種概念，也是種作品，以及理想。既然他們從不屬於真實世界，就不可能長期扮演巡迴團體。他們無法像滾石樂團一樣，依然像找不到戰爭可參加的生鏽坦克般巡迴全球，一面猛烈彈奏著同樣的老曲調（因為沒人想聽新歌）。儘管這些又叫又跳的七十歲逗趣老人們有著彷彿被微波爐加熱過的皺褶臉孔，但他們表現得像永遠都是三十歲，自己也只扮演了一個角色：向想重溫年輕時光的溫和大眾灌輸「你怎麼跳得這麼好」❶的懷舊情懷。披頭四的精神專注於新鮮事物，以及無止盡的重新發明。情懷自然相當重要，在他們許多備受喜愛的歌曲中也能一窺這點，但那只能被運用在持續進步上，也必須連結到毫不懈怠又令人屏氣凝神的創造力。他們突破極限，並超越自我，永遠不維持原狀。因此他們必須瓦解，為了讓身為音樂家與個體的他們繼續存活，巡迴演出必須結束。對

❶ 譯注：典出滾石樂團的歌曲〈黑糖〉（*Brown Sugar*）。

約翰而言，這非常重要，是和生死息息相關的事。當樂團吸收了玩世不恭的搖滾歌手藍儂時，披頭四狂熱則使披頭四自身感到窒息。最後一個離開的人得關燈。別忘了鎖門。

現在呢？

還能怎麼做？回到錄音室，專注於製作音樂。特別是做出讓聽眾能坐下來好好傾聽、仔細品味、感到驚奇，並受到啟發的音樂。在那些日子裡，現場演出無法營造那種效果。

＊

身為利物浦的年輕醫學院學生時，就已經歷過披頭四現象的心理諮商師柯斯莫・赫爾史多姆，思考著約翰處在這顯著人生路口之間時的心境。

「他疲累、憤怒又困惑。他依然是個重要人物，儘管氣泡似乎已經爆裂了，他卻還處在氣泡中，也沒人敢挺身面對他。接著出現了一個無視於他的傲慢的人。這個人擁有不同的想法。這個人來自別的文化，因此也以截然不同的方式觀看世界。約翰也愛上了**她**。她是個特立獨行的人，也是約翰能產生情感連結的人。她的形象幾乎和他妻子辛西亞完全相反，是個典型的當代女子。

約翰與洋子立刻產生了連結，他們想傳達的訊息也很簡單。那就是嬉皮對愛的概念。和平、愛、善良、二元化。美麗的顏色、漂亮、開心；與他和其他人營造的緊張、混雜、又使人衰弱的關係完全相反，他在歌曲中談過這種元素，但自己卻全然不懂。

我想他們確實有深沉又無比強大的情感連結，也才能永遠維持下去。」赫爾史多姆醫生聲稱道。「那不只是肉欲或熱情。愛的概念是生物的本能；和另一人永遠交纏在一起的念頭，是諸多音樂、藝術與文學創作的基礎。找尋終生伴侶，是人類的特性之一。天鵝一生都不會更換伴侶，忽然間那關係轉變成了某種更為高尚的存在，也擁有一種神祕的氛圍。因為大多數動物不會這麼做，我們則相當重視會這樣做的物種。受長期伴侶吸引，是種先天的人性需求。」

柯斯莫對所有生命奧秘的說法相當淺白：愛與吸引力是「主角」。

「社會也喜歡一致。」他指出。「夫妻和一見鍾情的行為都擁有文化壓力：找到真命伴侶。約翰·藍儂是個性欲非常旺盛的人，也因為他的地位，使他有能力吸引全世界的女人。能吃則吃正是雄性動物的動力，即便你老婆出席了同場派對也一樣。人們為了測試感情關係的界線，會做出各種蠢事。藍儂這個自我中心的自大人物，碰上了和他勢均力敵的對象。事情發生時，就像炸彈爆炸，他的世界從軸心上落下。一切都改變了。」

*

報紙說她控制了他的心靈；歌迷與學者對他們倆關係中的日期、時間與地點爭論了數十年，也爭辯她是否沒有察覺到約翰的披頭四身分，或她正是因為對方身為披頭四，而找上約翰。她在一九六六年十一月九日於倫敦的印迪卡畫廊裡為她的裝置藝術作品所做的展覽中，真的有邀請約翰付錢來換取在牆上敲入一根釘子的特權嗎？他是否回嘴說，自己不需要把手放進口袋裡拿錢，就能敲下想像中的釘子（看出她玩的把戲了嗎？）。這些都是細節。或許這件事以前也發生過一次或上百萬次：兩個和其他對象結婚的人，在碰面後就愛上了彼此。上鉤，收線。在那一瞬間，他們會懷疑之前的生活是否已經結束了。確實如此。當他們在見面後一見鍾情，會在對方消失時不斷掃視房內，並在回家路上送出大量推文或簡訊：「只是想讓你知道，我只有幾秒沒想你。」這些訊息可能會流傳到八卦小報上，或被留在長椅上，被當作證據，可能還會導致譴責與離婚。除了科技方式不同以外（當年他們寫信和打電話給彼此），其他事都發生過了。

噢，洋子。她出現在夢境中央。只不過約翰做的是場噩夢，裡頭充滿了沒有愛情的婚姻、無望的分離、過高的壓力、過多的人群、飛機、汗水、金髮女子、棕髮女子、悔恨、妥瑞症和死亡威脅。你懂的，他需要有人陪。救命！居家生活？**什麼**居家生活？那對他沒有幫助。他在走下坡了。看，又是那個快淹死的人。洋子跳下去救他。

這位結過兩次婚的母親，並不是其他人口中那個尋找飯票的飄泊女子。她在日本出生，並在紐約接受中學後教育，腦中依然有著關於第二次世界大戰與東京遭破壞的鮮明回憶，使她因恐懼與希望而睜大雙眼。她是個人脈廣泛、又備受尊敬的前衛派概念藝術家，擁有名聲和一票支持者；儘管財務上比不上披頭四，至少在她的圈子內也相當厲害。她是激浪派的活躍成員；那是一股六〇年代的國際浪潮，接受世界各地與各門派的藝術家加入。她相當吸引人，充滿異國氣息，也散發出文化氛圍，想法則相當原創。她的思想偏向激進和平主義與政治化女性主義，她會平靜地吐出智慧話語。即便在房內經過，也會流露出一股神祕感。對辛西亞來說，她在各方面都是個威脅。小辛的看法充滿了可怕的偏見：

「約翰在有需要時遇見洋子，當時他已為阿爾瑪．科根哀傷了兩週。她是個到處追著約翰跑的神經病歌迷，一開始就讓約翰感到煩躁。但在阿爾瑪死後，他身上產生了某種奇怪變化。情況改變了。洋子肯定發現了機會，並一口咬住不放。她在關係中佔有主宰地位，並且控制了約翰的餘生。」

「於是，洋子成了約翰的新咪咪姑媽。」小辛告訴我。「她發現約翰在女人身上所需的東西，並改造了自己的性情，事情在我面前眼睜睜地發生。」

關於這點呀。

洋子三十二歲時，約翰二十六歲。還不到讓穿著一隻木屐的腳踏進墳裡的年紀。[3]不過在當時，如果有女人比自己的男伴大上一兩歲，就會引來他人的議論。約翰毫不受此阻撓，甚至還感到饒富興味，他的胃口大開。能擁有任何女人的男子，居然想要這個女人？**天啊**。老實說，基斯．埃瑟姆說得對：很少有照片把她拍好。但有些畫面相當驚人。沉默的洋子流露出靦腆又迷人的魅力，近拍照揭露了厚重黑髮下光滑的肌膚、完美的五官和羞赧的微笑。她的風格明確又微妙，眼神相當深邃，也只專注在約翰身上。大眾認為她是個女巫，是將披頭四當作目標的賤貨；她毀了約翰的婚姻、打碎了小辛的心、奪走了朱利安的父親、並摧毀了世上最偉大的樂團。但你知道嗎，當時披頭四已經準備要瓦解了。就像林哥在《精選集》中所說，婚姻不可能瞬間結束。得經歷好幾年的悲慘過程後，才會使事情完結。他指的是樂團的狀況。

當洋子還是個小女孩時，她會把願望寫在紙上，並把這些紙綁在神社裡的樹木枝枒上。許多日本人每年在七夕都會這樣做，神社院子中的樹木中掛滿了許願紙結，從遠方看起來就像是盛開的白花。她一生中製作的藝術品，都經常反映出古老神道信仰的主題與影響。她在某天曾說道：「我所有的作品都是許願的方式。」

她是否曾和約翰分享自己與人稱「現代藝術女王」的美國名媛佩姬．古根漢（Peggy

Guggenheim）的回憶呢？眾所皆知，洋子「在六〇年代」碰上了這位性欲旺盛的千萬富翁與放蕩不羈的名媛，大洋子三十五歲的她本名瑪格麗特·古根漢（Marguerite Guggenheim），在她於一九七九年過世前，兩人也一直都是朋友；我想知道的是，洋子是否曾向約翰吐實過懷上她女兒京子那晚。

古根漢曾認識並贊助巴勃羅·畢卡索、曼·雷（Man Ray）和達利，也發掘了傑克森·波洛克（Jackson Pollock）；她在一九五六年與朋友約翰·凱吉（John Cage）前往日本。凱吉是前衛派作曲家與音樂理論家。

「他（凱吉）受花道大師邀請到不同城市中舉辦樂會。」佩姬在自傳《世紀之外：藝術成癮者的自白》（*Out of this Century: Confessions of an Art Addict*）中回憶道。「我跟著他到處跑。我說不上喜歡他的音樂，但我去了他每場音樂會。小野洋子（當時二十三歲）是我們的嚮導與翻譯員，也參與了其中一場演出。她相當有效率，人也很好，因此我們成了好朋友。有個叫做東尼·考克斯（Tony Cox）的美國男孩四處跟著她，對方從美國來找她，但在那之前從未見過洋子。即便她身為優秀作曲家的丈夫和我們同行，考克斯依然出現在我們每場旅程中。」

她的丈夫名叫一柳惠（Toshi Ichiyanagi），是約翰·凱吉的學生。那他在哪？

「當時我們在一場大型宴會上，也帶了自己的私人攝影師來。」佩姬說。「我讓東尼一起睡在我和洋子共用的房間，結果則迸出了個美麗的日美混血寶寶，後來被東尼偷走……」

*

生命苦短，藝術漫長。九年後，當約翰．藍儂同意資助洋子在倫敦的里森藝廊舉辦新個人展覽，並取代了佩姬．古根漢，成為小野洋子的贊助人。辛西亞質疑過這名古怪入侵者的目的嗎？當然有。約翰會佯裝不知此事，並宣稱洋子是想討錢的「怪人」嗎？他會這樣做。小辛該怎麼做？她的第六感響了起來，但聲音不夠大。

＊

我有時認為，洋子是熬過生命難關的大師。踏上無止盡地追尋答案的旅程、並長期需要救星的約翰，非常重視這類大師級人物。他無法抗拒新趨勢和最新的潮流，也容易接受擁有強烈能力與自信的人。對於自認憤世嫉俗的人而言，他相當好騙。瞧瞧他如何對「魔術艾力克斯」．馬達斯（'Magic Alex' Mardas）感到入迷，那位年輕的希臘科技魔術師用閃閃發亮的道具誘騙了約翰，並允諾會幫披頭四打造一座充滿未來感的錄音室，但最後卻大大失敗。使用原始療程的治療師亞瑟．亞諾夫很快就見到約翰，也造成了巨大傷害。對靈性重生運動的領袖瑪哈禮希．瑪赫西．優濟而言，他對披頭四的連結管道則是喬治天真無邪的妻子貝蒂。在燭台公園表演後，哈里森一家在孟買待了六週，並在印度傳奇錫塔琴大師拉維．香卡（Ravi Shankar）家作客，香卡也教喬治彈錫塔琴。他們遊蕩到喀什米爾，劇烈改變了自己的飲食習慣與運動方式，並成為素食者與瑜珈熱愛者。回到倫敦後，貝蒂試圖教導自己如何冥想，卻無法成功，於是她祕密加入了瑪哈禮希的靈性重生運動。當瑪哈禮希來到倫敦，在位於北威爾斯的班哥宣傳超覺靜坐，並在希爾頓飯店辦記者會時，貝蒂和喬治說服了保羅、珍和林哥參加……當時林哥沒帶莫琳去，因為她剛生下孩子，還在住院。小辛也待在家裡照顧朱利安。她確實有前往威爾斯，但她錯過了火車，只好讓尼爾・阿斯皮納爾載她過去，日後她認為這件事反映出自己婚姻已然失敗。為何約翰留下她一人處理行李箱，還沒等她就登上火車？沒錯。米克・傑格與瑪莉安・菲斯佛（Marianne Faithfull）也來了。披頭四在班哥接見了過度興奮的媒體，並公開聲明拒絕吸毒……不過幾週前，他們才為大麻合法化站台過。

布萊恩・愛普斯坦才是真正的大師，他在沒有任何經紀人經驗和唱片製作的經驗下，讓粗鄙的搖滾四人組化為世界級的大樂團。於是，就連約翰也完全屈服於這位「流行樂王子」的權威與優越性之下，也允許對方抹去了自己的搖滾歌手性質。布萊恩掌握了披頭四與他們家人的生活長達六年：約翰與小辛的婚禮、他們的第一個家以及他們從利物浦搬到倫敦的過程；征服美國、讓他們成為世上最出名的樂團、解除耶穌危機、並使他們毫髮無傷：布萊恩掌控了一切。對其他三名披頭四成員的家庭也一樣。沒人會像他一樣，更勤奮地為他們付出，或更努力不懈地支持他們。他用近乎崇拜的精神滋養、照顧、保護、設計、包裝、並宣傳了他珍貴的歌手們。他無條件地寵愛著他們，即便他並沒大他們幾歲，卻彷彿將他們當成自己的兒子。但他傾向對錄音室保持距離。他習慣讓披頭四和他們的製作人喬治・馬丁獨自處理音樂，相當明白自己在那裡幫不上他們的忙。既然他們已經不再登場演出，披頭四也不再是巡迴樂團，並且只「專精」於錄音，那他還能有什麼功用呢？

〈14〉

流沙

歌德說：「人不該自視過高，也不該低估自己。」[1]

然而上述兩者約翰一個也沒少。他一方面充滿創造力上的優越感，另一方面又害怕自己是個騙子，擔心會被人拆穿。優秀的人物經常會被冒名頂替症侯群❶纏身。約翰在台上主宰一切，在錄音室中的要求也相當嚴苛，不過他經常抱怨說他討厭自己的唱歌方式。他會讓他們的製作人疊錄原本被認為是搖滾史上最傑出的嗓音之一的歌聲，並用各種科技「讓他聽起來更棒」。「你不能用番茄醬讓它聽起來圓潤點嗎？」他曾這樣對喬治・馬丁說。溫和的紳士馬丁或許曾打算回嘴，但終究壓下了脾氣。[2]

有哪個製作人曾煞費苦心地捕捉歌曲中的魔力、詮釋歌手的天份、並精挑細選出必要的才華？抱持無盡耐心的喬治，探進了他們的心靈裂隙中，挖出其精華，再將之雕琢成美妙的音樂。他平靜地陶醉在他們多產的作品之中。或許除了他之外，再也沒有人能適當詮釋披頭四的歌曲，並將歌曲加強到前所未聞的完美程度。沒有其他人能掌握他們的創造力核心。然而於此，他只得到了約翰不情願的敬意與心不在焉的認同，而約翰在後披頭四時期的情緒，逐漸惡化成為惱怒。約翰開始貶低並侮辱喬治的貢獻。他會往晚餐裡吐出一堆惡言，來毀了美好的一晚。他在紐約就曾這樣用言語傷害過同伴；當時他嘲諷道，如果他能隨心所欲的話，就要重錄所有披頭四歌曲。「**什麼**，連〈草莓園〉也是嗎？」喬治驚呼道，直覺對約翰高超的作品產生保護感。「**特別是**〈草莓園〉**！**」約翰吼道。他沒辦法控制自己。

❶譯注：指部分成功人士自認為欺世盜名的騙子，而活在恐懼中的心理現象。

喬治不予理會。他解釋道，披頭四所有成員都不太喜歡讚美成就。「不過，」他在回憶錄《你只需要雙耳》中指出：「我從不認為他們會那樣做。他們有種獨立又倔強的特性，完全不理會任何人的意見；這是讓我一開始欣賞他們的其中一點，也是讓我想簽下他們的原因之一。」

*

雖然他們早期的歌曲相當基本又未加修飾，但保羅與約翰做中學得很快。到了一九六三年，他們的曲調中已經開始飄出某種感性與複雜感。隨著他們生活經驗的增長，情緒也更為平衡，他們終於有了信心，能夠在編曲中反映並表達出自身的感覺。謙虛的馬丁堅信幾乎任何製作人都能從他們的早期作品中，找出適合市場的作品。當《救命！》專輯在一九六五年發行時，事情開始改變了，關鍵的那首曲目是〈昨天〉。當時喬治還沒意識到這件事，但他後來看出這首歌就是轉捩點：「當某種有部分由我造成的風格逐漸浮現時，我就開始在音樂上留下自己的標誌。」[3]

他說，他們率先在〈昨天〉上進行實驗。當時他開始為披頭四的音樂做配樂，而他們也開始接受讓別的歌手和樂器加入樂曲中。在那之前，只有他們四人加上喬治的鋼琴配樂。喬治認為，如果在〈昨天〉內加入哀戚的弦樂四重奏，聽起來會更動人。他把這個構想告訴他們，曲子裡就多了這部分。儘管他們依然受到當代基礎錄音技術的限制，卻用令人訝異又充滿刺激性的手法，成功打破了流行樂的「法則」。察覺近乎無窮無盡的可能性後，男孩們便接受了製作人和工程師們的技術，自此允許對方引導自己。傑出的想法來自約翰與保羅，而睿智的喬治則服從他們的意見。他努力激發出他們身上最優秀的一面。

喬治日後形容披頭四為當代的科爾・波特（Cole Porters）與喬治・蓋希文（George Gershwins）。當一名評論家斗膽將他們比為舒伯特時，反對者們對這種說法表達了輕蔑；舒伯特是名古典樂作曲家，在簡短的一生中譜出了大量作品。喬治贊同這樣的比喻，指出多產的披頭四完整地體現並代表了他們身處的時代，就和舒伯特一樣。他們的音樂屬於當代，與他們的世代產生共鳴，也製作出了雋永的音樂。他們音樂日後地位的爬升，也使它成為永恆的作品。不是嗎？我們永遠無法預測未來。

*

時間飛快地過去。他們在一九六六年四月到六月間錄製了《左輪手槍》，並於該年八月發售；這成為他們停止巡迴演出前的最後一張專輯。他們大量利用了最新科技，包括近距離收音的鼓和反轉收音，以便在曲風迴異的歌曲中炫技，像是〈艾蓮娜・瑞比〉、〈你的鳥會唱歌〉（*And Your Bird Can Sing*）、充滿迷幻藥風格的〈羅伯特醫生〉（*Doctor Robert*）和〈無所不在〉（*Here, There and Everywhere*）；這幾首歌都受到〈唯有神曉〉（*God Only Knows*）的影響。諷刺的是，該曲作曲人布萊恩・威爾森（Brian Wilson）是在聽《橡膠靈魂》得到靈感寫下那首歌。還有專輯內〈明日永不知曉〉中充滿催眠性和威脅感、同時又充滿層次，宛如有海鷗在印度餐廳中飛行般的迷幻曲調。一名狂妄的樂評批判說「濾波器讓約翰・藍儂聽起來像上帝用霧號唱歌」。喬治用〈稅務員〉、〈愛你〉（*Love You To*）和〈我想告訴你〉（*I Want to Tell You*）開始了自己的編曲資歷。這張專輯既複雜又迷幻，還涵蓋了多國文化元素，其中大量使用了錫塔琴。歌曲主題不再沿用愛情，曲中的核心也十分明顯。歌曲充滿靈性，也受到迷幻藥的影響，這兩點在約翰與喬治身上特別明顯，因為當時他們正熱衷於ＬＳＤ實驗，但是保羅限制自己只碰大麻與一些無傷大雅的毒品，至少當下如此。歌曲受到多方影響，從巴布·狄倫、拉維·香卡到前述的海灘男孩都有。這項計畫平衡了兩名主要作曲人的地位，但也暴露出了兩人間的嫌隙。《左輪手槍》是革命性的作品嗎？嗯，你也知道的，我們都想改變世界。這張專輯是否突破了流行樂的疆界，並徹底改變了製作唱片的方式？可以這樣說。它是否激發了七〇年代的前衛搖滾運動？這肯定沒錯。他們在漢堡的老朋友克勞斯·弗爾曼為他們設計了吸睛的專輯封面，因此贏得了葛萊美獎。而他從未停止回答外界對此提出的問題。

*

連續十二張冠軍作品催生了到此為止都無人能想像的一系列專輯，並奠定披頭四在音樂史上無與倫比的地位。矛盾的是，在製作《比伯軍曹的寂寞芳心俱樂部》、《奇幻之旅》配樂、「白色專輯」、《黃色潛水艇》（*Yellow Submarine*）、《艾比路》和《順其自然》的過程中，樂團本身卻正在解體。但其中並沒有惡意。並不是因為樂團中有人結婚或開始交往，便使眾人分崩離析，像佛利伍麥克（Fleetwood Mac）或ＡＢＢＡ樂團那樣。沒錯，確實有女人牽扯其中，但並沒有造成威脅。除非有披頭四成員**要求**如此，否則沒有女人能滲入那堅不可破的團體中，並說服任何人離開。就連被動的旁觀者，也能發現他們是群傲慢的沙文主義者，他們專於發號施令。洋子或琳達都無法發揮足以破壞他們的影響力，除非有人明確表達出這種意願，當時大眾對此有諸多揣測與傳言。許多針對洋子的流言蜚語都過於性別與種族歧視。當然情況並不只是男孩碰上女孩的單純戀愛；男孩陷入戀愛，但是當女孩踩爛男孩的沙堡時，男孩只是站在一旁。急於脫身的約翰，將洋子作為代罪羔羊，以便讓自己離開樂團；這不是比較有可能嗎？或許她早就知情了；也許他們倆共同想出了這計畫。她很有可能為了減輕約翰離開時的壓力，願意承受責罵，尤其是當考量到自己的獎賞將會是全世界最偉大的搖滾巨星時。這方向太誇張了嗎？她不會把真相告訴我們。不過，比起其他事來，這種狀況並不奇怪。

這起事件內也有顯而易見的元素。男孩們已經長大了。他們一定會成長。他們正外顯地長大，也自然而然地遠離彼此，逐漸甩掉自己對童年玩伴的依賴。他們有家庭、其他要務與和彼此衝突的利益關係。儘管他們希望如此，但男孩們不可能永遠不顧他人地恣意行事。在《精選集》的最後一集中，保羅將他們的困境和被遣散後各奔東西的軍人做比較，並引用老歌〈婚禮鐘聲〉（*Wedding Bells*）：「婚禮鐘聲瓦解了我的老友們。」[4]在這麼多年後重看這片段時，就讓我想起和他同名的使徒保羅，他在兩千年前也曾如此反思過：「我還是個孩童時的時候，說話像孩子，心思像孩子，想法也像孩子；但當我成為男人時，便拋下了童稚的事物。」[5]

約翰想離開。他感到無聊。他渴求自由。他很想與他人共事，即便是和洋子；其他人不知道的是，在他們的漢堡時光前，她就已經與音樂家合作並實驗新題材了。比方說，在一九六〇年，她曾指派前衛派中驚世駭俗的拉蒙特．揚（La Monte Young）擔任她在紐約自家閣樓中主辦的音樂會總監。受到日本雅樂（那是有數世紀歷史的帝國宮廷音樂）強烈影響的揚，製作出類似短俳句的歌詞，並成為「最有影響力的現存作曲家」。約翰與洋子相當認真地看待彼此，她並非披頭四歌迷與虎視眈眈的媒體眼中那個對音樂一竅不通的程咬金。

「洋子與琳達出現前，他們就已開始解體了。」克勞斯．弗爾曼說。「如果有決定性的一刻的話，那就是他們決定不再巡迴演出的時候。從那一刻開始，繼續共事就顯得很不自然。在那之後，事情就迅速惡化了。事實上，人們無法永遠生活在團體中。他們都得向前走，喬治變得對神祕主義相當有興趣，保羅與約翰則分道揚鑣。洋子只是促使事情發生的催化劑而已，她看得出約翰並不快樂，他也受夠了這一切。

洋子是個操控者嗎？她知道約翰想要什麼，於是她使之成真。所以，以某些角度來看，她確實是操控者。但即便她沒出現，事情依然會發生，只不過可能再多拖幾週而已。

到了最後，事情變得很難堪。我記得當時和他們待在錄音室的時候，琳達與洋子也在那裡，每個人都在彼此背後竊竊私語。當下的氛圍充滿著惡意。」

＊

《滾石雜誌》稱《比伯軍曹的寂寞芳心俱樂部》為「史上最佳專輯」。該專輯錄製於一九六六年十二月至一九六七年四月，並在炎熱的愛之夏❷之前上市，當時有一百萬名嬉皮湧上了舊金山的海特－艾許伯里區。迷幻藥、種族暴動、性自由、暴力；問題隨你選。這項驚人的作品是這

❷ 譯注：一九六七年夏天發生在舊金山的嬉皮群聚事件。

些問題的產物，也是解藥。歌曲中「樂團裡的樂團」概念，是保羅對名氣帶來的窒息感所做出的反應，也是讓披頭四遠離拖把頭瘋狂熱潮的工具。這張大雜燴中混合了印度音樂、摩城音樂❸、雜耍樂、藍調、流行樂、古典樂與搖滾樂等類型，並擊敗了其他競爭對手：像是同年發行的《大門》（*The Doors*）、吉米・罕醉克斯的《你體驗過嗎》（*Are You Experienced*）、《地下絲絨與妮可》（*The Velvet Underground & Nico*）和滾石樂團的《應撒旦陛下之請》（*Their Satanic Majesties Request*）。保羅寫了《比伯》中大半數的歌曲，也演奏了一組室內樂樂器，並取代約翰成為團內的指揮人物。但約翰對這張專輯的貢獻也不小。〈為了凱特先生好！〉（*Being for the Benefit of Mr. Kite!*）的靈感來自於披頭四在諾爾公園拍片時，在肯特郡的七橡木鎮某家骨董店中看到的一張維多利亞時代的馬戲團海報；這首歌日後被他稱為自己的最愛（或者約翰只是故意和自己產生矛盾，因為他之前曾批判過這首歌？）。〈露西帶著鑽石在天空飛〉（*Lucy in the Sky with Diamonds*）的靈感來源則是他兒子朱利安從學校帶回家的一幅畫，這首歌像是輕量版的《愛麗絲夢遊仙境》。〈生命中的一天〉（*A Day in the Life*）則是單曲中的單曲。但是為何專輯內沒有〈永遠的草莓園〉或〈潘尼巷〉呢？這兩首歌都是為了該專輯而錄製的。因為ＥＭＩ集團要求他們交出一張單曲唱片，卻得到了一張雙A面唱片。披頭四有個原則，就是永遠不在專輯內重新發行曾以單曲形式上市的歌曲。喬治・馬丁說這項失誤是「他最大的悔恨」。

「年輕一代或許很難理解《比伯軍曹》在那年夏天上市時的驚人重要性。」強納森・莫里許

❸譯注：Motown，源自底特律的黑人音樂類型。

（Jonathan Morrish）說，他是CBS電視台與索尼音樂的前董事，也曾擔任麥可・傑克森的公關，後來則在PPL公司擔任溝通總監。[6]「無論你認為這專輯中的音樂如何，它都可能是他們最重要的作品；但令人訝異的是，它不是最受歡迎的披頭四專輯。這是他們在停止巡迴演出後做的第一張專輯，所以他們再也不需要為了提升售票量，而急促地拼湊出一張專輯。他們透過這張專輯說：『我們要把所有時間花在專輯上，並在錄音室裡頭專心工作。那才是真正的藝術和技藝，我們也是真正的藝術家。』當時的唱片公司不會花費大量時間或金錢來製作專輯。突然間，這張專輯的概念變得比單曲更為重要。它改變了一切，也確實成為了重要轉捩點。它也擁有美麗的包裝，你能盡情欣賞它的包裝；這也是第一張附上歌詞的專輯，因此我們能在聆聽時細讀內容。你也不能只挑出一首歌聽。黑膠唱片上可沒有讓人跳舞的搖擺樂，所以你得花四十分鐘坐下來，好好聽完整張專輯。像古典音樂一樣，這是一整套組曲。這使流行樂與搖滾樂開始被視為藝術。」

披頭四也透過藥物所到達的高等意識狀態，談起更廣闊的生命與宇宙議題。保羅也用起了LSD。他們邀請歌迷踏上重要的生命之旅，回到他們在利物浦的孩提家園，並穿過他們夢想與恐懼中的風光。他們展示了自身的哲學，做出了前所未聞的舉止。廣義而言，這張專輯代表了音樂工業改變的時刻，以及產生變化的原因。

「流行樂現在產生了重要性。」強納森說。「而不只是古典樂之下難登上大雅之堂的作品。」

但公關基斯・埃瑟姆對這張專輯感到相當失望。「《比伯軍曹》是披頭四的結束。」他哀嘆道。「那不是真實的披頭四。那是他們的《寵物之聲》（*Pet Sounds*）❹，它和我們認識並熱愛的樂團無關。」

派崔克・亨弗瑞斯（Patrick Humphries）大力批判道：

「我覺得，洋子出現之後，她說服約翰相信自己做的東西都算是藝術品，這可是滔天大罪。」這位音樂記者與傳記作者說道。「她讓約翰無法專心於每天的工作：就算在布萊恩・愛普斯坦死後，披頭四內部發生了各種爭執與怒火，他們依然是個**樂團**，喬治與林哥也願意屈就於保羅與約翰。但洋子一出現，藍儂就對參與流行樂團失去興趣了。只剩下保羅得肩負起責任，而他表現得相當傑出。我舉以下事例作為證據，這些事完全出自保羅的構想。雖然《奇幻之旅》是部爛片，但裡頭有好歌（片頭曲、〈山丘上的傻子〉〔*The Fool on the Hill*〕）、〈我是海象〉、〈哈囉，再見〉〔*Hello, Goodbye*〕）。〈艾比路〉也是保羅的作品，他堅持要大家像之前一樣錄製唱片。儘管約翰討厭〈麥斯威爾的銀錘〉（*Maxwell's Silver Hammer*），我才覺得〈我要你（她好重）〉（*I Want You*〔*She's so Heavy*〕）是受洋子唆使產生的放縱之作。關於《順其自然》，是保羅相信就算他們透過瑞奇與紅條紋樂團（*Ricky and the Red Streaks*）的身分再度舉辦現場演出，不使用披頭四的頭銜也能成功。但洋子在約翰耳邊灌輸了負面想法，使他覺得自己不**需要**樂團。」

基斯同意這點。

❹ 譯注：海灘男孩於一九六六年發行的專輯。

「洋子把約翰的生活搞得天翻地覆。」他說。「我總覺得她不是什麼好貨色。她明顯有聰明的生意頭腦，也很渴望名利。儘管其他三人數年來對此輕描淡寫，不過她的到來自然讓他們感到不悅。我目睹了這一切的發生。約翰對披頭四失去了興趣，她一出現，他就想完全脫離團體。沒錯，他是當膩了青少年偶像，也受不了他們無法以現場表演團體身分得到尊敬，這使他比一開始更不穩定。他當然從來沒有在人生中找到穩定感，即便和洋子在一起時也一樣。她是個破壞性極大的影響源，她詭計多端，也是控制狂。她也很不上相，照片裡的她看起來像個老巫婆。但現實中的她的確相當迷人；她上圍豐滿，頭髮秀麗，也有美麗的雙眼和無暇的皮膚。她確實遭到媒體的恐怖攻擊，大多評語也相當不公，不過無論她是否符合媒體的描述，她都是約翰一生的摯愛。如果她帶來了不良的影響，也是因為約翰的縱容。他並不笨，他**是**個沙文主義者，這個男人認為女人就該待在家裡。但洋子從不這樣做，她有鮮明的靈魂與自己的人生。如果她得為破壞披頭四而負責，那也不是她做過最糟的事。最糟的是什麼呢？她讓約翰用起海洛因。她為什麼**需要**那種毒品？我猜那是當時的藝術家潮流，但這對約翰一點好處都沒，他已經夠偏執了。」

派崔克・亨弗瑞斯作出結論，認為約翰是個「很棒又可能十分偉大的搖滾歌手，但他不是個藝術家。溫和一點地說，在樂團萎靡不振，而他開始振作起來的時期，也就是處理《白色專輯》的那陣子（內容大多是在瑞詩凱詩寫出的），作品內容的確還有先前的魔力。洋子也抹去了自身的銳氣，成了較為圓滑的人。但他們還得下很多工夫。

無可否認的是，他確實是採石工人樂團與披頭四幕後的動力來源。他反應快又尖酸，但過度高漲的刻薄感與過短的注意力集中期，都使他對當下狀況心不在焉。一九五七年到一九六五年這段期間，他足以被稱為樂團的動力。之後，披頭四就成了保羅的樂團，而最後那幾年也成為披頭四許多偉大事蹟的基礎。」

＊

《比伯軍曹》絕非那年夏天出現的唯一一項披頭四現象。他們被ＢＢＣ選上代表英國參加《我們的世界》（*Our World*），那是第一個由衛星直播的電視節目，在六月二十六日於二十六個國家播映。披頭四在充滿迷幻風格的艾比路ＥＭＩ錄音室橋段中出現，表演了約翰簡單又充滿口號的〈你只需要愛〉。他們透過預錄的的配樂，唱出了歌頌和平與愛的權力歸花❺歌曲，加上錄音室中的交響樂團、數名知名英國歌手和幾個背景人員共同演出：包括米克與基斯、幾個小臉樂隊的成員、艾瑞克．克萊普頓、格雷厄姆．納許（Graham Nash）、凱思．穆恩（Keith Moon）、貝蒂．伯伊德、珍．愛舍和瑪莉安．菲斯佛。這個黑白電視轉播節目吸引了史上最高的收視群，觀看人數估計約三億五千萬至四億人之間。當這首歌在下個月以單曲發行時，馬上就衝上了冠軍寶座，並蟬聯了三週。到了八月，它攻下美國與許多其他地區的排行榜冠軍，成了愛之夏的招牌歌曲；不過這首歌在日後因為本身的天真性質，被仔細檢視和嘲弄了一番。[7]

披頭四並沒有因為捨棄了拖把頭與巡迴演出而退燒，他們的音樂影響力反而變得前所未見得強大。他們臨機應變，並發現自己與音樂、文化與時代完全契合。當他們擁護的反物質主義與利

❺ 譯注：一九六〇至七〇年代的反越戰活動，主張以和平方式反對戰爭。

他理想得到巨大支持後，他們打算前往愛琴海買一座希臘島嶼，創立他們自己的嬉皮社群。但和他們其餘的想法一樣，這點子只是曇花一現。

*

對布萊恩．愛普斯坦而言，〈你只需要愛〉是男孩們「最完美的時刻」。他們在公眾場合的名聲掩飾了他私底下的不足，因此這對他而言肯定更為重要。然而在幾週之內，一切就結束了。愛普父親的過世、自己欠下的大量賭債、為了戒毒在勒戒中心中待了一陣子、甚至和骯髒的地下男妓世界打起交道，這一連串的悔恨，讓愛普開始虐待自己。泡在酒精與巴比妥類藥物❻中的他，在八月二十七日過世。他的死因被懷疑是自殺，但很可能是意外的藥物過量。他享年三十二歲。他擁有優渥的生活，但金錢買不到他唯一的渴求，那東西已躲避了他很久。缺少愛情激起了他難以忍受的憂鬱。

約翰聽說了今天的新聞，天呀。他向來不太會對什麼感到驚訝，但這件事讓他啞口無言。不知過往的亡者是否一同穿過他的心頭？他的母親茱莉亞、他的喬治姑丈、可憐的史都特．沙克里夫。現在則是布萊恩，老天爺啊。為何每次他對某人敞開心胸，對方就會離他而去？

約翰日後認為，布萊恩的死象徵了樂團結束的開端。

「當下我就知道，我們有麻煩了。」他說。「我們他媽的完蛋了。」[8]

❻譯注：用於助眠與抗憂鬱的藥物。

*

布萊恩的男孩們沒有參加他在利物浦舉辦的葬禮。並不是像有些人所說是因為他們無暇出席，而是布萊恩的母親昆妮無法接受世上最有名的樂團參與這場私密的家庭場合，使喪禮變成媒體盛會。於是他們沒有聽見主持葬禮的猶太拉比對布萊恩的譴責：「他是我們這世代問題的標誌。」幸好如此。想想要是約翰聽到那種話，會怎麼反應。披頭四與他們的伴侶們參與了那年十月在艾比路上的新倫敦猶太教堂舉行的追思會，同行的人還有北角音樂店的旗下歌手比利．克拉默、希拉．布萊克、佛莫斯特樂團和蓋瑞與前導者樂團。平靜的眾人充滿敬愛地追悼布萊恩，用溫暖的言詞說出對他的回憶。

〈15〉 啟示

現在怎麼辦，約翰？

看好了，這四個名利雙收、又群龍無首的年輕披頭四成員，隨時都會受人擺佈。沒錯，瑪哈禮希．瑪赫西．優濟立刻接手。他在班哥建議他們，應該要以正面的態度來面對布萊恩的逝去；他向披頭四保證，布萊恩的靈魂依然與他們同在，並鼓勵他們對經紀人的死感到快樂，以便讓他能輕鬆地邁向下一個世界的旅程。瑪哈禮希警告他們，負面能量會干擾那股旅程。這項神聖的印度教教義似乎安撫了他們，也使他們隨接受了這位咯咯發笑的大師的勸告：他們應該前往印度，和他一起到位於瑞詩凱詩的道場，道場則處在喜馬拉雅山的山麓小丘下。[1]

如果是愛普斯坦肯定會警告他們，要對這種膽大無畏的冒險保持謹慎，但他已經無法告誡他們了。男孩們浸淫在古老經文中，並對第四層意識有基礎感知：那是「純正」又超凡的意識。他們明白少了「特音」，就無法抵達那種境界。瑪哈禮希擁有特音，或許他也理解雙眼半閉的佛像中蘊含的奧秘……

他們在一九六八年二月前往恆河東岸。他們的妻友團、私人助理和媒體也一起跟了過去。記者們被鐵絲網隔開，但有些人則爬到樹上，找到良好的拍攝角度。那裡有一大群超覺靜坐的學徒，其中包含了泰山女主角珍的孩子們❶：二十歲的普羅登絲．法羅（Prudence Farrow）、哥哥約翰與他們光彩奪目的姐姐：二十三歲的女演員米亞．法羅（Mia Farrow）；此時米亞正與大她三十

❶ 譯注：此處指在一九三〇年代的《泰山》系列電影中演出女主角珍．帕克的女演員莫琳．竇拉．歐蘇利文（Maureen Paula O'Sullivan）。

歲的法蘭克・辛納屈打麻煩的離婚官司。[2] 珍妮・博伊德（Jenny Boyd）與她的姐姐貝蒂和姊夫喬治待在一起，加上魔術艾力克斯。海灘男孩的麥克・洛夫（Mike Love）、身兼薩克斯風手與長笛手的保羅・霍恩（Paul Horn）與蘇格蘭民謠歌手唐納文（Donovan）也都在那裡。這場旅程吸引了全世界媒體的注意，有些給予好評，有些不予置評。上百則「披頭四大師」與「大師年」的媒體頭條，都比不上《私探》雜誌（*Private Eye*）的爆笑標題：「費里瑞奇洛茲馬尼・瑜珈熊」❷。

太陽高照，天空蔚藍。法羅家的小妹無視於其他人找她外出的請求，她完全不願改變心意；此舉啟發出約翰其中一首最膾炙人口的歌。約翰說：「她不願離開我們住的小屋……我們想把她送到屋外；她已經鎖在屋裡三週了，完全不願出門，因為她想比其他人更快碰觸到神明。當時瑪哈禮希的營區中盡是這類競爭，看誰先得到宇宙啟蒙。」

普羅登絲・法羅說，約翰「非常聰明又極度幽默。他精於察覺人們的底細。所以我哪知道他會寫什麼？我不知道。他可能會寫出任何東西。但他沒有涉及我的隱私，他相當尊重這點。」

那現在她覺得那首歌怎麼樣？

「它精準地代表了許多層面上的六〇年代。它的內容很美，也充滿正面能量。我認為那是首重要的歌，是他們較不受歡迎而且較為隱晦的歌曲之一。我覺得它確實捕捉到了課堂上的精髓，以及當我們在印度經歷那段寂靜與冥想時的些許異國風情。」

普羅登絲繼續用心冥想，並完成了課程，之後也擔任多年的超覺靜坐導師。[3]

❷ 譯注：VERIRICHILOTSAMONEY YOGI BEAR，為英文「富裕又有很多錢」的諧音。

約翰深受啟發，他在瑞詩凱詩大量創作，保羅和喬治也不遑多讓。他們寫出了一連串歌曲，日後成了雙組的「白色專輯」，其中包括約翰最巧妙的一首曲子：〈茱莉亞〉。表面而言，這是對亡母的致敬，但他在歌曲中偷偷置入了給使他動心的女人的情書：「海洋之子呼喚了我」。「海洋之子」是洋子日本名字的一種意思，另一個則是「正面」[3]。

*

當我在倫敦的吉布森吉他錄音室的現場觀眾前訪問珍妮·博伊德與DJ「耳語鮑伯」·哈里斯（'Whispering Bob' Harris）時，珍妮愉快地回想起待在瑞詩凱詩的日子。這位前時尚模特兒拋下了那「膚淺」的職業，轉而投向超覺靜坐與更有意義的生活方式，並描述自己待在印度的兩個月「愉快又充滿挑戰與靈感」。她提到豐富的植被與新鮮的山間空氣；全身只穿著一件紗麗的自由感；她與姐姐非常喜歡印度的素食，但約翰無法忍受這種食物，林哥也無法下嚥；躺在小屋屋頂上慵懶地曬太陽的漫長早晨；聽演說、上課和無止盡的冥想；與貝蒂和辛西亞出去玩，在手掌上畫滿印度彩繪，一面聽喬治、保羅與約翰彈吉他和寫歌。她依然覺得林哥很好笑，對方描述道場像是「靈性式布特林海濱度假村」；而容易過敏且不願意吃當地食物的林哥，也帶了裝滿一整個行李箱的烤豆子罐頭來。當他待在印度時，只另外吃了蛋。由於他的飲食習慣，其他人只能同情莫琳·史塔基。不滿二十一歲的美麗珍妮，成為唐納文欽慕的對象，他的思慕情感高漲到使他為

[3] 譯注：作者疑似將「洋」誤認為「祥」。

珍妮寫下了知名歌曲。她的本名是海倫・瑪莉（Helen Mary），她姐姐為她取了珍妮的綽號，來源是她小時候最喜歡的洋娃娃之一，日後她永遠被稱為「珍妮佛・朱妮佩」❹。但是當珍妮染上痢疾時，田園生活的樂趣就急轉直下；怪異的是，她的病況還被誤診為扁桃腺炎。她記得約翰也感到不適。他努力想解決時差，大多夜晚也受失眠所苦。不過他的失眠狀況有多少比例是因為想念洋子所發生的？[4]

這段期間內，辛西亞將朱利安留在她母親家。對年紀這麼小的男孩來說，三個月太長了。在那個年紀，一週感覺起來就像永恆。父母長期不在，彷彿就像他們永遠不會回來。約翰相當了解這點。或許當披頭四進行巡迴表演時，朱利安已經習慣約翰不在了，不過母親的消失肯定會讓他感到不安。這場旅行也代表他父母會錯過他重要的五歲生日。辛西亞是個好母親，當我們討論起這件事時，她承認當時這麼忽略兒子曾感到相當焦急；小辛希望瑞詩凱詩能帶來隔離與隱私，讓她與約翰有機會能重新發掘彼此，並拯救他們的婚姻。

「這是不可能成真的希望。」她悲傷地說。「當我們去印度前，約翰對我說，他希望我們能生更多孩子。我可以告訴你，那句話完全是天外飛來一筆。我很訝異，因為他之前從來沒提過這件事。不過，為何不呢？我並不反對這個主意，況且我們也還沒老到無法生育，我不到二十九歲，約翰在那年十月也才滿二十八歲。我們還有很多時間。我想，當時讓我最擔心的是朱利安，手足之間相差五六歲的差距很大，不是嗎？其實我當然想生三四個小孩，並讓他們與彼此緊密相

❹ 譯注：*Jennifer Juniper*，唐納文寫下的同名歌曲。

處。只是這還沒有發生。但或許……」

可惜，過了兩週後，「……我明顯打擾了他的冥想。」小辛嘆道。「這都是我的錯，但約翰也相當魯莽。他開始四處抱怨，對我大吼，堅稱我們得解決『無用』的住宿問題，而且從現在開始得分房睡，隨後他就變得歇斯底里。那很丟人，也很令人難過。我相信其他人都知道發生了什麼事，但沒人向我說話。即便在當時，我也相信自己能讓他回心轉意，你懂我的意思嗎？我當時真蠢，心完全受到蒙蔽。我現在之道約翰又在耍他的老把戲了：說一套做一套。就像他在巡迴演出時老是會寫信給我，說自己有多愛我、有多想我。這招和我們還在念藝術學校時一樣。但當他在家和我處在同個屋簷下時，他要不是睡覺，就是忽視我，或挑起無謂的爭端。比起看我，他寧可看電視；他寧願看書，也不願和我說話。約翰總是想要自己得不到的東西，他從來不清楚這點。當他擁有我時，就不要我了。老天啊，當時我狗急跳牆。這讓我思索自己是否從未滿足過他，我在道場中審視著自己的靈魂，而這則是我唯一能想出的結論。」

她不曉得的約翰要求分房睡的理由，是因為這樣他的妻子就不會注意到自己早起去營區中的郵局，收取洋子寄來的大量電報；他大發脾氣的理由，是因為他想念洋子。

當藍儂夫婦的婚姻邁向結局時，小辛的心力逐漸下降，而約翰的精力卻扶搖直上。對披頭四而言，這是他們編曲生涯中最有生產力的時期。全部結算起來，他們待在印度的期間前後總共寫出了三十到五十首歌。他們在那裡寫下了「白色專輯」的大部分內容，有些歌曲進了《艾比路》，其他則以獨立單曲發行。像是〈自然之子〉（*Child of Nature*），約翰為了他的《想像》專輯，將這首歌重新編寫為充滿內省的〈吃醋的人〉（*Jealous Guy*）。有更多歌曲最後會進入《精選集》中。〈回到蘇聯〉（*Back in the USSR*）、〈黑鳥〉（*Blackbird*）、〈親愛的普羅登絲〉（*Dear Prudence*）、〈茱莉亞〉、〈革命〉（*Revolution*）、〈惡毒的芥末先生〉（*Mean Mr. Mustard*）和〈聚乙烯潘姆〉（*Polythene Pam*）都受到印度影響，喬治典雅的〈當我的吉他輕輕地哭泣〉（*While My Guitar Gently Weeps*）也一樣，微妙的歌詞中包含了直言不諱的訊息，代表著哈里森早已為披頭四感到哀痛。

民謠歌手唐納文日後以友善的方式宣稱，自己身為他們在道場中的部分靈感來源。他回憶起約翰對自己彈吉他的技巧很感興趣，約翰與保羅也迅速地學起這門技術，並改變他們寫歌的方式。「我以前老是彈木吉他。事實上，林哥曾說過：『唐，你從不停止彈吉他！』當我們結束冥想，吃完健康餐點，並把猴子從桌上趕走後，我們就會毫不停歇地彈奏吉他。某天我在彈琴的時候，約翰說：『你**怎麼彈**的？』」

唐納文答應會教約翰，但警告他這會花上幾天。

「『我有的是時間，唐，我們都待在叢林裡。』約翰說。

我們坐了下來，而約翰則在兩天中學會。

當你培養出新風格時，編曲方式就會改變，約翰開發了全新的編曲方式。看到這情景實在太酷了……保羅很聰明，他當然是個天才。他光聽就學會了，而且他的特殊彈法完全不同。保羅藉此寫出了〈黑鳥〉和〈大自然之子〉（*Mother Nature's Son*）；約翰則寫下〈親愛的普羅登絲〉與〈茱莉亞〉。」

想起「白色專輯」內的「獨特原聲感」，唐納文補充道：「我也從佛朗明哥、古典樂、早期紐澳良藍調與民謠中學到和音結構。披頭四裡那三個人根本沒體驗過這種和音結構。他們也採取了全新的編曲方式。能將這種技術傳承下去非常酷，不只是為了『白色專輯』，也是為了他們上百萬歌迷中願意拾起吉他的人……」[5]

*

短短十天後，林哥與莫琳就鮮少出現了，因為他們對昆蟲感到不堪其擾，討厭當地食物，也想念自己的孩子們。保羅與珍維持了五週才認輸。約翰與辛西亞、喬治與貝蒂等人原本打算做完三個月的課程，但在瑪哈禮希被控性騷擾部分女孩後（包括米亞．法羅），事情就徹底結束了。魔術艾力克斯與這項指控可能有關，米亞本身從未多談此事，只有在她一九九七年的回憶錄《逝去的往事》（*What Falls Away*）中，曾隨意短暫提及這點。

披頭四恍然大悟。他們其他人在四月十二日迅速離開，身為團內的毒舌人物，約翰負責向大師表明他們要走了：

「如果你真的這麼有他媽的宇宙能量，就會知道為什麼了。」這是他的道別。[6]

隨後約翰也立刻發揮典型的性格，寫了一首關於對方的憤怒短歌，之後他被迫降低歌曲中的諷刺感，並將歌名從〈瑪哈禮希〉改為〈性感沙迪〉（*Sexie Sadie*），以確保它能被收錄進「白色專輯」裡。他們將大師與他的教誨拋諸腦後，並回到倫敦，公開聲明他們與瑪哈禮希的關係已經結束了，也聲稱一切都是個錯誤，並重新企圖掌控他們飽受麻煩的事業帝國。他們完全忘了瑪哈禮希還是幫了他們個大忙，讓他們戒了ＬＳＤ。但不到一年後，約翰就迷上了海洛因。

大師的名聲受到醜聞嚴重影響，但從未出現證據。近三十年後，喬治與保羅向他誠心道歉，也修補了眾人的關係。超覺靜坐繼續在世上蓬勃發展，吸引上百萬名信奉者，至今都還有人在學習。瑪哈禮希搬到荷蘭，保羅與他的女兒史黛拉在二〇〇七年曾到該處拜訪過他。隔年，這位年滿九十的老邁大師便與世長辭。據稱曾指控他的魔術艾力克斯，則在十年後過世。

*

回到倫敦後，披頭四成員彼此間依然漸行漸遠。布萊恩・愛普斯坦的個人助理彼得・布朗（Peter Brown）接下了管理經紀辦公室的日常工作，但男孩們依然群龍無首。他們在前年一月建立了自己的公司：蘋果公司，並準備在五月公開這項消息。他們打算用這個品牌繼續錄歌，鞏固其他的工作方向，並開發新點子，像是蘋果電影、電子產品、出版、零售等服務，加上他們能用自己的品牌錄歌並宣傳其他歌手，也能透過公司發售音樂。當時這一切聽起來都是好點子。那年六月他們買下位於梅費爾區薩佛街三號的建築，並在優雅的喬治亞式前希爾頓宅上花了五十萬英鎊，將其重新改造為「蘋果大樓」。蘋果錄音室坐落在地下室；每個披頭四成員都有自己的辦公室。之後，約翰將從他的辦公室發起他與洋子創立的袋製作公司❺的世界和平計畫。而門外有名圍事來管理歌迷，此職位被稱為「蘋果流氓」。諸如彼特・修頓和尼爾・阿斯皮納爾這些忠實的朋友也得到了獎勵：約翰的童年好友彼特被任命為蘋果服飾店的經理，這家充滿迷幻風格的店舖

❺ 譯注：袋主義為藍儂與洋子倡導的反歧視理念。該理念認為當人的全身被布袋包裹，膚色等外顯特質就不再重要。

販賣嬉皮服飾，地點位於倫敦貝克街與帕丁頓街交會的街角，該棟房屋之前曾經開過蘋果音樂行，不過這間店的壽命相當短暫。他們忠實的巡迴演出經紀人、私人萬事通、同時也備受信賴又和藹可親的尼爾，則在一九七〇年成為公司的董事長，日後也成為執行長，經營蘋果公司長達近四十年。

表面上來看，一切都很順利。大概吧。那是最好的時代，也是最壞的時代；那是智慧的時代，也是愚蠢的時代……[7]事實上，這段時期充滿了團員們對必然之事的抗拒、分裂、成功、權利侵占與解體；以及個人危機、難以想像的荒淫行徑和令人訝異的浪費行為。牆上擺滿黃金唱片，地上鋪設了柔軟的澳洲青蘋綠地毯的蘋果公司總部，是首都中最為富麗堂皇的場所之一。裡頭應有盡有，但內部愚笨的管理人員們卻對所有事務一竅不通。如果布萊恩地下有知，肯定會大為光火。樂團的管理階層依然任人宰割，依舊難以避免舉棋不定、相互否定與混亂的狀況。

樂團在特威肯曼製片廠集合，拍攝保羅當時稱為《回來》的理想作品，美國導演麥可・林賽—霍格（Michael Lindsay-Hogg）全天候拍攝他們，同時他們則為回到基礎且不帶任何花招的專輯與現場演出進行排練。然而過程一點都不和諧，喬治率先怒而離席，除非他們離開通風過強、環境又惡劣的特威肯曼製片廠，並回到薩佛街上的蘋果錄音室，否則他不願意回來。這項注定失敗的實驗中的五場表演不會舉行在郵輪伊莉莎白女王二世號上、位於突尼西亞的半圓型劇場、倫敦守護神劇院、吉薩金字塔前和撒哈拉沙漠中；這並非玩笑，這五個地點都被討論過，但最後演出於一月三十日平凡無奇的星期四中午舉行，地點是他們自己的辦公室樓頂，當時時值寒冬。音樂使樓下的街道上聚滿人潮，交通也壅塞了起來。這讓附近西區中心警局的員警相當緊張，並衝進建築內。這裡發生了什麼事？他們表演了四十二分鐘，但只有一半的內容被剪進影片中。他們拍了九次，裡頭包含了五首歌。

「他們在屋頂上表演那天，我正好在蘋果公司。」身兼作曲家與音樂家的麥克·貝特（Mike Batt）回憶道。「我剛好在那，因為我常使用他們的錄音室。我到的時間點剛剛好，因為我是個超級披頭四迷。當時我十九歲，擔任自由唱片A＆R部門的主管。一等他們開始表演，音樂出版人韋恩·巴戴爾（Wayne Bardell）和我就站上街頭。我們可以上樓去，但我們覺得在外頭比較好。聲音非常大，外頭擠滿人群。當時感覺起來，就像身處極度重要的經典時刻。如果在某種這麼浩大的事件發生時，你就在附近，你會感到自己身為當下光景的一部分。我依然這樣認為，我覺得自己很幸運。」

麥克不是唯一一個在屋頂演出時在場的名人。「我最後一次聽到約翰·藍儂說話，就是他們最後一次以披頭四身分進行現場演出那次，地點在他們位於薩佛街的蘋果公司總部屋頂。」基斯·埃瑟姆說。「那天早上冷死了。我們的同事亞倫·史密斯（Alan Smith）透過太太通知我們，披頭四正在拍片，我們也可以過去看；他妻子在北角音樂媒體處上班。我忘了拿夾克，一面衝出《新音樂快遞》辦公室，並跳上計程車。我很快就顫抖著和一群攝影師站在屋頂上，披頭四演唱了《回來》兩次。當警察因為底下的街道擠滿人群而來中止一切時，穿著皮草夾克的約翰走過我身邊，並注意到我因寒冷而發抖。『是《華美雜誌》的基斯呀！』他冷笑道，這是他友善的打招呼方式，影射當我還在某家青少年雜誌社擔任菜鳥記者對他進行的埋伏偷拍。『你冷嗎，小子？』我點點頭。『你想要我的皮草嗎？』『是，麻煩了。』我說。『想得美。』他回答道，接著被工作人員帶走。此後我再也沒見過他。」

那就是你們的處境了，流行樂迷們。這場突如起來的表演可能是約翰的點子，其中還有傑出的美國鍵盤樂手比利・普雷斯頓（Billy Preston）伴奏。喬治不想上場；身穿紅衣的林哥（那是莫琳的外套）也看不出這場排練的重點。約翰借了洋子的皮草來進行最後一場排演。他打破傳統，站在舞台中央，喬治則站在他左邊。不用多想，最後一句話正是由約翰所說：

「我想為樂團和我們自己向你們道謝，也希望我們能通過試鏡。」

儘管〈回去〉的單曲在那年四月上市，但為了另一張專輯所錄製的剩餘歌曲以及所有的錄影片段，卻全都被擱置一旁。

*

在音樂界之外，披頭四歷史中有難以計量的人物消失在史冊中，大多人也遺忘了他們。即便是尚存於世的音樂界人士，外界也很少有人年紀夠大、或對此有興趣到能回想起他們，更沒有多少人在乎。但曾有一段期間，全世界都知道亞倫・克萊恩（Allen Klein）的名字。

狀況最後出現了兩難。一邊是這名粗野又充滿侵略性的紐約搖滾樂經紀人與合約獵人，他曾將滾石樂團推向獲利無窮的榮光中；自從一九六四年開始，他就像隻猛禽般不斷徘徊，下定決心要將魔爪伸向披頭四。另一邊則是活力十足的律師父子檔李・伊斯特曼（Lee Eastman）與約翰・

伊斯特曼（John Eastman），他們也來自大蘋果❻，身旁同樣有位著名的女性。當藍儂公開聲稱，按照事情的發展，披頭四可能在六個月內就會瓦解時，克萊恩抓住了機會。他主動聯絡說自己願意協助，並與約翰在一九六九年一月碰面。約翰接納了他，讓他處理自己的財務狀況；隔天，克萊恩與其他披頭四成員坐下來晤談。保羅解釋他比較想讓自己妻子的親人處理這些事，因為他在幾週內就要迎娶琳達；她是李的女兒和約翰的妹妹。林哥與喬治附和了約翰的決定，也同意讓克萊恩接手管理。開會、發火、開會、毒辣言論、破裂、你這渾蛋、去死吧。目前為止，一切一如往常。克萊恩勝出，並在四月被指派為他們的臨時經紀人，伊斯特曼父子則擔任他們的律師。然而這肯定行不通，接下來保羅的岳父與大舅子被趕走了。除了保羅以外的三人，都和克萊恩簽署了為期三年的經紀約。

大艾爾❼的首要行動就是整肅蘋果公司內部，剔除無用的冗員。他拿成本最高的員工開刀，甚至試圖解雇尼爾・阿斯皮納爾，但團員們不同意他這樣做。當布萊恩・愛普斯坦的弟弟克萊夫將北角音樂店賣給英國投資公司勝利（Triumph），該公司現在擁有披頭四百分之二十五的獲利之後，隨之而來的則是更多混亂的談判。在這種狀況下，克萊恩露出了貪婪無比的真面目。他們要如何處理由迪克・詹姆斯經營的北方民謠公司（Northern Songs Ltd）呢？詹姆斯與愛普斯坦一開始談判時，明顯就受到愛普斯坦的欺騙。一等他發現克萊恩前來攪局，迪克・詹姆斯就立刻把公司

❻ 譯注：紐約市的別名。
❼ 譯注：Big Al，克萊恩的綽號。

賣給盧．格瑞德（Lew Grade）的電視公司ATV，以便從那位媒體大亨手中拿到分紅，不讓約翰與保羅買回他們的歌。克萊恩在提出比格瑞德更高的價碼上遇到了困境。噢不，接著約翰與保羅為了克萊恩開始爭吵；克萊恩找上了EMI，下定決心要解決披頭四在該公司的可悲合約。如果良好的時機代表一切的話，約翰抓住了絕佳的時間點；他選擇在那一刻通知樂團和克萊恩說自己要退團了。儘管EMI不太願意重談條件，因為它們美國子公司國會唱片對《艾比路》專輯急得跳腳，那張專輯錄製於二月到八月之間，並於九月二十六日上市。看呀，這是他們的壓軸大作，也是最完美的傑作。重談條件只會提高風險，但眾人還是簽署了新合約。樂團完全沒有發現自己的船正在下沉，並繼續演奏。音樂不斷迴盪。一切都無法補救了。麥卡尼拿出了他的伯羅牌原子筆準備簽名。

*

「當我在一九八一年首度聽到〈順其自然〉時，大約九歲；我發現這首歌在一九七〇年上市時，就認為披頭四已經不想繼續搞下去了。」詹姆斯．厄文（James Irving）回憶道，他是黑膠寶庫（Vinyl Vaults）的創辦人之一，我們在二〇〇〇年代初期經常在南倫敦分店的河邊碰面。

「這是張聽起來十分疲憊又樂音不均的暖身專輯，裡頭加了幾首經典歌曲。儘管保羅聽起來彷彿想讓事情保持正常，約翰卻不專心又懶散，也在麥卡尼的歌曲中犯了好幾個錯誤，問題基本上也都出在貝斯。我之前聽過『白色專輯』和《艾比路》，那是他們另外兩張晚期作品，也認為《順其自然》是日後才為了完成錄歌合約而勉強製作的。接著我看到BBC電視台上播出的《順其自然》電影（我不認為之後還有播映過），這部片似乎更強調了音樂中淒涼又毫無情感聯繫的狀態。」

詹姆斯說，數年來他逐漸明白了許多因素，使他重新評價了那張專輯。「首先，我發現那些歌曲的粗糙感，是因為它們都在現場表演所錄製，而非過度配音的產品，這使音樂變得新鮮又不虛偽。第二，為了讓唱片聽起來更像經過良好修飾的披頭四專輯，後續的作品則由菲爾・史佩克特美化過，加入了濃厚的合聲與弦樂；但這反而毀了〈蜿蜒長路〉（*The Long and Winding Road*）等歌曲。當《順其自然：一刀未剪版》（*Let It Be Naked*）在二〇〇三年發行時，我們終於能聽到這些歌曲的原音版本。在錄製《順其自然》後，披頭四當然還有再度聚首，並製作了《艾比路》，這也是恰當的最後作品，因此也能使《順其自然》被視為由不同製作人打造出的怪異實驗品，而不是令人感傷的道別作。」[8]

*

在此同時，另一段愛情正在萌芽。一等他們那年春天從印度回來，約翰就催促他的妻子與魔術艾力克斯、珍妮和唐納文去希臘度假，但他說自己有太多工作要做，因此無法同行。奇怪的是，辛西亞已經離開了兒子兩個月，但是將朱利安交給管家照顧並再度迅速出遊這件事，卻沒有讓她感到不安。於是當她回家時，就這樣碰上了殘忍的現實：另一個女人坐在**她**溫室的地板上，穿著**她**的睡衣，並注視著**她**丈夫的雙眼。小辛不清楚的是，是約翰邀請了洋子來到他們兩人的家。你知道接下來發生了什麼事。「妳想聽我錄的歌嗎？」這在音樂劇上等同於：「上樓看看我的版畫。」他們花了一整晚用磁帶錄音機作實驗，錄下了各種音效、滑稽的嗓音和其他最後組成了《未完音樂集一號：兩個處女》（*Unfinished Music No. 1: Two Virgins*）的怪東西。專輯封面描繪了兩人前後全裸的照片，毛髮濃密的陰部與吊錘般的乳房一覽無遺。這張專輯在蘋果商標下發行，當時被認為令人不適又猥褻。EMI拒絕發行該作品。這項任務落到了音軌唱片手上，該公司的所有人是何許人合唱團的經紀人基特．蘭伯特（Kit Lambert）和克里斯．史坦普（Chris Stamp），他們用褐色紙袋把專輯包了起來。然而它依然引起了不滿的聲浪，在英國也沒擠進排行榜。四字神名唱片在美國發行這張專輯，但它也沒上百大排行榜。在約翰與洋子在披頭四還沒解散時錄下的三張「交往日記」專輯中，這是最糟的作品。

他們當晚就在肯伍德確定了關係，並在小辛的床上做愛。與其溫和地和妻子坐下來解釋，因為他愛上了別人，所以他們的婚姻已經走到盡頭；他反而刻意讓妻子抓姦在床。是因為傲慢、懦弱，抑或只是無心之過，才使約翰用如此蠻橫的方式傷害她？一切都無所謂了。約翰的冷酷行為依然令人難以置信。

*

約翰感到放鬆又自由。事情已經解決了。他現在能夠和讓自己感受到活躍生命力的女人在一起了，對方的確拯救了他。

小辛只感到空洞，那是無聲的絕望。她為什麼沒有立刻去管家多特家接朱利安，並將心力投注在兒子身上？小辛為何又遠離了兒子好幾天？

「我沒辦法解釋。」她畏縮地說。「我無法正常思考，也失去控制，我不想讓我的孩子看到自己變成那副德性。他們待在一起，看起來那麼親密，彼此又那麼和諧，加上他們背著我在我家裡所做的一切；想到這些事，就讓我的心完全碎了。我打從心底感到噁心。任何女人都會像我一樣。這麼多年來，我問了自己很多次：為什麼我覺得**自己**才是該離開的人？為什麼我不敢待下來？那是我家，不是她家！當時我應該要把他們趕出去。但我清楚自己不敢這樣做；即便我看到她出現在那裡時，自己感到憤怒又羞愧到想殺了她。我和艾力克斯與珍妮回去，待在他們同居的地方。珍妮感到心碎無比，直接上床睡了；艾力克斯留了下來，把我灌醉，然後企圖對我下手。我嚇壞了，跑到廁所嘔吐。幾天後，我才回家面對真相，害怕可能會看到的東西。」

小辛記得自己焦急地想回憶起各種關於約翰的壞事，以便讓自己準備好面對即將到來的衝突：

「比方說，當我們還在學院念書時，他曾打我耳光。有次他對我說，我塗睫毛膏的**聲音**讓他覺得很煩。但有段時間，他很喜歡看我化妝的過程。當時我們還在曖昧，他說那讓他覺得很性感。但當然，洋子的臉孔毫無妝容……我得想辦法讓自己恨他，並讓我感覺變強一點，才能準備好面對他，還有他會對我拋出的任何攻擊。但你不會相信這件事：當我到家時，一切彷彿毫無改變。朱利安已經到家了，而約翰表現得像是很高興看到我。難道是我產生幻覺了嗎？一切都不對勁。我真的開始質疑自己的神智是否清醒了。

等朱利安上床睡覺，約翰與我終於能坐下來談時，他說洋子只是像另一個以前他坦承曾交往過的無意義女人而已。他要我千萬別因為那些人而心煩。天啊，我是怎麼樣的膽小鬼？我甚至不敢拆穿他的謊言！他堅稱自己只愛我。我心中一片混亂。但是，我再度原諒了他，我們上床做了愛。我不知道該怎麼思考。這一切都不正常。是因為毒品的關係嗎？即便在當下，我竟然膽敢相信我們之間沒有問題。但這跟事實差得可遠了。」

然而更多的醜事隨之而來。離婚從來不是件公平的事。約翰要了骯髒的招數，律師們也幹了卑鄙勾當。小辛被控通姦，還被威脅會失去朱利安。他們在法庭達成和解，她只拿到了少許贍養費。心碎、遭到出乎預料的攻擊、又大惑不解的她，根本沒有反擊的機會。

八月二十六日，披頭四在他們新的蘋果商標下發行了保羅為朱利安寫的安慰曲：〈嘿，朱迪〉，它在全世界的排行榜都奪下了冠軍。[9]

「我知道這對他來說很難熬。」保羅在一九九七年說道。「我總是為經歷離婚的孩子們感到難過。」[10]

當保羅讓約翰得知這首歌的構想時，約翰誤解了歌曲的本意，並認為這首歌是為自己而寫。又來了。「你注定得找到她」這段歌詞，讓約翰以為保羅藉此告訴他要為了洋子甩掉小辛。「我總覺得這是為我寫的歌。」這位自戀者說。

朱利安在二十歲出頭時，已經靠自己成為了搖滾歌手，也發行了兩張專輯，一張是知名的《瓦羅特》（*Valotte*），另一張則是較不受歡迎的《白日夢的秘密價值》（*The Secret Value of Daydreaming*）；當時他在紐約碰到保羅。朱利安在這次會面上才從編曲者口中得知創作〈嘿，朱迪〉背後的真實故事。

「我從來不想理解老爸的真面目以及他對待我的方式。」朱利安坦承。「之前有些非常負面的東西：像是他說我是因為週六晚上的一瓶威士忌才出生的，那種言論很傷人。你想想這哪有父愛可言？但每當我聽到這首歌都會感到訝異，很奇怪，居然有人為我寫了一首歌。這仍然讓我覺得溫暖。」[11]

一九六八年九月，約翰錄製了〈幸福是把溫暖的槍〉（*Happiness is a Warm Gun*），他在歌曲中明確提到了自己的新情人。在十一月八日，他與小辛正式離婚。兩週後，洋子因流產而失去了約翰的次子。

*

老天，生活並不容易，一切都很艱難。曾經擁有一切的小辛，現在則失去了一切。她只能利用約翰的名聲賺錢維生，並公然侮辱他。她在自己的第一本回憶錄《藍儂的轉變》中重寫了歷史；她承認是為了「經濟需求」才出版那本書：「我破產了。」她坦白地說。「我沒有選擇，只有低聲下氣地做這些事才能支付生活開銷。」日後約翰寫了封內容不堪的信件給前妻，內容談到她書中描述的不實言論；那封信寫於一九七六年十一月十五日，並在二〇一七年在紐約受到拍賣。

「妳我都曉得，我們的婚姻在ＬＳＤ**或**洋子出現前就結束了。」他惡毒地批評道。「……那是事實！妳的記憶力根本衰退了。」

約翰有他責罵前妻的理由，但要是他曾妥善補償辛西亞這麼多年來的辛勞，加上她還幫自己生了孩子，她就不會被迫大肆爆料或再結三次婚了。但她與約翰的連結比自己的壽命還長，似乎只要當過一次披頭四成員的妻子，就終生都擺脫不了這種角色。12

*

辛西亞與朱利安並非唯一的受害者。洋子的第二任丈夫東尼·考克斯也難以面對她的背叛。洋子在一九六九年二月二日和他離婚，六週半後，她與約翰像歌曲中描述的一樣❽，在直布羅陀的英國領事館結婚。他們的蜜月則是長達一週的靜臥抗議；因此，他們在阿姆斯特丹的希爾頓飯店前吸引了全球的關注。13

❽ 譯注：此處指的是〈約翰與洋子之歌〉（*The Ballad of John and Yoko*）的歌詞內容。

〈16〉

蛻變

試著用約翰的角度來看事情的發展。他從青春期就認識小辛，或許他真的曾以浮躁又自我中心的態度愛過對方。在正常狀況下，他們的關係可能會在兩人走到戶政事務所附近前就自然結束。打從一開始，他們的個性就截然不同，隨著時間過去，也發現彼此沒有多少共同點。約翰並不忠心，對小辛充滿虐待，也曾對她施加暴力。小辛遲早會脫離迷戀的階段，並驚覺約翰並不是自己的真命天子。但諸多因素導致他們的關係變得複雜，並加深了他們對彼此的連結。當小辛懷孕時，約翰被逼入絕境，他試著去做正確的事，但自覺受困於生活中。這能怪他嗎？他是個終於從辛勤努力中得到成果的孩子，而他的首要目標絕對與家庭無關。他還沒準備好面對妻兒帶來的責任。當他得讓家庭維持低調，並將妻兒當成祕密時，他就被迫過著雙面人生。儘管這對約翰來說並不困難，但它依然是個注定會反撲的荒唐想法；根據《梅西河節奏報》編輯比爾．哈利的說法，約翰持續有婚外情，「彷彿辛西亞或朱利安並不存在」。他因未來發生的事而分散了注意力。如果他們不在計畫中的懷孕事件發生在當今的話，可能就不會以結婚收場；老實說，甚至連朱利安都不可能出生。我不想冒犯那位可憐的男子，但他一定料想過這件事。

這位國際巨星的生活不斷向外拓展，但小店女孩的人生卻毫無進步。她完全沒有打算跟上丈夫的腳步，她滿足於打理大宅，享受私人司機、管家、設計師服飾帶來的舒適生活。備受寵愛的母親與名人的妻子，有哪點不令人討喜？她從未企圖發展事業。那段日子中的「世間常態」呢？不需要這樣做。有她這種優勢的女人，不必做那些事。重點是，辛西亞並非讓人急著回家探視的美女，她並不特別。她原本應該當藝術家，卻浪費了自己的天份。她只在沃爾沃斯超市工作過。她停滯不前，個性無趣又容易生氣，還不斷嫌東嫌西，使得約翰寧可慵懶地像平常一樣看電視、聽音樂、看書和睡覺，也不願和她談話。但他們之間有什麼好說的？她不情願地嘗試了ＬＳＤ，因為約翰逼她使用。她承認自認那可能會讓自己變得性感，也能讓自己吸引約翰。但她討厭藥效和事後的副作用，也不贊同約翰繼續用藥。他很瞧不起辛西亞，因為輕蔑是他的基本性格，生命將他塑造成這種模樣。不過，他依然心不在焉又不實際地黏在她身邊，因為辛西亞代表了家、利物浦與他們年代久遠的共同過往。在長途跋涉又贏得戰果後，約翰與保羅兩人難免會緬懷童年，便開始從過去尋找靈感，寫出〈永遠的草莓園〉、〈潘尼巷〉、〈在我的一生中〉等歌。這並非毫無來由的多愁善感。那是種原始的需求。

身兼心理治療師與諮商師的理查・休斯，將約翰比喻為荷馬筆下的奧德修斯。為什麼？我剛開始完全不了解為何要這樣比喻，但經過他解釋後，我豁然開朗。休斯描述史詩《奧德賽》的希臘主角試圖在特洛伊戰爭結束後回到故鄉伊薩卡島。

「奧德修斯是位充滿人性的角色：他充滿缺點，但用意良善。我們現在將他顛沛流離的旅程視為反映出自我探索經驗的典型故事。」休斯解釋道。

「別忘了，搜尋本身和目的地同樣重要。或許還更為重要。當我首次閱讀《奧德賽》時，我質疑奧德修斯究竟想不想回家。荷馬寫道：『經歷過痛苦並長途跋涉的人，在一段陣子後甚至會開始享受自身的苦難。』奧德修斯渴求遠離戰爭與苦難的生活，也渴望妻子潘妮洛碧的愛。他不曉得自己何時能返家，也不知道當自己回家時，會看到什麼景象。隨著劇情推展，『家』也開始得到神話般的地位。『家』的概念相當強大：它代表了安全的基地或避風港。那是種基礎『需求』。它不必只是個實體地點，那經常是不可能的事。它比較像是某種歸屬感。」[1]

對約翰而言，小辛就是「家」。她代表了約翰對自己失去的一切所保有的有形連結。他們緊抓住對童年與家園的回憶，因為沒有任何披頭四成員能長期回到利物浦待著。昔日的地點、時期與人們都已不復出現。難道只有在我們的心智和回憶中，才會是真實的嗎？在那些日子裡，我還夠年輕，能判斷出真相……蓋瑞、卡洛爾，你們在哪？去吧，去追求心中的渴望。過去依然還是過去。[2]

其他人在北方還有父母，而約翰甚至連咪咪都沒了。因為擔心門迪普宅外會有大批歌迷持續打擾，約翰接受了姑媽的懇求，讓她在被逼瘋前搬走。於是咪咪搬到了另一個名字有「浦」的地點。在一九六五年，約翰花了兩萬五千英鎊的鉅款，買下了港緣大宅，那是位於多賽特郡普爾鎮的沙洲半島上備有六座臥室的平房，屋內能俯瞰白浪島；羅伯特．貝登堡於一九〇七年在這裡創立了童軍運動，該處到現在都還是自然保留區。這是經歷離家五小時的三百英哩車程後最棒的部分，咪咪在那裡幸福地住了二十六年，直到她在一九九一年辭世。約翰經常造訪那裡。他在那有自己的臥房，裡頭的擺設像是他在門迪普宅前廊上頭的單人房，但牆上的海報則被黃金唱片所取代。約翰喜歡這種寧靜感。在他心中，他重新造訪了位於杜內斯的山戈灣中的偏遠蘇格蘭海灘，以及在當地度過的漫漫長夏。他將同樣滿佈沙丘的沙洲半島形容是「我見過最美的地方」。

「他會待上好幾個週末。」咪咪說。「通常都是在壓力過大的時候。他會來這裡，在海灘上翻筋斗。他會自己在那獨處，身邊沒有其他人。」但他有時會帶辛西亞與朱利安同行；也會跟鄰居借小船，從弗羅姆河划船到韋勒姆。〈露西帶著鑽石在天空飛〉中的歌詞「想像自己在河上的小船裡」，是否就是啟發自這些航程？這很有可能。

*

咪咪說她在倫敦首度碰見洋子。約翰日後在一九六八年七月帶洋子去見他姑媽，當時是錄製「白色專輯」的過程中的週末。

「當約翰帶她來時，還是早期的日子。」咪咪說。「這個嘛，我不知道究竟發生了什麼事。我不知道那是誰。我說：『這是誰？』他說：『是洋子。』但我什麼也沒多想，你懂嗎？我對她說：『妳是做什麼工作的？』她說：『我是個藝術家。』我說：『真好笑，我從沒聽說過妳！』」咪咪從來不佩服任何人。[3]

你去哪了，約翰？我們的國家向你投以寂寞的目光。沒人明白他為何將小野洋子像武器般隨身攜帶。無論之後他們之間發生了什麼事，約翰都從未對她抱持輕蔑的態度。她正是約翰所需的優秀女性，也是他認為自己該有的伴侶。他不想要某個只會跟上自己腳步的人，而是需要某個他能努力追上的對象。她已經是藝術家了。他最愛的一點，就是不論男女面對洋子都會畏懼。他尊敬且聽從洋子。在兩人之中，洋子的教育程度較高。她一生都周旋在富有、家世良好和充滿藝術性格與天賦的人之間，處在智慧份子之中的她相當怡然自得，也佔有一席之地。約翰待在他認為比自己優越的人群之中時，總是感到相當壓抑。他會不假思索地表現出尖酸又高傲的態度，以掩飾自己既有的緊張和自卑感。這是他的甲冑。當他碰上洋子時，刻薄的態度開始消散，他終於開始改變了。自此之後，他在大部份事情上會尋求洋子的引導與認同，宛如尋求母親協助的孩子。你會希望自己有堅強的母親，並無時無刻守候著你，不是嗎？永不流露弱點，擔任家庭的骨幹，成為讓人想回家見的對象。

他叫洋子「母親」，這並不只是單純的「北方人會做的事」。

「當約翰遇見洋子時，他正在流浪。」理查．休斯思忖道。「他不是唯一有這種感覺的人。許多人在某個階段都會覺得自己在流浪，也有各種內在與外在的不同理由。當他活躍在世界舞台上時，他的一言一行暴露在大眾目光下，這也使他更難解決內心掙扎。這種狀況不只發生在英國，而是全世界。大多人都完全無法想像這種生活帶來的巨大壓力，就如同那句歌詞所唱：『一切都不真實』。在大部分時間裡，他肯定覺得自己的靈魂出竅；彷彿是別人以高速過著那瘋狂的特異生活，而那位『搖滾巨星約翰．藍儂』並不是他。他擁有超越大多人最狂野想像的成功、財富與持續增加的機會，所以我們自然無法理解他究竟需要擔心什麼。當然了，他的問題和每個人都一樣。儘管他做出了驚人成就，卻依然在找尋我們都渴望並企圖爭取的事物。」

《綠野仙蹤》裡的桃樂絲常說：「沒有任何地方比得上家。」她指的是堪薩斯州，以及亨利叔叔和艾姆姑媽的農場。但真正的家，是心的所在。「家」就是「愛」。可憐的小辛，愛情不再停留在她身上了。

*

長久以來一直有種說法，認為當約翰摧毀自己的婚姻，並和洋子揚長而去時，他就毀了披頭四。這種說法經常被提起，但它沒有半點真實性。在感情與交往關係之中，不可能有人毫無過失。保羅與珍．愛舍分手，之後與琳達結婚。林哥承認自己在英格蘭沉迷女色，也迫使他失望的妻子莫琳投向別的情人的懷抱……對方恰好是喬治．哈里森，約翰也指控他「道德亂倫」。你能理解他說這句話的緣由。喬治的太太貝蒂對林哥吐露真相，林哥要求離婚而莫琳拒絕；她差點騎重型機車自殺，後來也得進行臉部整形。但到了最後，是史達與一名美國模特兒的關係毀了他們的婚姻。貝蒂．哈里森與羅尼．伍德私通，而哈里森則和伍德的第一任妻子克里希．芬德雷（Krissie Findlay）偷情，伍德之前則從艾瑞克．克萊普頓手中將她搶走過。貝蒂選擇了克萊普頓，嫁給艾瑞克並啟發了更多情歌。你懂了嗎？在情場、戰場與搖滾樂國度中，所有人都不擇手段。[4]

＊

殺手鐧下得又快又狠。

披頭四約翰被消滅了。洋子取代保羅，成為約翰主要的創意夥伴。

「當他碰上洋子時，就開始了全新的人生。」他們的漢堡老友克勞斯．弗爾曼告訴我。「他將披頭四拋諸腦後。歌迷自然不樂見如此，但這也是事實。樂團、那類音樂和那些時光都屬於他的過去。他也不再是約翰了，他是約翰與洋子：整體之中的其中一半。他不再試圖當硬派搖滾歌手，那也從來不是他的真實身分，他開始真正地做起自己來。我為此對他感到驕傲，也為他感到高興。」

「這確實是他所需要的事。」理查．休斯堅持道。「他已經脫離披頭四的時代了。當時他的精力相當高漲，在整個七〇年代也維持不變。我想，那才是現在我們能理解並尊敬的約翰；而不是六〇年代的披頭四約翰，那並不是真正的『他』。那個版本的約翰是種概念，也是個假貨。歷史學家們喜歡告訴我們不同的說法，但他們錯了。藍儂對二十一世紀的我們所代表的是希望。因為奇怪的是，歷經了這一切後，我們依然執迷於確定性與真相，他代表了某種更為超然的事物。」

然而，他其中一首較為單純的六〇年代披頭四歌曲〈你只需要愛〉，才傳達出了最重要的訊息。這是真的嗎？

「當然了。」休斯說。「但同時也沒有比愛更缺乏確定性的東西了。我們都需要得到愛、支持與贊同。約翰清楚這點。他從自我探索的過程中學到這件事。也許他在許多層面上失能且受到誤導，但他明白這道理。愛如何成就他與毀滅他？因為他自小就缺乏愛，他明白愛的價值。可以確定的是，約翰．藍儂深愛小野洋子。那是個壯烈的愛情故事，那是真愛，也是真情的標準。當他認出真愛降臨的那一刻時，他就得到救贖了。」

比任何人都更理解約翰的彼特．修頓，相信洋子是約翰遇過最棒的事。

「他對一切的態度有了巨大轉變。」他說。「他變得較不自私，也更有人情味。他開始和許多人溝通，也會說『謝謝』。遇到洋子前，他對每個人都擺出一副司空見慣的無謂態度，就連碰上歌迷時也一樣。他確實開始珍惜他人了。或許是因為，他覺得自己現在在做的事很重要。」

披頭四時期之後的約翰，不只大量撰寫筆記、明信片和信件，也得到了類型全然不同的歌迷。

「沒錯。」修頓說。「許多**聰明**人開始對他產生興趣。我想**真正重要**的人士們越來越關注他了。他們發現他並不只是一名外型俊俏又蓄著長髮的拖把頭披頭四成員。他是個有智慧的人，正在思考、做事與行動，對許多人而言，即便他們並不完全贊同他所做的事，但約翰也成了他們的某種標竿。他成了人們能丈量自己的人物，人們開始在非常私人的層面上與他產生連結。這和他還是披頭四成員時的狀況完全不同。當時他是個名利雙收的流行歌手，但現在他更有內涵了。歌迷們覺得自己能與他產生更個人的連結，當他達成這成就時，依然沒有失去自己的準則，也不讓自己受到任何壞事影響。」[5]

和修頓一樣，克勞斯．弗爾曼見證了男孩演變成男人的過程；他目睹約翰出自頹喪的怒氣，也對約翰在新情人懷中綻放出的新面目感到驚奇。

「洋子一出現，他們就從不分開。」他說。「她會待在錄音室裡，坐在約翰大腿上。她甚至會和約翰一起去廁所；因為約翰想要她這樣做，而不是她將自己強壓在他身上，或不讓他離開自己的視線。一開始我覺得很奇怪，但很快就習慣了。我在他人生中第一次看到他好好做了自己，而他也感到開心。這就像是奇蹟。

洋子救了他。但歌迷不願相信這點，他們只在她身上看到缺點。她是個很棒的人，他們在一起很有趣。約翰經常為了說某些事而打斷她說話，或是洋子會打斷他，不然就是兩人互相打斷對方的言論。他們彼此互補，無論你喜不喜歡他們一起製作的音樂，他們確實都啟發了對方。我能從第一手視角告訴你這點。人們不明白的是，洋子很好笑。我後來覺得他們像是從出生就被分開的連體嬰。」

*

羅傑・史考特是個熱情的披頭四樂迷，日後他成為英國最受喜愛也最受尊敬的廣播主持人；當配戴著十字架的約翰與洋子帶著五歲的京子於一九六九年五月二十六日來到城裡時，二十五歲的史考特還在位於蒙特婁的加拿大AM電台CFOX擔任DJ。這裡是他們國際和平任務的最新停靠點；他們在這段期間內，在蒙特婁的伊莉莎白女王酒店一七四二房中，進行了惡名昭彰的靜臥抗議，房內擺滿了粉紅色與白色的康乃馨、散落一地的底片、錄音設備還有書本。

「當時我主持了一檔下午時段的節目。」羅傑告訴我。「他們的人員幫我安排在他們的床邊直播節目。想像一下那個情景，我到現在想到都還會起雞皮疙瘩。之前我還沒有遇過這種規模的事件，我完全沒準備好面對全世界即將湧進他們臥房的媒體，自己還得保持冷靜，並專心於主持自己的廣播節目。我們都待在那，他們倆坐在床上的主位，房裡還有當地哈瑞奎師那❶中心的成員，與披頭四的公關德瑞克・泰勒，再加上湯米・史莫瑟斯（Tommy Smothers），音樂喜劇雙人組史莫瑟斯兄弟（Smothers Brothers）的其中一人。這狀況維持了一整週，最後約翰與洋子決定於週六晚上在那間臥房中錄製唱片。那張唱片便是〈給和平一個機會〉，裡頭也收錄了在場所有人的歌聲。房裡至少有五十個人，湯米彈著吉他，我敲著茶几，歌手佩圖拉・克拉克和『垮掉的一代』詩人艾倫・金斯堡，則唱出約翰急促地在大型卡片上寫下的潦草歌詞。現場一片混亂，但效果卻很好。」

目前的狀況不錯。但接著，發生了一件讓羅傑終生難忘的丟臉事件。

❶ 譯注：又稱國際奎師那意識協會，為成立於一九六六年的大型印度教團體。

「由於某種原因，約翰突然拒絕讓我訪問，堅持要待在現場的一個十六歲女孩來採訪他。我究竟做錯了什麼？我可能什麼也沒做錯，只是約翰自己在耍性子而已。我絞盡腦汁，卻想不出任何理由。這讓我有點心碎。」6

約翰要傳達給媒體的訊息則相當清楚。

「我們的靜臥行動使大多人開始討論起和平議題。」他說。「我們試著激發年輕人對促進和平的興趣。但我們必須採用無暴力手段，不然就只會引發混亂。我們對年輕人談話……他們總是最有嬉皮風格的一群人……我們要他們把這股訊息散播出去。」都是這類的話。

＊

經典的《艾比路》專輯的錄製過程又臭又長，也是喬治．馬丁最後一次的引導；他被拐回去的原因，是因為他們保證會和以前一樣用昔日規範來製作這張唱片，也讓製作人擁有徹底的掌控權。在二月底到八月中下旬之間，他們間斷地在奧林匹克錄音室、三叉戟錄音室和ＥＭＩ錄音室中工作；等到這張經典唱片完成錄製後，ＥＭＩ錄音室就被改名為艾比路錄音室，以作紀念。讓完美的作品趨近無暇需要時間，爭執與敵意籠罩了眾人的心情，但從不和與困難中，出現了他們被認為最純粹與最亮眼的作品。儘管沒人認為這會是他們共同製作的最後一張專輯，結束感終究飄散了出來。約翰日後毀謗了這部作品，特別是對保羅的貢獻，也批評其中的歌曲是「老太婆音樂」，並且對專輯的結構四處挑毛病。約翰早已放下了披頭四，也亟欲繼續過全新的生活、製作自己的音樂和維持婚姻，並對這張專輯對他帶來的限制感到相當不滿。車禍（之後再提這件事）

也無法改善問題。將洋子的床放在錄音室裡後也沒用；儘管醫生命令她盡量多休息，她在錄製唱片的過程中，仍荒唐地躺在錄音室裡。為什麼不好好待在家就好？

但誰能質疑《艾比路》的浩大聲勢？約翰的開場曲〈一起來〉（*Come Together*）；他甜膩又熱情的〈我要你（她好重）〉；他充滿渴望又充滿異域風格的〈因為〉（*Because*），這首歌的靈感來源是某次洋子用鋼琴彈起貝多芬的〈月光奏鳴曲〉（*Moonlight Sonata*），約翰要她倒著重彈和弦，並用喬治．馬丁的大鍵琴在曲中做出標記。喬治的〈某個東西〉與〈太陽升起〉（*Here Comes the Sun*），還有保羅充滿嘟．喔普風格的〈噢！親愛的〉（*Oh! Darling*），日後約翰對這首歌感到惱怒，因為他覺得用**他自己**的嗓音唱會比較好聽。麥卡的〈你從不給我你的錢〉（*You Never Give Me Your Money*），反映出樂團巨大的財務危機與即將開始崩潰的情況。複雜又充滿層次感的〈盡頭〉（*The End*）：林哥特異的鼓樂獨奏以及曲中的核心訊息：「到了最後，你奪走的愛，等同於你製造的愛。」這是披頭四的四名成員最後一次聚首錄歌。那專輯封面呢？這是唯一一張上頭沒寫出他們的姓名與頭銜的原版英國唱片。誰還需要呢？全世界都曉得他們是誰，也清楚這張專輯的意義！當該專輯在一九六九年九月二十六日發行前，約翰告訴其他人說他要退團。儘管這張專輯在上市兩個月內就賣出了四百萬張的成績，依然無法改變他的心意。《艾比路》登上英國排行榜冠軍，並佔據了十一週的冠軍寶座。它曾短暫讓位給滾石樂團，但很快就奪回了自己的王座。在美國，它成為一九六九年最暢銷的專輯。在日本，它留在百大排行榜內長達三百週，也是七〇年代的經典專輯。

「除了身為披頭四最後錄製的專輯外，《艾比路》也是他們從一九六五年的《救命！》後第一次擁有約翰自編自唱的開場曲，也就是受到無厘頭歌曲影響，並熱血澎拜的〈一起來〉。」《歌曲連結》雜誌（*SongLink*）的出版者與音樂家大衛・史塔克（David Stark）說。「披頭四、流行樂與世界在這短短四年內都經歷了劇變，但恰如其分的是，樂團的創建人與領袖再度重拾原本的地位，為全世界的披頭四支持者與歌迷獻上道別作。當時這件事自然沒有被公開，不過許多人早已猜到了事實，而曲風不調和的《順其自然》專輯則留待隔年才上市。」

史塔克說，令人訝異的是《艾比路》得到的初期迴響相當平緩：「評論者們不清楚的是，在喬治・馬丁寶貴的貢獻與要求下，披頭四在一九六〇年代的最後一年成功錄製了充滿優異技術的專輯。五十年後，這依然是張大作；而當喬治的兒子吉爾斯・馬丁為了二〇一九年的週年版本作重新混音時，也發現幾乎無法再加強任何部分。《艾比路》與它經典的封面（儘管「盡頭」到來的多年後，它依然吸引許多披頭四歌迷「一起來」到世上最知名的錄音室與斑馬線上）仍然無法被超越，至少對我來說是如此，它也是流行樂的巔峰。當時還是十六歲學生的我，幸運的在專輯上市前一週就從蘋果公司提前收到唱片。到今天我還記得自己著迷於它混和樂器與和聲的美妙節奏，和幽默歌詞與真實情感之間的強烈反差，以及馬丁美麗的編曲結構與傑出的製作方式。我至今仍然為它所著迷。」

*

《艾比路》上市兩週前的一九六九年九月十三日，約翰、洋子、克勞斯、艾瑞克・克萊普頓等人組成了塑膠小野樂隊（Plastic Ono Band），並在校隊體育館中舉辦了復出搖滾樂演唱會「多倫多現場和平演唱會」。幾乎所有參與的歌手都是約翰的英雄：小理查、吉恩．文森特、傑瑞．李．路易斯和胖子多明諾。約翰與團員的演出曲目包括〈給和平一個機會〉、〈藍麂皮鞋〉（*Blue Suede Shoes*）、〈戒癮〉（*Cold Turkey*），和洋子的〈別擔心京子（媽咪只是在雪中找手）〉（*Don't Worry Kyoko (Mummy's Only Looking for Her Hand in the Snow)*），這首歌的主題是她的小女兒。完全不意外的是，洋子的尖叫、啜泣與嚎叫完全無法感動觀眾。他們不是來看約翰的嗎？**她在幹嘛？**克勞斯作出解釋。

「我在那場演唱會中，首度察覺到洋子的藝術天分。」他說。「她坐在地板上，身上包著布袋。她從裡頭爬了出來，並開始發出聲音，接著放聲尖叫。她試著對觀眾說某些重要的話。我能感受到她的龐大訴求，那種感覺相當有影響力。她叫得讓嗓子都啞了，最後只能發出沙啞的叫聲。我站在她身後。現在想到那光景，我還會起雞皮疙瘩。你會立刻聯想到戰爭、坦克、炸彈與毀滅。她透過非常驚人的方式，用自己表達出戰爭的恐怖。那就是她的感覺，也是她想傳達出的情感。在她身後的我，得到了相同的感受。但觀眾渾然不覺。他們離舞台太遠，無法感覺到她的心力。而且搖滾演唱會上出現未排練的樂團，加上從袋裡爬出來的洋子對眾人尖叫：當時的人們難以接受這種事。洋子受到嘲笑。他們只想聽約翰演奏音樂。人群沒有向台上丟番茄，但反應也夠羞辱人了。她學會了。她很快就明白該如何處理群眾。她說：『當我上台對你們唱歌時，就像自己待在隧道裡。我要你們和我一起踏入那座隧道中。』」

問題是，約翰和她的立場相同。他支持洋子，也挺身捍衛她。對他而言，洋子做的事相當得宜，他也對洋子感到驚嘆。你懂嗎？約翰為她感到開心，他們倆確實團結在一起。無論你同不同意他們的手法，都不會搞錯那個訊息。約翰比任何人都更前衛。」

時間點依然是最重要的事。約翰與洋子正好處在最正確的位置，也就是全球和平運動的最前端。一個月後的十月十五日，上百萬名美國人掀起了美國歷史上規模最大的抗議：終止越戰行動。共和黨的新總統尼克森毫不讓步，並發表了惡名昭彰的「沉默的大多數」演說。由於美萊村屠殺[2]事件被揭露，使得反戰運動變得更加強健，也不受尼克森嚇唬而繼續進行。那年十一月，五十萬名抗議人士進駐到位於華盛頓特區的白宮前。在這場和平示威中，有彼得、保羅、瑪莉、李奧納德·伯恩斯坦（Leonard Bernstein）、阿洛·蓋瑟瑞（Arlo Guthrie）、約翰·丹佛（John Denver）、克里夫蘭弦樂四重奏（Cleveland String Quartet）、前衛音樂劇《頭髮》（*Hair*）的巡迴演出人員與身兼民謠歌手與激進份子的皮特·西格（Pete Seeger）參加，他們引導大批群眾唱了十分鐘版本的〈給和平一個機會〉。你在聽嗎，尼克森？阿格紐[3]呢？五角大廈呢？總統隨後出現在電視上，接著毫無意義地試圖計算從白宮窗戶外看到的抗議人數。他聽見了歌曲，也注意到了藍儂。當時約翰完全不知道會為此付出代價，他只是說出了上百萬人的共同心聲。他描述大批群眾在現場唱他的歌那光景，是「我一生中最重要的時刻之一」。艾比路呢？被擺到哪去了？

❷ 譯注：一九六八年美軍在越南美萊村進行的大規模屠殺事件。
❸ 譯注：Spiro Theodore Agnew，尼克森在任美國總統時的副總統。

〈17〉京子

沒什麼比受到侮辱的人更可怕了。東尼・考克斯要報仇雪恨，他要以最惡毒的方式報復前妻。而他作出的行為到目前為止都還沒被公諸於世過。

世人都認為約翰與洋子搬了家，遺棄了英國，並搬到美國去拯救世界。但世人錯了。他們搬到紐約的理由更為私密，也令人心碎。洋子八歲的女兒京子失蹤了。他們以為京子與她的父親在一起，於是去美國找她。他們從沒打算永久留在那裡，但情勢使他們無法離開。當他們終於能脫身時，一切都已太遲了。洋子為她的孩子付出了終極的代價。

他們離開前的過程風雨不斷。從他們抵達的那一刻起，性情剛烈的披頭四領袖與他的亞裔繆斯女神充滿醜聞的雙重失敗婚姻、不同國籍的戀情和明顯遺棄自己子女的行徑，就讓媒體殺紅了眼。他們急於打造出追求和平和熱心公益的激進份子形象，並利用他們的藝術作品為大眾作出貢獻，卻在媒體關注與自己的全球名氣之下犯下了錯誤。由於他們和意義不明的目標、受人質疑的活動扯上關係，使他們經常犯錯。他們的名聲、地位和財富被無止盡地消費。現在的人們幾乎無法理解，這一切究竟有多緊湊又耗費精力。他們所做的一切：怪異的歌曲、藝術展覽、令人難熬的電影、雕刻、「橡實事件」（Acorn Events）、改編自約翰的兩本怪異小著作《自筆》（*In His Own Write*）與《壞事的西班牙人》（*A Spaniard in the Works*）的舞台劇、黑白穿著、流產、對自己與對方表現出的強烈佔有欲、單調的自我形象重塑、提倡只食用糙米與蔬菜的大自然長壽飲食；約翰拒絕戒菸的拒絕，而因為他們曾宣示要在一切層面上保持平等並共同進行，洋子染上了抽菸的習慣；還有他們對彼此自足的「化學反應」與性欲。他們做過的事、沒做的事、好事、壞事、醜事、美事、無聊事、驚人之舉、無感的事、錯誤、蠢事或瘋狂舉動，都會成為國際頭條與大新聞。想像過著那樣的生活。我清楚自己辦不到。他們一起承受這種壓力，打造出雙方平等的關係，與彼此完美地協調，也使約翰快樂地抹殺了他內心的厭女心態，並接受甚至開始提倡女性主義。**什麼**？這是洋子的願望。這是她對約翰的要求。她沒有給約翰選擇，而是冷靜地告訴他，如果約翰不從，自己就會離開他。約翰就女性解放與自己對性別平等逐漸高漲的態度說：「人們被灌輸男性優越感的方式相當微妙。我花了很久，才發現自己的陽性態度在某些層面上阻礙了洋子。她是個熱血的解放主義者，即便我自認只是做出自然舉動，她也迅速讓我明白自己犯了哪些錯。因此我總是想知道自稱激進份子的人，是如何對待女人的。」

洋子的說法則相對簡短有力。

「除非你和對方處於平等，否則你無法愛對方。許多女人出於恐懼或不安全感而緊貼在男人身上，那並不是愛：基本上那就是女人憎恨男人的原因……」

「……反之亦然。」約翰插嘴道。

他日後解釋：

「她徹底改變了我的人生。不只是物理上的改變……我只能比喻說，洋子就像是使用迷幻藥的過程，或是你第一次喝醉。那是個巨大的改變。直到今天，我都無法確切形容那感覺。」[1]

那給了過去的約翰最後的致命一擊。

*

他們住在林哥位於蒙塔古廣場三十四號的倫敦舊公寓中。眾所皆知，洋子與前夫東尼・考克斯的關係很糟，原因不只是因為洋子為了與約翰交往，而遺棄了考克斯和京子。接下來，警方突襲公寓只為了他們被控持有的一丁點大麻，這成了另一場媒體鬧劇。約翰認了罪，所以洋子的罪名就被取消了，但約翰並不知道，他其實簽下了自己的格殺令。只不過是用的是隱形墨水。

在離婚關係的另一頭，辛西亞保有了朱利安的扶養權，而洋子與東尼則共享洋子的扶養權。多虧了吸毒事件，全世界都曉得他們的地址了。約翰與洋子被迫搬走，這次他們搬到林哥位於韋布里奇的住處；我們開始繞圈了，這話題先打住。他們計畫把朱利安和京子都接到那裡過個舒適的家族週末，因為他們的年齡相仿。做出這種家庭面承諾的約翰，讓所有見證他到缺乏人父自覺的人們都感到驚訝。洋子喚醒了他內在的人父情感，她幫助約翰將孩童視為珍寶。照顧朱利安和京子，為他們煮飯，和他們玩耍，並和他們一起看書與聽音樂，能讓這對父母調適並準備好面對自己想打造出的家庭。約翰非常熱衷這個能讓自己重拾人父身分的機會，也急切地想把握它，使他決定要載他們四人回到他的童年住所，前往利物浦與他摯愛的蘇格蘭高地。時間到了。救贖到來。忽然間，**出現了**回到過往的途徑，以及能與其分享的一群新人。此時是一九六九年六月，《艾比路》剛錄製到一半。一想到能讓洋子見他其餘姑媽：住在利物浦的奶媽與哈瑞，以及待在杜內斯的老媽，就讓他感到興奮。他們會寄宿在親人家中，並低調地度假，盡可能避免媒體的關注。在興奮之餘，約翰忘了他對辛西亞應盡的義務。身為朱利安的母親，她至少應該知道這名年僅六歲的孩子踏上了距離這麼長的旅程，而且約翰還負責開車；這是個風險。不過，辛西亞全然不知他們離開，也不曉得他們的下落。要知道，當時還沒有手機。

等他們抵達約翰的故鄉，他才坦承那台迷你庫柏汽車太小了，無法載他們繼續往前走。他要自己的司機開來一台更適合的奧斯汀馬西汽車。不熟悉的路程與約翰本身缺乏駕駛經驗又視力不佳，加上無法在道路這類平凡事物上聚焦太久，導致他在前往老媽家途中，在高地村莊戈斯匹附近把車子開進了溝渠中。只有朱利安毫髮無傷。醫院、縫線與休克治療，使約翰的臉上永遠帶著一道傷疤。朱利安被送去給老媽照顧，辛西亞也很快就在那找到他，但她卻無法詢問約翰究竟發生了什麼事。他拒絕見她，此舉相當殘酷。單純的傷口，卻造成了複雜的裂痕。

京子的小臉蛋不需要多少治療，就能恢復原本的完美程度。約翰非常喜歡注視那張臉。這孩子有多美？她留著瀏海的黑髮、黑曜石般的雙眼與天使般的笑容，融化了約翰的心。約翰寵愛她的原因，是因為她等同是洋子的延伸，同時也因為京子本身的吸引力，彷彿她是他自己的女兒。有張黑白照片描繪了這個小家庭在高地上旅行的模樣，兩名可愛的孩童穿著蘇格蘭裙、格紋背心與毛皮袋，尖頂格紋軟帽下的臉孔則羞赧地微笑。他們在爸爸和媽媽之間緊握著彼此的手，一起走在開闊空間中；洋子穿著一襲黑衣以及白色的橡膠底帆布鞋，約翰則留著滿臉鬍鬚，身穿著厚重的愛倫島針織衫。他們看起來很開心，也緊緊地貼近彼此。

但事件已被引燃。辛西亞被迫忍受約翰的自私與浮躁性格，但東尼．考克斯卻打算不再維持溫和或理性的態度。因為認為他們忽視他女兒而感到惱怒，他禁止京子在自己不在場的情況下，和洋子與約翰共處，他也讓會面變得更困難。約翰與洋子買下了帝騰赫斯特莊園，那是座佔地廣大的宏偉宅邸，靠近伯克郡的雅士谷；那座宅邸出現在〈想像〉影片中的迷濛夢幻形象，與洋子拉開窗簾的畫面，肯定激怒了他；火上加油的是，這景象除了過於富麗堂皇外，地點還位於M4公路遠處。任何曾經與前任伴侶共享過小孩撫養權的人，以及得與前任伴侶來回往來、進行無盡衝突的人，都能理解雙方的感覺。至少約翰與洋子的銀行戶頭裡還有很多錢。金錢買不到愛嗎？當然可以。在帝騰赫斯特莊園中，約翰與洋子為了履行他們要一起作所有事的承諾，便決定一起使用毒品。**究竟為什麼**？是另一種必須跟隨的藝術趨勢嗎？這不只是不該做的事，而且他們使用海洛因一事的風聲，肯定傳進了考克斯耳中，或者他親眼目睹了毒品的藥效：口齒不清、空洞的雙眼和蒼白的膚色、暈眩與困惑感。有哪個明理的人會讓幼小的孩子和受到毒品影響的毒蟲待在一起？考克斯自己在搖擺六〇年代就曾是毒蟲。他清楚問題的性質，也曉得該如何解決。

「當時我用了很多迷幻藥，認為這會改善我的心智，我也花了好幾年才明白真相恰好相反。」他說。「所有毒品都很糟糕。」[2]他決定和他們維持疏遠的距離，並保護他的女兒不受他們危險又自我中心的生活方式影響。

洋子日後強調，他們只是短暫使用鴉片類藥物。她堅稱，他們為了家人停用了那類藥物，因為他們急於盡快懷孕，不想對胚胎造成危險，或生下有毒癮的嬰兒。由於害怕媒體曝光，使他們不敢前往勒戒中心，因此他們得在家中自行幫助彼此戒毒。約翰以他們的經驗為塑膠小野樂隊寫了首歌：〈戒癮〉。另外一面的歌曲，則是關於媽咪在雪中找尋京子的手。

＊

約翰與洋子前往北丹麥，考克斯和她的女兒與美國女友梅琳達．坎達爾（Melinda Kendall）住在那裡，兩人也在當地首度參加了教團。藍儂夫婦在那裡度過一九七〇年的一月，探視了京子，揮別了六〇年代，透過先行者教團領袖們的催眠戒了菸，並為了展開和平元年（Year One for

Peace）而剪去他們的長髮。他們帶著剪下的頭髮回到家中，並將頭髮送給麥可・X（Michael X，他是在千里達出生的英國版麥爾坎・X），讓對方販賣這些頭髮以作為黑人權力❶的基金，然而這最後導致了善心被濫用的事件：那年年底，麥可・X被控犯下搶劫與勒索，並在開庭前就逃回千里達。他們在倫敦與洛杉磯接受亞瑟・亞諾夫的原始療法。「這種療程強迫我脫離所有關於上帝的鬼話。」它打破了限制，讓約翰脫離了披頭四身分留下的剩餘枷鎖，並釋放出自身的真正音樂特性。他從未能夠製作出如此誠摯又真實的**約翰式**音樂，自信又外放地唱著自己的歌曲，不仰賴錄音室的花招與技術，不被複雜的和音掩飾他心中的缺點，並讓他自己**聽起來**更棒。從此之後，只會有貨真價實又毫不虛偽的約翰・藍儂。只有他與自己的歌曲。他和自己的人生，不會再有任何分割。當他在早年的披頭四時期中處理痛苦與不安全感時，他的痛楚總是一成不變地受到掩飾。黑暗的歌詞會被愉快的曲調所包裝：〈救命！〉和〈我是個輸家〉（*I'm a Loser*）正是最佳的例子。沒人會深思那些歌曲中的「意涵」，因為曲調太活潑了。我總是認為他用抽象方式描寫其他人，現在我相信，這些歌曲大多是關於約翰本身，他將自己完全投射入歌曲中。一九七一年的《想像》專輯中的〈吃醋的人〉，便是類似的呼救歌曲。相較之下，麥卡尼筆下的歌詞比較自制，甚至不帶感情。

但暫且不談那點。約翰現在想製作出能表現最真實的赤裸自我的音樂。他的首張獨立專輯《約翰・藍儂／塑膠小野樂團》便相當踏實；他和洋子與菲爾・史佩克特共同製作了這張專輯，

❶ 譯注：一九六〇年代晚期出現的政治性意識標語，提倡建立黑人政治與文化結構。

克勞斯・弗爾曼擔任貝斯手，林哥擔任鼓手，比利・普雷斯頓則負責彈奏鍵盤。

「麥卡尼可能會被認為是更偉大的音樂家、作曲家與聲樂家，但他不像約翰一樣是個煽動者。」前《旋律製造者》作家麥可・華茲觀察道，他是該雜誌七〇年代時的美國版編輯。

「約翰用出人意料的方式表達自己對世界的感覺。這使他成了絕佳的受訪者，他會說出能拓展你想法的話語，也會使你以全新方式進行思考，所以他在記者之間相當受歡迎。我想麥卡尼與媒體進行採訪時總是有點不知所措，因為約翰太善於以活靈活現又有趣的方式表現自己了。保羅修養良好，但他沒有約翰那種靈活天賦。約翰毫無掩飾地表達自己，並且大放厥詞。創作出像〈母親〉、〈上帝〉（God）和〈我媽媽死了〉（*My Mummy's Dead*）的《約翰・藍儂／塑膠小野樂團》相當獨特。歌曲的內容相當赤裸，凸顯了約翰強烈的無助感。這張專輯**最為明確**地表現出約翰的本質。他明顯想努力敞開心胸進行闡述，這是坦蕩的自白。我到現在依然認為這是張偉大的專輯。」

華茲提醒我們，約翰踏上了從未有任何搖滾巨星踏上過的偉大自我探索旅程，他也指出約翰比大多人都來得勇敢。他打算找出自我，並發現自己並不喜歡真正的本我。

「於是他開始想轉變成不同的人。想像大部分的搖滾巨星都企圖做這種事。那不可能發生。他認為，大家喜歡的他是個虛偽又不善良的人，而現在他要讓他們看看截然不同的自己：連他自己都能愛上與敬重的約翰・藍儂。這產生了極大的風險，因為後果可能完全不如預期。他可能會失去自己的可信度。看看他說出的所有自白：『我之前很暴力，現在再也不會了。』於是，他做出了驚人之舉。他了解自己。他想成為更好的人。他希望能超越自己，並轉變成品行更好的人。

人們經常認為，他說的很多話都是胡言亂語。因為記者是一群尖酸刻薄的人，我也有些同意這點。但無可質疑的是，他確實相信自己所提倡的事物，他真的想改變世界。」

華茲也同意，約翰想做這件事的原因出自洋子：「她**是**約翰的真愛，也是他真正的靈魂伴侶。這點無庸置疑。他在洋子身上發現了跟自己的磁場相符的特質。由於他們做過的各種蠢事，洋子經常被認為是帶他走上歪路的人。但當他們兩人相聚以及進行她自己的工作時，就能做出非常有趣的藝術作品。」

靜臥抗議不就是翠西·艾敏沒整理過的床[2]的先行版本嗎？洋子的音樂不也是碧玉作品的前身嗎？

「沒錯。世界還沒準備好面對洋子。她是個貨真價實的前衛藝術家。約翰說，靜臥抗議、袋主義、躲在袋中的行為和在袋中接受訪問，都是某種達達主義[3]行動，而大眾還沒開始欣賞這點。他的歌迷們無法將流行巨星約翰的形象，連結到這名開始大量從藝術界吸收影響、並用更複雜且非傳統的方式表達自我想法的人物身上。他和洋子的作為相當獨特。因為他們得到的觀眾數目比一般藝術界還多出一百萬倍，也因為他們早已在做出任何事前，就擁有響亮的名氣了。約翰對此感到很有興趣，他了解並控制著這股力量。它以超越約翰想像的方式補充了他的心力。」

不過，每個人還是想要看到更多披頭四作品，更多和之前風格相同的作品，重複同類型的歌

❷ 譯注：Tracey Emin，英國前衛藝術家。她在一九九九年曾將自己睡過的床置於倫敦泰特美術館展覽。
❸ 譯注：第一次世界大戰期間興起的文藝風潮，反對現行的流行藝術文化與舊秩序。

曲。他們不想看到四名披頭四成員加上洋子。

「約翰的問題，在於他不像保羅會拿捏分寸。」麥可做出結論。「約翰總是突襲重點，急於填補空隙與代溝。口無遮攔這點正是使他成為刺激人物的原因。拿捏好分寸並加入實用主義思想的話，披頭四也許能演變成別種模樣，團員們也能同時發展個人事業。但對約翰而言，要不全心投入，不然就拉倒。他急於和洋子展開新事業，那正是他當下的目的。對他而言，重心總是『下一個目標』。」

*

在週末拜訪父親與繼母，使七歲的朱利安感到困惑。首先，辛西亞理應帶他過去找父親，但她卻沒這麼做；約翰也沒去倫敦接他。回程由私人司機負責，他會開約翰的大型勞斯萊斯汽車去接送小男孩。離婚對孩子來說很難熬。雙親之一離開所帶來的創傷、遠離家園並搬遷到不熟悉的地帶，以及暴露在無可避免的極端情緒下所帶來的不安全感，都會造成壓力。父母能減少離婚帶來的衝擊與傷害的其中一種方式，便是擔起將孩子接送給對方的責任，儘管這種責任令人相當不適，還是得執行到等他們的年紀大到能獨自出門。儘管約翰與朱利安至少能獲得不受打擾的父子時間，並在雄偉的帝騰赫斯特莊園進行各種活動：騎腳踏車、划船、跑步，但朱利安與洋子的關係並不好。兩人對彼此的態度都不溫和。他的繼母日後承認自己不曉得該如何與小男孩相處。但她能想辦法。她相信自己確實盡了力，但效果不夠好。最突兀的問題是朱利安讓她想起自己和約翰失去的兒子，也使她想起自己的流產經驗。她對約翰能與孩子享受天倫之樂，自己卻無從感受這點感到惱怒。在所有事情上都得維持平等。只有這點無法。還不行。

一直到當下，他們與東尼與梅琳達之間的關係都還算和平。據說兩對夫婦打算共同進行創作，他們甚至討論過讓四人組成另一個團體，考克斯也已經為約翰與洋子拍攝了一部紀錄片。彼特．修頓回憶道：「約翰在帝騰赫斯特莊園的生活中（他在那待了好幾週）最古怪的特點之一，就是洋子的前夫東尼．考克斯的存在，藍儂夫婦將他當成了跑腿小弟。」

但這段關係迅速惡化。無論是約翰對京子毫不掩飾的寵愛，使考克斯感到不滿與嫉妒，或是約翰的疑心病使他害怕考克斯會利用身為女兒監護人的身分來控制控制洋子，兩人的關係都瀕臨破裂。當約翰收到看似單純的邀請，要他去京子在考克斯位於倫敦的公寓中舉辦的七歲生日派對時，他勃然大怒。因為他認為這是陷阱，便拒絕出席。更糟的是，他也不讓京子的母親參加，洋子非常難過。於是當藍儂成為瑪哈禮希與超覺靜坐的信徒時，考克斯更是毫不掩飾地嘲弄他。之後考克斯一句話也沒說，就搬離了倫敦公寓，並與梅琳達和京子一起消失了。約翰與洋子都不曉得他們的去處。他們根據線報前往馬略卡島，瑪哈禮希當時正居住在該地。可能害怕對方連夜逃跑，使自己無法再見到京子，在做出必要調查後，藍儂夫婦便魯莽地前去該處，還帶了一名律師與助理同行。他們將京子從新的幼稚園中帶走，並趕回飯店，計畫搭私人班機返回英格蘭；此時他們犯下了致命的錯誤。考克斯早已得知消息，並先他們一步出手。約翰與洋子遭到警方攔截，遭到逮捕與拘留。一場緊急法院聽證會隨即連夜召開。清晨時，法官要求京子決定要跟誰待在一起。小約翰．藍儂遭到強迫選擇父親弗萊迪與母親茱莉亞，最後揮別父親長達二十年一事，曾被拿來與這場令人難以忍受的光景比較過。悲劇並沒有發生。京子的惡夢結束了，但問題還沒有結束。

儘管受到雙方拉扯的可憐京子選擇留在父親身邊，約翰與洋子還是被允許能帶她回去；條件是他們得宣誓在幾週後會重新見馬略卡島的司法人員，進行必要手續。但他們在坎城影展的工作，加上麥可·X在千里達發生的事件等等因素，使他們無法到場。等到他們準備好專注於京子的問題時，考克斯、坎達爾和孩子已經逃了。情報指出考克斯等人迅速逃回美國，這也很合理。考克斯與京子是美國公民，但洋子沒有公民身分。約翰與洋子趕向紐約，但他們的線索就此中斷。

那年二月回到帝騰赫斯特莊園後，約翰便全心投入新成立的雅士谷錄音室中，並將怒氣與沮喪投注進他最佳的獨立作品中：《想像》專輯。他和洋子與菲爾·史佩克特一同擔任製作人，喬治·哈里森與克勞斯·弗爾曼負責貝斯，吉姆·凱爾特納（Jim Keltner）與亞倫·懷特（Alan White）擔任鼓手，尼基·霍普金斯（Nicky Hopkins）擔任鍵盤手，他們繼續在艾比路錄音室與紐約市的唱片工場工作；約翰由此打造出了層次豐富的奇幻大作，並使其登上英國排行榜與美國《告示牌》前兩百大單曲的雙料冠軍。當它在九月發售時，造就了巨大的商業成功。這張專輯像幅自畫像，也像幅瀰漫原始療法的掛飾，上頭交織了性與愛、惡意與怨恨、自大與謙遜。它用約翰的光明與陰影，和他扭曲又矛盾的榮耀，呈現了完整的人性。當時它被批評為比上一張專輯還要更緊繃，也比較不精緻，裡頭充滿了傲慢、自我陶醉，甚至還有技術上的草率狀況；但它甩掉了負面評價，鞏固了自己成為約翰最受歡迎、也最經典的獨立專輯。主題曲的旋律在裡頭的十首歌中不斷迴盪。它不太誠實，也略顯曖昧，並穩穩地鑽入我們的心頭生根。〈如何？〉（*How?*）

令人無法抗拒地流暢，充滿了明顯的管絃樂曲，寓意也深如山中湖泊。它的歌詞使人感到痛苦：有任何歌詞會比「當我從未擁有過愛情時，要如何付出愛情呢？」洩漏出更多情緒嗎？〈噢我的愛〉（*Oh My Love*）相當有魅力，擁有銀鈴般的單純旋律，也幾乎具有伊莉莎白時代的特色。這是他人生中首次打開心門。〈噢洋子！〉（*Oh Yoko!*）是首可愛的情歌。〈你如何入睡？〉（*How Do You Sleep?*）是約翰對保羅異常殘酷並充滿報復性、但又使人上癮的批判，也依舊能震懾人心。〈吃醋的人〉難受又渴望關注。〈給我真相〉（*Gimme Some Truth*）是他最佳的抗議歌曲之一，內容瀰漫著譴責聲浪。約翰從不畏懼赤裸裸地走到外頭。他在這張專輯中宛如全身一絲不掛，散發爆炸性的直率感。

*

藍儂夫婦的律師們催促洋子在美屬維京群島申請得到她女兒的完全監護權，她正是在該地申請離婚。當地法院核准了她的請求，條件是得在美國扶養京子。洋子已經決定要視情況待下來，這樣她才能應付考克斯，並等她前夫出來面對現實，把女兒還給她。

這正是約翰所需的動力。他感到無聊，對毫不停歇的媒體關注與工作義務感到疲勞，也對祖國失去信心。他對無法接受自己新妻子的國家感到作嘔，也對針對她發出的種族歧視與攻擊感到惱怒。當今的哈利王子（他究竟還是不是薩賽克斯公爵？）大概明白約翰的感受。他目睹了自己不願參與的政治與社會動盪。他疲於在哪都會被各種人問道：「披頭四何時要重新合體？」和「你認為你們會再以樂團身分巡迴演出嗎？」他心中沒有永久移民的計畫，他只是想跳脫框架一陣子，呼吸一點新鮮空氣，到新的空間伸展自己。他想和摯愛的妻子待在一起，因為他相當仰賴對方，也想幫助焦慮的她和孩子團圓。他不曉得的是，當他開始申請美國長期停留簽證，並花更多心力在找尋京子時，他給自己兒子的時間就更少了。他也不知道自己不會再見到繼女與咪咪姑媽了。

*

根據考克斯在數十年後與約翰死後多年的說法，他很害怕洋子在某階段會扣住他們的女兒，並拒絕與她分開，也不讓考克斯見她。他根本無法與藍儂的勢力與財富競爭，於是他們逃之夭夭，不是去紐約，而是逃往德州的休士頓，那是他第二任妻子梅琳達的故鄉。他們在那加入了基督教福音教會。在某種怪異的巧合下，十七歲的梅瑞迪絲．漢普（Meredith Hamp）也剛加入了該教會；她是格拉納達電視台老闆強尼．漢普的女兒，他就是在六〇年代初期最早給披頭四電視曝光機會的人。

很少出現這麼悲傷的故事，而之前也從未有人知曉這項事件。

只有強尼能喊她「梅瑞」這個綽號；她記得自己曾多次陪父親去格拉納達攝影棚，並碰到明星們的各種細節。她喜歡克里夫．理查和影子樂團與赫里斯合唱團（The Hollies），但讓她印象最深的則是披頭四。

「對我來說，約翰．藍儂就像《白雪公主》裡的王子。」梅瑞迪絲說，這和她父親的印象相符。「一直到我和他們面對面前，我從未見過彩色的披頭四，只在黑白電視上看過他們，所以我沒準備好發現約翰的髮色居然是華麗的草莓香檳金色。那幾乎像是紅髮，但還沒那麼紅；他的五官立體，外型也很突出。我就此迷上他了。當時我大約十歲，自然也不曉得披頭四有多紅。他們正在演唱一首歌，並表演默劇。接著我們進到審片室中看重播畫面。只有喬治出乎意料地和我說話，其他人沒有注意到我，他們都專心地注視螢幕上的自己。但我無法把目光從約翰身上移開，他讓我留下相當深刻的印象。他簡直鶴立雞群，整個人太俊美了。」

但接著梅瑞迪絲經歷了一場可怕的意外，之後每個人都會注意到她。童年時期的她，擁有雙眼一點零的良好視力。在她十二歲生日的兩週前，她正在新的中學裡度過第一年，但一場科學實驗在她面前引起了爆炸。她說，當地醫院的醫生說從第二次世界大戰後，就沒看過像她這樣的灼傷了：「……也從沒在孩子身上看過這種重傷。完全沒人能認得我。我之後被送到巴塞隆納與休士頓進行手術。在十三歲到十五歲之間，我接受過四十場手術。每次手術後，我的視力就會短暫復原，然後再度惡化。最後，完全消失了。為了美觀，我移除了眼睛剩餘的部分。

之後，我從流行樂歌手那得到很多禮物。赫里斯合唱團送了我一個巨大的填充布偶。我從沃克兄弟（Walker Brothers）那拿到一張簽名照。露露來醫院探望我，還有吉米．薩維爾（Jimmy Savile）和彼得．努恩（Peter Noone）；但我媽媽把努恩趕了出去，因為他在抽菸。披頭四完全沒有表示，但當時是他們的事業高峰期，所以我並不訝異。他們很忙，不過喬治有在我生日時打電話給我一次。我繼續追著他們的音樂，也同樣熱愛約翰。」

她怎麼會同時和東尼與梅琳達．考克斯待在同一間休士頓教會中？

「生命中充滿驚喜。」這位英國心理諮商與治療協會的心理諮商師目前六十歲，她與父親和我在斯托克波特邊吃晚餐時邊回憶過去。「有時會出現連結。我身上總會發生古怪又特別的事。當我們搬到這裡時，」她指得是為了強尼的工作，而從倫敦搬到英格蘭北部。「我們住在米爾佛頓旅店，當時那是家私人旅館。身兼作家與劇作家的沃爾夫．曼科維茨（Wolf Mankowitz）當時也待在那裡。裡頭也有對不尋常的人：一個美裔白人和一個日本女人。他們是夫妻。他們的嬰兒車裡有個嬰兒，我也常和她玩，她很可愛。但之後我就發生了意外。」

她後來沒有再回到學校。她的個人損傷賠償金是八萬八千兩百八十四萬英鎊，這是有史以來女性領過的最高補恤金額。在那之後，她就完全活在黑暗中。

「十七歲時，我回到德州的休士頓，在接受治療的同時，也參加了基督教福音教會，裡頭充滿了嬉皮風格。我在那裡彈吉他，並與其中一名音樂家的妻子相處得很好。她把我介紹給這對態度良好的夫妻：東尼與梅琳達。他們正在靈性的道路上尋找答案，而他們待在休士頓的原因，是因為梅琳達的父母住在那。

『我在尋找一個教會家園。』東尼對我說。

『很高興認識你。』我說。

他們有個大約七歲的小女兒，名叫蘿絲瑪莉。我非常喜歡她。他們邀我去他們家用餐，我也在那吃了第一頓真正的全素餐。我和蘿絲瑪莉變得非常熟，但我當然不曉得她的長相了。她忽然決定想受洗。『我在英格蘭有位非常可愛的教母。』我告訴她。於是他們請我擔任蘿絲瑪莉的教母。『我們在福音教會中沒有這種職位。』我說。但他們堅持如此，我也同意了。隔週我參與了儀式，那是個完整的受洗儀式，我把我的教母送我的搪瓷與銀製心型飾品送給她當禮物。」

幾週後，某天東尼突然打電話給她。「我們得離開一陣子。」他說。「我們可以讓蘿絲瑪莉借住在你家嗎？」

「我說當然了。照顧她一點都不麻煩，她很乖巧，也喜歡大家。她有一頭美麗又濃密的柔軟頭髮。她會坐在我大腿上，依偎著想要討抱。我有個朋友帶我們去看迪士尼電影《飛天萬能床》（*Bedknobs and Broomsticks*），不過我只能聽聲音而已。之後，蘿絲瑪莉和我回到公寓，最後東尼與梅琳達也來接她。我從不覺得梅琳達不是蘿絲瑪莉的生母，因為他們的相處就像母女，蘿絲瑪莉也對她充滿感情。但不久之後，他們就消失無蹤了。他們沒有把要離開的事告訴我，我也沒機會道別。之後我就再也沒有聽過他們的消息了。」

「蘿絲瑪莉」自然就是洋子的女兒京子。考克斯讓他們幼小的孩子與一名可憐的十七歲盲眼女孩待在一起，儘管對方善良又聽話，但此舉卻顯示出考克斯焦急地不願讓京子的行蹤被發現。梅瑞迪絲照顧她的教女時，並不曉得考克斯一家正在躲避當局與警察，也不知道全世界最有名的夫婦正在追蹤他們。約翰與洋子從未發現考克斯將京子交給一名有殘疾的青少年照顧。考克斯肯定認為不會有人去那裡找她。一九七一年下旬，當一名休士頓法官命令他讓洋子訪視她女兒後，他們並沒有留下來面對現實，反而再度逃亡。「我沒有得到公平的待遇。」他日後困惑地說。

梅瑞迪絲沒理由想到任何麻煩事，她根本不曉得對方與約翰．藍儂有關。她說，在那年紀時，自己不太會追蹤新聞時事，當時很少有青少年會這樣做。她甚至不知道蘿絲瑪莉有著東方臉孔，但她自然看不見對方。但最奇怪的是，梅瑞迪絲曾**看過**她。多年前，當這個可愛小女孩仍是嬰兒時，曾待在位於曼徹斯特的一家私人旅館中……躺在她的真正生母小野洋子懷裡……當時她去拜訪格拉納達電視台的攝影棚，打算將一部電影賣給梅瑞迪絲的父親強尼・漢普。照他的說法，那是一部「關於屁股的電影」。[3]

考克斯一家逃到住在洛杉磯的一位朋友家，對方是另一個教派的成員：真道教會，又稱「真道」，該組織施行對五旬節運動、東方神祕主義與神祕學的「宗教性混合」。梅琳達與東尼加入了教團，一家人則與加州與愛荷華州的信徒住在一起。考克斯成為教團中的長老與半吊子的宣道員。最後，他才發現真相。他日後宣稱教團的創始人約翰・羅伯特・史蒂文斯相信自己是「耶穌基督在凡世間的化身」，也施行催眠和被稱為「前額連結」的心靈控制數。他也指控史蒂文斯曾祈禱過讓吉米・卡特（Jimmy Carter）和羅伯特・甘迺迪（Robert F. Kennedy）等政治人物死亡。當這名領袖在一九八三年過世時，考克斯說他們保留了他的遺體長達八個月，準備好迎接他的復活。他對教團與其教義失去信心，與梅琳達離婚，並在一九七七年離開。他的第二任前妻嫁給了另一個信徒。

但京子的綁架惡夢還沒結束。這時她化名為露絲・荷曼（Ruth Holman）；這些身分改變必然對孩子造成了創傷。她就讀於一間位於北好萊塢的中學。考克斯說當領袖聽說他打算離開時，教團成員們就被派去接送他女兒上下學。他很害怕他們會為了避免讓自己退團而綁架她，因此他提早來到學校，自行接走女兒。他們當下就逃離城裡，遠離他們抗拒的事物，永遠沒有回去。真道後來反駁了他的指控。

京子再度擁有自己的身分。考克斯宣稱她「出淤泥而不染」。儘管洋子在一九七二年三月就得到了扶養權，條件是京子必須在美國接受扶養，這點卻毫無意義。她從來沒有接回京子。考克斯也說藍儂夫婦「幾乎摧毀了他」，那點也是事實。他最後相信洋子已經吃過夠多苦頭了。一切都太遲了，她並非唯一的受害者。因為洋子在痛失愛女後，就無法再與孩童相處，使約翰也失去了朱利安。儘管日後也有奇特的團圓事件，他們的關係卻從未復原到以往的狀況。它無法透過原有的方式發展。在約翰與洋子離開英格蘭，搬到紐約後，藍儂父子就有三年沒見到彼此。接下來的悲慘時期中，朱利安完全接觸不到他父親。京子再也沒見過她的繼父。只有在她變得孑然一身時，才和母親團聚。

考克斯繼續維持著福音教徒的身分，還拍了部關於自己的教團經驗的電影，並在一九八六年發行。這是洋子從約翰死後的一九八〇年十二月時收到他們的慰問電報以來，首次聽到他和女兒的消息。她因此寫了一封令人揪心的公開信給童年遭到竊取的女兒。

「親愛的京子，」她寫道：

「這些年來，我每天都在思念妳。妳總是在我心中。但是，因為我尊重妳的隱私，現在我不會再找尋妳了。我希望妳過得很好。如果妳想和我聯絡，請記得，我非常愛妳，也樂於聽到妳的消息；但如果妳決定不想聯繫我，也不該有罪惡感。妳永遠都有我的尊敬、愛與支持。愛妳的媽咪上。」

*

「我強烈覺得她記得我。」提到目前五十七歲的京子．考克斯時，娘家姓為漢普的梅瑞迪絲．普朗博（Meredith Plumb）說。「我從沒試圖聯絡她，因為參加那類教團的人相當脆弱。如果我有機會再與她見面的話，我會很願意告訴她這件事，因為我認為她會感到驚訝，自己居然是我多年前在米爾佛頓旅店一起玩耍過的孩子，當年我還曾經用自己的雙眼看過她。」

*

在最後一次看到女兒的三十年後，以及約翰被害二十年後，有人在某個紐約的陰天看到小野洋子出現在達科他公寓對面紀念她亡夫的草莓園紀念花園中。洋子坐著，腿上坐了一個有日本臉孔的小女孩。時間奇蹟般地倒轉了嗎？她當然願意花一切代價讓時間回到過去。這名可愛的三歲女孩長得非常像她母親，而她母親就待在附近。嬰兒的名字是愛咪，她是洋子的孫女：也是京子・考克斯的長女。[4]

三十年。在那段期間中，洋子不知道她的孩子是否還活著。她承受著這種強烈的失落感，確實相當可怕。

接著在一九九七年十一月，當京子生下孩子幾週後，有了突破性的進展。京子終於聯絡了她從小就被教育說是惡人的女子。是什麼讓她展開連絡呢？

「我覺得身為人母，卻不讓我母親知道自己還健康地活著，是件不對的事。」慈善工作者京子解釋道，她在科羅拉多州的丹佛與虔誠的基督徒丈夫開創了新生活。一年後，她接受她母親希望見面的邀請。京子與愛咪最後到紐約去見了媽咪與奶奶。

據說藍儂太太數十億的資產有一半都在留給孫女的信託基金中，另一半則會交給洋子與約翰的兒子西恩。那朱利安呢？難道他得被迫控告藍儂家族，以便得到他父親的遺產嗎？據說這件事曾經發生，但他否認。他理應在不需採取法律行動的狀況下，就得到自己應得的遺產。如果是這樣的話，他為什麼沒有行動呢？

〈18〉

鳳儀

藍儂夫婦為何沒有回到英格蘭，返回帝騰赫斯特莊園和他們在該處建立的生活呢？因為他們深信京子還在美國。他們從未放棄找到她的希望。回家代表了放棄奮鬥。別擔心，京子，媽咪只是在找妳……我們都在這裡等妳。他們不想要讓小女兒認為他們已經放棄了一切希望，也不再在乎她了。當她出現時，他們必須留在那等她。

但就算他們想，也無法離開。由於吸毒案引發的爭議，加上他們因自己充滿影響力與媒體吸引力的身分，在投入目的隱晦的事件與極端分子的活動後，得到了鼓吹者與煽動者的名聲；他們也很清楚尼克森政府想除掉約翰。身為充滿顛覆力又經常違法的搖滾巨星，他是最不受政府喜歡的人之一。由於他擁有上千萬名歌迷，這使他擁有危險的強烈影響力。他對抗遣送法案與申請能讓他永久居留在美國的綠卡過程困難重重又漫長，總統與他的爪牙們正虎視眈眈地看著。約翰無法讓他妻子獨自留在美國，也不敢回到老家，因為害怕美國移民官員會不讓他再度入境，因此他留了下來。他在後來的訪談中對此產生了矛盾，一下子宣稱他離開的原因，是因為他受夠了英國和國人對待洋子的態度，下一秒又說他們的紐約行從來就不是永久定居計畫。人都會改變想法，但當你的國際知名度導致你說的每句話都會留下紀錄時，差異就會使後人感到困惑。沒有什麼比陷入兩難更令人難受了。為了要做正確的事，人們經常被迫做出完全相反的行為。洋子對女兒感到的個人悲傷與痛苦，也使約翰毀了與自己兒子的關係。在批判他對朱利安展現的冷酷與無情前，人們得停下腳步，考量當下並沒有勝利者，所有牽扯其中的人都受了傷。哪怕是只有一丁點，每個人的靈魂都受到了摧殘。

*

約翰完全不曉得，一九七一年八月三十一日會是他踏在英國領土上的最後一天。他們在紐約的第一個家，是位於上城區的瑞吉酒店，地址位於東五十五街與第五大道路口。藍儂夫婦將飯店中兩座相互連通又富麗堂皇、附有管家服務的套房作為住處。這並非約翰的風格，不過接受無妨。他們在那裡繼續管理自己的帝國，經營他們對世界和平、錄製歌曲、電影和藝術展覽的計畫。在幾週內，他們就離開擁有阿斯特風格的華麗居所（血腥瑪麗調酒便是在此發明），搬到位於西村的布里克街附近、向別人借用的住處：位於班克街一〇五號上連排別墅中一座風格端莊的半地下室公寓。性手槍（Sex Pistol）的席德．維瑟斯（Sid Vicious）於一九七九年在這條街上死於用藥過度；馬克．諾弗勒（Mark Knopfler）在一九八〇年代晚期也曾在此擁有一棟豪宅。他們的鄰居是約翰．凱吉，他是佩姬．古根漢那名曾一度身無分文、現在卻家財萬貫的作曲家朋友。以及他的男友與合作夥伴，身兼舞者與編舞家的摩斯．康寧漢（Merce Cunningham）。你也許記得，凱吉曾與古根漢在一九五六年前往日本，而二十三歲的洋子則擔任他們的嚮導語翻譯人員；洋子當時讓第一任丈夫一柳惠戴了綠帽，並在古根漢的臥房裡與東尼．考克斯懷上了京子……由於佩姬在場，因此她曉得這點。因為害怕聯邦調查局將他們當成目標，並監聽他們的電話，約翰與洋子為了預防問題，很快就改用凱吉的電話。

這座充滿多重文化的城區中的種族文化、料理和語言所帶來的衝擊，讓約翰大開眼界。從很多層面看來，這裡感覺和老家一樣。約翰在每條破爛的道路和擠滿倉庫的街角上，都認出了利物浦的味道。他在紐約客口中的粗俗言談與對話方式中，聽出了故鄉利物浦的斯高斯口音與黑話。他很快就開始對記者與其他願意聽的人稱讚這座城市的優點與美國生活方式，關於它的悠閒、無限的選擇、輕鬆感與毫無拘束的自由，這使他能像普通人一樣四處漫步與騎單車。他能隨心所欲地生活。

當約翰與洋子的停留簽證在一九七二年二月過期時，他們打算照平常的更新程序走。但是他們接到美國移民暨歸化局的通知[1]，得知兩人的簽證都遭到取消，還收到他們必須在兩週內離境的警告。他們無法在缺乏律師的情況下進行反擊，他們也幸運地找到了里昂．維爾斯（Leon Wildes）：他是個聰明又慎重的律師，專門對抗聯邦政府並挑戰遣送令。接著發生了無止盡的聽證會與延遲行動。一直到當下，約翰都從未打算在美國定居，他只是想要得到能自由來去的許可，並且能隨時入境工作。維爾斯提出建議，要他們申請成為「以特殊藝術才華來強化美國文化生活的人物」，並指引他們減少政治抗議，不要再抱怨尼克森，並專注於他們的反戰與提倡和平的目的；這時他們才萌生了一股想法。約翰、洋子與他們的隨扈明白自己受到監視，電話線也遭到監聽，他們有好一陣子都知道自己遭到跟蹤。英國的秘密情報局ＭＩ５現在也加入戰局，提出約翰支持臨時愛爾蘭共和軍與塔利克．阿里的《紅地鼠報》（*Red Mole*）等「革命性」刊物的證據，他贊助這類組織，並分享他的意見。約翰只做了些微讓步，繼續在訪談中進行犀利的批判，並吸引了數百萬名觀眾。他和洋子繼續製作帶有煽動性的音樂，像是〈血腥星期天〉（*Sunday Bloody Sunday*）、〈愛爾蘭人的運氣〉（*The Luck of the Irish*），以及出自洋子口號的女性主義單曲：〈女人是世界的黑鬼〉（*Woman Is the Nigger of the World*）；這首歌自然在美國遭到禁播。

受到巨大公眾審視與私人壓力的兩個人處在局勢的中心，並英勇地盡力而為。在與兒女分離、並且不再確定自己能相信誰後，他們把五年來大部分的時光都奉獻給彼此。這件事對約翰來說相當奇特，也牴觸了他身為披頭四成員的經驗。在那之前，他的人生中從未有女人全天候待在自己身邊。身為已婚的父親，他享受過自由且毫無牽掛的單身時光。他多年來仰賴的老夥伴彼特·修頓與尼爾·阿斯皮納爾都遠在三千五百英哩外，無法日以繼夜地隨時聽從他的使喚。他的咪咪姑媽現在成了電話另一頭一週會聽到一次的嗓音；之前約翰經常前往她位於多賽特郡的沙洲半島上的平房休息充電，讓自己浸淫在童年時期的單人床與煎蛋和薯條❶中。

或許最顯著的一點，就是他想念沒有拉鍊的性愛。[2]與辛西亞交往時，他在欲望勃發時都能滿足自己狂熱的性欲，也能找到不需要他付出愛情的女孩們。現在，他只有洋子能滿足自己的肉欲需求。照他妻子的評估看來，她永遠稱不上性欲強烈。約翰對於他們的床事感到相當無聊。而一切問題的癥結出現在尼克森連任美國總統的當晚，約翰與洋子參加了一場派對，約翰抵達時看起來相當疲憊。他一脫掉大衣，就瞥見了一個獨自坐著的女人。他直直走向她，將對方拉起身，並帶她走進相連的房內，裡頭掛了一堆訪客的大衣。接下來，整個派對的賓客都不安地注意到約翰與那女人在房內的行徑。震驚得無法動彈的洋子面色如土，一動也不動地坐在原處。沒人敢進去拿大衣。儘管她宣稱自己不為所動，但這丟人的經驗卻成了轉捩點，並種下疑慮的種子，也在未來引發出乎預料的下一步。

❶ 譯注：煎蛋和薯條為英國常見的菜餚。

但首先是固定計畫。由於急於讓外界更難與自己接觸，並增強自己的人身安全，藍儂夫婦開始找尋屬於自己的公寓。位於中央公園上西城那座令人毛骨悚然的哥德式達科他公寓吸引了他們的注意。這座要塞般的建築是富裕名人的避難所，也有居民委員會能審查房屋購買人。裡頭肯定有人會反對讓這對夫婦入住，但他們卻排除萬難得到了許可；一開始他們買下了擁有四間臥房的華美七樓，能夠俯瞰公園的壯麗景觀，之後他們很快就又買下了有另外四間豪華房間的公寓。他們找了位靈媒來為前任屋主舉行降靈會。誰不會這樣做呢？他們拆除了內部裝潢，將牆壁漆成白色，並擺入舒適的家具與養了貓。有點太早了嗎？約翰還沒脫離險境呢。美國移民暨歸化局還緊咬他的案件不放，但他們還有希望。

不過他們短暫的婚姻就沒這麼幸運了。洋子一頭栽進了問題中。他們的年齡差異在此時變得相當明顯。約翰才三十三歲，洋子則即將年滿四十歲：對任何女人而言，這都是脆弱的年紀。無論多有自信，都會害怕失去吸引力與即將到來的停經。無論對自己的女性魅力感到有多驕傲，都會焦慮於無法控制自己的男人。她相當反對兩人繼續因習慣而維持交往關係，就只因為他們結婚了。他們寧可分開，也不要承受毫無性愛又行屍走肉的婚姻所帶來的羞辱。約翰明顯需要空間，他渴求情愛，需要大量的情感。與其背著她出外泡妞，就像他在小辛背後做的一樣，夫妻雙方都同意他不能發懶，該去自由找尋婚外床伴。這不尋常嗎？上百萬對夫婦明顯都會這樣做。他們只是不會把行為細節與親友分享，更別提告知地球上的所有人了。就如同約翰沒有與洋子一同創作音樂：他的下一張專輯《心靈遊戲》（*Mind Games*）並非典型的約翰與洋子作品，也不存在史佩克特的一絲影響，儘管其中的歌曲也會尊重他與妻子的關係，但該專輯仍是完全獨立的創作；他也會擁有獨立的性生活。他揮之不去的心中癢痛得到了解藥：你猜怎麼著，找出辦法的人居然是洋子。她規定，約翰必須待在洛杉磯，他可以在那裡滿足精蟲上腦的欲望，而不使至高無上的她受辱。他需要有個能看顧他和牽他的手等等的人。為了這點，藍儂太太選了龐鳳儀。

＊

龐鳳儀至今仍堅稱她和約翰深愛彼此。她說在他們互動的早期，約翰從未將她視為潛在的戀愛對象，當時藍儂夫婦還沒搬到美國。她一直以幹練女助理的身分協助拍攝影片、錄歌和舉辦藝術展覽，愉快地接下他們交辦的任務。她是中國移民生下的二十二歲女兒，也是虔誠的天主教徒。她美麗、個性善良活潑、充滿靈感和智慧。她有一頭留到腰際的亮麗黑髮，也總是低調地避開麻煩。讓她成為約翰小老婆的提議讓她感到震驚，尤其是這個主意來自約翰充滿控制欲又黏人的老婆。

每個人都喜歡鳳儀。她聽自己母親的話，也總是會主動幫助他人。而她做出最正確的行為，就是在與約翰搭飛機去紐約的那天遲到；因為約翰向質問他的諸多媒體記者堅持，自己的婚姻沒有問題，他和洋子依然在一起。鳳儀先是和他搬入了借來的西好萊塢公寓中，接著和他搬到不同地點，充滿耐心地打包他的行李，處理必要事宜。她還要忍受約翰與洋子無止盡的電話聯繫，因為他從沒像此時一樣這麼需要洋子；他像是不斷懇求著母親讓自己回家。有時候，他們一天內會講上二十通以上的電話。鳳儀咬緊牙關，露出微笑，並承受這一切，咬緊牙根繼續擔任約翰的情人、靈感來源、合作夥伴、跑腿小妹、保姆和應付事情的理由。她說，約翰宣稱自己對她抱持永不磨滅的愛意。如果他真的說過這種話，可能當下確實懷有真心誠意，不過總得懷疑他是否是曾在清醒狀態下講出這類空洞的話。因為約翰也一再甩掉她，讓啜泣的鳳儀必須獨自平復傷痛。她得接受約翰與其他搗蛋鬼狂歡，像是林哥、哈利．尼爾森（Harry Nilsson）、克勞斯．弗爾曼與凱思．穆恩。她陪著約翰喝得酩酊大醉。在遊唱詩人夜總會那惡名昭彰的一晚，約翰在前額上貼了衛生棉，登上各大報刊頭版，她也得收拾殘局。當約翰散發惡意時，她得視若無睹，並忍受他的凌虐、為他處理善後和清掉他的嘔吐物。重要的是，等洋子一不在，她便鼓勵約翰重建與朱利安的關係；他已經有三年沒見朱利安了，在這之間也只和兒子連絡過一兩次，對方現在已經十一歲了。鳳儀安排他們去接朱利安和他母親，母子倆則搭船來到紐約；她也想辦法延長了母子倆的居留時間，讓他們能花點時間跟約翰待在洛杉磯。她相當寵愛朱利安，也和辛西亞成為朋友。她的言行相當恰當，她能分辨渴望、需求與欲望的差別，也毫無抱怨地提供了一切。

鳳儀說服自己相信約翰就是她的真命天子。她記得他們共處的十四個月（有些人說十八個月）中，大多時間都很快樂。她告訴我說，他們曾打算在長島買棟房子。她說在約翰與洋子重聚後，依然一再回到自己身邊，不過都瞞著洋子。她後來出版了一本書：《愛上約翰》（*Loving John*）；書中提到他稱為「迷失的週末」的時期，以及自己在當時扮演的角色。當我們在二〇一九年碰面時，她對那本書的風格與內容感到後悔，也透露說出版商在書中加油添醋，以便「造成影響」，內容也並沒有呈現出她的本意。若是現在，她會做出不同的行為。他們的關係看起來彷彿是轟轟烈烈的愛情，我的直覺卻認為鳳儀受到利用。對許多在當下目睹他們的人而言，她只是兼任炮友的私人助理，還只是偶爾出現的炮友。她在交往期間沒有得到薪水；她沒有自己的住處，最後也被甩掉，還丟了工作，不再被約翰需要。她沒有得到對自己花掉的時間與奉獻所做出的任何補償。我很喜歡她，一想到她受到這樣的對待，就讓我覺得難過。

鳳儀快要七十歲了。她後來和唱片製作人東尼・維斯康帝（Tony Visconti）離了婚，現在是兩個成年孩子的母親。她努力對抗財務困境，也充滿悔恨。

「妳一開始怎麼會同意洋子的提議？」我在午餐時問她。她聳聳肩。

「我沒辦法拒絕他。」她淺淺一笑。「沒人拒絕得了。再說，他需要我。全心需要。」

＊

他需要洋子。天之驕子需要母親。冷靜下來，約翰，等一下。還不行。我們將焦點轉回紐約，老天啊，他還跟鳳儀待在一起。在處理約翰對抗美國移民暨歸化局的案件時，里昂・維爾斯加快了處理速度，甚至開始想像找尼克森出庭當證人。他最好辦得到這種事。但接著恰好發生了水門案❷，導致藍儂的死敵黯然下台；在同個月內（一九七四年八月），約翰的案子就被送到美國上訴法院。

約翰與鳳儀從華麗的皮耶飯店，搬到位於東五十二街四百三十四號的薩頓飯店中「南門」公寓大樓中的小型閣樓「高塔」。這座裝潢完美的公寓的廚房窗戶讓他們能看見整座屋頂，他們也曾在此處宣稱看見了幽浮。約翰在他下一張專輯《牆與橋》（*Walls and Bridges*）的內頁說明和歌

❷譯注：一九七〇年發生的美國政治醜聞。當時的總統尼克森因貪汙與在白宮安裝竊聽系統而下台。

曲〈沒人告訴我〉（*Nobody Told Me*）中提及了這件事：「紐約上空有幽浮／我不太訝異」。鳳儀認為同一個飛碟曾出現在四百個目擊事件中，而所有描述也都符合該飛行物。曾有人宣稱約翰對疑似飛碟的物體大喊，希望它能帶走自己，但鳳儀卻說出了相反的故事：「他沒有對飛碟大叫。他後來說自己希望它能帶我們走。」他們倆舒適地待在可愛的閣樓中，和好友米克與碧昂卡．傑格（Bianca Jagger）、「保羅與琳達」玩耍。那些關於保羅與約翰完全決裂的「獨家新聞」毫無可信度可言。沒時間爭吵打架了，我的朋友。他們當然曾在音樂上和彼此爭吵，也讓歌迷們流了一身冷汗。保羅在《狂野生命》（*Wild Life*）專輯中悲傷的〈親愛的朋友〉（*Dead Friend*）便悲傷得使人難以聆聽。他用《公羊》（*Ram*）專輯中的〈三條腿〉（*3 Legs*）蓄意攻擊了其他披頭四成員，而同張專輯中的〈太多人〉（*Too Many People*）則用這段歌詞重創了「約翰與洋子」：「那是你的第一個錯／你把你的幸運符折成兩半。」約翰的反擊更為殘酷。在《約翰．藍儂／塑膠小野樂團》裡強烈又淒美的歌曲〈上帝〉中，他不只背棄了披頭四，還捨棄了所有宗教與偶像，明確表示除了他和洋子以外，其他的一切都不重要。《想像》專輯中的〈你如何入睡？〉則是他對保羅所做出最惡毒的攻擊：「你唯一的成就便是**昨日**／既然你離開了，就成了**尋常的一日**」。更糟的是：「當那些怪胎說你死了時，一點都沒說錯」——這句歌詞影射了在一九六九年開始流傳的「保羅已死」的謠言，起因於他沒穿鞋子就穿過艾比路斑馬線。根據某些媒體報導，因為約翰與保羅現在對彼此感到極度作噁，他們再也無法忍受共處一室。好笑的是，他們才剛一起擠在洛杉磯一處錄音室中。朱利安又來和爸爸住，這次媽媽沒有來。他們一同擠在小公寓中，鳳儀充滿愛心地餵飽並照顧他，讓他籠罩在母愛的關懷下。約翰與朱利安終於有共通點了：吉他。朱利安在老家時上過吉他課。來，試試**這個**和弦。

*

一九七四年九月十四日星期六，《旋律製造者》雜誌的克里斯．查爾斯沃思（Chris Charlesworth）前往靠近紐約中央車站准將飯店[3]參加披頭四慶典：這是世上第一個披頭四歌迷盛會。

「假謠言相傳變裝的約翰出現在那裡。」查爾斯沃思說。「鳳儀獨自前來，身上帶了大筆現金來買有趣的紀念品。她拍了我一下，並詢問我該買什麼。我建議她把約翰的錢花在盜版唱片、一些商品和披頭四於一九六〇年在漢堡時拍的舊照片上。」相片中有張尤根．沃爾瑪拍的肖像照，後來則成了引發爭議的專輯封面。

「對我而言，這是約翰的傑作。」李歐．賽耶（Leo Sayer）宣稱。「每個月我都會播放一次這張驚人的專輯，就為了提醒自己該如何演奏流行樂，以及它聽起來應有的效果。」

約翰對他在洛杉磯錄製的許多歌曲與諸多廣受喜愛的單純作品遭受到的一連串法律問題感到厭煩，這些歌曲收錄在一九七五年的《搖滾樂》（*Rock'n'Roll*）專輯中；此時他開始編寫《牆與橋》。它的主題是獻給妻子的讚美歌。專輯內最動人的曲目是〈第九號夢境〉（*9 Dream*），這首歌在今天聽起來比當年好上上千倍。世上有憑空出現的魔法嗎？好好傾聽吧。我總是聽不厭這首歌，不過有時候聽起來太痛苦了。裡頭有鳳儀的嗓音悄聲喊著他的名字，不是因為約翰「說服」她錄下一般會由洋子負責的部分，而是因為預定當天出現的女歌手沒有來。一向聽話的鳳儀接下了麥克風。這個說法來自大衛・索納（David Thoener），他是其中一名在錄音時在場的工程師。〈驚喜呀驚喜（甜美的矛盾之鳥）〉（*Surprise Surprise*〔*Sweet Bird of Paradox*〕）與〈安眠即可〉中傳出了他們的朋友艾爾頓・強的聲樂與鋼琴樂。沒關係，沒關係。後者成為了約翰在美國第一張得到排行榜冠軍的單飛專輯。它成功地打破了約翰的紀錄，使他不再是唯一一個從未作出奪冠單飛作品的前任披頭四成員，也讓約翰被迫接受一項口頭協議：如果這張專輯成為排行榜冠軍，他就得在麥迪遜廣場花園和火箭人❸同台登場，在現場演唱這首專輯。[4]

「我只見過約翰一次。」保羅・甘巴奇尼說，一面回想起他們倆差點一同被殺的某個夜晚。「當時是一九七四年。他到波士頓花園見艾爾頓，讓他能在去紐約表演前先了解一下場地的設計。在艾爾頓的表演結束後，我們搭上了一台私人飛機。當時出現了一陣暴風，可能是該季節提早出現的暴風雪。航程非常搖晃。我們上上下下地搖晃，機上有幾個人開始感到害怕，包括琪琪・蒂（Kiki Dee）。康妮・帕帕斯（Connie Pappas）是艾爾頓的經紀人約翰・里德的美國代表，她坐在我旁邊，也對這情況感到相當不安。我說：『康妮，**放輕鬆**。從來沒發生過知名度這麼高的墜機事件。巴迪・霍利的墜機會相形見絀。約翰・藍儂和艾爾頓・強在同一台飛機上：這種事不可能發生。』」

表演在感恩節當晚舉行，那天是十一月二十八日，當時約翰正在後台幫艾爾頓的吉他手戴維・強史東（Davey Johnstone）調整他的黑色芬達 Telecaster 電吉他，艾爾頓則神秘兮兮地對保羅

❸ 譯注：Rocketman，艾爾頓・強因同名歌曲得到的綽號。

說：「第三首歌。」

「**啊**？他是什麼意思？我坐在觀眾席中；我有後台通行證，所以能來去自如。艾爾頓則介紹約翰・藍儂出場。你知道當下的反應，這些都被記錄下來了。如果建築頂端能被觀眾發出的能量波移平的話，麥迪遜廣場花園就沒有屋頂了。他一說：『**約翰・藍儂！**』……轟轟轟！我這輩子**從來沒有**體驗過這種感覺。觀眾對約翰情感與熱愛簡直令人難以置信，沒人曉得這種事會發生。

我們為此製作了半小時的廣播節目，在BBC重播台上播出，節目名稱叫《一夜獨秀》（*One Night Only*），那集叫做『當約翰遇見約翰』❹。節目中含有一句我們原本該讓廣播四台高層評估的台詞。戴維・強史東記得約翰・藍儂相當緊張，眾人也同意這點。約翰說：『我在這時候通常都會搞些馬子。』呃……他說的是節目前的**性愛**。那位高層說：『在這情況下，BBC廣播四台可以播出『馬子』這字眼。』」

作為錄製上的回報，約翰出現在艾爾頓的《露西帶著鑽石在天空飛》專輯封面上，該專輯錄製於科羅拉多州的馴鹿錄音室，錄音室則位於落磯山脈高處。

「艾爾頓想做首翻唱曲，以及一首只發行一次的非專輯式單曲，而他也將選擇縮減到兩首歌：〈露西〉和文學體合唱團（The Stylistics）的〈搖滾寶貝〉（*Rockin' Roll Baby*）。」甘巴奇尼回憶道。「但〈搖滾寶貝〉中有句關於矯正鞋的歌詞。艾爾頓不太想唱關於矯正鞋的歌，所以自

❹ 譯注：John Met John，約翰為艾爾頓・「強」的音譯。

然得選〈露西〉。約翰在專輯裡以溫斯頓·歐布吉❺身分彈了吉他。他們倆打算演奏那首歌與〈安眠即可〉，這兩首都是冠軍單曲。接著是艾爾頓對我強調的**第三首歌**。那首歌是〈我看見她佇立在那〉。」

藍儂當晚對那首歌的介紹如下：「我們嘗試想出一首結尾曲，這樣我才能趕快離開並大吐一場；於是我們認為該唱首我以前一位分手老友的歌，他叫保羅。我從沒唱過這首歌。這是首披頭四老歌，我們做出了選擇。」

約翰日後堅稱不曉得他妻子也在觀眾群中，這種虛偽的話真令人感到困惑。因為他負責處理票務事宜；她派了個跑腿小弟去更衣間送祝福紙條，與給艾爾頓和約翰在台上戴的白梔子花。「她後來到後台來，」約翰說，「當我們看見彼此時，你知道，像電影中那種時間暫時停止的橋段。接著一片靜默。一切都安靜了下來，我們也只注視著彼此。」

他們真的有這樣做嗎？儘管有他的說詞，但他們在那晚的演唱會後就此重聚一事，也只可能是後來才浮現的浪漫想法。因為約翰和鳳儀迅速趕去在皮耶飯店舉辦的會後派對，並告訴守候已久的記者們：「那很好玩，但我不想靠這種事維生。」[5] 洋子無聲無息地回了家。她和約翰還要過三個月才會團聚。

人們經常說，約翰悲劇性地不曉得自己剛結束了人生最後一場演出。那不正是重新揚起的披頭四狂熱與昔日時光的重演嗎？來，給他們最多二十分鐘，讓他們驚訝，讓他們興奮，訓練他

❺ 譯注：Winston O'Boogie，藍儂的化名。

們，讓他們渴求更多。在廣場花園與艾爾頓同台的那段使他垂頭喪氣的時間中，他再度感受到了現場觀眾的熱愛，與做出自己最喜歡的事所感到的快樂，以及在漢堡受到奴役並呻吟的上千個憂鬱時數的成果。想像這一切都在他備受壓抑的心靈中以高速倒帶播放。這時他漫不經心地注意麥卡尼的舉動，對方環繞世界，製作出了暢銷金曲，做出並得到**約翰**想要的事物，當上了身兼**厲害的前披頭四團員**、還擁有自己樂團的獨立歌手，並重新巡迴演出，不受披頭四身分侷限約束。當個搖滾歌手，和恰如其分的音樂家。多虧了艾爾頓，約翰得到機會能重溫這種感覺，他的雙耳依然因歡呼聲而嗡嗡作響，並在隨後的幾週內發疼。獻上我所有的愛，約翰寶貝。我所有的愛。感覺**還在**！也許永遠都會存在。我們不該為了確認而再試試嗎？

造成軒然大波的謠言甚囂直上，包括復出、世界巡迴演出、披頭四重聚與搭上伊莉莎白女王二世號凱旋回到英格蘭巡迴表演、重新開始一切；這正是大眾多年來渴求的一切。約翰清楚自己已經結束了。失落的週末成了負擔。那股最後的歡呼榨乾了他。就在此時，他放棄了瘋狂的舉動、毒品、女色與酒精。約翰重新面對了自己深愛的重要事物。約翰是受到遺棄的孩子、不明事理的過氣份子、毫不在乎一切的丈夫、憂鬱的披頭四成員、卑鄙的小人、疲憊的激進份子，也是不須再證明自己的流行樂專家。那為什麼要繼續證明自己呢？他乾脆證明**麵包**存在好了。鳳儀？忘了**她**吧，這一直都與她無關。

時間剩下不多了。約翰很快就會讓世界相信自己背棄了音樂，並將自己埋入枕頭的溫柔鄉中。世人屏息以待。他何時才會復出？

〈19〉

復活

我們只能猜測，約翰的家庭主夫生活究竟是否屬實，或只是心理上的迷失。我認為他同時經歷了兩者，還加上其他壓力與心事。對上百萬名愛上他令人困惑的新身分（回到正途的丈夫、父親與一家之主）的人而言，有許多人看穿了他的把戲，見到了那僵硬又無助的生物，而他已放棄爭取自己急需的休息時間。總有一天，奉承者與走狗們會背著他洩漏所有秘密；有些人告訴了綽號「刺客」的艾伯特・高德曼（Albert Goldman）❶，其他人則將一切寫在自己的書中。我們可以選擇自己想相信的事物，但得保持謹慎。每個故事都有三種層面：男女角度與真相。當我們往黑暗面挖得越深，就越靠近相反的白色面。沒有任何人事物會被完整暴露在聚光燈下。

鳳儀到今天還堅稱，洋子這名「黑寡婦」沾沾自喜於允諾能用對自己有效的魔法，幫助約翰脫離尼古丁癮頭。她對約翰施了法？讓他變得無法動彈？洋子說是約翰急於回到**她**身邊，對此施加壓力的人也是約翰。他不斷追著她，直到洋子逮住他……最後，雙方都屈服了。再會了，蜉蝣小姐❷。[1]

一九七五年三月一日，藍儂夫婦在第十七屆年度葛萊美獎上公開宣布復合，典禮在紐約的烏里斯劇院舉行。那真是個古怪的場合。約翰不只是受獎人，還是頒獎人。他與保羅・賽門（Paul Simon）上台念出提名名單並宣布年度製作獎得主時，狀況陷入一片混亂；當時賽門轉為敵人的前任夥伴亞特・葛芬柯（Art Garfunkel）上前為了歌曲〈我真心愛你〉（*I Honestly Love You*）代表奧

❶ 譯注：高德曼曾寫過關於約翰・藍儂的傳記，並指稱小野洋子掌控了藍儂的生活。

❷ 譯注：原文為 Mayfly（蜉蝣），此處為對龐鳳儀的英文名字 May 所做出的雙關語。

莉薇亞．紐頓－強和她的經紀人約翰．法拉爾（John Farrar）受獎。這座獎是針對亞特而頒發的嗎？沒人因此嚇得腿軟，但台上的氛圍已明顯降到冰點。約翰無法抗拒不對這兩位在七〇年代創造了《惡水上的大橋》（*Bridge Over Troubled Water*）專輯、並拆夥五年的搭檔開玩笑，就對受獎人說：「你們要復合了嗎？」對方則像條響尾蛇般迅速回應這名前披頭四成員：「那**你們**要復合了嗎？」

約翰與洋子這一對伴侶看起來非常古怪，卻又相當適合彼此。她穿著貼身的鸛毛邊白色長袍，厚重的長髮和鳳儀一樣延伸到臀際，表情平靜又散發生命力；約翰則打扮時髦，混合了狄更斯時代的會計與法國圖書館員的穿著風格，他穿著黑色天鵝絨長禮服，頭戴貝雷帽，脖子上纏著白色絲質圍巾，腳上穿著歷經風霜的皮革摩托車靴，翻領上則別了一只閃爍的「貓王」字樣別針，以及一朵白色梔子花。典禮後，他和得獎者與賓客們待在一塊：馬文．漢立許（Marvin Hamlisch）、史提夫．汪達（Stevie Wonder）、蘿貝塔．弗萊克（Roberta Flack）、「保羅與琳達」。後者為了麥卡尼與羽翼合唱團的大作《樂團上路》（*Band on the Run*）前來接受獎項，這張專輯贏得了最佳流行演唱專輯獎，而他們的前披頭四技師傑夫．艾莫瑞克（Geoff Emerick）也因該專輯而獲頒最佳專輯策畫獎。但約翰與洋子只將注意力放在彼此身上。

這是真的嗎？有幾張在紅地毯上拍下的照片，顯示約翰背著洋子對某個俊美的對象調情。那位使約翰著迷、並抓著手提包的對象打扮得相當中性，面如死灰又神色憔悴，身上配戴著白色領帶和紳士帽，線條銳利的顴骨彷彿能切開煤塊。猜得沒錯，那人正是大衛．鮑伊。

*

一起來。約翰與洋子放下了兩人的歧見，並在自家中舉行的私人燭光儀式中重拾兩人的婚姻誓言。他們也到達科他州度蜜月。轉眼一瞬，這名四十二歲的母親懷上了孩子，三十四歲的父親大喜若狂。由於她較長的年紀（這種生兒育女的年紀在現代相對正常，但當時並非如此），加上她悲傷的流產史，洋子被迫慢下腳步，讓自己休息，並讓約翰掌握她生活中的一切。他溫柔地處理各種事務，行動充滿耐心與愛心，辛西亞和朱利安可能會為此跳腳。這次懷孕維繫了太多要素：不只是為了所有沒出生的小野・藍儂寶寶，也為了他們永遠失去的孩子們。因為在約翰與洋子重修舊好後，便破壞了與朱利安建立父子關係的機會。之後，他們只再碰過幾次面。朱利安在佛羅里達見了他父親最後一面，當時他十六歲。京子依然無聲無息。

*

讓故事繼續吧。接著約翰回到廚房和臥室中，擔任了多年的家庭主夫。備受麻煩的《搖滾樂》專輯終於上市，以及他幫鮑伊在那年一月製作的單曲〈名氣〉（*Fame*）：這個是令人開心的意外，當時的錄音室問題導致進度停滯不前；一連串湊巧的即興演出產生了自己的生命力，並凝固成完整的歌曲，就像幾年後大衛與皇后樂團在瑞士高山的空氣中寫出的〈壓力之下〉（*Under Pressure*）。〈名氣〉出現在大衛為新專輯《年輕美國人》（*Young Americans*）翻唱披頭四的〈穿越宇宙〉（*Across the Universe*）時。裡頭也收錄了卡洛斯・阿洛瑪（Carlos Alomar）的合聲，以及一位名叫厄爾．史利克（Earl Slick）的凶悍年輕吉他手的演奏。

鮑伊仰慕藍儂一事並非秘密，他經常提起此事。這位前披頭四團員加入了他的享樂小圈圈。鮑伊告訴我，他們在約翰迷失的週末中在洛杉磯見面。當我在紐約擔任音樂記者時，經常與大衛吃午餐，當時他還沒跟伊曼結婚。他把位於馬斯蒂克島島上的房子借給我，讓我在那寫我第一本關於佛萊迪．墨裘瑞（Freddie Mercury）的傳記初稿。根據大衛的說法，瘋狂的兩人出去玩耍，當時約翰又疏遠了鳳儀，並遠離洋子。他們玩著變換性別的遊戲，約翰也再度展現了他「內心的娘炮」。真是胡說八道。他們之後「搞上了」：「我們之間有個蕩婦，但並非我們倆。」大衛露出狡猾的笑容。「在過程中某個階段，她就離開了。我想對方是女性。不過我們並不在乎。」等他們回到紐約後，這對性別曖昧的伴侶成了「一輩子的朋友」。

當時是七〇年代。這是搖滾樂，你懂嗎？鮑伊也和傑格交往過，記得嗎？這不是大事。但〈名氣〉可就大了。這張單曲讓大衛首次奪得美國排行榜冠軍。老實說，他對自己無法獨力完成這作品，還得靠藍儂才能奪冠而感到心煩。

約翰在那年十月終於在與美國移民暨歸化局抗辯的案子中勝訴。他為居留權打了四年的官司終於成功，再也不用無止盡地申請暫時許可，也不用躲避會因遠離美國領空、而打壞他重新入境計畫的航班了。不過，當對日戰爭勝利紀念日到來時，就沒時間慶祝了。在約翰三十五歲生日當天，藍儂夫婦待在醫院中，等待他們的新生兒來到世界上。在困難又危機重重的剖腹產後，他們的兒子出生了：西恩．太郎．藍儂（Sean Taro Lennon）。西恩代表約翰的愛爾蘭蓋爾族系，太郎在日語中則意指「長子」。他們有想過，這種命名方式對朱利安會有什麼影響嗎？為同父異母的弟弟取名的簡單行為，讓約翰真正的長子明白了自己在現實中的地位。

*

許多資料都記載過，約翰與ＥＭＩ和國會唱片的錄歌合約在一九七六年二月到期；缺少能作為骨幹的品牌，才是讓他從音樂界退休，並轉入居家生活的真正原因。但這可能出自下意識的決定，在十四個月前，也就是一九七四年十一月和艾爾頓表演完後，就已經萌生。懷裡抱著他寶貝的新生兒後，至少對外界而言，他已經罷工了。他對音樂完全失去興趣。除了無助的嬰兒發出的呼吸聲與呼嚕聲外，他不想聽其他聲音，即便是西恩在凌晨發出的哭嚎聲，聽起來也宛如美妙樂曲。他全然投入父親的角色中，成為他從未扮演過的盡責父親，而他早該為朱利安擔任這種角色。他在二十幾歲初期還沒有準備好，但他現在準備好了。約翰為西恩做的所有事，都使自己感到圓滿：對他的孩子唱歌時，他覺得有人對他唱歌；唸書給孩子聽時，他覺得有人對他唸書；幫孩子洗澡時，他感到自己變得乾淨；付出時，他反而受益良多；照顧孩子時，他得到了看顧；在無條件付出愛時，他終於理解了愛的真諦。他卸下了自身令人同情的童年帶來的包袱。約翰感到重獲新生。儘管他確實親自烤了麵包，並在為他人烹飪食物時感到巨大的喜悅，他也沒有成為全職廚師。不再製作音樂那件事呢？真真假假。他從未真正停止寫歌，因為那一直是他主要的溝通方式。他把獨白、古怪的歌聲和各種實驗性的聲響全都錄進卡帶中，並總是打算設立自己的錄音室，才能讓他好好錄製歌曲。他只希望自己能搞清楚要如何下手。或者要他有心情做這件事。

「我不相信他會完全放棄事業，並變成家庭主夫。」麥可．華茲思考道，他在七〇年代時與在紐約的藍儂夫婦相當熟稔。

「我相信他確實做過一些家事，譬如烤麵包和換尿布之類的。但我想，其實是他失去了某種動力。也許他太過開心又滿足了；也許他和大多數藝術家一樣，需要不安定且心煩的生活，才有辦法進行創作。肯定的是，他缺少了做為披頭四成員時的動力。我敢打賭，這一定讓他十分火大。他目睹了麥卡尼在全球進行演出，成了極度知名的人物，還在沒有約翰參與的狀況下代表了披頭四，這肯定使他感到極度惱怒。這是最基本的狀況，因此他們的競爭大戰持續延燒。」

回頭看看一九八〇年，當他接受《花花公子》雜誌（*Playboy*）的採訪時，約翰依然在吹捧他的家庭主夫時期。「我烤了麵包和照顧寶寶。」他重複說道。記者面露懷疑，認為這期間的約翰肯定在達科他的地牢中進行秘密計畫。

「你在開玩笑嗎？」約翰嘲諷道。「所有家庭主婦都曉得，做麵包和照顧寶寶是全職工作。當我做好麵包後，就覺得自己征服了某種東西。當我看著麵包被吃掉時，我就想，老天呀，我不是該拿張獎牌或接受爵位嗎？」

他為何做了那個選擇呢？「有很多理由。」約翰解釋道。「從我二十二歲到三十多歲之間，某些責任或合約總是將我牢牢綁死。在這些年後，這成了我唯一知道的事。我並不自由，我被困住了，合約就像囚禁經驗的實體化產物。更重要的是，我得面對自己與現實，而不是繼續搖滾樂生涯……並受自己的表現或公眾意見影響心情。搖滾樂再也不好玩了。我決定不要採取業界的標準選項：如果你夠幸運，就能去賭城唱唱自己最紅的暢銷歌曲，或是一路下地獄去，貓王就去了那裡。」

約翰散發隱居氛圍的原因，是因為他喜歡這個點子。他讀了關於受到強迫症纏身的古怪大亨霍華．休斯（Howard Hughes）的資料。他喜歡葛麗泰．嘉寶（Greta Garbo）的人生重點，並要求他人讓自己獨處[2]。他喜歡神秘感與謎團。他也持續撰寫日記。他和咪咪姑媽透過電話、長篇信件和大量卡片保持聯絡，也要她把他的學校制服、書本、她的瓷器和一切能讓約翰回想起家鄉與同年的東西都寄給他。他不斷說，自己遲早會回去屬於他的英格蘭。然而他最終沒辦到這點。這是真的嗎？一直到死前，他的姑媽都堅稱約翰曾走海路離開紐約，他們在沙洲半島享受了兩人最後的獨處時光。沒有其他人知道他曾做過這件事。

是幻覺？還是懷抱太多希望的幻想？《歌曲連結》雜誌的老闆與出版人大衛．史塔克想找出真相。在約翰過世後不久，他開車到沙洲半島去見咪咪。他幫咪咪購物，她為大衛做了煎蛋與薯條，他們花了整個下午與晚上檢視約翰的素描本和他的《每日嚎叫報》，並翻遍了他滿抽屜的所有物。有哪個歌迷不想這麼做？

「她是位可愛的老太太。」大衛說。「一點都不像大家印象中的老巫婆。如果她真的這麼糟，約翰會一直和她保持聯絡嗎？當然了，他拋棄了咪咪，並遺忘了她。她告訴我，約翰曾匿名從美國來探視她。在她心中，她相信約翰來過。事實上，她堅信這點，也不斷說她沒有搞錯。她的心智依舊正常，所以我沒有理由質疑她。在約翰的人生結束前，他確實曾大量旅行。我們知道他去過日本幾次，還有大開曼、香港、埃及和南非。那他為什麼不去英格蘭？他能搭船過來，船會停在南安普頓，離咪咪家並不遠。入境紀錄自然是法律需求，那他要怎麼處理自己的護照？但假設有人幫了他一把，他們也賄賂別人以藏匿行蹤。任何事都有可能發生，特別是在你那麼有錢時。我偏好認為這是事實，他也確實在分離十年後，見了咪咪最後一面。如果他真的這樣做了，就讓咪咪得到能好好珍惜的一刻。畢竟真相誰曉得呢？」

＊

寶寶和綠卡改變了約翰的人生。一等到他能不帶恐懼地自由離開美國，他的第一站便是洋子的祖國。和妻兒前往東京前，他居然還學起了日語。一九七七年的夏天大部分時間中，他們都待在日本。在首次旅行中，他們在位於長野縣輕井澤中的活火山淺間山陰影下招待了小野家族。孩提時期的洋子經常被帶往那裡度假。他們待在風格傳統的萬平飯店中，那是藍儂故事中的重要地點。該城鎮與旅館都大力推崇自身與約翰和洋子的連結。約翰喜歡當地帶來的匿名性。他和洋子參與了提倡淨食與運動的活動，讓他們感到全身煥然一新。他們在九月前往京都旅遊，那裡曾是天皇的皇宮所在地，現在則成了文化首都；之後他們回到東京，再踏上返鄉之路。後來他們在次前往日本旅行了兩次，這加深了約翰對日本的愛，也讓他重視起這國家的文化。

在此同時，洋子經營著生意，包括永無止盡又令人七竅生煙的舊披頭四事業；約翰（與保姆）則負責照顧西恩。他精明的妻子為他們的家產增添了藝術品、不動產、農莊、牲畜、一群牛隻、甚至還有古埃及的寶藏（應該是盜挖來的）。為了讓石棺中的木乃伊能感到舒適，他們甚至在達科他公寓中的其中一棟房屋裡打造了一座埃及式房間。他們在佛羅里達的棕櫚灘買了棟水彬豪宅，約翰很喜歡靜靜地獨自坐在那裡看海。海洋對他有強大的吸引力，或許他正在讓自己回顧多年前在瑞詩凱詩的時光，當時他為了一首關於他母親以及他從未有過的童年的歌，詢問民謠歌手唐納文的意見。

「他請我幫他想能用在關於這主題的歌詞上的意象。」唐納文回憶道。「於是我說：『當你想到這首歌時，會想到自己在哪？』約翰說：『我在海灘上和母親牽著手，我們正在散步。』我幫他想了幾句歌詞：『貝殼般的雙眼／微風般的微笑』，用來營造路易斯．卡洛的《愛麗絲夢遊仙境》般的感覺，約翰非常喜歡那種氛圍。」

這首歌就是〈茱莉亞〉。

接著藍儂夫婦很快在驚人的財產中再增添一處位於長島冷泉港的別墅。想像自己身無分文……當他躲到島上繁華的北岸旁停滿遊艇的村莊時，約翰再度發現了航行的快樂，並想像自己在河上划著小船，在沙洲半島讓自己的憂慮順水漂走。他成功地教會西恩游泳，父子倆現在對游泳相當在行，也會游入海中。

在此同時，洋子則全心投入煉金術與氣場、天使與精神嚮導上。她似乎著迷於命理學、星相學、塔羅牌、透視者和靈媒。神祕主義主宰著這個家庭，使他們得先得到先知的預測或數字、卡牌、星辰的昭示後，才能採取任何行動。她在工作上這麼精明，卻令人訝異地迷信占卜，我們不該批判她，只是沒想到她的不安全感竟然如此強烈。當西恩只有五歲時，他四十七歲的母親又再度用起了海洛因。她沒有讓約翰知道這件事。說好的共享一切呢？

＊

四十歲就是四十歲。有些人接受現實，並繼續向前邁進。有些人拒絕面對現實，並繼續欺騙自己。有些人會進行反抗，並過起浪蕩的生活，或是以其他方式讓自己丟臉。有經濟餘裕的人，則做出豪邁的行為，或踏上壯旅，並因此徹底改變。這就是約翰，他正準備踏上一趟對性命造成威脅的旅程。這股深刻的經驗嚇得他再度振作，促使他殺死虛假的居家男子約翰，並讓世上最偉大的搖滾巨星再度復活。

〈20〉重播

一九八〇年春季，約翰馬不停蹄地進行更多冒險。當他太太忙於擺脫毒癮時，他則在準備一場短程旅行。儘管他小時候曾幻想過逃到海上，也嘗試想像過他父親與祖父所經歷過的海上生活，他卻從未旅行到長島海灣以外的水域過。現在就是最佳的時機。

當洋子信任的命理學家指出了對不祥方位的警告，並指示該前往的最佳方向後，約翰便計畫航向狂野的北大西洋，從新港、羅德島到位於百慕達的漢密爾頓；這趟短距航程將延伸七百英哩。他的航行教練泰勒·科尼斯召集了一批船員，也選了一艘適合的船：四十三英呎長的欣克利單桅小帆船梅根·潔伊號。[1]船員們在六月五日星期四的晴朗早晨出航，當時正好是颶風季的開頭。航行條件看起來十分合適。接著百慕達三角洲中吹來了一股風暴，在這座以熱帶氣旋聞名的區域中，這現象起初看起來稀鬆平常。但風暴很快就擴大為暴風雨，大家都嚇壞了。船員一個接著一個暈船。只有船長勉強維持清醒，但兩天後他就昏倒了。儘管對巨浪感到驚嚇，也擔心梅根·潔伊號可能會沈船，約翰依然要漢克船長下甲板去休息，並自行掌舵。當他一面發抖、一面緊抓船舵時，高聳的巨浪不斷打在他身上，而眼鏡卻奇蹟似地依然留在他臉上，他被鹽水打痛的雙眼幾乎無法看到任何東西。他可以選擇放棄，讓大家一起落海，或是面對現況並拯救眾人。掌舵二十分鐘後，無情的巨浪持續向他撲來，約翰終於重拾了膽量。他努力還擊，像報喪女妖般嚎叫。他不知道自己哪來的勇氣，高聲唱起了水手歌謠與剛硬的民歌，並對近在咫尺的死亡瘋狂大笑。現在他終於明白，這就是**瀕死**的感覺！他之後描述這是自己最神奇的體驗。他驅走了自己的心魔，並為自己重新充滿能量，也感到所向無敵。

「一等我接受當下情況，某種比我更偉大的事物就接手控制，而我則忽然失去了恐懼。」他在《花花公子》的訪談中回想道。「我開始享受那股經驗，也對風暴大聲唱出古老的海上歌謠，並向轟隆作響的天空尖叫。」

寧靜在風暴之後降臨。他們在六天內抵達百慕達。在六月十一日，約翰在單桅小帆船的日誌中寫道：「親愛的梅根號，沒有地方比這裡更好了。」他寫下了給船長的注記，畫下了自畫像與對船隻的素描，也畫下帆船航向夕陽的模樣。

對幾乎有十年沒踏上英格蘭的約翰而言，這塊英國海外領土是最類似家鄉的地帶。儘管當地環境充滿了綠意盎然的熱帶風光，百慕達的殖民文化卻讓他感到相當熟悉。他住在首都漢密爾頓幾英哩外一座名為「崖下」的房屋中，當地社區叫做費瑞蘭茲。他很開心能看到紅色郵筒和電話亭，車輛也靠左邊開。他要四歲的西恩過來，西恩則和保姆與其中一名助理搭飛機前往當地，洋子之後也短暫地造訪該地。他的計畫是在那待上幾個月。父子倆很快就建立起海邊的例行公事：他們會在海中游泳、建造沙堡，並在借來的小船中航行。嘿，朱利安，記得我們有做這些事的時光嗎？你當然不記得。他們碰上了街頭市集與漢密爾頓寧靜的前街。島上的音樂家們躲藏在漆滿粉彩的屋柱之間，約翰浸淫在他們的音樂中。當地人已經習慣有錢的名人在假日入侵他們的島嶼，因此沒有對身邊這位國際巨星多做注意，也任他自由行動。位於山頂的壯麗植物園占地三十六英畝，裡頭高聳的垂榕與棕櫚樹總是吸引他們不斷前來拜訪。他們在這裡遇見了別名「雙重幻想」的獨特黃色小蒼蘭，催生了他製作專輯的靈感。在漫長的五年中，約翰在這裡首次發覺自己還有錄歌的動力。

百慕達之行有點像是歸鄉旅途。當他和西恩在聖喬治斯閒晃時，發現了這點。在新大陸最古老的英國城鎮中，他們居然碰上了聖彼德教堂……

這座造型單純的石灰岩建築有四百年的歷史，令人炫目的白牆襯托著一望無際的碧藍天空。教堂位於二十幾道寬闊的階梯頂端，就像二十樓飛行搖滾❶……約翰會停下腳步，對他以前的英雄艾迪．科克蘭致敬，或者會挺起身子，訝異地窺進教堂內嗎？這是相當不尋常的巧合。但這座在英屬群島外現存最古老的聖公會教堂，除了名字以外，與伍爾頓的聖彼得教堂並沒有太多共通點。但想像約翰發現教堂時的表情，他彷彿再度回到了童年時期的高聳紅色砂岩教堂前，也看到了建築上的石柱、護牆與石像鬼。他看見自己在上主日學時的頑皮男孩身影，當時在合唱團中也只是隨便表現；他望見青少年約翰在一九五七年七月的花園宴會中，在一台卡車後頭彈吉他，那幾乎是二十三年前的事了；他特意穿過墓園，經過艾蓮娜．瑞比的墓碑，完全不清楚他的喬治姑丈很快就會在此長眠。穿過木製停柩大門，並走下斜坡，再跨越道路後，就會抵達小教堂的大廳，準備在當晚的大表演前先進行採石工人樂團的排演。伊夫．范根帶了一名有嬰兒般童稚臉孔的人走了過來。那是個乳臭未乾的十五歲男孩，名叫保羅，他會為吉他調音，為約翰彈奏出〈二十樓飛行搖滾〉……

約翰在七月底飛回家找妻子，他精神充沛，準備好面對一切。如果在這個時候，他得知自己只剩下四個月的壽命，他會做出哪些不同的舉動呢？

＊

❶ 譯注：此處影射科克蘭的知名歌曲。

「約翰是我最喜歡的披頭四成員，因為他很陰沉，又實話實說。他會大聲疾呼，在音樂界以外也佔有一席之地，我喜歡這點。但我事前並不清楚他本人的底細。我不太喜歡先入為主。」

厄爾．史利克是個早熟的布魯克林吉他手，他的本名是法蘭克．曼迪洛尼（Frank Madeloni），在鮑伊一九七四年的鑽石狗巡迴演唱中靠著取代米克．朗森（Mick Ronson）而打出了名聲。他也在大衛的《年輕美國人》與《一站又一站》（*Station to Station*）專輯中擔任主吉他手，也與高個子莫特樂團（Mott the Hoople）中的伊恩．杭特（Ian Hunter）合作；處理自己的樂團以及史利克鑽石雙人組樂團（Slick Diamond），搭檔則是我已故的好友吉姆。史利克被雇來加入約翰與洋子的復出之作：《雙重幻想》。

「我是錄音室中唯一一個看不懂樂譜的人，也不是真正的歌手。約翰想要一個街頭樂手。按照製作人傑克．道格拉斯（Jack Douglas）的說法，我是『脫韁野馬』。」

他記得自己和約翰首度在錄音室碰面的經驗嗎？

「我完全記得。當時我提早到場。我不容易緊張，但你知道嗎？當你突然接到要在披頭四專輯中表演的通知，對象還是自己最喜歡的披頭四成員，就讓我感到有點緊張。我想：『好，就這樣吧。我得早點去金曲工廠。』我知道那座錄音室的地點，因為我之前在那錄過歌；我是頭幾個在那工作的樂手。

等我抵達錄音室時，該死，他已經到了。他坐在房間中央的椅子上。他對我說：『真高興又見到你！』我說：『啊？我們見過面嗎？』誰會忘記碰過披頭四？但我們**確實**打過照面，地點在格林威治村的電子淑女錄音室，當時我們在為大衛錄製〈名氣〉。約翰．藍儂記得見過我，我卻忘了曾見過他：**想像一下當下的狀況**？」

史利克感到緊張，但沒有被嚇倒。

「這只是兩個音樂家碰面合作。我們的年紀差了十二歲，但年齡毫無意義。在音樂界中，年齡差距並不存在。但他作為披頭四的身分並非小事。我從小就是他們的歌迷，和他見面這件事依然很驚人。約翰說得對，他們比耶穌基督還受歡迎。老實說當年當然不能說那種話，約翰也因此受惹出麻煩。他道過歉，不過態度相當漫不經心。我也很愛這點，他完全明白自己做了什麼行為，他比其他人聰明多了。在那種狀況下，他並沒有說錯，但他還**不算**正確。他的思考模式已經遠遠超過大眾的理解程度了。對，我是披頭四迷。他們非常玩世不恭。如果你把他們的行為模移轉到現代，他們就會顯得無比溫順。對吧？但在當年，那種『溫順』態度，天啊。他們可一**點都不**溫順，無論是他們的外表或表演的方式。他們很有趣。他們是很棒的音樂家，在漢堡度過了亮麗的時期，也讓自己成為實力堅強的樂團。這是世上最厲害的事了。」

向來外放、卑鄙、從不畏懼聲明自身理念的約翰，坐在錄音室中央的椅子上，盯著這名二十八歲的「脫韁野馬」，兩人正準備開始共事。

「他完全符合我的期待。」史利克說。「我見識到他的真本事。當我見到他時，他並沒有變成許多人口中的混蛋，所以你可能會想：『天啊，那種**傳說**灰飛煙滅了。』從一開始，我就能體會他的感受。儘管他很成功，卻沒有變成偽知識份子或偽社交名流。他維持著自身的信念，並沒有擺出一副身為勞工階級小子卻和王公貴族廝混的**跩樣**，或是一出門吃晚餐或喝咖啡就得梳妝打扮。**拜託**。那完全不是約翰的風格。他很真。他照自己的方法做事，作風也很低調。他依然是成為披頭四前的約翰．藍儂。他只是個踏實工作的人。

我記得最後幾次和他講過的一次話；其實，那是我和他說過的最後一次話。當時他在紐約，我則在洛杉磯。我為了某件事打電話到錄音室，而他剛好在那。他接起電話，我們談了一陣子。內容是關於他計畫的一九八一年巡迴演唱會。他說：『西岸的人喜歡我的專輯嗎？』那裡就像是另外一顆星球吧？『當然呀！』我說，『你知道它上了排行榜嗎？』他說：『對呀。但他們真的**喜歡**嗎？我指的是唱片，我希望他們真的喜歡那張專輯。』

那就是他的不安感。那個小男孩**依然在他的心底**。這很棒，這代表他的心靈還會成長。如果你所做的一切都完美無瑕，你就無法**成長**了，而人一定得成長。即便到了最後，他仍就感到不安。」

史利克和我在他的「與……之夜」英國巡迴演唱前談話，在這期間內，我在台上訪問過他不少次。我們的話題轉向約翰在錄音室裡的模樣。他扮演的是樂團成員之一，還是老闆與領袖？他主宰一切，還是會遵循他人的指示，並照建議行事？

「他對此非常拿手。讓我告訴你原因。他**就是**老闆。這是**他的**事業。那是**他的**專輯。他雇用自己想邀的人參與錄音，但從不強迫任何人。我們能自主行動。我們受到尊重，也知道他想要什麼，並順他的意做事。我們很享受工作過程，因為沒人逼迫我們。和約翰在錄音室共事時，不會碰到任何矯揉做作的態度或是階級制度。你看得出他只是想當樂團裡的主唱。你知道他寫出這些歌，他也知道自己挑了正確的合作夥伴，所以他不需要控制每個人，或持續發號施令。他用自己想被對待的方式對待他人。當時你可不會想指揮約翰．藍儂。」

他們曾好好坐下來，談談彼此的人生嗎？

「我們不需要這樣。我們有相似的背景。一切已成定局。我們都曉得這點。我想那就是我們理解彼此，並相處甚歡的原因。我們真心欣賞對方。那些都是不言而喻的部分。我們不需要說太多話，不用像一般人那樣，那就像歌曲與書本之間的差別。歌曲言簡意賅，書本則長篇大論。

很明顯的是，無論有沒有披頭四，他都是最厲害的編曲人之一；無論歌曲精髓為何，他都知道該怎麼表達。他知道該如何傳達思緒。看到他將某種事物包裹在精簡的詞彙中，便能引發如此強大的情感時，就會讓人落淚。那種能力出自童年時期的失能、痛苦與困境，是一種解決問題的方式，也能讓事情穩定下來。我不曉得他最後是否成功，但我想他一定達成目的了。」

當樂團錄完《雙重幻想》時，史利克正準備搭飛機回洛杉磯；他在臨行前接到一通電話，通知他說他的行程被改變了。

「我說：『什麼意思，你改了我的班機？』『呃，約翰要你來錄音室，因為他想要你錄一段獨奏。』好，太棒了。我過去那裡。我們最後一起進行了『獨奏』，也談了一陣子。但他其實叫我來不是為了錄獨奏，而是有別的事。一直到多年後，我才知道背後的真相。他說：『對了，你記得我們談過我要做演唱會之類的東西嗎？』我說：『記得呀。』他說：『你想參加，對吧？』我說：『對啊……但我剛跟哥倫比亞唱片簽了約，我得做一張專輯，然後他們要我進行巡迴演出。』他又說了一次：『你想參加，對吧？』我說：『**想呀！**』他說：『好，我要這麼做。我幫你直接打電話給他們，讓他們延後你的巡迴演唱，這樣你才能**跟我**一起上路演出。』他也辦到了！當然了，他的巡迴演唱會從未發生，但他親自打了那通電話。他是個守諾言的人。他下定決心找來特定的人馬和自己一起上路表演，因為他清楚我們知道該做什麼事。我們錄製了那張專輯，有誰比製作它的人更適合參與？約翰以這種方式說；『這是我的**樂團**。這樣很酷，我也打算維持原樣。』」

約翰已經很久沒有上路巡迴演出了。他三不五時會在不同地點舉辦演唱會，但僅只於此。他還有巡迴表演的能耐嗎？

「他對此感到興奮，我清楚這點。」史利克說。「他很喜歡參與搖滾樂團。他得壓抑自己的那一面，才能擔任披頭四的一員。回到源頭，並且不需擺出虛假的形象：這正是讓他感到興奮的理由。他找回了自我。他讓我們見識到了這點。他居然無法讓世界看到這件事，真是他媽的悲哀。」

〈21〉

終曲

「當我們抵達達科他公寓時，我看到一個滿臉橫肉的二十多歲男子在外頭遊蕩。我看了他兩眼，因為他感覺有些不對勁。我後來才知道，他經常出現在那裡。他想請約翰在他的《雙重幻想》上簽名，可能打算拿去賣。好心的約翰從來不曾拒絕他。他相當容忍來見自己的歌迷，表現也很有禮貌。洋子肯定注意到了那年輕人。她不曉得對方的名字，但她一眼就認出對方是經常在附近等待和約翰碰面談話的常客之一。」

安迪．皮博斯（Andy Peebles）捏著自己的大拇指，輕啜著沒有氣泡的可樂，同時回想起自己四十年來漫長又亮麗的職業生涯。他得到了每個廣播主持人都亟欲奪下的採訪機會，對這位前BBC廣播一台主持人而言，在十年內頭一次與約翰進行獨家訪談，是個驚人的機會。當年的安迪早已大名鼎鼎，他是位備受尊崇的DJ與音樂界權威，也在廣播一台中待了十三年，他創造了長壽的《我的前十大》（*My Top Ten*）節目，也曾針對一線歌手最喜愛的專輯來訪問過他們。上百萬人在一九八一年初聽見他與藍儂進行的精彩訪談，而更令人訝異的是，藍儂慘死於節目錄製完的兩天後，當時製作人甚至還來不及播出那段訪問。這集節目不只成了流行樂史上的重要轉捩點，在安迪的人生中也佔了重要地位。那次訪談在接下來的四十年持續繚繞在他的心頭上。

由於和BBC之間有職業責任，加上他本身的自尊與緊密口風，皮博斯總是不願透露他在約翰死後和洋子維持的友誼關係。當他同意和我討論這件事時，提出了幾個令人不安的問題。

「為什麼約翰死後，洋子似乎變得快樂許多？」他思忖道。「為什麼她迅速和新情人山姆．哈瓦托伊（Sam Havadtoy）在紐約四處玩樂？她又為什麼將約翰的回憶與精神用來獲取個人名利？至少在我眼中是如此。我有種恐怖的感覺，認為自己因為商業利益而受到操控。這種事不是第一次發生，這是遊戲的其中一部份。你製作完專輯，並讓它上市（這裡舉的例子是大衛．格芬〔David Geffen〕的唱片公司），你也有責任要用讓任何方式宣傳並販賣這張專輯，所有人都曉得要如何進行這種事。但無論你是誰，依然永遠不該跨越某些道德邊界。當我想到四十年前發生的事時，依然會感到不悅與不安。主要是因為我現在明白約翰與洋子在一九八〇年十二月的『從頭來過』時期是個虛偽的宣傳手法，是設計來讓約翰在離開英國五年後重整旗鼓的手段。我也對BBC感到難過又氣憤，因為他們將我最知名的訪談藏了起來，不讓大眾觀看，而不是將它當作公共紀錄。」

安迪在與他的團隊前往紐約見約翰與洋子前，從未與他們碰過面：團隊成員包括執行製作人朵琳．戴維斯（Doreen Davies）、安迪的製作人保羅．威廉斯（Paul Williams）與華納兄弟（Warner Bros）宣傳部門的主管比爾．富勒（Bill Fowler）。因為明白《雙重幻想》的成功關鍵在於重新打造他們在老家的名聲，他們便決定讓約翰相當喜愛的國家廣播公司接下獨家專訪。這張充滿爭議性的專輯中包含了夫妻倆各自製作、數量相同的歌曲，因此他們冒著一旦做出錯誤選擇，就會遭到嘲笑的風險。BBC是必然的選擇。它讓約翰想起自己對遙遠家園所懷念的一切。

安迪承認自己對終於能見到童年偶像感到巨大興奮。但首先，他得先通過洋子這關。

「我們同意在十二月五日星期五中午到達科他公寓見她。」他回想道。「即便我們在離開英國前就已經安排好一切，依然得親自與她面談，以確保她想繼續進行計畫。

他們的公寓相當富麗堂皇。我們被要求脫鞋，接著被領入洋子龐大的辦公室裡。她坐在一張巨大的埃及式骨董辦公桌後頭，我翹腳坐在沙發上，幾乎插不了話。洋子武斷又強勢，她說在各路媒體中，盧森堡電台和首都電台開出了比ＢＢＣ好的條件。『所以，我們為何要接受你們的專訪？』她問。她故意讓語氣充滿挑釁。朵琳說：『妳得明白，儘管首都電台很棒，他們的播送範圍卻只有倫敦；盧森堡電台確實是個歷史悠久的重要電台，但它的廣播訊號不斷變弱。ＢＢＣ廣播一台的播放範圍遍及全國，設備也相當可靠。』洋子明顯想要讓我們懇求得到合作機會。」

他對洋子的外表感到訝異。四十七歲的洋子「嬌小又嚴謹，身材纖瘦卻又豐滿。當我坐在那看她時，心裡想到了什麼？我在想：『這就是拆散披頭四的女人呀？』

『好，如果我們要合作的話，』她說，『我得讓你們明白，這次專訪有一半是關於約翰，另一半則是關於我。』我很想說：『妳算**老幾**呀？妳這女人對歌唱做出的貢獻，和韋恩·史利普對聯盟式橄欖球一樣毫無幫助。❶』」

儘管開頭不穩，但隔天晚上在金曲工廠進行的訪談卻得到了巨大成功；該錄音室曾製作過滾石樂團、史提夫·汪達、保羅·賽門與布魯斯·史普林斯汀的專輯，加上《雙重幻想》。當藍儂夫婦到六點才姍姍來遲時，安迪與製作團隊已經完成了準備工作。他們溫和地向訪客們打招呼，約翰的態度特別親切，他說：「媽媽和我整晚都在混製她的新單曲〈如履薄冰〉（*Walking on Thin Ice*），來聽聽看！」

「約翰的目光一飄到我身上，」安迪說，「就像遇到多年不見的老友般撲上來。由於幾乎十年沒有回國，他明顯強烈思鄉。等節目一開始，我們暢談了好幾小時。沒有任何禁忌話題。洋子

❶ 譯注：Wayne Sleep，史利普是英國舞蹈家，職業方向與橄欖球截然不同，此處影射小野洋子在音樂方面缺乏影響力。

事後說她對許多話題感到訝異，她也得知了許多之前自己不知道的事。約翰公開坦承披頭四的大批歌迷確實讓他感到十分不適。樂團停止巡迴演出的原因，是因為他們的音樂被尖叫聲蓋了過去。他說自己唱出『痛風尿尿』而不是『舞動尖叫』，因為沒人聽得到他們唱歌。他告訴我，到了一九六九年，四名披頭四團員已經幾乎不和彼此說話，當保羅在一九七〇年四月宣布自己要退團，並因此搶走約翰的鋒頭時，大家都鬆了口氣……因為約翰已經決定要離開了。從約翰的角度來看，那是他的樂團。他才該是決定何時結束樂團的人。」

約翰與洋子坦蕩地提到雙方如何見面、洋子對披頭四造成的影響、BBC國際頻道、同性戀、女性主義、袋主義、靜臥抗議；京子和監護權爭奪戰、他們的婚禮以及吸毒被逮；約翰在迷失的週末中的行為、與艾爾頓·強同台表演、他作為烤麵包的家庭主夫的休假生活；鮑伊在百老匯演出《象人》（*The Elephant Man*）的傑出表演，還有新浪潮與龐克音樂；而最重要的，則是儘管〈想像〉的靈感出自洋子，約翰卻佔據了編曲人的功勞。[1]

「……其實那首歌應該被列為藍儂－小野作品，裡頭有很多元素都來自洋子，包括歌詞與概念。」約翰告訴安迪。「但在那段時間裡，我比較自私，也比較陽剛，所以才沒有提到她的貢獻。但那首歌的靈感出自她的書《葡萄柚》，裡頭有一大堆關於想像不同事物的橋段；過了這麼久之後，我得歸功於她……如果來源是鮑伊的話，我就會寫『藍儂－鮑伊』。如果當年跟男歌手合作的話，就會那樣吧。」他提到自己和哈利·尼爾森錄製的歌曲，確實將編曲人標為「藍儂－尼爾森」。

「但當**我們倆**錄製專輯時，你知道，因為她只是『妻子』，所以你不會把她的名字放上標題，對吧？」

「那是約翰與英國媒體進行過最有破壞力、最令人動容、效果也最強烈的訪談。」安迪回憶道。「訪談的效果好到當我們結束時，他要求再進行一次。他說自己在新年會回到英格蘭，也答應會上我的直播節目。」

儘管這場訪談意義重大，日後卻對他造成了強烈負擔，到今天也依然是安迪最珍惜的回憶。約翰與洋子明顯也很滿意，因為最後他們邀請安迪等人到他們最喜歡的周先生中國餐館，吃了一頓慶功宴：那是座落於中城區的老舊華麗餐廳，裡頭有位在地下室的飯廳與連結不同牆面的鏡子，是個讓人打扮得花枝招展、供人仰慕的場所。

安迪與他的團隊把隔天都花在為聖誕節購物上，並在十二月八日晚間搭上泛美航空的回程班機。在這份能讓自己環遊世界的職業生涯中，他首度體驗到對飛行的畏懼。他在航程半途無預警地感到害怕，並產生強烈的焦慮感。他無法理解為何自己感到如此不安。

「接著我聽說飛機中段的某扇門沒被封好。」他回想道。「當時發生了很多鳥事，也讓我感到很擔心。我並不相信我們很安全。我不是個容易緊張的人，我在毫無緊張或不安情緒的狀況下飛行過上千英哩。但這次甚至還有名空服員來安撫我，我的狀況就是那麼糟。」他緊張到無法閱讀、聽音樂或看電影，更別提入睡了。飛行了三小時又四十五分後，當時飛機約莫跨越了大西洋，他就從座位上跳了起來。

「我在走道上閒晃了一下，突然間聽到某人叫我的名字。那人是偉大的體育記者休．麥吉爾凡尼（Hugh McIlvanney），妳（本書作者）父親認識六十多年的親密好友。他詢問我的狀態（我看起來當然不好），並邀請我坐在他身旁。他問我在紐約做什麼。我把約翰的事告訴他，以及自己花了多少時間和約翰相處，他感到非常驚訝。結果，我跳出座位並踏上飛機走道的時間點，恰好與馬克・查普曼對約翰扣下板機的時間相符。如果我曉得當下在達科他公寓發生的事，我不敢想像自己會有什麼感覺。」

當飛機在希斯洛機場降落後，安迪才得知約翰被殺的消息。他被官方人員護送到ＢＢＣ的機場攝影棚，並在完全沒時間平復心情的狀況下，接受ＢＢＣ廣播四台《今日》節目的謀殺案直播訪談。

這場悲劇中使他感到最為困惑的一點，就是約翰死去那晚，藍儂夫婦身邊並沒有保鑣。儘管約翰堅稱自己喜歡住在紐約，因為他能自由來去各地，造訪電影院、餐廳和藝廊，並在不受歌迷打擾的情況下在中央公園中散步，但他們到哪都會帶著保鑣。

「他們有隨時護衛在旁的兩名制服保全人員。」他說。「他們穿著藍色的西裝外套，身材像磚造房屋一樣結實。我不知道他們的名字。他們絕對有攜械，因為我從他們沒扣上鈕扣的背心底下看到槍套。在約翰被謀害那晚，他們卻不知去向。我經常想知道：他們究竟在哪？他們無時無刻都跟著約翰與洋子，但那晚沒有。為什麼他們不在？四十年來累積的問題比答案還多。」

在《今日》節目上分享過自己的看法後的幾小時，安迪與ＤＪ約翰・皮爾（John Peel）回到ＢＢＣ廣播大樓主持現場追思節目。安迪之後被送到西倫敦電視台攝影棚去參加ＢＢＣ二台的《老灰哨測驗》（*The Old Grey Whistle Test*），同台的還有安・南丁格爾（Anne Nightingale）、保羅・甘巴奇尼和《旋律製造者》的麥可・華茲。五年前，該節目的前製作人「耳語鮑伯」・哈里斯曾飛到紐約，與約翰進行一場愉快的訪談，以宣傳約翰的《搖滾樂》專輯，最後約翰直接對鏡頭說話。他抓緊機會向他的長子朱利安、咪咪姑媽和其他待在老家的親人致意。「哈囉，英格蘭。」他輕快地說道，態度就像海濱度假村中的節目主持人。「繼續寄禮物來吧，大伙們！打起精神！」接著他唱起了鼓舞士氣的歌曲：「我們會再度見面，不知道在何處，也不曉得是……**何時**……」這是已故的薇拉．琳恩女爵士（Dame Vera Lynn）最知名的戰時歌曲。咪咪姑媽會稱讚這一點。

但那天在《老灰哨測驗》攝影棚，卻毫無快樂氣氛。「大家拉長了臉，也沒多少話可講。」安迪說。「我震驚地坐在那，還沒接受現實。史上最偉大的搖滾巨星死了……而我還是世上和他講過話的最後幾個人之一。安播放了〈想像〉的影片，片中的約翰彈著白色鋼琴。下一秒，桌上代表來電的紅燈開始閃爍。打來的人是保羅．麥卡尼。『琳達和我在看節目。』保羅說。『告訴大夥，他們做得很好。』

一聽到電話中傳來約翰孩提時代的朋友與披頭四團員的聲音，我就全然接受了事實。但我依然沒有哭泣，當我該將情緒一股腦宣洩出來時，卻將它完全壓抑下去。我現在明白，那個經驗多年來深深地傷害了我。」

幾天後，安迪在廣播一台階到披頭四經紀人喬治．馬丁的電話，邀請他到不遠處位於牛津圓環的聯合獨立錄音室。當他抵達時，發現保羅．麥卡尼在等他。

「我們倆變得相當情緒化，也得安慰彼此。我對讓他感到難過覺得很愧疚，但他不斷說：『不，真的別道歉。』保羅迫切需要的，是希望我安慰地說約翰依然愛他。我告訴他，我相信約翰確實如此。『他在訪談中提到你。』我說。『他尖酸幽默又玩世不恭，只有約翰會表現出這種態度。但他真的很喜歡你。彷彿他恨不得你和我們待在同個房間裡。』我從未忘記這次會面。對我而言，這是刻骨銘心的經驗。比起其他人而言，保羅更得面對痛苦的現實：流行樂史上最偉大的編曲合作關係已徹底結束了。」

＊

或許最出乎安迪預料的事，就是自己和洋子成為親密好友。在他歷史性的訪談終於在一九八一年一月播出後，他開始接到從紐約打來的電話。他們似乎因彼此對約翰的愛，而變得更為親近。每次當藍儂紀念週年靠近時，洋子總會找上安迪，堅持只讓安迪訪問她。他數年來在三個大陸上花了許多時間與她相處，也非常寵愛她的兒子西恩。每次他到紐約，無論是為了度假或工作（像是艾爾頓．強用協合號客機將他載到自己在麥迪遜廣場花園的演唱會時），安迪與洋子都會碰面。無論她在何時來到倫敦，第一件要做的事就是與安迪聯絡。在這之間，洋子總會主動打電話過去，兩人無止盡地在電話上談天。她甚至暗示兩人之間有靈性連結，通常她會說：「你知道我何時會打給你，對吧？你知道是我打去的。」不過，不久之後安迪就看清了真相。他起初對洋子逐漸高漲的精力與熱情感到相當驚訝，接著則覺得饒富興味。這名歡快的寡婦開始在世界各地辦展，並開拓自己身為音樂家的名聲，她在創作上變得比以前還積極。

「我看出約翰的死對她反而有益。」安迪說。「我開始感到難堪，也對她做出的某些決策感到羞愧。比方說，她利用約翰的死拉高自己新專輯的聲勢，並急忙在唱片B面錄製約翰談話的片段節錄，以做為紀念品。她公開將約翰遇害的事件與約翰．甘迺迪的刺殺案做比較，並將自己比喻為傑姬．歐納西斯❷。她宣稱他們倆的影響力比甘迺迪夫婦還大。突然間，我們得到了『藍儂品牌』，我清楚約翰會痛恨這點。我清楚他一點都不會喜歡這種大規模商品化行動，這不是他的風格。他可能會對此置之一笑，但內心肯定充滿怒氣。」

約翰被殺一年後，ＢＢＣ決定要安排紀念活動。公司決定讓駐華盛頓特派員馬丁．貝爾（Martin Bell）或主播蘇．勞利（Sue Lawley）來採訪洋子。藍儂太太對此大為不滿，堅持只跟安迪談話。儘管他對洋子的行為感到益發不安，他依然滿意於得到這份工作。該回大蘋果去了。

「她採用自己的攝影團隊，這點沒關係。」安迪說。「我讓她坐在達科他公寓客廳中的白鋼琴邊，她彈得也很棒。她哭了出來，並說自己有多想念約翰，以及自己對之前的慘事依然感到震驚。直到我提到馬克．查普曼前，一切都進行地很順利。此時她大發雷霆，她從來不願意聽到這人的名字。

但我很難相信她的眼淚。我曉得她已經與山姆．哈瓦托伊展開了新關係，他是比洋子小二十歲的藍儂前任助理。此事成了不小的醜聞。」

據說約翰清楚他妻子受到哈瓦托伊的吸引；哈瓦托伊是倫敦出生的匈牙利籍錶匠的兒子，以前也擔任過侍者與管家，在紐約的室內設計界不斷攀升，曾結識沃荷與巴赫勒（Donald Baechler）等藝術家，也為藍儂夫婦的達科他寓所與他們其餘的鄉間宅邸設計過內部裝潢。《雙重幻想》中

❷譯注：Jackie Onassis，甘迺迪的妻子。

其中一首歌叫做〈我正在失去你〉（*I'm Losing You*）。約翰在慌亂的兩小時內寫完這首歌，害怕他們之間的魔法已經消失，而媽媽把她的心轉向他人了。

據說，在約翰被害當晚，山姆就搬進了達科他公寓。二十年來，他鮮少離開洋子身邊。他很快就得到了新的形象：寡婦將哈瓦托伊打扮成她已故前夫的模樣，也讓他留起和約翰一樣的長髮。這種模仿方式讓某些鄰居感到震驚又難堪，包括芭蕾舞巨星魯道夫・紐瑞耶夫（Rudolph Nureyev），他也曾對此發表意見。

洋子與山姆的關係維持的比和約翰還久。他們在二〇〇〇年分手。山姆於一九九二年在布達佩斯開設了自己的藝廊，並回到故鄉永久居住。「我從來不是她的丈夫。」他曾如此說過。「我們沒有結婚。」他也說他們答應彼此，永遠不會公開討論兩人的關係。為了回報他的沉默，據說他得到了一大筆和解金。

安迪說：「我開始質問自己：洋子和山姆是否在約翰過世前就已經交往了？我開始懷疑洋子是否鼓勵約翰和龐鳳儀調情，這樣她才能與哈瓦托伊幽會。我感到一陣冷冽。整個『從頭來過』事件在我對他們進行訪談時達到高峰，而這是否只是場鬧劇？他們是否將『夫妻快樂重逢並繼續進行美滿的婚姻』的態度施加在『產品』（也就是專輯）上，以確保《雙重幻想》能大賣？我感到作噁。如果我確實被騙了，那麼她和約翰就是世上最高明的演員。他們的演技值得一座奧斯卡獎。他們說服了我。」

兩年後，安迪同意和洋子在紐約錄製另一場節目。場地之後遷到洛杉磯，最後則移到東京。

「製作團隊和我在轉機後抵達日本，洋子與她兒子西恩和山姆・哈瓦托伊在那等我們。我們一同前往輕井澤的萬平飯店，飯店位於南日本阿爾卑斯山的森林深處。約翰與洋子曾在此度過幾次長假。洋子從小就認識萬平飯店，也很喜歡那裡。那是個美妙的地方，我也很榮幸能住在那間旅館。唯一令人不適的點，就是洋子已公開和哈瓦托伊同床共枕。

我們在淡季前往該處，所以旅館不對外營業。洋子特別要求店家為我們破例開放。工作人員為了我們而來，旅館中也到處點亮了火光。她也要求當地餐廳開始營業，我們則是唯一的客人。為什麼？因為她該這樣做！我猜她想讓我感到佩服吧。我得說，當時她似乎真的很快樂。她可能**確實**快樂了點。再也不用活在約翰的陰影下，也不再是無止盡的藍儂—披頭四騷動中的一部分。或者我該說，她將騷動轉化為適合**她**的情況。對我而言，事實是她只是個走運的平凡日本藝術家，不小心破壞了英國最偉大的樂團。」

在漫長的私人晚宴中，西恩對安迪談起他的父親。

「那個小男孩對父親有非常愉快的回憶，我對此也感到高興。」他說。「近年來我為西恩落淚的次數比對其他事還多，特別是在我變得更年長後。我在十一歲時失去了自己的父親，孩子永遠無法承受父母之一死亡的事實，我明白他的感受。基於這種理由，我希望西恩能快樂，我想讓他感到被愛。在許多層面上，他讓我想到自己，我確實對他感同身受。或許花時間和他相處，便能讓我面對某些當我的父親死亡時，我不敢碰觸的真相。我們一起坐在沙發上看他最喜歡的電視影集《G型神探》（*Inspector Gadget*），也不斷聊天。就像《雙重幻想》中那首獻給他的歌一樣，他的確是個俊美的男孩。很難想像他現在已經是個四十四歲的音樂家了，我真希望自己能和他保持聯絡。」

但安迪對洋子感到相當憤怒，在他眼中，洋子受到「嚴重誤導」：「原因出自她的自傲，以及她企圖靠約翰．藍儂維持重要性。但她並不重要，她只是藍儂的寡婦。讓我感到不適的理由，是因為她利用這點打造事業。我對洋子企圖讓我感到佩服這點沒有好感，也對她不斷試圖保持聯絡這點毫無感覺。我知道這種行為不會持續下去，事實也如此。她一聽說我離開ＢＢＣ，我就沒再接過她的電話了。」

＊

不敢置信的情緒經常出現在結果之後，隨即而來的則是怒火。人們會為無法解釋的事件找尋理由，想找出該為此負責的人。但批判小野洋子則太過草率了。我們並非聞名世界的人，我們沒有與能影響世上上百萬人的人結婚，我們並不坐擁難以想像的鉅富。我們無法想像那種感覺，也沒有隨著這種名利而來的特權與負擔。我們永遠辦不到。這一切都會使人做出平凡人眼中認為特別的事。我們無法反駁洋子確實成為明星的事實，她的藝術現在被認為有可觀的價值，她是個眾所皆知的前衛藝術家。過了多年以後，終於有人欣賞她充滿內涵的作品了。

「仔細觀察洋子與約翰間的化學反應。」麥可．華茲說。「這種反應肯定出現過。他是個充滿內心掙扎與痛苦的人，她則想成為藝術界巨星。他全身都充滿了巨星氣息，約翰對她來說相當新穎。對來自下層階級的利物浦人來說，她做出的事讓他覺得有趣。她喜歡做出各種瘋狂小事，像是拍攝關於屁股的瘋狂小電影，以及有約翰陰莖的影片：直男該怎麼看待這種事？除了嘲笑這些是以外，一開始他該怎麼做？當我們碰上自己不理解的事情時，經常產生這種反應。洋子讓他學會欣賞更有智慧與美感的事物。她提高了約翰的水準。她肯定相當有操控力。她找到了願意與自己勾結的對象。對，我們可以說她找上了最富有也最知名的金飯碗。問題是，約翰是覺得自己受到利用，還是願意配合呢？關鍵點在於他離開了洋子，接著再度回到她身邊。他有出路可走。但他不想離開。他想要**她**。」

*

克勞斯．弗爾曼最後一次看到約翰是什麼時候？

「在達科他公寓，當時是一九七九年九月。我和我兒子奧圖一起過去，他的年紀和西恩相仿。兩個小傢伙玩得很開心。約翰在烤麵包和煮飯，心情也很愉快。他充滿了居家氛圍。當我們談話時，他對我說：『這是我第一次不必為唱片公司做東西。我自由了，我可以做任何想做的事。』我看得出他卸下了一大塊負擔。人們傾向認為他肯定想念巡迴演出和在錄音室中錄歌，因為那是**他們**想從他身上得到的事，但他並不想念那種生涯。他告訴我他有多愛自己的生活。他不想待在舞台上。他做過那些事了。他完全不需要觀眾。」

當時有個謠言甚囂塵上，談到披頭四可能會為越南「船民」進行的慈善團圓表演：這些人是在一九七五年越戰結尾逃離自己國家的難民。《華盛頓郵報》報導了這件傳聞（彷彿這真的會發生），稱之為「搖滾樂上最令人期待的演唱會」。披頭四的前宣傳人席德．伯恩斯坦在《紐約時報》上刊登了大篇幅廣告，內容基本上是懇求四人同意出席；接著聯合國常務秘書長寇特．華德翰（Kurt Waldheim）願意贊助這場活動。據說音樂會將由艾爾頓．強擔任主持人，李奧納德．伯恩斯坦則會指揮維也納愛樂樂團。「除了約翰以外的披頭四成員都說好。」哈囉，再見，他們都說了謊。

「當李奧納德．伯恩斯坦打給約翰時，我在場。」克勞斯回憶道。「我見證了那場電話交談。我聽到約翰對他說：『**不**！我不要！』約翰很火大，也直接告訴對方：『我不需要為任何人做事！我只做自己想做的事！』聽到這句話讓我感到開心。事實上，只有林哥願意參與那場表演。其他人會毀了彼此。多年來，全世界的披頭四迷夢想看到他們四人重新團聚。但我們這些與他們十分親近得人明白，那永遠不可能發生。事實是，『披頭四』對歌迷而言，比對四名團員來說還重要。對他們而言，披頭四已經死了。」

所有的未來復合希望都已煙消雲滅。

「事情發生時，我在德國。」克勞斯說。「當時我住在我兄弟家。有一家德國雜誌社打電話給我，問我對『約翰．藍儂事件』有什麼看法。**什麼**事件？我根本不知道。我花了很久才接受他的死訊。一直到今天，我都還會想這件事。

當西恩還是個嬰兒時，有天我去看約翰，我們決定去公園散步。我們離開公寓，走進地下室，穿過車輛並走到陽光下。約翰用背包把西恩固定在背上。我們走了一小段路，並坐下來喝杯咖啡。他像普通人一樣在公園中散步，沒人煩他。我沒那麼常去紐約，所以我不像他那樣熟悉當地。我看到瘋狂的人們在附近跑，也感到很害怕。我想：『哇，這裡真危險。』所以當我聽說他被殺時，我的第一個想法就是，這種事之前就可能輕易發生了。

剛開始，我對馬克．查普曼感到遺憾，對於他對我朋友和全世界所做出的事。但隨著時間過去，他也毫無悔意，我便改變了看法。約翰的死沒有影響我製作音樂的能力，但它的確讓我決定搬回德國過比較簡單的生活。我的搖滾樂生涯已經結束了，於是我離開了卡莉・賽門（Carly Simon）、比・比・金（B.B. King）、藍迪・紐曼（Randy Newman）、曼弗瑞德・曼恩、傑瑞・李・路易斯和路・瑞德（Lou Reed）等偉大的人才，我很高興能與他們共事。但我把一切拋諸腦後，回到了老家。」

對麥可・華茲來說，極度類似的大改變也出現在他生命中：「我在約翰・藍儂身上花了很多時間。」他回想道。「他死了，我也停止撰寫關於流行樂的事。他的死對我造成很深遠的影響。我不知怎麼的失去了心力，我覺得有股光芒消失了。」

克勞斯觀察道，約翰的死可能只有一種慰藉，就是它發生在約翰下定決心之後。「他以自己想要的方式生活，他再也不受環境或名氣擺布。沒人告訴他該怎麼做。他重新掌握了自己的生活。他找到了自由。」

當彼特・修頓接到電話時，他還躺在床上：「我立刻打給喬治（哈里森）。他還在睡覺，也不知道發生了什麼事。我開車到他位於泰晤士河畔亨利鎮的修道士公園的住家見他。我們坐在桌邊談話。林哥從美國打電話來。喬治在家中有錄音室，他也安排了一場排練。所有樂手都開始抵達，準備開始工作。『你要繼續嗎？』我問他。『是呀。』喬治說。『我們得繼續過生活。不然你還能做什麼？』他對此很冷靜。他的內心肯定波掏洶湧，但他充滿哲學。你知道，喬治是個非常有靈性的人。」

保羅・甘巴奇尼的電話在清晨五點五十分響起：「當時我在倫敦。我哥哥住在紐約。『我有壞消息。』他說。『我想你會想從我這裡聽到這件事。』他語氣中散發的親密度讓我覺得；『天啊，有家人出事了。』『約翰．藍儂被殺了。』他說。『就在四個街區以外。人們站在周圍唱歌，每個人都害怕又吃驚。我猜你會想在電話開始狂響之前先知道這件事。』他說得沒錯。我沖了澡，電話也開始響起，我生命中最長的一天就此展開。在網路與 Skype 出現前的時代，我和其他幾個人穿越倫敦到不同的攝影棚去，並在《老灰哨測驗》中結束當晚。這代表這一切不只是某位流行歌手單純的死亡，遭到謀殺的是整個**時代**。世人對約翰的熱愛超乎尋常地高漲，每個人都試圖表達他對自己所代表的意義。這不像貓王過世時，因為貓王已經達到顛峰了，願上帝保佑他的靈魂。在《雙重幻想》發行後，約翰明顯是仍在活動的當紅歌手；即便那張專輯原本不會像後來一樣大賣，裡頭卻依然有幾首厲害歌曲。在美國有種在英國察覺不到的詭異感。因為那名殺手（照紐西蘭總理設下的傳統，我不說出他的名字[3]），曾考慮過殺死其他人。強尼．卡森（Johnny Carson）、大衛．鮑伊，所以約翰倒楣成了名氣的代表；我沒打算說雙關語，不過他曾與鮑伊合作過同名歌曲。」

＊

洋子並非在一九八〇年十二月八日晚間「失去」年輕丈夫的唯一一位日籍妻子。在離紐約西方約五千英哩外的凱盧阿，該地位於檀香山東北方的夏威夷歐胡島，葛羅瑞雅．博子．查普曼

❸ 譯注：此處指的是二〇一九年的基督城清真寺槍擊案。紐西蘭總理傑辛達．阿爾登（Jacinda Ardern）為了避免模仿犯出現，而在媒體前刻意拒絕提起槍擊案兇手的姓名。

（Gloria Hiroko Chapman）在電視上看到了新聞畫面。記者說出名字前，她就知道是自己的丈夫馬克犯下了案件。這並沒有讓她感到太過震驚。一直到三十八年後的二〇一八年八月，當查普曼準備進行第十次假釋申請時，她才坦承自己清楚他暗殺約翰的計畫。這位有著青灰髮色、瘦骨嶙峋又相當虔誠的六十九歲前旅行社經紀人，在查普曼請她協助安排環遊世界的旅程時，首度見到她心理狀況極度脆弱的丈夫，她當前也支持著查普曼。她告知媒體，馬克曾在兩個月前把殺掉約翰的企圖告訴她。她宣稱，當他從東方旅行回來後，就說出了這件事。她發誓說馬克保證自己已改變了想法，並把槍拋入海中。她說自己沒有理由質疑這點。但馬克對她在兩人簡短的婚姻中施加的暴力，顯示出他傷害他人的能力。但是殺害他人？她說當馬克八週後離開自己，飛往紐約時，她完全不曉得丈夫要執行計畫。

「我同意馬克進行另一場旅行的唯一原因，是因為他說自己需要成長為成人與丈夫，也需要時間思考自己的人生時，我相信了他。」她說。「他要我承受孤單一段期間，這樣我們才能一同度過漫長的快樂婚姻。」

葛羅瑞雅和我透過電子郵件聯繫。她不想讓我去夏威夷，也不願意讓我去牢裡見她丈夫。並非所有曝光場合都是好事。在他們的情況中，這總會對假釋申請產生負面影響。好吧。對查普曼夫婦而言，情況並非總是很糟。儘管她的生活出現「戲劇化的轉變」，儘管她得到了身為知名殺手妻子的全球惡名，葛羅瑞雅依然有馬克。他們浸淫在一年四十四小時的相處時間，能在紐約溫德監獄中一台沒有裝設攝影機的大型篷車中自由地做愛與吃披薩。在妻子的探視之間，孤獨又神秘的查普曼依然被囚禁在他幽暗的心靈中，他的人生只剩下一片荒蕪。這一切擁有相對性。探訪期只是一小段時間，比一年內兩天還少，但這比約翰和洋子相處的時間還有價值。無論查普曼會不會獲釋，他永遠都會被關在自己的心底。

在此我們將焦點轉移到這場被世人認定為無謂悲劇的事件核心；但從約翰的個性看來，他可能會認為這是恰如其分的結尾。我們可以繼續停留在醜陋的事實上：這名改變了無數世人生命的男人，性命居然遭人奪走；他從未見到自己的兒子長大成人，也再也沒有看過繼女；他失去了和妻子終老的機會；正當他打算回到音樂界時，被瞬間抹殺，而他腦海中仍有許多樂曲，以及我們無緣聽聞的音樂。或者我們可以安慰自己說，當時的他處在良好的狀態中。他相當平靜。他親自殺死了每個毫無幫助或虛幻版本的自己。四十歲時，他找到了答案。他成為了完整的個體。

草莓園之中的想像圈位在中央公園西側的草坪中心，這裡日以繼夜發生的事已持續了四十年。有人描述它為「基督教國家中維繫最久的教會服務」。它的會眾說著許多不同語言，他們年齡各異，來自各行各業，無論暴雪、晴天、強風或悶熱的天氣都會聚集在此。他們用花朵在馬賽克浮雕上擺出複雜圖案、在大理石地板上伸展身體、擺姿勢拍照、吃三明治、喝啤酒、在長椅上互相依偎、睡午覺、照顧幼兒、吹口琴、點蠟燭和彈吉他。朝氣蓬勃的人們唱著歌並倚靠彼此，也貼近約翰的回憶。他們沒有在哀悼。他們來到這裡，如此他才不會離去。人們待在那裡。人們永遠都在。

「為他祈禱吧。」在改變一切的那天，喬治．哈里森說，一面把約翰心碎的摯友彼特抱在懷中。「回想他。他只是離開了自己的身體，對吧？但**他**還在這裡。他沒事，只是先走一步了。我們只是過路客。身體與我們的本質毫無關聯，這只是我們得穿一陣子的皮囊而已，接著我們就會移轉到別的地方了。

生命確實會延續下去。所以別拘泥在他的死亡上。最重要的是，我們得記得他的生命。」[2]

重要日期：精選時間表

一九〇六年四月二十四日

約翰的「咪咪姑媽」．史密斯本名瑪莉．伊莉莎白．史丹利（Mary Elizabeth Stanley），出生於位於南利物浦的托克斯泰斯，她是五名女兒中的長女，父母是前商船艦隊水手喬治．厄尼斯特．史丹利和他的妻子安妮．珍。

一九一二年十二月十四日

約翰的父親阿爾弗雷德．藍儂在利物浦出生，他日後被稱為「阿爾弗」、「弗瑞德」、或「弗萊迪」。他成為船隻管事、商船水手、累犯、旅館門房、洗碗工與兼職歌手。

一九一四年三月十二日

約翰的母親茱莉亞．「茱蒂」．史丹利出生在南利物浦的托克斯泰斯，她是五名史丹利姐妹中的四女。

一九一四年七月二十八日至一九一八年十一月十一日

第一次世界大戰

一九二四年一月三日

日後成為俱樂部推銷員與「披頭四之母」的蒙娜．「蒙姐」．貝斯特的愛麗絲．蒙娜．蕭（Alice Mona Shaw）出生在英屬印度的德里。

一九二六年一月三日

身為未來的唱片製作人、「披頭四第五人」與英國爵士的喬治．馬丁，出生在倫敦的海布里。

重要日期：精選時間表

一九三二年五月十九日

阿爾瑪．安潔拉．科根，出生在倫敦東區的白教堂區；她將成為歌手阿爾瑪．科根，人稱「歌聲帶笑的女孩」以及約翰的秘密情人。

一九三三年二月十八日

約翰的第二任妻子小野洋子出生於保守的貴族家庭。她的父母小野英輔（Eisuke Ono）與小野磯子（Isoko Ono）分別是富有的銀行家與古典鋼琴家。洋子意指「海洋的孩子」。當她出生時，父親在舊金山工作，因此洋子到兩歲才見到他。一家人在加州住了一段期間。洋子從四歲就開始學習鋼琴。他們回到日本，接著在一九四〇年搬到紐約。隔年發生第二次世界大戰時，他們再度搬回日本。

一九三四年九月十九日

未來的披頭四經紀人布萊恩．愛普斯坦出生於利物浦羅德尼街四號。

一九三五年一月八日

艾維斯．亞倫．普里斯萊（Elvis Aron Presley）出生在密西西比州的圖珀洛。

一九三八年十二月三日

茱莉亞．史丹利與阿爾弗雷德．藍儂在波頓街戶政事務所結婚。

一九三九年九月一日至一九四五年九月二日

第二次世界大戰

一九三九年九月十日

辛西亞・莉莉安・鮑威爾（Cynthia Lillian Powell）出生在蘭開夏的黑潭，她是三名子女中的么女。她的父親查爾斯為奇異公司工作。他們的家族來自利物浦，但第二次世界大戰一爆發，懷孕女子們被遷到黑潭以便生產。爾後家族搬遷到中產階級的維拉爾半島。當他女兒十七歲時，查爾斯死於肺癌。

一九三九年九月十五日

咪咪與身為酪農與店老闆的喬治・土古德・史密斯（George Toogood Smith）結婚。

一九四〇年七月七日

未來成為林哥・史達的理查・「瑞奇」・史塔基（Richard 'Ritchie' Starkey）出生在利物浦內城區丁格爾區梅墜琳街，他是糖果店老闆李察與艾爾西的獨子。

一九四〇年十月九日約晚間六點半

茱莉亞・藍儂在利物浦婦產科醫院生下約翰・溫斯頓・藍儂，時值第二次世界大戰。他的父親弗萊迪遠在海上。他的姑媽咪咪・史密斯一路跑到醫院去探望他。弗萊迪差不多遺棄了茱莉亞；茱莉亞也迅速將約翰交給姐姐咪咪與咪咪的丈夫喬治扶養。

一九四二年

茱莉亞與阿爾弗雷德・藍儂合法分居。

一九四二年六月十八日

詹姆斯・保羅・麥卡尼出生在利物浦的瓦爾頓醫院（他的母親在此擔任護士），母親是身兼護士、助產士與負責背負家計的瑪莉，父親則是擔任義消與音樂家的吉姆。

一九四三年二月二十五日

喬治・哈里森出生在利物浦韋佛崔區阿諾林十二號；他是四個孩子中的么子，父母是公車車掌哈洛德與店家助理露薏絲。

一九四五年三月九日

當東京在第二次世界大戰遭到被稱為「人類史上最具毀滅性的單一轟炸空襲事件」的猛烈轟炸時，小野洋子與家人躲在麻布區，接著搬到輕井澤山區別墅，日後她與約翰也多次造訪該地。她失蹤的父親被認為待在法屬印度支那，被囚禁在位於越南西貢的集中營裡。

一九四五年六月十九日

因為與一名威爾斯士兵有染，茱莉亞生下了約翰同母異父的妹妹維多莉亞・伊莉莎白。寶寶被送到寄養家庭，後來名字被改為英格麗德・佩德森。約翰從來不曉得她的存在，英格瑞德與洋子在他死後才碰面。

一九四五年十一月

約翰開始就讀位於韋佛崔區莫斯皮茲路的莫斯皮茲小學。茱莉亞搬去和約翰・「鮑比」・戴金斯同居。一得知約翰得和母親與她的男友睡在同一張床上，咪咪便向社工局檢舉了他們。茱莉亞將約翰交給咪咪姑媽與喬治姑丈照顧，住在他們位於利物浦伍爾頓曼拉弗大街兩百五十一號的門迪普宅。

一九四六年

約翰就讀於潘尼巷旁的佛達爾幼兒學校，並在那碰見他的終生好友彼特・修頓。有一天，他的父親弗萊迪來到咪咪家，要「帶他去黑潭玩」。但弗萊迪打算和兒子移民到紐西蘭，在那裡展開新生活。他母親茱莉亞聽說了這計畫，並前往黑潭把約翰帶回利物浦。充滿爭論的謠言聲稱當約翰被迫選擇要跟雙親之一同住時，選擇了他的父親，但受不了看他母親走開，反而跑去和她待在一起。在約翰成為披頭四成員前，這是弗萊迪最後一次聽聞他兒子的消息。約翰相信自己從此會跟母親住在一起。茱莉亞立刻將兒子交給咪咪照顧，約翰與喬治姑丈變得更加親近，喬治也教他閱讀、寫字和繪畫。在喬治的鼓勵下，約翰大量閱讀書本與報紙。他最喜愛的書籍包括《愛麗絲夢遊仙境》與《搗蛋鬼威廉》。七歲時，他創造了自己的雜誌《運動，速度與繪畫》（*Sport, Speed & Illustrated*），內容包括漫畫、插畫與笑話。

茱莉亞和約翰的其他姑媽們：安、伊莉莎白與哈瑞特，都會到咪咪的門迪普宅探視約翰。約翰擁有快樂、安全、又穩定的童年。但在學校裡，他和其他孩子們格格不入，這可能反映了他父母帶來的忽略感。他感到沮喪、憤怒與無聊，儘管他展現了藝術天分，卻喜歡惡作劇，也充滿惡意，並容易和人打架。他會說骯髒的笑話，在性方面也很早熟，其他孩子的父母則認為他會帶來不好的影響。儘管咪咪努力想讓他變得聰明又善良，他卻套上了不修邊幅的外表，以作為叛逆的象徵。他搞砸了11＋考試。喬治姑丈送了他一台全新的翡翠綠拉列．蘭頓牌二代單車作為獎勵。

一九四七年三月五日

約翰的第二個同母異父的妹妹茱莉亞．戴金斯（日後改姓貝爾德）在利物浦出生。

一九四八年七月五日

戰後的艾德禮❶工黨政府在英國成立國民保健署，對醫療服務做出革命性的改變。

一九四九年十月二十六日

約翰的第三個同母異父的妹妹賈桂琳．戴金斯（Jacqueline Dykins）在利物浦出生。

一九五二年二月六日

在父親喬治六世駕崩後，伊莉莎白公主登基成為英國女王伊莉莎白二世。

一九五二年九月

約翰與彼特．修頓在採石坡男子中學接受中學教育，選擇該校的原因是由於它離家近，比更為知名的利物浦學院還方便（日後保羅．麥卡尼與喬治．哈里森則就讀該校）。約翰使自己成為眾人的焦點、班上的英雄與領導人物。他和修頓經常破壞校規，也常被他們的校長毒打。約翰會打架、寫下粗俗詩句、抽菸和罵髒話。他的學校檢討報告中經常充斥著不良行為：逃學、向老師頂嘴和把板擦丟到窗外。約翰活力十足，也不願固守成規，他不尊敬老師，也會嘲笑課程與教學方式。有些老師注意到了他獨特的幽默感、急智與智慧。約翰與彼特繼續惡整老師，也不交功課。約翰的成績一落千丈。他已經認出了自身的「天才」，也相信自己是學校裡最聰明的人：「我與眾不同。我和別人一直都不一樣。為什麼沒人注意過我？」他充滿魅力的性格使他成為了「酷小子」。孩子們都想跟約翰打成一片。

在他的青春期中期，他開始與母親建立緊密的關係，母親表現得更像是他的大姐，並住在不

❶譯注：Clement Richard Attlee，英國政治家，於一九四五年帶領工黨贏得勝利，取代邱吉爾成為英國首相。

遠於兩英哩外的位置。約翰開始在她位於阿勒頓的住處度過週末，她則與男友約翰・「阿扭」・戴金斯同居。

一九五三年六月二日

伊莉莎白女王二世在倫敦西敏寺接受加冕，有一百五十萬人聚集在市政廳、醫院與教堂中，這些地點都收到了觀看電視的集體許可。在倫敦的皇家節日音樂廳中，有三千名觀眾購票入場觀看直播。許多人也擠入了萊斯特廣場奧迪安電影院。從法利到克拉克頓的布特林海濱度假村中的大批假日露營客們也在大銀幕上觀上加冕典禮。總共約莫有兩千零四十萬名觀眾看了至少三十分鐘的典禮過程，加上人數多出兩倍的廣播聽眾，加上人數相同的在場觀眾。國內當時只有兩百七十萬台電視，每台電視平均有七點五人在觀看，還不包括孩童。

一九五四年五月二十日

比爾・哈利與彗星樂團透過美國迪卡唱片釋出了《晝夜搖滾》。約翰並沒有受到比爾・哈利時代影響，但他總會將母親連結到那類音樂上，因為她喜歡隨著那種音樂跳舞。茱莉亞和咪咪完全相反。約翰覺得和她待在一起比較自在。她作風怪異、浪蕩不羈、舉止特異、也愛開玩笑。她的兒子開始覺得自己繼承了母親的性格。依然在學校搞破壞的他，開始撰寫自己的期刊《每日嚎叫報》。這份報刊中充滿諷刺漫畫、幽默漫畫與無厘頭歌謠。他玩弄文字遊戲與雙關語的天份開始萌生。

一九五五年六月

約翰的喬治姑丈死於肝出血，享年五十二歲。十四歲的約翰非常難過。他躲回臥房中，無聲地折磨自己。當他的表親莉拉來安慰他時，他們倆無助又歇斯底里地大哭。事後約翰感到很有罪惡感。他未來將經常對創傷類狀況產生同樣的不經意反應。喬治姑丈被埋葬在伍爾頓的聖彼得教堂墓園中。莉拉・哈費茲（Liela Hafez）日後成為莉拉・哈維醫生（Liela Harvey）。她逝世於二〇一二年，享壽七十五歲。

一九五五年九月二十二日

獨立電視台進行了首次播放，使商業電視台在英國崛起，挑戰了英國廣播公司對市場的獨佔。

同樣在一九五五年

奧斯卡・普魯斯從帕洛風唱片公司／EMI集團退休。二十九歲的喬治・馬丁成為帕洛風唱片公司的社長。

影響力強大的美國電影《養子不教誰之過》（由詹姆斯・狄恩主演）和《黑板叢林》（由薛尼・鮑迪〔Sydney Poitier〕主演）在此時上映。

一九五六年

二十三歲的小野洋子與身兼日本編曲家與鋼琴師的一柳惠私奔並結婚。

一九五六年五月十一日

來自田納西州孟斐斯、二十一歲的艾維斯・普里斯萊的〈傷心旅館〉打入了早期的英國單曲排行榜。某天深夜，約翰在盧森堡電台聽到這首歌。這首關於寂寞的歌以任何青少年都能理解的歌詞寫成，也打醒了十六歲的約翰。他後來說：「直到貓王出現前，沒有東西影響過我。」電影角色們發揮了他們的影響力，但艾維斯是真人。約翰仿效了他的外型、緊身長褲、縐布跟鞋、油頭和鬢角，並且流露出陰鬱的氣息。在咪咪眼中：「因為艾維斯．普利斯萊，他一夜間成了男人。」約翰在臥房中貼上貓王的海報。他在家中變得更為放蕩不羈和不修邊幅。咪咪陷入絕望。

約翰很快就迷上當代其他歌手：查克．貝里、卡爾．帕金斯、小理察、傑瑞．李．路易斯和盧尼．多尼根。多尼根是位以一九五六年美國單曲〈岩石島公路〉走紅的英國歌手。DIY搖滾樂的民歌爵士樂狂熱開始了。約翰得到了他的第一把吉他，咪咪日後宣稱是她買給約翰的。教導她兒子彈奏班卓琴的和絃後（他學的第一首歌是胖子多明諾的〈真可惜〉），茱莉亞買了一把「保證不會斷弦」的加羅頓冠軍牌木吉他給約翰。她將吉他送到她家，因為咪咪不贊同這件事。約翰的姑媽強迫他待在前廊練習。約翰練熟了〈岩石島公路〉，很快就開始找其他男孩組成樂團。

一九五六年十月三十一日

保羅．麥卡尼的助產士母親在接受乳癌手術後死於栓塞，當時保羅只有十四歲，他的弟弟麥可則是十二歲。約翰與保羅碰面一年後，約翰失去了茱莉亞。兩人因雙雙失去母親而與彼此建立了友誼。

一九五六年十一月

約翰與朋友艾瑞克．葛里菲斯組成了民歌爵士樂團，彼特．修頓負責洗衣板，而另一名學校朋友比爾．史密斯則負責茶葉箱貝斯。他們自稱為黑傑克樂團，之後迅速照他們的校名將樂團命名為採石工人樂團。約翰身兼團長與主唱，負責所有決策並選擇歌曲。史密斯離開後，空缺先後由奈哲・瓦利、伊凡・范根和藍・蓋瑞填補。柯林・漢頓與羅德・戴維斯隨之加入。藍儂、葛里菲斯、修頓、蓋瑞、漢頓與戴維斯組成了「正式團員」，他們也開始找尋當地的表演機會。他們將在利物浦洞穴俱樂部表演，不過他們的曲目被認為「太有搖滾樂風格了」。

一九五七年四月四日

徵兵時期結束。一直到現在，十八歲以上的健全男性有義務得服役十八個月；從一九五〇年開始，在韓戰爆發之後，徵兵期維持了兩年。英國最後終於廢止了徵兵制，不過該制度一直到一九六三年才完全結束。約翰沒有被徵召。

一九五七年六月二十二日

在茱莉亞位於阿勒頓春木區布魯姆菲爾德路一號的三層樓社會住宅進行排練後，採石工人樂團到利物浦羅斯貝瑞街的慶典上，在一台運煤卡車後頭進行了首場公開演出。之後他們收到越來越多表演邀請。茱莉亞用彈奏班卓琴的方式調整了約翰的吉他，這樣約翰就能用頂端的四條琴弦彈出班卓琴的和絃。

一九五七年七月六日

當採石工人在一場花園派對中的草皮上表演過後，十五歲的保羅・麥卡尼在伍爾頓的聖彼得教堂大廳中被共同好友伊凡・范根介紹給約翰。保羅對約翰彈奏吉他的古怪方式和他窺視觀眾的方式感到訝異，因為約翰的近視相當嚴重，也不喜歡戴眼鏡。保羅拿起了一把吉他，彈出艾迪・科克蘭的〈二十道階梯搖滾〉和吉恩・文森特的〈*Be-Bop-A-Lula*〉。保羅接著調整了約翰與艾瑞克的吉他，並為歌曲寫下正確的歌詞。約翰之後問彼特・修頓覺得邀保羅入團如何。修頓同意了。約翰說：「當我遇到保羅那天，命運便開始轉動。」

一九五七年九月

幾乎十七歲的約翰進入了利物浦藝術學院。

打從踏進學院那天，在古板又熱愛爵士樂的藝術系學生中，穿著泰迪男孩衣著的約翰就是個格格不入的人。另一名比他大一歲的校園邊緣人比爾·哈利，則使約翰得到喘息的機會。比爾已經為音樂雜誌貢獻了不少資源。兩人去裂隙酒吧喝酒，那是一座位於學院附近街角的小酒吧，他們也會去別的學生宿舍玩。

約翰對學院感到心煩，因為校園結構太僵化了。他覺得課程和中學很類似，因此重新萌生了破壞行為。他很快就成為惡名昭彰的校園壞小子。

採石工人樂團從一九五七年末到一九五八年繼續在利物浦當地的小俱樂部表演。邀請率開始下滑。他們會在私人派對上演出。有些團員失去興趣並離開。十五歲的喬治·哈里森加入樂團，他是保羅在利物浦學院的同學，該學院就位在藝術學院隔壁。約翰只把他當成另一個小鬼，但他的音樂才能相當傑出。喬治的母親讓樂團在她家練習。約翰、保羅和喬治在學院食堂的二十一號房內排練，演奏單曲給別的學生聽。咪咪依然不贊同約翰玩樂團，茱莉亞則繼續給予鼓勵。

一九五八年七月十五日

四十歲的茱莉亞離開咪咪家，打算穿越馬路搭公車回家時，被下班的警員艾瑞克·克拉格開車撞倒。她當場死亡。幸好約翰當時不在門迪普宅，而是在母親家等她回家。有名員警前往通知約翰與鮑比·戴金斯。

因為在十四歲就失去自己的母親，保羅與約翰因喪親而加深了與彼此的羈絆。

一九五八年夏季

約翰的叛逆傾向變得更嚴重，他以酗酒方式來減輕痛苦，他的幽默感變得尖酸又殘酷。他從未由喪母之痛中痊癒。他向藝術系同學辛西亞・鮑威爾尋求慰藉。異類相吸。「小辛」改變了自己的外型，以便仿效約翰的性幻想對象：法國女星碧姬・芭杜。

將自己的時間與精力都投入音樂後，約翰的學業糟的一塌糊塗。他的態度影響了保羅・麥卡尼；為了在藝術學院的午休時間排練，保羅也開始翹課。約翰與保羅去後者位於阿勒頓區佛斯林路二十號的家，麥卡尼家族於一九五五年從斯皮克搬來後就住在那裡。約翰在他位於門迪普宅的臥房中寫下〈請取悅我〉，但約翰與保羅在佛斯林路共同寫出〈我看見她佇立在那〉、〈好好愛我〉、〈由我傳給你〉、一部分的〈她愛你〉，保羅也在那寫下〈當我六十四歲〉。他們會聊女孩子的事。

麥卡尼是兩人間較為厲害的音樂家與全能樂手，也會演奏好幾種樂器，他的許多作品都出自模仿，約翰則是充滿原創性的獨特歌手。約翰有完美的搖滾式嗓音，他借用巴迪・霍利的唱腔，卻用英式口音唱歌。他不試圖模仿其他人，並充滿自信地表現自己。他成了創新力較強的填詞人，保羅較為擅長編曲。兩人產生了獨特的寫歌搭檔關係，他們同意在每首歌上共享作者身分。保羅精於編寫故事，約翰則以第一人稱視角表達自己的情緒。保羅的風格樂觀又正面，約翰的風格則經常散發苛刻氣息，總是發出質問，並要求得到解答。較為年輕的保羅十分尊敬更成熟又危險的約翰；他有時對天使般乖巧的夥伴相當嚴格，但也承認保羅對樂團十分有幫助。

約翰與史都特・沙克里夫結為好友，沙克里夫是位矮小但極有天分的蘇格蘭藝術系學生。異類再度相吸：「史都」誠懇、沉靜、又聰明。兩人都相當受女性歡迎。史都在破舊的喬治亞式建築中的租屋處過著浪蕩慵懶的生活。他們對垮掉的一代相當有興趣。約翰、史都、比爾・哈利和羅德・莫瑞（Rod Murray）會通宵喝酒，討論新文學與詩詞。

約翰搬離門迪普宅，和史都一同住在靠近學院的甘姆比爾台。咪咪給了他大學生活費，接著揮別了披頭族外甥。一個月內，他就把錢花光，公寓也亂成一片。冬天時，他們甚至沒錢付暖氣費。

一九五九年八月二十九日

蒙娜・貝斯特在利物浦西德比黑曼綠道八號開了卡斯巴咖啡俱樂部。

一九六〇年至一九七三年

六〇年代的反文化興起，它原本起始於因美國對越南進行的軍事干涉所激發的社會反應。在接下來的數年，它大量影響了歌手與他們的編曲方式。

在此同時的利物浦，史都加入了採石工人樂團。當地商人亞倫・威廉斯成了他們的宣傳人，讓他們在他的藍花楹俱樂部表演，並使他們得到其他演出機會，包括做為歌手強尼・珍特爾的伴奏樂團前往蘇格蘭演出。史都賣出了一幅畫。約翰鼓勵他買一把電貝斯，但史都不曉得怎麼彈。為了紀念垮掉的一代，史都提議將樂團改名為「比托斯」（Beatals）。

一九六〇年八月

將團名從比托斯、銀色節拍、銀色金龜，改到銀色披頭四後，樂團名稱最後終於變成披頭四。蒙娜的兒子彼特．貝斯特入團擔任鼓手。

一九六〇年八月十七日至十一月三十日

他們在西德的五次停留期中的第一期開始：約翰、保羅、喬治、史都．沙克里夫和彼特．貝斯特抵達漢堡，在新開幕的英德拉俱樂部展開為期兩個月的表演。約翰讀完了藝術學院，但他的刻字測驗被當了。披頭四待在一家小型戲院班比電影院，並在位於城市紅燈區中心的大自由街上表演。由於低售票率和當地居民的抱怨，俱樂部老闆布魯諾．克許米德關閉了英德拉俱樂部。披頭四搬到附近的帝王地下室俱樂部，該店家相當受到歡迎，每晚都人滿為患。他們於十月四日進行首演。克許米德要求他們「表演！」他們累積了一萬小時的表演時數，並從男孩蛻變為男人。

約翰與史都變得更加親近。樂團結識了克勞斯．弗爾曼與阿斯翠德．基爾赫。阿斯翠德與史都陷入熱戀。當樂團打破了他們與克許米德與帝王地下室俱樂部的合約，在競爭對手前十俱樂部表演時，他們的旅程就碰上了災難。喬治．哈里森被揭露為未成年人，並被遣送回國；保羅和史都也是。史都與阿斯翠德留在漢堡，離開了披頭四。

一九六〇年十二月十日

約翰獨自回到英格蘭。

一九六〇年十二月二十七日

披頭四在利物浦的利瑟蘭鎮的市政廳舞廳中表演，並得到盛大歡迎。約翰現在相信他們能順利進行下去。他們會在這個場地繼續演出二十次，最後一場舉辦於一九六一年十一月九日。

一九六一年

他們從一月到三月在利物浦周邊進行連續表演。比爾・哈利發行了《梅西河節奏報》，報導英格蘭北部的流行樂新聞。比爾要求約翰投稿一份文章。約翰寫了一篇關於樂團如何組成的文章，標題是：「披頭四可疑起源的小短文」。他會繼續投稿詩詞、故事、素描和漫畫。

一九六一年二月

披頭四開始定期在位於馬修街的洞穴俱樂部演出。

一九六一年三月二十七日至七月二日

披頭四第二次前往漢堡。他們從四月一日開始在前十俱樂部演出了九十二個晚上，並製作了他們首張正式專輯。該專輯由伯特・坎普菲爾特（Bert Kaempfert）製作，他們為歌手東尼・雪瑞登在三首歌中伴奏；他們錄製了一首藍儂—哈里森純樂器單曲〈為陰影哭泣〉（*Cry for a Shadow*）；並表演了他們的搖滾版叮砰巷（Tin Pan Alley）的單曲〈她不可愛嗎〉（*Ain't She Sweet*）。現已二十歲的約翰以獨特的唱腔擔任主唱。

一九六一年七月至十二月

他們在默西賽德郡進行無止盡的表演，有時則前往南部演出。

一九六一年九月

在二十一歲生日前，約翰住在蘇格蘭的伊莉莎白姑媽給了他現金一百英鎊。約翰用這筆錢帶保羅去巴黎玩了兩週。他們經常造訪夜店、咖啡廳和酒吧，並與尤根・沃爾瑪碰面。受到「小尤」的催促，約翰與保羅開始模仿他的髮型。

回到洞穴俱樂部後，約翰發展出了鮮明的舞台性格。他雙腿分開地站立，把頭抬高，並將吉他高舉到胸前。嚴重的近視使他無法看到觀眾。他的玩笑話與機智抵銷了惡劣的表演條件，場地裡不只有危險的線路擺設和電壓故障，還經常停電。約翰經常跳到鋼琴邊繼續演奏，並運用自己尖酸的幽默感。他看起來比團員們還成熟。

一九六一年十一月九日

布萊恩．愛普斯坦在洞穴俱樂部的午間時段首度觀賞披頭四的現場演出。這位利物浦大型唱片行的經理，立刻受到個性與自己完全相反的約翰吸引：布萊恩是猶太裔同性戀者，穿著光鮮亮麗，也充滿個人魅力；約翰則是個粗俗又滿嘴髒話，又性好漁色的搖滾歌手。曾是失敗演員的布萊恩立刻受到四位披頭四團員吸引，自願擔任他們的經紀人。他們的皮革衣著被西裝與領帶所取代。艾普斯坦找來了大量表演機會。約翰信任「愛普」顯而易見的商業敏感度，但依然無法抗拒打扮得稍微「誇張」來惹惱布萊恩。

一九六二年

唱片公司不斷拒絕合作。布萊恩支持男孩們，並教導他們相信自己。

一九六二年三月十九日

巴布．狄倫釋出了首張同名專輯。他支持民權運動並反對越戰，也預測出當代音樂將採取的走向。

一九六二年四月十一日

披頭四回到漢堡，並在機場與阿斯翠德碰面。她告訴他們：二十一歲的史都在前一天因腦部血栓而逝世。史都與約翰經常通信，儘管約翰經常表現出刻薄的行為，兩人依然維持著緊密的友誼。習慣悲劇的約翰沒有顯露出太多情緒。

一九六二年四月十三日

他們在新開的明星俱樂部進行開幕表演，並在那演出了七週，直到五月三十一日。

一九六二年五月九日

布萊恩從倫敦回到利物浦，並帶來消息：他為樂團取得了和帕洛風唱片公司／ＥＭＩ的合約。由於披頭四還待在漢堡，他便用電報把消息傳給他們：「恭喜了，孩子們。ＥＭＩ要求和你們錄製歌曲。請排練新作品。」

一九六二年六月六日

披頭四與製作人喬治・馬丁首次見面。

馬丁很快認定彼特・貝斯特不適合擔任鼓手。布萊恩代替男孩們開除了彼特，因為他們開不了口。林哥・史達被邀請來取代貝斯特，披頭四在漢堡時認識他，當時他是羅里・史托姆與颶風樂隊的鼓手。總是與約翰相當親近的彼特感到深受傷害。

一九六二年八月二十三日

約翰在位於宜人山六十四號的戶政登記所娶了懷孕的女友辛西亞・鮑威爾。對此憤憤不平的咪咪姑媽拒絕出席婚禮。夫妻倆得在外頭道路上煩人的氣鑽噪音中說出結婚誓言，在瑞斯餐館舉行了備有雞肉與查佛蛋糕❷的婚宴。約翰與小辛搬入布萊恩在藝術學院附近的公寓，布萊恩堅持

❷譯注：trifle，英國傳統甜點，以水果和海綿蛋糕組合而成。

要他們將婚姻與寶寶當作秘密，以免刺激女歌迷。

一九六二年十月五日

首張單曲《好好愛我》／《PS我愛你》（*PS I Love You*）在英國發行。它的排名緩緩爬升，並在十二月達到排行榜第十七名。該專輯由加入披頭四前的保羅編寫，在一九五八年時，作曲人被列為「藍儂—麥卡尼」。當該專輯於一九六四年在美國上市時，便登上排行榜冠軍。

一九六二年十一月一日至十一月十四日

披頭四第四次回到漢堡，並再度到明星俱樂部演出。

一九六二年十一月二十八日

小野洋子與美國爵士樂手、電影製作人與藝術宣傳商東尼．考克斯結婚，但他們的婚姻很快就被宣布無效，因為洋子尚未完全結束與一柳的離婚手續。小野與考克斯在一九六三年六月六日重新結婚。

一九六二年十二月十八日至十二月三十一日

披頭四第五次和最後一次來到漢堡，並在明星俱樂部表演。他們已經厭倦了這經驗，但布萊恩．愛普斯坦堅持要他們履行合約。

一九六三年三月二十二日

披頭四的首張專輯《請取悅我》迅速上市，以便搭上他們成功事業的順風車。樂團被宣傳為外表乾淨、態度輕浮的小夥子們。約翰不喜歡這種形象，但依然照辦。他露出微笑，揮手並咬住自己的嘴唇……並三不五時流露出自己真正的本性。

一九六三年四月八日

辛西亞在利物浦生下約翰．查爾斯．朱利安．藍儂。布萊恩．愛普斯坦是他的教父。

一九六三年四月十八日

披頭四在倫敦的皇家阿爾伯特音樂廳演出，這是他們中春季巡迴的其中一場表演。

一九六三年四月二十八日

約翰的兒子出生不到三週，他就和布萊恩．愛普斯坦前往西班牙，掀起了兩人同性戀情的謠言。

一九六三年五月二十七日

巴布．狄倫發行了專輯《自由自在的巴布．狄倫》（*Freewheelin' Bob Dylan*），其中包含了歌曲〈隨風而逝〉（*Blowin' in the Wind*）。

一九六三年六月十八日

保羅的二十一歲生日派對在他的金姑媽位於利物浦休頓鎮的住家舉行花園露天派對。佛莫斯特樂團在場表演。影子樂團和比利．克拉默都參加了宴會。保羅帶著他的演員女友珍．愛舍。洞穴俱樂部的鮑勃．伍勒以約翰與愛普斯坦在西班牙共度「蜜月」一事戲弄約翰。喝醉的約翰攻擊鮑勃，並讓對方進了醫院。約翰日後發了一封道歉電報給伍勒，內容則被外流到《每日鏡報》（*Daily Mirror*）上。

一九六三年八月八日

在朱利安．藍儂出生四個月後，小野洋子生下了京子．考克斯。東尼．考克斯負責照顧他們的孩子，而洋子則專心在自己的藝術創作上。

一九六三年十一月二十二日

美國總統約翰·甘迺迪在德州達拉斯遇刺。馬克思主義份子李·哈維·奧斯華遭到逮捕，但在兩天後被夜店老闆傑克·魯比（Jack Ruby）射死。披頭四在同一天發行了第二張專輯《與披頭同行》（*With the Beatles*），當時是他們發售首張專輯的八個月後。

一九六四年一月十二日

披頭四在出席《倫敦守護神劇院週日夜》時見到了阿爾瑪·科根。阿爾瑪向他們發出了第一次邀請，請他們參加她知名的派對，地點在她和母親與妹妹同住的肯辛頓公寓。

一九六四年一月十五日至二月四日

他們進行了一九六四年的法國冬季演出，一場辦在凡爾賽宮，另外二十場則舉行於巴黎奧林匹亞音樂廳。

一九六四年二月七日

披頭四抵達紐約，在CBS頻道的《艾德·蘇利文秀》上進行歷史性的亮相。美國半數民眾收看了該集節目。披頭四狂熱正在全力運作。在他們的美國冬季巡迴演出中，他們在華盛頓進行了首次現場表演。他們也在紐約的卡內基音樂廳表演，並再次為艾德·蘇利文在邁阿密的多維爾旅館演出。

一九六四年三月二十三日

約翰的第一本書《約翰藍儂自筆》（*John Lennon in His Own Write*）由強納森·凱普出版社在

英國發行，在美國則由西蒙與舒斯特出版社代理。該書收錄了無厘頭歌曲和繪畫，也得到巨大的成功。

一九六四年四月與五月

他們進行了一九六四年的春季演出，包括五月三十一日在倫敦的威爾斯親王劇院的表演。

一九六四年四月二十三日

福伊爾書店在倫敦的多徹斯特飯店為約翰舉辦了文學午宴，而這名嚴重宿醉的作者因為無法講出充滿機智的演說，使主辦人與來賓大感失望。

一九六四年六月四日至八月十六日

樂團進行世界巡迴演出，總共有二十六場演唱會在丹麥、荷蘭、香港、澳洲、紐西蘭、英國、瑞典舉行。咪咪姑媽陪約翰前往澳洲，姿態優雅地戴著花邊帽，並趁機拜訪親戚，包括住在紐西蘭埃克塔胡納鎮的吉姆．馬修斯（Jim Mathews）。

一九六四年七月六日（美國則是八月十一日）

披頭四的音樂喜劇電影《一夜狂歡》在英國上映。該片得到巨大的商業成功，至今仍被列為最有影響力的音樂電影之一。皇家電影首映會舉辦於倫敦守護神劇院，瑪格麗特公主與斯諾登伯爵皆有出席；有一萬兩千人擠入了皮卡地里圓環。

一九六四年七月十日

《一夜狂歡》專輯上市。

一九六四年八月十九日至九月二十日

一九六四年美國夏季與加拿大巡迴表演開始於舊金山，並結束於紐約，舉辦場所為洛杉磯的好萊塢露天劇場、位於丹佛的莫里森的紅石露天劇場、芝加哥國際露天劇院與波士頓花園與達拉斯紀念劇場。

一九六四年八月二十八日

他們在紐約市德爾莫妮科飯店的房間中首度與巴布・狄倫碰面。狄倫已成了一名隱士，使用保鑣與藥物使自己遠離外界。他向披頭四介紹了大麻。

約翰對披頭四的形象與國際名氣感到越來越煩悶。他在藝術中尋求慰藉，並表達自己的私人情感。全新的勇氣開始出現在他的詞曲中，並使其提升到全新標準。樂團無止盡的巡迴、錄歌與宣傳行程使眾人都承受了不小負擔。面對使團員無法聽到自己歌聲的成千上百歌迷，尤其使約翰與喬治感到疲勞。他們無法聽到自己演奏的樂曲，沮喪感受到效果不足的音效設備加強，極端的保全條件也使他們無法享受旅行。他們的生活如同毫無歡樂氛圍的旋轉木馬，塞滿了飛機、旅館房間與演唱會場地。

一九六四年英國秋季巡迴演出

二十七場位於蘇格蘭、英格蘭、愛爾蘭、威爾斯的演出開始於布拉德福，並於布里斯托結束。

一九六四年十二月四日

《披頭四待售》（*Beatles for Sale*）上市。

一九六四年十二月二十四日至一九六五年一月十六日

披頭四聖誕節特別節目於倫敦的漢默史密斯奧迪安劇院上演。

一九六五年六月十二日

披頭四宣布將在女王壽辰授勳典禮獲頒員佐勳章。

一九六五年六月二十四日

約翰的第二本書《壞事的西班牙人》上市。裡頭收錄了更多無厘頭故事與繪畫。

辛西亞與他的兒子已為大眾所知，一家人經常成為報章雜誌的話題主角。約翰順勢而行，但他心中的不快與不安正逐漸高漲。作為丈夫與父親，他相當疏離又冷淡。他拒絕接觸妻兒，但當他出門進行巡迴演唱時，又會因罪惡感纏身，而寄了長篇書信回家。他不讓小辛知道自己對追星族和毒品與日俱增的依賴。他將自己的私生活隱晦地寫入歌中。

一九六五年七月二十九日（美國則是八月十一日）

第二部披頭四電影《救命！》在英國上映，那是部音樂喜劇暨冒險片。皇家世界首映會在倫敦行宮劇院舉行，身為斯諾登伯爵夫人的瑪格麗特公主殿下參加了首映。該片成為未來搖滾流行影片的基準。

約翰非常不快樂，他酗酒並暴飲暴食，經歷了他日後形容為「胖貓王」的時期。

約翰失蹤已久的父親弗萊迪・藍儂現在是離約翰在韋布里奇的住家不遠的旅館內擔任清潔工，他前來尋求財務贊助。這是二十年來父子首度見到彼此。

英國，一九六五年八月六日（美國則是八月十三日）

《救命！》專輯在英國上市。

一九六五年八月十五日至三十一日

十六場美國巡迴演出由位於紐約的謝亞球場開始：五萬五千名歌迷參加了這場表演，使它成為規模最龐大的披頭四演唱會。從八月二十九日到三十日，他們在洛杉磯的好萊塢露天劇場演出。

一九六五年十月二十六日

披頭四獲頒員佐勳章（大英帝國最優秀勳章），此事在該年六月的女王壽辰授勳典禮上宣布，並由女王陛下在白金漢宮頒獎，引發了大眾狂喜與震怒。某些之前的受獎者退回了勳章以示抗議。

一九六五年十二月三日（美國則是十二月六日）

《橡膠靈魂》專輯在英國上市。

一九六五年十二月三日至十二日

英國巡迴演出於格拉斯哥開始，並在卡地夫結束。

一九六五年十二月三十一日

約翰的父親弗萊迪發行單曲〈我的一生（我的愛與我的家）〉。它得到顯著的媒體曝光率，並開始在排行榜上攀升，接著排名突然下跌。共同作曲人東尼・卡特萊特懷疑約翰進行了破壞行為。該專輯是貝斯手諾爾・瑞丁和鼓手米契・米切爾已知最早的錄歌紀錄，兩人未來都將成為吉米・罕醉克斯體驗樂隊的團員。弗萊迪像吸血鬼般企圖從他兒子的成功中獲利這點，日後被拿來和已故歌手艾美・懷斯的父親米契・懷斯（Mitch Winehouse）的行徑作比較。

一九六六年

披頭四漸趨複雜的歌曲作品超越了作為現場演唱樂團所能達到的水準，逐漸變大的差距使他們感到沮喪。他們在台上則順勢而為。

一九六六年三月四日

約翰與樂團之友莫琳・克里夫進行的訪談出現在倫敦的《標準晚報》上，他在報導中談到自己的居家生活、藝術、書本、金錢、政治與宗教。單就字句上而言，他對基督教與耶穌的言論並沒有煽動性。但美國的青少年雜誌《行事曆雜誌》對該文章斷章取義地引用，使約翰被控自稱披頭四比耶穌還偉大。保守派美國民眾對「褻瀆不敬」的披頭四進行反撲。有二十二家美國廣播電台禁播他們的歌曲。大眾焚毀披頭四的相關物品，唱片、書本與商品都遭到摧毀。約翰收到刺殺威脅。三K黨聲稱要在樂團即將到來的美國巡迴演出中進行破壞。

一九六六年六月二十四日至七月四日

披頭四在德國、日本與菲律賓進行演出，

這是自從一九六二年十二月後，他們首次在德國舉辦演唱會，之前他們在漢堡的明星俱樂部舉行過最後一場跨年夜表演。

因為他們回到漢堡，便有機會與阿斯翠德・基爾赫和伯特・坎普菲爾特重逢。由於大量歌迷與警察活動，使他們認為回到大自由街太過危險。約翰與保羅之後都自己偷偷溜到那裡去。

在日本，他們到武道館演出：那裡是神聖的武術體育館，以及祭拜日本戰時亡者的神社。他們面對了許多反對讓武道館被用於搖滾樂演場會的憤怒抗議者。結果，有三萬五千名員警與消防員為此出動。在他們舉辦於六月三十日的記者會上，約翰譴責了越戰。

在馬尼拉表演時，披頭四無意間拒絕了第一夫人伊美黛．馬可仕（Imelda Marcos）找他們前往馬拉坎南宮的邀請。為了保命，他們被迫逃離菲律賓。

一九六六年七月三十日

在倫敦溫布利球場的九萬七千名熱情觀眾前，英格蘭以四比二擊敗了西德，首次與（到目前為止）唯一一次贏得世界盃足球賽決賽。

一九六六年八月五日

《左輪手槍》專輯上市。

一九六六年八月六日

布萊恩．愛普斯坦抵達紐約，舉行了應對「比耶穌更偉大」爭議的記者會。但他的努力反而助長了怒火。

一九六六年八月十一日

披頭四隨後在芝加哥阿斯特高塔飯店舉辦記者會，記者會在風城❸隔天的兩場演唱會前舉行。面對媒體前，約翰在他房內私下哭泣。他公開對自己的「錯誤」道歉。

一九六六年八月十二日至二十九日

一九六六年的美國夏季巡迴演出，從芝加哥開始，經過克里夫蘭、華盛頓、曼菲斯、紐約、

❸ 譯注：Windy City，芝加哥的綽號。

洛杉磯和舊金山。

一九六六年八月二十三日

披頭四回到謝亞球場。在約翰「比耶穌更偉大」的「疏失」後，他們「只」賣出了四萬五千張票，有一萬一千個座位無人進駐。

這場美國巡迴演出並沒有得到巨大成功。疲勞的披頭四在對爭議感到倦怠，又得無時無刻保持虛假的公眾形象下，同意取消演出。所有團員都使用了毒品。約翰特意在音樂上採用全新方向。他們的《左輪手槍》專輯成了樂團在歌詞與旋律創造力上的重要關鍵。他們的迷幻藥時代就此開始。

一九六六年八月二十九日

他們最後一次以巡迴樂團的身分演出，地點在舊金山的燭台公園。

一九六六年九月

約翰開始拍攝理查．萊斯特的《我如何贏得戰爭》。這是他唯一一個非音樂類型電影的角色，而該片於德國與西班牙拍攝。他開始配戴此後成為他註冊商標的老奶奶式圓形眼鏡。他察覺到離開披頭四後的事業可能性，並開始自省。披頭四解散的謠言甚囂直上。

一九六六年十月二十六日

阿爾瑪．科根於倫敦的密德薩斯醫院因癌症病逝。

一九六六年十一月九日

拍攝完《我如何贏得戰爭》回家的兩天後，約翰參加了在倫敦印迪卡畫廊舉辦的展覽，主辦人是擁有日美身分的前衛派藝術家小野洋子。他們倆一見鍾情，並在接下來的一年內在一連串場合上見面。

保羅提議披頭四以虛構樂團的身分進行表演，讓他們能在音樂上進行實驗並拓展方向，遠離既有的披頭四框架。受到海灘男孩的《寵物之聲》專輯影響（該專輯則被披頭四的《橡膠靈魂》啟發），他們成為了「樂團內的樂團」。

一九六六年十一月二十四日

休息了兩個月後，披頭四開始在位於艾比路的EMI錄音室二號錄音室中錄製《比伯軍曹的寂寞芳心俱樂部》。廣義而言，這是張無法以現場表演方式呈現的專輯。錄製過程持續了五個月。

一九六七年

墮胎與同性戀在英國合法化。這種態度上的改變也導致不少國會法令出現變動。一九六七年的性罪行法令將二十一歲以上情投意合的男性之間的同性戀行為除罪化，而一九六七年的墮胎法案則允許了特定情況下的墮胎行為；隨後而來的則是一九六九年的離婚改革法令與一九七〇年的同工同酬法。

一九六七年五月二十六日

《比伯軍曹的寂寞芳心俱樂部》在英國上市。該專輯受到他們使用藥物的影響，也被廣泛稱為「愛之夏原聲帶」；它的銷售量超越披頭四之前所有的專輯，並改變了黑膠唱片的外貌。專輯中收錄了約翰聲稱在自己所有歌曲中最喜歡的作品〈為了凱特先生好！〉以及他的傑作〈生命中的一天〉。

一九六七年六月至七月

世上第一場官方搖滾音樂節：蒙特利國際流行音樂節，在加州舉辦了三天。與會歌手包括吉姆・罕醉克斯、何許人合唱團、拉維・香卡、珍妮絲・賈普林和奧蒂斯・雷丁（Otis Redding）。在愛之夏期間，有十萬名嬉皮來到舊金山的海特—艾許伯里區。嬉皮革命就此誕生。

一九六七年六月二十五日

在位於艾比路的ＥＭＩ錄音室中，披頭四進行了他們最後三場現場表演中的第一場：他們為《我們的世界》衛星廣播節目演奏的經典歌曲〈你只需要愛〉，五大洲上的四億觀眾觀看了該節目。歌曲中的口號代表了六〇年代的理想思維。他們向全世界揭露了全新形象。

約翰將他的勞斯萊斯汽車外殼重塗成迷幻風格設計。

一九六七年七月二十七日

男性同性戀在英國被部分除罪化。本週的英國排行榜冠軍是〈你只需要愛〉。日後，一九六七年被稱為「流行樂出現的那年」。

一九六七年八月八日

小野洋子與東尼・考克斯一九六六年的電影《四號，一九六六年至一九六七年》（*No. 4, 1966–67*）（又稱《屁股》〔*Bottoms*〕）在倫敦首映，內容收錄了三百六十五張近距離拍攝的臀部照片，洋子聲稱這是為了宣揚世界和平。

一九六七年八月二十四日

約翰與小辛、喬治與貝蒂・哈里森和保羅・麥卡尼與珍・愛舍參與了瑪哈禮希・瑪赫西・優濟在倫敦的希爾頓飯店舉辦的超覺靜坐演說。

一九六七年八月二十五日

為了參加瑪哈禮希的週末課程，所有披頭四團員從倫敦的尤斯頓車站出發前往位於北威爾斯的班哥。約翰搭上火車，但小辛被卡在人潮中，錯過了列車。她被迫搭車前往目的地。因為小辛已經感覺到她的婚姻正在瓦解，於是便認為這項意外是惡兆。

一九六七年八月二十七日

布萊恩·艾普斯坦由於過度使用巴比妥類藥物，而死於倫敦。訃聞中都沒有提及他的同性戀性向。約翰認為這項悲劇象徵了披頭四的結束。

因為他們已經不再進行巡迴演出，樂團想出為ＢＢＣ拍攝電視電影《奇幻之旅》，以便以樂團身分進行表演。

一九六七年九月十一日至二十五日

《奇幻之旅》開始拍攝：影片大部分在肯特郡的西莫林取景，旅程本身則穿過德文郡和康瓦爾郡（大多片段都沒有被使用），以及倫敦的蘇活區和法國南部。少了愛普斯坦指引他們，團員們變得雜亂無章。

一九六七年十一月二十七日

《奇幻之旅》原聲帶以黑膠唱片方式在美國發行。在英國，電影中的歌曲之後會以雙面迷你專輯的方式在一九六七年十二月八日上市。

一九六七年十二月二十六日

《奇幻之旅》於節禮日在英國由英國廣播公司一台在電視上播出。該片深奧難懂又自我沉浸的劇情受到嘲諷，也成為他們的「第一次失敗」。音樂是該片的救星，其中的精華則是約翰的〈我是海象〉。約翰不受該片得到的負評影響。編曲人們察覺他正讓保羅轉為披頭四的領袖。

一九六八年一月

蘋果公司成立，取代了樂團原有的披頭四有限公司（Beatles Ltd）。自此開始，他們對自己的藝術與商業行為擁有完全控制。至少這是公司成立的理念。

一九六八年二月四日

披頭四在艾比路的ＥＭＩ錄音室錄製了保羅的〈瑪丹娜夫人〉（*Lady Madonna*）與約翰的〈穿越宇宙〉。後者歌曲中的文字遊戲、詩意與令人動容的美麗旋律，使它成為約翰最傑出的作品之一。但這首歌被束之高閣，成為《順其自然》專輯的開場曲，〈瑪丹娜夫人〉則以單曲方式釋出，以便在他們接下來的消失期中「繼續延續風潮」。

該月下旬，他們前往印度喜馬拉雅山腳下的瑞詩凱詩，和不同的朋友們向瑪哈禮希進一步學習超覺靜坐。當瑪哈禮希被控性騷擾女演員米亞・法羅時，眾人便脫離了這股幻想。約翰完全清醒過來。

一九六八年五月

當小辛和朋友們在希臘度假時，約翰邀請小野洋子到藍儂位於韋布里奇的住家。他們錄製音樂並首次做愛。約翰決定立刻離開小辛，並與洋子同居，因為洋子正是他等待了一輩子的靈魂伴侶。儘管相當傷人，但與約翰最親近的人們說洋子是發生在他身上最棒的事。小辛度假回家時，發現另一個女人已經掌控了她家和她丈夫。小辛落荒而逃。約翰與洋子親近到約翰形容她為「男扮女裝的我」。英國大眾殷約翰遺棄了妻兒與「披頭四理念」而抨擊他。

一九六八年五月三十日

樂團繼續處理《披頭四》專輯（又稱「白色專輯」），直到一九六八年十月十四日。

一九六八年六月十五日

約翰與洋子首度公開露面，當時他們在考文垂座堂附近的地帶種了兩顆橡實。一顆面對東邊，另一顆則面向西邊，代表他們倆對彼此的愛，以及他們不同背景文化的融合。

一九六八年六月十八日

約翰與洋子前往觀賞在倫敦舊維克劇場演出的舞台劇，該劇改編自約翰的書《自筆》。隔天此事被媒體大篇幅報導。

一九六八年七月一日

約翰在位於倫敦杜克街的羅伯特・弗雷澤藝廊舉辦首場大藝術展覽「你在這」（*You Are Here*），內容大致受洋子的藝術啟發。有三百六十五顆氦氣球的繩索被剪斷，飄上倫敦的天空，使找到氣球的人們將上頭的標籤還給約翰，要求他回家見自己的妻子。約翰感到困惑又沮喪。針對洋子的種族歧視不斷延燒。毫不退縮的約翰帶洋子加入「白色專輯」的披頭四錄歌工作，打破了一條地下規範：披頭四的妻眷們必須遠離他們的工作。但約翰不想離開他的靈魂伴侶。由於洋子企圖一起唱歌，甚至給其他團員音樂上的建議，使團員們感到反感。

一九六八年八月二十二日

辛西亞・藍儂控告約翰並訴請離婚，理由是他與洋子通姦。他並沒有反駁。

一九六八年九月四日

他們在特威肯曼製片廠拍攝了最後三場現場表演的第二場：那是為〈嘿，朱迪〉與〈革命〉拍攝的宣傳片段，由麥可・林賽—霍格執導，還有穿著白領帶的三十六名交響樂團成員在場。三百名臨演中有許多人都是從當地找來的，經常在ＥＭＩ錄音室附近出沒的歌迷們也被雇來拍攝。在場的還有電視主持人大衛・弗羅斯特，四天後他將在自己的節目《弗羅斯特週日秀》（*Frost on Sunday*）上首播這些片段。

一九六八年十月十八日

約翰與洋子在林哥位於倫敦的公寓蒙塔古廣場因為持有大麻與阻礙警方行動而被捕。

一九六八年十一月八日

辛西亞與約翰完成離婚程序。

一九六八年十一月二十一日

三十五歲的洋子在倫敦的夏洛特皇后醫院流產，失去了約翰五個多月的兒子。約翰完全沒有離開她身邊，這和他在辛西亞懷孕和生下他們的兒子朱利安時的情況截然不同。這是洋子和約翰三次流產事件中的第一次。洋子的小兒子原本應該在一九七〇年二月出生。在失去他前，他們錄下了他的心跳聲，之後將之收錄在一九六九年的專輯《與獅共存》（*Life with the Lions*）中，隨後則有長達兩分鐘的無聲時刻。寶寶被命名為約翰・小野・藍儂二世，並被埋葬在秘密地點。

一九六八年十一月二十二日

被廣泛稱為「白色專輯」的《披頭四》由樂團自己的蘋果公司發行，這張專輯宣告了披頭四解散的起點。當蘋果音樂向前邁進時，公司的其他部門卻侵吞了他們的財富。會計師們不斷抗議，團員們開始內鬥。林哥很快就對負面氛圍感到厭煩；喬治對保羅與約翰不把他的編曲功力與音樂才能當一回事這點感到灰心；約翰則受夠了保羅四處耀武揚威，還有他的自我沉迷；保羅無法接受約翰高漲的怪異行為與和洋子曬恩愛的行徑。約翰與保羅在寫歌上再也沒有相同的頻率了。盡頭已近。

一九六八年十一月二十九日

約翰與洋子發行了《未完音樂集一號：兩個處女》，這首專輯錄製於他們在約翰與辛西亞共度的第一夜。專輯封面是他們倆正面全裸的照片，反面則同樣是他們從後頭拍攝的裸照。裡頭的「音樂」混和了無法辨識的沙啞叫聲、嘰喳聲響與其他音效。

一九六九年

這一年是披頭四的轉捩點。

《順其自然》計畫繼續進行。儘管它錄製於《艾比路》之前，卻成為披頭四第十二張與最後一份錄音室專輯。錄製過程遭到團員內鬨所影響。他們也正以驚人速度損失經費。約翰堅持要指派惡名昭彰的搖滾樂經紀人亞倫．克萊恩來解決問題；保羅則希望他未來的大舅子約翰．伊斯特曼擔任此職（保羅現在已與攝影師琳達．伊斯特曼訂婚）。林哥與喬治支持約翰。爭吵繼續進行。《順其自然》暫停製作，並在一九七〇年三月至四月重新開始。

一九六九年一月十三日

《黃色潛水艇》原聲帶上市。

一九六九年一月二十日

理查·尼克森宣誓成為第三十七任美國總統。

一九六九年一月三十日

披頭四最後一次共同出場的公開表演在位於倫敦薩佛街三號的蘋果公司總部屋頂舉行。鍵盤手比利·普雷斯頓與他們一同演出。這段表演的片段出現在《順其自然》電影中。

一九六九年二月二日

小野洋子與東尼·考克斯的離婚生效。洋子得到他們的女兒京子的監護權。

一九六九年二月三日

當倫敦高等法院就解除披頭四合夥關係而舉行聽證會後，亞倫·克萊恩被指派為業務經理。保羅拒絕接受克萊恩擔任該職，使樂團內的情況更加惡化。

一九六九年二月二十二日至八月二十日

《艾比路》專輯錄製於EMI艾比路錄音室、奧林匹克錄音室以及三叉戟錄音室。

約翰越來越專注於獨立作品。比起和其他披頭四團員共事，他比較喜歡和洋子合作和做音樂實驗。他已經往前走了。即便如此，他依然在這張專輯中做出了傑出的貢獻，像是〈因為〉、〈一起來〉和〈我要你（她好重）〉等歌。

一九六九年三月二十日

他們沒有立刻解散的計畫。披頭四團員們依然與彼此是朋友，也打算在未來繼續共同錄歌。

約翰與洋子在直布羅陀結婚，並在荷蘭阿姆斯特丹的希爾頓飯店中的九〇二房中進行靜臥抗議，度過他們為期七天的蜜月。隨後他們在維也納的薩赫酒店舉辦了關於袋主義的記者會，並在此發明了「我們只是希望給和平一個機會」的口號。夫婦倆也宣傳了他們的前衛派電影《強暴》（*Rape*）。他們倆在一九六八年到一九七二年之前的其他合作電影包括：《微笑》（*Smile*）；《自畫像》（*Self-Portrait*）是對約翰陰莖的十五分鐘聚焦影片；《勃起》（*Erection*）則專注於倫敦洲際飯店的建築；《在你腿上》（*Up Your Legs*）的內容拍攝了三百三十一人的胸針；《神化》（*Apotheosis*）與《飛》（*Fly*）中則分別收錄了氣球飛入雲端鐘的短片，以及穿戴兜帽與斗篷的約翰與洋子，與一隻停在裸露女體上的昆蟲。

一九六九年五月

約翰對美國停留簽證的申請遭拒。小野．藍儂夫婦決定將他們的轉帶往加拿大。

一九六九年五月二十六日至六月二日

約翰與洋子安排了第二場靜臥抗議，這次則位於魁北克蒙特婁的伊莉莎白女王酒店。約翰在過程中編寫並錄製了〈給和平一個機會〉。這首歌被列為藍儂－麥卡尼作品，但其實算是塑膠小野樂團的首發單曲。

一九六九年六月八日

美國總統尼克森與南越總統阮文紹在中途島會面，那是座北大西洋中的環礁，離亞洲與北美洲有相同距離。尼克森宣布兩萬五千名美國士兵會在九月前撤離越南。

一九六九年六月二十八日

紐約市發生的石牆暴動[4]象徵現代同性戀權利運動的開始。

一九六九年七月一日

約翰在蘇格蘭高地度假時撞毀了自己駕駛的汽車，車上還載了懷孕的洋子和他們的孩子朱利安與京子。所有人都住進戈斯匹的勞森紀念醫院，約翰、洋子與京子則因臉部與頭部外傷而接受傷口縫合。

一九六九年七月三日

滾石樂團的布萊恩．瓊斯（得年二十七歲）在英格蘭薩賽克斯的住家泳池中被發現溺斃身亡。

一九六九年七月二十日

阿波羅十一號將尼爾．阿姆斯壯、巴茲．艾德林與麥可．柯林斯載上月球，讓阿姆斯壯與艾德林登上月面，並把他們安全載回地球。

一九六九年八月八日早上十一點三十分

攝影師伊恩．麥克米蘭（Iain Macmillan）拍下披頭四跨越錄音室附近的艾比路斑馬線的照片。該相片將成為他們最後一張專輯的封面，也成為史上辨識度最高、也最受人喜愛的唱片封面之一。

一九六九年八月九日

[4] 譯注：於一九六九年六月二十八日發生在紐約市格林威治村石牆酒吧的自發性暴力衝突。

查爾斯．曼森（Charles Manson）的「家族」組織成員在羅曼．波蘭斯基的洛杉磯豪宅中謀殺了懷孕的女演員莎朗．蒂（Sharon Tate）與她的朋友們。

一九六九年八月十五日至十八日

紐約州白湖村的伍茲塔克音樂節請來了吉米．罕醉克斯、史萊和史東家族合唱團（Sly and the Family Stone）、拉維．香卡、瓊．拜亞、珍妮絲．賈普林、何許人合唱團與傑佛森飛船合唱團（Jefferson Airplane）。香卡不滿意音樂節的狀況，也遠離了一九七〇年代的嬉皮活動。巴布．狄倫杯葛了伍茲塔克音樂節，並前往英國參加懷特島音樂節（八月三十日至三十一日），並在十五萬名觀眾前表演。其他出席歌手包括樂團合唱團（The Band）、美麗尤物樂團（The Pretty Things）、暢快樂團（The Nice）、何許人合唱團、傻瓜狗狗樂團與喬．科克爾（Joe Cocker）。與會的知名來賓們則有約翰與洋子、林哥與妻子莫琳、喬治與貝蒂．伯伊德、身兼女演員與激進分子的珍．芳達（Jane Fonda），以及滾石樂團的基斯．理查茲。

一九六九年九月十三日

塑膠小野樂團出席多倫多搖滾樂復甦演唱會，一九五〇年代到一九六〇年代的知名歌手們也有參與。

一九六九年九月二十日

團員們在蘋果總部舉行了一場會議，討論下一張專輯。林哥因病不克出席。他們也討論了一張新單曲。約翰提出了他最新的作品〈戒癮〉，保羅與喬治則拒絕這提案。對其他人說「我要走了」和「結束了」後，約翰依然和塑膠小野樂團錄製了這首歌。這為披頭四劃下了真正的句點，而非保羅在一九七〇年四月十日發表的官方聲明。當樂團創辦人約翰離開其他人時，樂團就解散了。當時他二十九歲。

一九六九年九月二十六日（美國則是十月一日）

《艾比路》專輯在英國上市，評價好壞參半。在今天，它被廣泛認為是他們最傑出的作品。

一九六九年十月十五日

成千上百人參與了在美國各地延燒的終止越戰行動示威。

洋子再度流產。

一九六九年十一月十三日至十五日

二十五萬到五十萬名抗議者在華盛頓特區進行和平示威，口號則是「對抗死亡遊行」。

一九六九年十一月二十五日

約翰將他的員佐勳章歸還給女王陛下。

一九六九年十二月六日

由滾石樂團主持的阿爾塔蒙特自由音樂會在北加州舉行，該場合被認為是「西岸版伍茲塔克音樂節」，與會群眾引發了暴力事件，並使該演唱會在歷史上被稱為「六〇年代的結尾」。

約翰與洋子繼續用他們的行動與怪癖佔領報紙頭版，使大眾聚焦在他們的政治觀點與藝術上；這兩者正急速融合為同一種事物。儘管失去了他們的可信度，他們卻傳遞出了自己的訊息。

同樣在十二月，小野・藍儂行動企圖洗刷詹姆斯・漢瑞提（James Hanratty）的清白，他是在英國最後一個被吊死的人之一。透過在十一個城市豎起巨大的告示牌：「如果你想的話，戰爭就會結束！約翰與洋子祝你聖誕快樂」，他們在全世界努力提倡和平。

一九七〇年一月

約翰與洋子剪掉了他們的頭髮，宣布一九七〇年為「和平元年」。

一九七〇年二月六日（美國則是二月二十日）

小野・藍儂夫婦在英國發行了單曲〈轉瞬業力（我們都會發光）〉（*Instant Karma!*〔*We All Shine On*〕）。

一九七〇年四月一日（愚人節）

他們釋出了開玩笑的媒體聲明，宣布他們要接受變性手術。

洋子與前夫東尼・考克斯關於他們的女兒京子扶養權的問題繼續延燒。小野・藍儂夫婦將他們追到馬略卡島。考克斯帶著京子逃到德州休士頓，也就是他新女友梅琳達・坎達爾的故鄉。約翰與洋子為巨大壓力所苦。

一九七〇年四月二十三日

小野・藍儂夫婦飛到洛杉磯參加原始療程提倡者亞瑟・亞諾夫醫生為期四個月的精神療程。約翰面對了他最深的不安全感：他父親遺棄他、他母親的死與他的自我厭惡。夫婦倆回到英格蘭，約翰則以單飛歌手身分在第一張正式錄音室專輯中的歌曲裡提及了這三項問題。

一九七〇年九月十八日

吉米・罕醉克斯（得年二十七歲）被發現死在一間倫敦公寓飯店中。

一九七〇年十月四日

珍妮絲・賈普林（得年二十七歲）被發現死在洛杉磯的地標引擎飯店中。

一九七〇年九月二十六日至十月二十三日

《約翰・藍儂／塑膠小野樂團》於艾比路錄音室、雅士谷錄音室和他們位於伯克郡的帝騰赫斯特莊園所錄製。

一九七〇年十二月十一日

《約翰・藍儂／塑膠小野樂團》上市。它的主題是「面對你的問題」。該專輯得到巨大讚譽，裡頭的歌曲包括〈工人階級英雄〉與〈母親〉。

一九七一年二月十一日至十二日（與五月二十四日至七月五日）

《想像》專輯於雅士谷錄音室、唱片工場、紐約市與艾比路錄音室錄製。

一九七一年三月十二日（美國則是三月二十二日）

〈給人民力量〉（*Power to the People*）在英國上市。約翰與洋子正明顯採取更為直接與叛逆的態度。

一九七一年七月三日

在滾石樂團成員布萊恩・瓊斯的第二年忌日，身兼門戶樂團（The Doors）主唱、填詞人和詩人的吉姆・莫里森（得年二十七歲）被發現陳屍在巴黎的浴室中。

一九七一年八月一日

喬治・哈里森與拉維・香卡在紐約的麥迪遜廣場花園主持了孟加拉慈善演唱會。這是世上第一場國際慈善音樂會，是為了幫助經歷過一九七〇年熱帶氣旋與孟加拉國解放戰爭中慘事的難民。林哥、巴布．狄倫與艾瑞克．克萊普頓也有演出。

一九七一年九月三日（有些紀錄顯示為八月三十一日）

約翰與洋子離開英格蘭，踏上前往紐約的短暫旅程，打算找尋京子。約翰再也不曾居住在他的故鄉土地上。

他們待在瑞吉酒店，接著搬到位於西村的兩房公寓，他們在當地吸引了企圖將理查．尼克森拉下台的政治激進份子。約翰與洋子開始參與抗議集會與慈善音樂會，有些場合則十分可疑。他們錄製了另一張專輯《紐約城瞬間》（*Some Time in New York City*）。聯邦調查局逐漸注意起他們的活動。在他們的抗議歌曲〈約翰．辛克萊〉（*John Sinclair*）使某個因持有大麻被起訴的人受到釋放後，尼克森總統就開始監視小野．藍儂夫婦。

一九七一年九月九日

《想像》專輯上市。裡頭收錄了約翰的代表性歌曲〈想像〉；當中還有〈內心殘缺〉（*Crippled Inside*）、〈吃醋的人〉；〈你如何入睡？〉是他對保羅尖酸刻薄的訊息，這首歌是對保羅在《公羊》專輯中對他放的冷箭所做出的嚴厲回應。

一九七一年十月二十八日與三十一日

〈聖誕祝福（注意聖誕節拼法中的「X」）（戰爭已結束）〉錄製於紐約市的東錄音工場。旋律來自英格蘭古老民謠〈花斑馬〉（*Skewball*）。這是約翰獨立於披頭四之外的第七張單曲，之後也成為越戰抗議歌謠與經典聖誕歌曲。

一九七一年十二月一日（英國則是一九七二年十一月二十四日）

〈聖誕祝福（戰爭已結束）〉在美國上市。但由於與發行商北方民謠公司產生版權爭議，英國發行日期卻幾乎要晚了一整年。約翰是首位發行聖誕歌曲的前披頭四成員。喬治的〈叮咚叮咚〉（*Ding Dong, Ding Dong*）在一九七四年才上市；保羅的〈美妙聖誕佳節〉（*Wonderful Christmas Time*）發行於一九七九年；林哥的〈我想當聖誕老人〉（*I Wanna be Santa Claus*）則在一九九九年上市。

約翰談到到美國巡迴演出，抗議尼克森的一九七二年連任競選活動。由於投票年齡即將降低到十八歲，尼克森感到大為驚恐，擔心藍儂會影響年輕選民的想法。總統對此毫不質疑，因為約翰在《想像》專輯抨擊了他，像是在〈給我真相〉中形容自己對尼克森的觀感：「短髮又懦弱的狡猾迪克❺別想對我逢迎拍馬。」約翰伴著喬治．哈里森的吉他聲唱道。聯邦調查局探員被派去監控藍儂的表演，他們很快就發現約翰之前在英格蘭持有過大麻。嚴格來說，這應該會使約翰無法入境美國。約翰的觀光簽證快要過期了。尼克森找到了機會。剛開始，約翰以為自己只是幻想有車子在跟蹤他，或有人監聽他的電話。他很快就明白了真相。一場漫長的法規戰爭就此開始。

一九七二年三月十七日

林哥發行了單曲〈倒退 Boogaloo〉（*Back off Boogaloo*），該曲由喬治．哈里森製作，林哥則稱馬克．波倫為歌詞的靈感來源。據說自從第二張暴龍樂團（T. Rex）專輯《電子英雄》（*Electric Warrior*）走紅後（它在英國成為一九七一年最暢銷的專輯，之後則在《滾石雜誌》的「史上最偉

❺ 譯注：Tricky Dick，尼克森的負面綽號。

大的五百張專輯」中名列第一百六十名），他便協助錄製了這首歌。它在美國百大排行榜上達到了第九名。該專輯在英國則得到了第二名，也是史達在國內最暢銷的作品。隔天，波倫在溫布利的帝國球場❻進行了兩場演出，現場歌迷的熱情程度不亞於披頭四狂熱。林哥為蘋果電影公司預計推出的紀錄片拍下了該演唱會的景象，這些片段延伸出完整的電影。其他場景則在約翰與洋子位於雅士谷帝騰赫斯特莊園的家拍攝，林哥在那幫忙看家；他們也在蘋果錄音室進行即興演奏，艾爾頓・強負責鋼琴，林哥則擔任鼓手。幾週後，馬克與他的妻子朱恩、喬治・哈里森與林哥前往坎城開船度假。林哥的電影《生為布吉》（*Born to Boogie*）在倫敦蘇活區布魯爾街的奧斯卡一號電影院首映。該片在票房上慘敗，也被美國片商與代理商忽視。隔年四月，馬克在喬治・馬丁的聯合獨立錄音公司為林哥的同名專輯錄製了樣本歌曲，但沒有被收錄在最終版唱片中。

一九七二年四月十八日

約翰與洋子出席了移民聽證會，約翰則收到了驅逐令，得在六十天內離開美國。

一九七二年五月

約翰撤手並確認自己不會干預尼克森的連任活動。他找尋許多朋友支持他居留美國的請願，包括巴布・狄倫、約瑟夫・海勒（Joseph Heller）、李奧納德・伯恩斯坦與瓊・拜亞。

一九七二年六月十二日（英國則是九月十五日）

與格林威治村樂團大象回憶（Elephant's Memory）和隱形琴弦樂團（Invisible Strings）合作的

❻ 譯注：溫布利球場原本的名稱。

《紐約城瞬間》專輯在美國評價不佳。之後的英國發行日又再度因與發行商北方民謠公司產生糾紛而延後。約翰與洋子被《滾石雜誌》指控「進行初步藝術性自殺」，因為該專輯專注在政治與社會議題上，從北愛爾蘭危機到阿蒂卡監獄槍擊案都有涉獵。約翰似乎首次不知該如何妥善處理作品主題。在英國，像〈愛爾蘭人的運氣〉與〈血腥星期天〉等歌曲造成了反感，特別是在約翰已遠離英國，還住在紐約之後。

一九七二年六月十七日

華盛頓特區爆發水門案醜聞。競選連任委員會被揭露為貪腐組織。四十八名尼克森政府的官員遭到定罪。

一九七二年八月三十日

約翰與洋子在麥迪遜廣場花園舉辦了兩場一對一演唱會。約翰買下了價值五萬九千美金的門票，並將門票發給歌迷，並募得了一百五十萬美金來給身心障礙者。儘管約翰之後還會出席一些舞台活動，這兩場演唱會卻是他最後的大型表演。

一九七二年十一月七日

理查．尼克森在美國歷史上最大的其中一項壓倒性選舉勝利中獲得連任。

一九七二年十二月二十三日

《想像》電影上映。電影主要在帝騰赫斯特莊園取景，片中描寫了與彼此完美契合的可愛夫妻。然而現實並沒有這麼美好，因為法律問題纏身，和持續搜尋被綁架的京子，同時對政治活動失去幻想，使他們的婚姻陷入危機。

一九七三年四月

約翰與洋子搬到位於紐約上西城較為隱密的達科他公寓。

一九七三年七月

尼克森總統的秘密監聽系統遭到起底，白宮與水門竊案之間的關聯被揭露，尼克森同意阻止調查的計畫被公開。

一九七三年七月至八月

《心靈遊戲》專輯錄製於紐約市東錄音工場。這是藍儂第一張自行製作的唱片。這張專輯也象徵他與洋子開始分裂。在她的鼓勵下，從一九七〇年就開始與藍儂夫婦共事的製作協調員兼助理龐鳳儀成了約翰的伴侶與情人，那段期間在日後被稱為藍儂「迷失的週末」；典故出自一九四五年的同名電影，該片主角雷．米倫演出一名酗酒的作家。

一九七三年十月二十九日（英國則是十一月十六日）

《心靈遊戲》專輯在美國上市。

一九七三年十月

約翰與鳳儀前往洛杉磯宣傳《心靈遊戲》，並在當地住下。沒有洋子在身旁管他，約翰便大肆酗酒。他決定錄製一張充滿啟發性的經典搖滾曲目專輯。他重建了和兒子朱利安的關係，當時他已有四年沒見過兒子了。

同樣在迷失的週末裡，約翰用〈第九號夢境〉奪下排行榜前十名，並以單曲〈與我共處〉（*Stand By Me*）進入派行榜前二十名，也和大衛．鮑伊在〈名氣〉上合作，還與艾爾頓．強共同創作〈露西帶著鑽石在天空飛〉。他幫林哥寫了〈晚安維也納〉（*Goodnight Vienna*），也為強尼・溫特（Johnny Winter）編寫〈搖滾樂人民〉（*Rock And Roll People*），並為凱思・穆恩寫了〈借過，L太太〉（*Move over Mrs L*）。

一九七四年三月至五月

約翰製作了哈利・尼爾森的專輯《軟貓兒》（*Pussy Cats*），歌名的緣由來自他們在洛杉磯進行的荒唐酗酒行為所引發的負面形象。林哥、克勞斯・弗爾曼與凱思・穆恩都在這張專輯中客串表演。

一九七四年三月十三日

約翰與尼爾森因為不良行為而從遊唱詩人夜總會被趕了出去。

在三月，洋子聯絡約翰，要求他前來達科他公寓討論對他的尼古丁癮進行的療程。夫妻倆在分離期間每天都與彼此聯繫。約翰懇求洋子讓他回家，但她還沒準備好迎接約翰。

一九七四年三月二十八日

在《軟貓兒》錄製過程中，約翰很喜歡和保羅・麥卡尼在洛杉磯的伯班克錄音室即席表演。這是他們最後一次在錄音室中共同演出。這也是在披頭四解散與約翰在一九八〇年被害之間，他們唯一的已知合作。他們討論過在未來合作錄歌。

一九七四年七月至八月

約翰在紐約的東錄音工場錄製了第五章獨立錄音室專輯《牆與橋》。

一九七四年八月五日

尼克森總統接下誤導美國人民的責難。

一九七四年八月九日

尼克森黯然下台，成為唯一一位辭職的美國總統。儘管速度並不夠快，卻幫了約翰一把。

一九七四年九月二十六日

《牆與橋》專輯上市。〈安眠即可〉與〈第九號夢境〉特別受到歡迎。艾爾頓．強也參與了製作。他和約翰打賭說〈安眠即可〉會得到排行榜冠軍。因為藍儂是唯一一個從來沒有在單飛後得過排行榜冠軍的前披頭四成員，他便同意如果成功的話，就和艾爾頓在麥迪遜廣場花園同台演出。那張專輯確實奪得冠軍。

一九七四年十一月二十日

約翰飛到波士頓去看艾爾頓．強在波士頓花園的表演，並準備在紐約場出現，也激起了自己對舞台的恐懼。

一九七四年十一月二十八日

約翰與艾爾頓．強在麥迪遜廣場花園同台登場。這是約翰最後一次出現在大型演唱會。他演唱了〈安眠即可〉、〈露西帶著鑽石在天空飛〉和〈我看見她佇立在那〉。約翰為洋子安排了門票。表演之後，她和約翰在後台重逢。約翰與龐鳳儀離開。在那之後不久，約翰與洋子重新開始約會。

一九七四年聖誕節

約翰在佛羅里達和龐鳳儀與他的兒子朱利安度過聖誕節，他們造訪了奧蘭多迪士尼世界。

一九七五年一月中（龐鳳儀則記得是一九七五年二月第一週）

約翰與洋子再度回到達科他公寓同居，並認為他們的分離是個「錯誤」。

一九七五年二月十七日

約翰的第六張單飛錄音室專輯《搖滾樂》上市，其中收錄了一九五〇年代與一九六〇年代早期的歌曲。專輯封面是約翰在漢堡某扇門口的舊照片，由尤根・沃爾瑪在一九六一年拍攝。該專輯得到廣大好評。

一九七五年四月十八日

約翰最後一次登台，上的是電視特別節目《向盧・格瑞德爵士致敬：表演大師》（*Salute to Sir Lew Grade: The Master Showman*）。

一九七五年十月七日

約翰的驅逐令受到紐約州高等法院的美國法官駁回。

一九七五年十月九日

在約翰的三十五歲生日當天，四十二歲的洋子在某間紐約醫院以剖腹產生下他的兒子西恩・太郎・小野・藍儂。

一九七六年一月二十六日

披頭四與ＥＭＩ的合約到期。約翰現在沒有任何合約與錄歌的責任。

一九七六年四月一日

約翰的父親弗萊迪・藍儂在薩賽克斯的布來頓死於癌症，享壽六十三歲。在老藍儂人生的最後階段裡，他和約翰經常聯絡。

一九七六年七月二十七日

約翰終於得到美國綠卡。五年來他第一次能自由踏出美國，而不用擔心會被禁止入境。在約翰人生中最後四年內，一家人在日本長期度假，拜訪了東京、京都與輕井澤。約翰迷上了日本文化、藝術與生活風格，並認識了他妻子的家人，也廣泛前往其他國家旅行。

一九七七年一月二十日

約翰與洋子參加了吉米．卡特就任第三十九屆美國總統的就職典禮。約翰正式成為受歡迎的人物。

約翰和洋子從日內瓦飛到埃及開羅，並在吉薩金字塔拍照。日後據說他們參與了某次秘密考古挖掘行動，並購買了埃及工藝品。

一九七七年八月十六日

艾維斯．普里斯萊死於田納西州孟斐斯，享年四十二歲。

一九七七年九月十六日

馬克．波倫（得年二十九歲）在倫敦的巴恩斯共同區死於車禍。

一九七七年九月至十月

約翰、洋子與西恩旅行到日本度長假。

一九七七年十月四日

約翰與洋子在東京的大倉酒店舉行記者會，約翰在此宣布他將從音樂界引退一段時間。媒體將約翰重新命名為「搖滾樂的霍華・休斯」。

自從他離開音樂界後，他就成了家庭主夫，並在洋子處理事業時照顧寶寶。她的工作依然是處理約翰的披頭四相關法律與財務問題，並打造他資產的價值，同時約翰則看顧著孩子，教他閱讀、寫字與畫畫。

照顧西恩的過程重新點燃了約翰對自己逝去已久的童年感到的興趣。他要咪咪姑媽把他的素描、詩詞、繪畫、學校報告、制服和其他充滿回憶的物品從老家寄來。

約翰依然會私下寫歌與錄製試聽帶，但大多時間裡他都躺著做白日夢、看電視、閱讀、畫畫、素描卡通和寫詩。在他死後，這些東西中最佳的作品就被整理出版為一本書：《口耳相傳的天馬行空》（*Skywriting by Word of Mouth*）。

一九七八年五月至六月

據說小野・藍儂夫婦待在巴黎。

一九七九年三月二十日

約翰與洋子慶祝結婚十週年。

一九七九年五月二十七日

約翰與洋子在《星期日泰晤士報》（*Sunday Times*）上刊登了整版廣告，名稱為「這是來自約翰與洋子的情書：致問我們有什麼事、何時發生與為何發生的人們」，讓他們的歌迷知道自己和西恩過的很好。他們讓大眾得知自己的消息，看起來似乎也過得很快樂。在爭取世界和平多年後，約翰終於能與自己平靜共處了。

對瘋狂歌迷感到偏執的約翰碰上了保羅．葛瑞許（Paul Goresh），這名歌迷成為他散步時的同伴。

一九八〇年三月二十日

約翰與洋子位於佛羅里達西棕櫚灘的住家中慶祝結婚十一週年。約翰送了洋子五百多朵新鮮的梔子花和一顆心形鑽石，洋子則送了約翰一台經典勞斯萊斯。

春季下旬，據說約翰獨自前往南非開普敦，並以「格林伍德先生」（Mr. Greenwood）的名義待在與世隔絕的納爾遜山酒店。據說他在桌山上冥想。在一九八〇年五月二六日的陣亡將士紀念日，他從南非打電話給龐鳳儀，與她進行了最後一次對話。相傳約翰自己或和洋子在這段期間搭乘私人飛機或船隻造訪了西班牙、德國、香港與其他地區；約翰的咪咪姑媽日後也宣稱約翰在被害不久前，曾秘密前來位於多賽特郡沙洲半島的家拜訪她。

一九八〇年六月四日

約翰搭乘帆船梅根．潔伊號從羅德島新港航行到百慕達的漢密爾頓市，航程為期兩個月，也度過了一場暴風雨。約翰深深受到這場旅程影響，並重拾精神，再度熱情地開始寫歌。他寫下了〈觀看車輪〉、〈重新開始〉與〈女人〉；在他遠離音樂界的漫長期間後，這些歌曲成了構成新專輯的初始作品。四歲的西恩到百慕達找他，洋子短暫造訪過他。

一九八〇年七月二十八日

約翰搭飛機回到紐約，開始計畫錄製《雙重幻想》。

一九八〇年八月四日

約翰與洋子繼續錄歌事業，並與大衛．格芬簽約。他們重新開始與媒體進行互動。

一九八〇年八月七日至十月十九日

《雙重幻想》錄製於紐約市的錄音工場。

一九八〇年十月九日

約翰的四十歲生日與西恩的五歲生日。洋子雇了台飛機在紐約的天空上留下雲霧字跡：「約翰與西恩生日快樂。洋子敬上」。

一九八〇年十一月十七日

《雙重幻想》專輯上市。這是約翰與洋子的第五張專輯，也是約翰生前第七張與最後一張錄音室專輯。它的評價不佳。在約翰於專輯上市三週時被刺殺後，它成為了全球暢銷作品，也在第二十四屆葛萊美獎上贏得一九八一年年度專輯。內容交替收錄七首約翰的單曲與七首洋子的單曲。這張專輯再度讓約翰被認為是二十世紀最偉大的作曲家與填詞人之一，也展現了他傑出的搖滾樂唱腔。收錄歌曲包括〈（宛如）重新開始〉、〈我正在失去你〉、〈女人〉、〈觀看車輪〉和〈美麗男孩（親愛的男孩）〉。約翰與洋子也為下一張專輯製作了試聽帶，也計畫進行全球巡迴演唱。

四十歲的約翰身體健康，他戒了毒、肉類與糖（不過他沒戒濃香菸或黑咖啡）。

一九八〇年十二月六日

他們與ＢＢＣ廣播電台的安迪．皮博斯在紐約進行訪談。訪談主題是期待光明未來的約翰。

一九八〇年十二月八日

約翰在達科他公寓接受了最後一場訪談，採訪單位是雷電華廣播公司。

那天下午，他和洋子在家中讓安妮・萊柏維茲（Annie Leibovitz）拍下用於《滾石雜誌》封面的照片。約翰再度全裸，而洋子則穿戴整齊。

東岸時間下午四點十五分：約翰與洋子前往錄音室（有些報告說是金曲工廠，有些則說是唱片工場），為洋子的新歌〈如履薄冰〉混音。在他們的住宅外，歌迷保羅・葛瑞許給他們看他為他們拍的相片。另一位明顯是歌迷的馬克・大衛・查普曼也在附近徘徊。約翰簽了他的《雙重幻想》。葛瑞許為約翰與馬克拍下合照。

晚間十點五十分：約翰與洋子回到住處。查普曼正在等待。當約翰在住家前下車時（這件事鮮少發生，他們的司機通常都會在達科他公寓的私人庭院中放他們下車），查普曼對約翰發射了五發子彈，四發子彈擊中了他。約翰被員警送到醫院。

晚間十一點〇七分：約翰死於紐約的羅斯福醫院（後來被改名為西西奈山醫院）。

一九八〇年十二月九／十／十一日（此處包含所有日期）

約翰的遺體在紐約州哈茨戴爾的芬克里夫墓園被火化，該墓園位於紐約北方二十五英哩外。洋子沒有詢問他在英格蘭的家屬該如何處置他的遺骸。她有時說自己將他的骨灰放在「她床下」的骨灰罈中，但也曾說她將骨灰撒在中央公園裡，地點在草莓園紀念碑的現址。

一九八〇年十二月十四日

東岸時間下午兩點，有四十萬人聚集在中央公園，和世上其餘數百萬人一同為約翰進行十分鐘的默哀。

一九八一年八月二十四日

馬克．查普曼被判處二十年徒刑。這比最嚴重的二十五年徒刑還少了五年，因為他坦承犯下二級謀殺罪，因此他不需要經歷耗時又昂貴的審判過程。

一九八四年一月九日（美國則是一月二十七日）

約翰與洋子共同創作的最後一張專輯《奶與蜜》（*Milk and Honey*）在英國上市：那代表了約翰仍保有的音樂天賦中的一小部分，以及世界所失去的瑰寶。其中最佳的歌曲包括〈僅剩的時間〉（*Borrowed Time*）與試聽曲〈容我估算方式〉（*Let Me Count the Ways*）和〈與我終老〉（*Grow Old with Me*）。

一九八四年十月十五日

二十一歲的朱利安．藍儂發行了出道專輯《瓦羅特》，其中收錄了排行榜前十名（英國和美國皆有）單曲〈道別已經太遲〉（*Too Late for Goodbyes*）。這張以他在其中寫歌的法國城堡為名的專輯得到葛萊美獎提名。他將這張專輯獻給「我的母親辛西亞與父親」，並在紐約金曲工廠進行混音，也使用了和約翰與洋子在錄製《雙重幻想》時用的同一台機器。

一九八六年三月二十四日

朱利安發行了第二張專輯《白日夢的秘密價值》。

在一九八七年四月一日，他在倫敦的皇家阿爾伯特音樂廳舉行的麥克．貝特音樂劇《獵捕鯊蛇怪》（*The Hunting of the Snark*）中飾演麵包師。他的下兩張專輯分別是《喬丹先生》（*Mr Jordan*，一九八九年三月發行）與《幫自己個忙》（*Help Yourself*，一九九一年八月發行）。

他離開音樂界，專注在其他領域上，包括烹飪、攝影與慈善事業上。一九九八年五月，他以第五張專輯《相片微笑》（*Photograph Smile*）再度復出。二〇〇九年，他創辦了白羽基金會（White Feather Foundation），以支持環境、生態與人道議題。自從他父親死後，他收集了諸多披頭四紀念物，並在二〇一〇年出版了關於這些收藏的書。隔年的二〇一〇年十月，他發行了自己的第六張專輯《一切都會改變》（*Everything Changes*）。

一九八八年十月九日

蒙娜．貝斯特過世，享壽六十四歲，當天原本應該是約翰的五十八歲生日。

同樣在一九八八年，喬治．馬丁獲頒司令勳章。

一九九一年

由於在幼年時就與母親小野洋子創作音樂，十六歲的西恩．小野．藍儂展開了自己的事業，並為了藍尼．克羅維茲的專輯《媽媽說》（*Mama Said*），與克羅維茲共同編寫了〈我所想要的一切〉（*All I Ever Wanted*）。他繼續成立不同樂團，並與其他樂團合作與表演，包括奇波馬多合唱團（Cibo Matto）和克雷普藍儂幻覺樂團（Claypool Lennon Delirium）。他在一九九八年發行了首張獨立專輯《迎向陽光》（*Into the Sun*）。他接下來的作品《友方火力》（*Friendly Fire*）則晚在八年後的二〇〇六年十月才上市。

一九九一年十二月六日

咪咪姑媽在多賽特郡家中過世，享壽八十五歲。

一九九四年四月二十二日

理查・尼克森逝世。

一九九六年

有鑑於他對音樂界與流行文化的貢獻，喬治・馬丁獲頒下級勳位爵士，因此得到喬治爵士的稱號。

一九九七年三月七日

保羅・麥卡尼受封成為保羅爵士。

二〇〇〇年十二月七日

在約翰逝世二十週年前一天，門迪普宅得到了英國遺產委員會藍色牌匾的殊榮。二〇〇二年三月，洋子買下了這棟房屋，並將它捐贈給英國國民信託，信託組織則將房屋重整為原有的樣貌。

二〇〇一年十一月二十九日

洋子與她的女兒京子在分離三十年後重逢。當她父親帶著她消失時，京子只有七歲。洋子成為兩名孫女的外祖母。二〇二〇年八月，京子年滿五十七歲。

二〇〇一年十一月二十九日

喬治・哈里森死於洛杉磯的朋友家中，享年五十八歲。在印度儀式中，他的骨灰被撒在印度瓦拉納西的恆河與亞穆納河中。他在遺囑中留下近一億英鎊的財產。

二〇〇六年四月十日

辛西亞・藍儂出版了關於她前夫的第二本回憶錄，書名為《我深愛過的約翰藍儂》。

二〇〇七年十月九日

在約翰的六十七歲生日當天，洋子在冰島雷克雅維克的維澤島上揭露了她的戶外藝術作品：想像和平塔紀念碑。

「保有心中的光明，記得自己並不孤單。」

二〇一〇年十月九日

在約翰的七十歲生日當天，朱利安與辛西亞在利物浦公布了約翰．藍儂和平紀念碑。

二〇一二年二月

約翰與保羅的童年家園門迪普宅與佛斯林路二十號被英國遺產委員會列為第二級登錄建築，他們曾獨自或共同在兩處寫下歌曲。

二〇一三年十一月十五日至二〇一四年二月二十三日

接近她八十五歲生日時，洋子的「戰爭結束了！（如果你想的話）」（*War is Over!*〔*If You Want It*〕）展覽開幕，展覽位於澳洲雪梨當代藝術博物館，其中檢視了她一生的主要作品。

二〇一五年四月一日

辛西亞．藍儂在西班牙馬略卡島家中死於癌症，享壽七十五歲。

二〇一六年三月八日

喬治．馬丁爵士逝於威爾特郡，享壽九十歲。

二〇一七年三月二十四日

約翰的孩提時代好友彼特．修頓在英格蘭柴郡死於心臟病，享壽七十五歲。

二〇一八年三月二十日

林哥·史達在白金漢宮由劍橋公爵冊封為林哥爵士，使他成為最後一名封爵的披頭四團員。由於爵位不會在死後頒發，因此喬治·哈里森與約翰都不會被稱為「爵士」。

二〇一八年五月

洋子的「雙重幻想」展覽於利物浦博物館開幕，其中展示了她與約翰一生的工作，這也是他們想像和平行動的一環。展覽首次開幕時便吸引了三十萬名以上的訪客，成為該博物館最成功的展覽之一，因此展期受到延長。這是第一個探索約翰與洋子間在個人與創造性上的化學反應的展覽，也收錄了許多從未被展示過的物品、人工造物、私人財產與紀念物品。

二〇一八年十二月十四日

西恩·藍儂、馬克·朗森（Mark Ronson）和麥莉·希拉（Miley Cyrus）錄製了約翰與洋子的〈聖誕祝福（戰爭已結束）〉單曲。三人於十二月十五日在NBC電視台的《週六夜現場》（*Saturday Night Live*）表演了這首歌。

二〇二〇年二月十八日

小野洋子年滿八十七歲。她繼續以世界和平之名維護著約翰的回憶。

www.imaginepeace.com

章節注記

回音

注一：結尾來得很慢。約翰在一九六九年九月二十日私下告訴保羅與林哥說自己要退團，當時他們在倫敦薩佛街三號的蘋果總部開會。（喬治和他的母親待在柴郡。）保羅在一九七〇年四月九日做出了同樣的聲明（但卻公開發表在一段奇怪的問答過程中，彷彿在訪問他自己），以便預告他祕密在家中錄製的獨立專輯《麥卡尼》（*McCartney*，蘋果唱片，一九七〇年四月十七日）。這張專輯樸實又簡易，收到了極大的負評（但它成為美國排行榜冠軍，與英國排行榜亞軍，被賽門與葛芬柯的《惡水上的大橋》所擊敗）。專輯中收錄了本書作者最喜歡的麥卡尼歌曲〈也許我很訝異〉（*Maybe I'm Amazed*）。問：「你曾料想過藍儂—麥卡尼會再度成為活躍的寫歌團隊嗎？」保羅：「沒有。」這被媒體詮釋為披頭四解散的正式聲明，也引發了全球熱議，更使喬治與林哥感到驚慌，同時惹怒了約翰。儘管他是第一個說要離開的團員，卻被剝奪了首先公開這消息的「權利」。因此一九七〇年四月十日被認為是「披頭四解散的日子」。

注二：這是藍儂最知名的引言之一，但他並沒有說過這句話。一九五七年的《讀者文摘》雜誌（*Reader's*

Digest）文章指認這句話的來源為美國記者兼漫畫家亞倫・桑德斯（Allen Saunders，一八九九年至一九八六年）。

注三：亞倫・魏斯是WABC電視台七號頻道《目擊新聞》（*Eyewitness News*）的資深節目製作人，後來因報導約翰之死而贏得一座艾美獎。〈我所有的愛〉是披頭四於一九六四年二月九日首次登上《艾德・蘇利文秀》表演時演唱的第一首曲目。該曲由保羅作曲，並被列為藍儂—麥卡尼作品。「那是首厲害的作品。」約翰在一九八〇年的《花花公子》訪談中承認這點。「……我彈了不錯的吉他配樂。」

注四：出自寫於一五九九年至一六〇二年的《丹麥王子哈姆雷特之悲劇》（*The Tragedy of Hamlet, Prince of Denmark*）第三幕第一景。這是威廉・莎士比亞筆下最長篇也最有影響力的戲劇。

注五：小賈斯汀成為首位在英國單曲排行榜史上同時得到第一、第二與第三名的歌手，歌曲分別是〈愛你自己〉（*Love Yourself*）、〈對不起〉（*Sorry*）與〈什麼意思？〉（*What Do You Mean?*）。

注六：「碎裂的光芒」與「盲目地跌撞」出自〈穿越宇宙〉（該曲收錄於慈善專輯《沒人會改變我們的世界》〔*No One's Gonna Change our World*〕，一九六九年），重新混音後被加入《順其自然》專輯（一九七〇年）。歌中的梵文字眼「*Jai Guru Deva Om*」是特音，語意翻譯過來則是：「我向德夫大師致謝。」那是瑪哈禮希・瑪赫西・優濟的老師。這段特音被刻在約翰於印度瑞詩凱詩購買的銅製手鐲上，當時披頭四和瑪哈禮希暫居當地，手鐲目前則為他的兒子朱利安所有。「這是我寫過最棒的歌詞之一。」約翰在一九七一年《滾石雜誌》的訪談中說。「事實上，這可能是我最傑出的作品。裡頭有不錯的詩詞，或不管你怎麼稱呼這種文字，它都很好懂。我喜歡能不靠旋律就展現魅力的歌詞。它們不需要有旋律，就像詩詞一樣，你可以直接閱讀文字。」二〇〇八年二月四日，為了紀念太空總署的五十歲生日，〈穿越宇宙〉成了第一首被直接傳入太空中的歌曲。它透過太空總署的天線往離地球四百三十一光年的北極星傳送而去，這同時也代表了該歌曲的四十週年紀念。

第一章

注一：溫斯頓・隆納德・史賓賽—邱吉爾爵士出生於一八七四年十一月三十日，於一九四〇年至一九四五年擔任英國保守派首相，帶領英國在第二次世界大戰迎向勝利。於一九五一年至一九五五年再度擔任首相。他逝世於一九六五年一月，享壽九十歲，並受到國葬。

第二章

注一：本名為瑪格麗塔・卡門・坎西諾（Margarita Carmen Cansino）的麗塔・海華斯出生於一九一八年十月十七日，她是一九四〇年代的知名好萊塢女演員。她演出了六十一部電影，包括一九四六年與格倫・福特（Glenn Ford）共同演出的黑色電影《巧婦姬黛》（*Gilda*）。她是第二次世界大戰時美國大兵最喜歡的海報女星，也是弗雷・亞斯坦（Fred Astaire）最喜歡的舞伴。她和金・凱利（Gene Kelly）在《封面女郎》（*Cover Girl*）中共舞。她是首位成為王妃的好萊塢女星：她的五名丈夫包括阿里・汗王子（Aly Khan）與奧森・威爾斯（Orson Welles）。她的雙唇曾一度被票選為世上最棒的嘴唇。在晚年，她成為第一個公開代表阿茲海默症病患的人物。她於一九八〇年確切的診斷結果提高了大眾對該病症的警覺，也催生了相關研究與資金。她死於一九八七年，享壽六十八歲。

注二：在近代史中最令人訝異的其中一位墮胎醫生，是一位早在披頭四狂熱出現前、就已使觀眾尖叫的藝術家的母親。娜塔莉娜・瑪麗亞・維多利亞・蓋拉文塔（Natalina Maria Vittoria Garaventa）因為美麗的臉龐而得到暱稱「多莉」❶，她在兩次世界大戰之間擔任助產士，並為紐澤西霍博肯義大利裔天主教女子進行「安全墮胎」。「帽針多莉」至少被逮捕了六次，並被定罪兩次。她是法蘭克・辛納屈的母親。

注三：儘管「the prom」在美國文化中代表美國高中和大學舉辦的畢業舞會，「down the prom」卻是古老的英國俗語，指的是在海邊或河邊散步。我們也喜歡「逍遙音樂會」（The Proms），那是在英國國內公園舉辦的夏日音樂會，也會由BBC在皇家阿爾伯特音樂廳舉行。

注四：ACE研究：貝里斯（Bellis, M.A.,），休斯（Hughes, K.），萊肯比（Leckenby, N.,），柏金斯（Perkins, C.），洛威（Lowey, H.）（二〇一四年），「關於英格蘭境內惡性童年經驗與對有損健康行為的抗性之間的關聯的國內家庭普查」，BMC醫學期刊（*BMC Medicine*），第十二卷（第七十二篇）。

注五：海欣絲・巴基特是一九九〇年代BBC長壽電視狀況劇影集《虛飾外表》（*Keeping Up Appearances*）中的角色。派翠西亞・魯特列奇（Patricia Routledge）飾演這名勢利眼又企圖在社

❶ 譯注：英文意指「洋娃娃般的」。

會階層中往上爬的低階中產階級女主角，她將自己的姓氏發音為「Bouquet」❷，並追求她心目中的上流社會成員，同時則企圖掩飾自己低微的出身與家族。該影集在國際上相當受歡迎，也成為英國廣播公司商業分支最常外銷的電視節目。

注六：位於利物浦北方不滿三十英哩的黑潭，在當時是西北方英格蘭蘭開夏相當受歡迎的度假勝地，地點坐落在愛爾蘭海上，當地擁有艾菲爾鐵塔風格的高塔黑潭塔、碼頭與濱海走道與有棉花糖般甜膩的〈快吻我〉❸風格的傳統英國海濱文化。

注七：披頭四歷史學家馬克·路易森（Mark Lewisohn）曾在著作《這些年第一卷：收聽》（*All These Years Volume 1: Tune In*）對比利·霍爾的回憶進行了詳細描述（利特爾布朗出版社，二〇一三年）。

注八：斯高斯是「lobscouse」的簡稱，這字眼的來源不明，但在斯堪地那維亞語言中有類似的詞彙：「lapskaus」（挪威語）、「labskovs」（丹麥語）和「lapskojs」（瑞典語）；還有低地德語中的「Labskaus」，那是德國北部／荷蘭東北部使用的語言。它代表了一種名稱相同的燉菜，水手經常食用的菜餚；它以羊肉或牛肉與洋蔥、胡蘿蔔和馬鈴薯製成，相當類似蘭開夏火鍋或愛爾蘭燉肉。十九世紀時，利物浦的窮人們和周圍地區的居民經常吃斯高斯，因為它的製作成本低廉，也是水手家庭的典型菜餚。吃斯高斯的低階勞工最後就被稱為「斯高斯人」，也被稱作「壞客」

---

❷譯注：發音與「花束」相同。

❸譯注：*Kiss Me Quick*，貓王艾維斯·普里斯萊在一九六一年錄製的歌曲。

或「壞仔」。濃厚的斯高斯口音逐年演變，外地人幾乎無法了解這種鄉音。比方說，你瞧班，閃了撈優，從鱉伊載了七辣，給她一些灑阿（或線條），然後帶她去甲奔。用英文來說，你沒經過允許就提早下班，躲開囂張的朋友們，去醫院接你女友，給了她一些衣服，並帶她去吃飯。

注九：路易斯・卡洛著有《愛麗絲夢遊仙境》與《愛麗絲鏡中奇遇》（*Alice Through the Looking-Glass*），約翰很喜歡他的詩〈賈伯沃龍〉（*Jabberwocky*）。李奇默・克隆普頓（Richmal Crompton）的《搗蛋鬼威廉》故事集，和肯尼斯・葛雷姆（Kenneth Graham）的《柳林風聲》。約翰也很喜歡羅伯特・路易斯・史蒂文生（Robert Louis Stevenson）的《金銀島》，以及愛德華・利爾（Edward Lear）與埃德加・愛倫・坡（Edgar Allan Poe）的作品。他告訴童年好友彼特・修頓說，自己的野心便是在某天「寫出和《愛麗絲夢遊仙境》同樣偉大的作品」。

注十：彼特・修頓在回憶錄《我生命中的約翰・藍儂》（*John Lennon in My Life*，史坦與戴伊出版社，一九八三年），他與尼可拉斯・沙夫納（Nicholas Schaffner）共同寫作該書。

注十一：約翰寫得最好的滑稽歌曲〈我是海象〉，是致敬他最喜愛的歌曲：普洛柯哈倫樂團（Procol Harum）的〈比白色更白〉（*A Whiter Shade of Pale*）。〈海象〉的靈感出自路易斯・卡洛的《愛麗絲鏡中奇遇》中的詩〈海象與木匠〉（*The Walrus and the Carpenter*）。這首歌發行於一九六七年，並被收錄在披頭四下個月播映的電視電影《奇幻之旅》中；它也被收錄在同名英國雙面迷你專輯以及美國黑膠唱片裡。它也出現在他們的冠軍暢銷唱片《哈囉，再見》的B面上。這首歌是他們在經紀人布萊恩・愛普斯坦死後錄製的第一張錄音室作品。單曲與迷你專輯在一九六七年十二月的英國單曲排行榜上分別得到第一名與第二名。彼特・修頓將兩人曾在學校操場上唱過的兒歌歌詞告訴約翰：

「黃芥末，綠湯派／和在一起配狗眼。

貼在十吋厚的巴堤麵包上／配著冷嘔吐物喝下肚。」

（巴堤麵包是抹了奶油的厚重白麵包，將裡頭的餡料包起來，做成單片三明治。這樣就能做出美味的炸薯條三明治。）

修頓也建議約翰把歌詞從「等待對方來」改成「等待車子來」。約翰日後向《花花公子》雜誌（一九八〇年）承認他在吸食迷幻藥的過程中完成這首歌，自己也「試著像巴布·狄倫般不具名地創作。」

一九六八年的歌曲〈玻璃洋蔥〉（*Glass Onion*）再度使用了海象（「海象就是保羅」）；以及〈一起來〉（「海象膠靴」）和約翰的單飛歌曲〈上帝〉中（「我曾是海象，但現在是約翰」）。

歌曲中包含了莎士比亞劇作《李爾王》（*King Lear*）第四幕第六景的台詞，該台詞擷取自某段廣播。

由於某段歌詞，使這首歌遭到BBC禁播：「妳是個頑皮的女孩，因為妳脫下了短褲。」

〈艾蓮娜·瑞比〉是披頭四最經典的歌曲之一，出自一九六六年的專輯《左輪手槍》，也曾與《黃色潛水艇》構成雙A面單曲唱片。專輯與雙A面唱片同時上市。它佔據了英國排行榜冠軍長達四週（在美國排行榜則是第十一名）。《黃色潛水艇》在美國獨自攀上排行榜第二名。

那是首劃時代的實驗性歌曲，內容強烈描述了寂寞感與長者的處境，內容也大多出自麥卡尼的想法。儘管麥卡說他從和披頭四一同出演〈救命！〉的女星艾蓮娜．布隆（Eleanor Bron）身上想出了「艾蓮娜」的名字，並在他去布里斯托看當時的演員女朋友珍．愛舍演出《你一生中最快樂的一天》（*The Happiest Days of Your Life*）時，從一間當地商店「瑞比與伊凡斯公司」（那是間酒商）的名字中找到「瑞比」這姓氏，但在伍爾頓的聖彼得教堂（約翰童年時期的當地教會）的墓園中，確實葬有一位艾蓮娜．瑞比。保羅日後同意自己可能在潛意識中想起了墓碑上艾蓮娜．瑞比的姓名；當他和約翰花了許多時間待在墓園時，可能看過那名字。裡頭也有座墓碑上刻了「麥肯錫」的名字。

披頭四所有團員與彼特．修頓都對歌詞提供了意見。彼特說牧師的名字應該由麥卡尼牧師改為麥肯錫牧師，以免人們認為保羅在描寫自己的父親。彼特也想出兩名孤單老人相識恨晚的概念：教區牧師主持了瑞比小姐的葬禮。

儘管約翰在一九七一年宣稱自己寫下了「大半段歌詞」，也在一九八〇年說除了第一句歌詞以外的內容，都是自己寫的，彼特．修頓卻說約翰對該曲的參與度相當微小。麥卡說：「約翰幫我處理了幾個字，但我覺得自己應該做了百分之八十的內容吧。」

注十二：引用自比爾．哈利在二〇一七年三月二十四日的《利物浦回聲報》（*Liverpool Echo*）中的言論，該報導發行於七十五歲的修頓死於心臟病後。

注十三：大衛．鮑伊永久放大的瞳孔一直被認為是當他和喬治．安德伍德還在學校念書時，為了一個女孩起爭執後被安德伍德揍了一拳所留下的後遺症。在為我的書《英雄：大衛．鮑伊》（*Hero:*

David Bowie，霍德與史多頓出版社，二〇一六年）做研究時，一名知名眼科手術醫生告訴我，那種情況並非由創傷造成，而最有可能的原因則是來自母體的先天性梅毒。諸如神經性梅毒和腦膜血管性梅毒的病症，都可能引發視力問題並影響心理健康。

注十四：約翰關於聖誕節的這番話出自與廣播記者肯・賽里格（Ken Zelig）進行的訪談，採訪過程錄製於藍儂雄偉的住家帝騰赫斯特莊園。

第三章

注一：體罰：參見《兒童暴力：使人權成真》（*Violence Against Children: Making Human Rights Real*），由吉楚德・蘭瑟編輯。（魯特列奇出版社，二〇一七年）。

注二：由楊・韋納代表《滾石雜誌》進行的採訪，出版於一九七一年二月四日。

注三：理查・休斯：www.richardhughestherapy.com

參考資料：

J・鮑比（Bowlby, J.）（二〇〇五年）。《安全基地》（*A Secure Base*）。英國：魯特列奇經典出版。

卡爾・榮格（Jung, C.G.）（二〇〇六年）。《典型與集體潛意識》（*The Archetypes and the Collective Unconscious*）（霍爾翻譯）。英國：魯特列奇出版社。

卡爾・榮格（一九八九年）。《回憶、夢境與反省》（*Memories, Dreams, Reflections*）（A・雅非編輯）。美國：經典出版社。

H・科胡特（Kohut, H.）（一九七一年）。《分析自我》（*The Analysis of the Self*）。康乃狄克州麥迪遜：國際大學出版社。

H・科胡特（一九七八年）。《尋找自我：海恩茲・科胡特精選文章，一九五〇年至一九七八年，第二卷》（*The Search for Self: selected writings of Heinz Kohut:1950–1978, Vol. 2.*）（P・H・歐恩史坦編輯）。康乃狄克州麥迪遜：國際大學出版社。

J・沙維倫（Schaverien, J.）（二〇一五年）。《寄宿學校症侯群：「特權階級」孩子的心理創傷》（*Boarding School Syndrome: the psychological trauma of the 'privileged' child*）。霍夫：魯特列奇出版社。

D・J・席格（Siegel, D.J.）（一九九九年）。《發展中的心智》（*The Developing Mind*）。美國：蓋福德出版社。

D・W・威尼科特（Winnicott, D.W.）（一九七一年）。《玩耍與現實》（*Playing and Reality*）。美國：基本書籍出版社。

D・W・威尼科特（一九九〇年）。《家是我們的起點：精神分析師的論文》（*Home is Where We Start: essays by a psychoanalyst*）。美國：企鵝出版社。

注四：出自茱莉亞・貝爾德所著《想像一下：和我的哥哥約翰・藍儂一起長大》（*Imagine This: Growing up with my brother John Lennon*，霍德與史多頓出版社，二〇〇七年）。

注五：杜內斯村中為約翰設有一座紀念花園。約翰・藍儂極光節於二〇〇七年在當地舉辦，該慶典中有許多用於紀念他的詩文、音樂、戲劇與其他藝術表演。約翰在一九六九年帶著洋子、她女兒京子和他的兒子朱利安再度造訪當地，當時他們在埃里博爾湖附近出了車禍。

注六：他於二〇〇二年對作家羅娜・麥克倫（Lorna Maclaren）說出這段話。查爾斯・史丹利・帕克斯（Charles Stanley Parkes）因血管性認知障礙症於二〇一六年一月過世。他的葬禮上播放了披頭四的〈在我的一生中〉與約翰的〈想像〉。

注七：對，ＤＮＡ的概念當時已經出現了。去氧核醣核酸，這種乘載了所有生命體基因藍圖的雙螺旋原子結構在一八六〇年代晚期被辨認出來，並在一九五二年由身兼化學家與晶體學家的羅莎琳・富蘭克林（Rosalind Franklin）「發現」（這是由女人做出的重大發現，當時某些大學食堂還只允許男性入內），並由美國生物學家詹姆斯・華生（James Watson）與英國物理學家弗朗西斯・克里克（Francis Crick）於一九五三年發表了相關理論。他們因此共同獲頒諾貝爾獎。沒人記得富蘭克林的貢獻。

注八：茱莉亞・戴金斯（Julia Dykins）出生於一九四七年三月五日。她的妹妹賈桂琳（家人暱稱為「傑姬」，不過有時被寫為「賈姬」）則於一九四九年十月二十六日出生。

注九：在美國南方部分地區，口琴被稱為豎琴、口豎琴或法國豎琴。全世界現在都用這種詞彙稱呼藍調口琴。它的創作靈感可能來自風鳴琴，那是種「用風演奏」的戶外樂器；名稱源自埃俄羅斯，祂是希臘神話中的風神。約翰可能稱自己的第一個樂器為「鐵嘴」。

注十：彼特・修頓在一九八三年與尼可拉斯・沙夫納共同著作的回憶錄《我生命中的約翰・藍儂》中提及此事。

注十一：同上。

注十二：伊莉莎白・安德森著有二〇〇八年的「人與寵物間的強力連結：我們與動物伴侶無止盡的關聯」（The Powerful Bond between People and Pets: Our Boundless Connections to Companion Animals）（《實用與應用心理學》〔*Practical and Applied Psychology*〕），由美國普拉格出版社發行。

注十三：單號笛代表了英國各地從十六世紀開始的不同民族舞蹈，也在十八世紀中被水手們採用。該字也代表舞蹈時的音樂。「起床單號笛」是個代表性交的古老英國俗語。

注十四：其中一名派對賓客鮑勃・莫利紐（Bob Molyneux）用一台攜帶式歌蘭蒂盤式錄音機錄下了採石工人樂團的演出。莫利紐在一九九四年無意間找到了這份錄音帶。它在蘇富比拍賣會上被EMI唱片公司以七萬八千五百英鎊的價格買下。唱片公司買下這張錄音帶，打算將它收錄在披頭四的《精選集》中，但後來決定不這樣做，因為音質太差了。目前在網路上都能找到該錄音帶的內容。

《寶貝，來扮家家酒吧》是艾維斯・普里斯萊於一九五五年發行的歌曲。約翰・藍儂借用該曲中的歌詞「小女孩，我寧可看妳死，也不願意看妳和另一個男人共處」，並將其用於披頭四一九六五年的專輯《橡膠靈魂》裡的歌曲〈逃命〉（*Run For Your Life*）中。〈耍起帥〉是盧尼・多尼根的一九五七年暢銷作品。當馬里翁・特萊・史洛特（Marion Try Slaughter，他以維農・戴哈特〔Vernon Dalhart〕的藝名為人所知）在一九二六年發行這首暢銷歌後，它便成為美國經典歌曲。身為美國鄉村歌手與編曲人的戴哈特，是首位賣出一百萬張唱片的鄉村樂手。

注十五：出自保羅・麥卡尼在一九九五年對《唱片收藏家》雜誌（*Record Collector*）所說的話。

注十六：〈和我一起走〉是嘟・喔普團體維京樂團（Del-Vikings）的一九五七年暢銷歌曲。海灘男孩曾在《M・I・U・專輯》（*M.I.U. Album*，一九七八年）與日後的合輯《和睦十年》（*Ten Years of Harmony*）中翻唱過此曲，在後者中它曾以單曲方式發行。

注十七：約翰對身兼作家與披頭四傳記作者的杭特・戴維斯（Hunter Davies）在一九六七年說出此話。

注十八：約翰對《滾石雜誌》的楊・韋納在一九七〇年的訪談中說出此話。

注十九：出生於一九四四年一月七日的彼得・麥可・麥卡尼，離開學校去當裁縫學徒，接著又成為理髮師學徒，之後才成為音樂喜劇團體斷頭台（The Scaffold）的一員，團員則是表演詩人羅傑・麥高夫（Roger McGough）與身兼喜劇演員與歌手的約翰・葛曼（John Gorman）。為了樂團，他採用了假姓氏麥吉爾，「吉爾」在斯高斯詞彙中有「絕佳」的意思。他們在一九六六年到一九七四年間製作了數張暢銷作品，包括一九六八年聖誕節排行榜冠軍《粉紅莉莉》（*Lily the Pink*）。他一直是位多產的攝影師，也出版了好幾本書，他為披頭四拍下的獨特照片也相當著名。

注二十：〈當我六十四歲〉最後被收錄在披頭四一九六七年的專輯《比伯軍曹的寂寞芳心俱樂部》中。保羅可能記得這首自己在青少年時期寫下的歌，當時披頭四在一九六六年十二月下旬開始那張錄製專輯，因為他父親在同年稍早時過了六十四歲生日：吉姆・麥卡尼出生於一九〇二年七月七日。

注二十一：〈我失去我的小女孩〉被普遍認為是保羅寫下的第一首歌，保羅只用了自己第一把吉他上的三個和弦將它編寫而成，他依然擁有那台弗拉姆斯天頂牌（十七型）原聲吉他。這首歌收錄在麥卡一九九一年的專輯《不插電（官方Bootleg）》（*Unplugged*〔*The Official Bootleg*〕）中。另一個版本則曾出現在《回來》錄製過程中，由約翰擔任主唱，披頭四負責伴奏。

注二十二：「玉樹路」的名字可能來自古法文字彙「hutchet」，意思是「號角」。位於玉樹路五號的建築原本在一九四九年被改建為爵士樂俱樂部，並迎接了大師們進駐，包括貝西伯爵。該房屋曾出現在許多電影中，包括一九五八年的《青年罪人》（*Les Tricheurs* ／ *Young Sinners*）與二〇一六年的《樂來樂愛你》（*La La Land*）。

注二十三：亞倫・希特納在一九九八年把這段話告訴身為作家、廣播節目主持人與默西節拍樂專家史賓賽・萊伊（Spencer Leigh），萊伊也在二〇〇六年一月為希特納撰寫的訃聞中提及這件事。

注二十四：喬治・哈里森在洞穴俱樂部的首次表演發生在一九六一年二月九日的午餐時間。

注二十五：約翰日後解釋，充滿巴迪・霍利風格的〈哈囉小女孩〉受到他母親經常對他唱的一首「三、四〇年代歌曲」影響。那首歌是科爾・波特的〈真可愛〉（*It's De-Lovely*）。那也是披頭四在一九六二年失敗的迪卡唱片面試中表演的其中一首歌。它被列為藍儂—麥卡尼作品，一年後則被默西節拍團體佛莫斯特樂團錄製，製作人還是喬治・馬丁。蓋瑞與前導者樂團也錄製過這首歌，但他們的版本並沒有被發行。

注二十六：出自茱莉亞・貝爾德所著《想像一下：和我的哥哥約翰・藍儂一起長大》（霍德與史多頓出版社，二〇〇七年）。在可怕的後續事件中，女孩們的父親鮑比・戴金斯也於一九六五年十二月在潘尼巷死於車禍。

注二十七：出自約翰於一九六八年向披頭四傳記作者杭特・戴維斯所說的內容。

第四章

注一：查爾斯．薩真特．傑格（Charles Sargeant Jagger，一八九五年至一九三四年），英國建築師，曾打造位於倫敦海德公園角的皇家砲兵紀念碑。

注二：彼特．修頓在一九八三年與尼可拉斯．沙夫納共同著作的回憶錄《我生命中的約翰．藍儂》中提及此事。

注三：〈嘿，朱迪〉由保羅編寫，並被列為藍儂—麥卡尼作品；它在一九六八年八月以非專輯式單曲方式發行。它經常被列為史上最偉大的作品之一，也是得到英國排行榜冠軍的歌曲中最長的作品（曲長七分鐘十一秒），也在世界各地贏得排行榜冠軍。它同時也在英國、美國、加拿大和澳洲成為當年的暢銷單曲。這是披頭四透過蘋果商標發行的第一支歌曲。保羅原本將它命名為〈嘿，朱爾斯〉（*Hey Jules*），因為他同情約翰的兒子朱利安；當時朱利安的父親為了小野洋子而離開他母親辛西亞。這首歌錄製於製作「白色專輯」時（又稱《披頭四》，一九六八年十一月發行），也是他們首度以八軌錄音帶錄製的歌曲，錄音地點在蘇活區的三叉戟錄音室。

注四：《滾石雜誌》訪談：「約翰．藍儂。第二部：與獅共存。」由楊．韋納撰寫於一九七一年二月。

注五：約翰．摩爾斯繪畫獎依然是英國最知名的藝術競賽。它的名稱來自該獎項的贊助人約翰．摩爾斯爵士（Sir John Moores，一八九六年至一九九三年）。此競賽由一九五七年開始舉辦，每兩年都會在步行者畫廊展出參賽作品，也是利物浦雙年會的重要活動之一。

注六：出自保羅．麥卡尼在披頭四《精選集》中的言論：該合集內包含了電視紀錄片、三組雙重專輯和一本記錄了樂團歷史的書。保羅、喬治與林哥都正式參與了製作。其中也有約翰的資料片段。該系列影片原本於一九九五年十一月播映。書本則出現在二〇〇〇年。隨後則出現了錄影帶、雷射影碟與DVD，而DVD發行於二〇〇三年。三套《精選集》專輯收錄了拍攝過程、未釋出片段和藍儂在離開披頭四後的時期中利用試聽帶製作的兩首新歌，分別是〈自由如鳥〉（*Free as a Bird*）和〈真愛〉（*Real Love*）。

第五章

注一：赫胥黎（Aldous Huxley）一九六二年的小說《島》（*Island*）中提過「彼得潘症」。精神分析師丹・基利醫生（Dan Kiley）的《彼得潘症候群：永不長大的人們》（*The Peter Pan Syndrome: Men Who Have Never Grown Up*）在一九八三年出版，並成為國際暢銷書。

注二：莎朗・奧斯朋是可怕的搖滾樂企業家唐・亞登（Don Arden）的女兒，她嫁給黑色安息日（Black Sabbath）的主唱奧茲・奧斯朋（Ozzy Osbourne），並在他成為單飛歌手時擔任他的經紀人。阿波羅尼亞・科特羅透過王子成名，她演出了王子的電影《紫雨》（*Purple Rain*），並成立了自己的多媒體經紀公司，來管理年輕的藝術家。蒂娜・戴維斯是名老練的音樂經紀人，旗下藝人包括克里斯小子（Chris Brown）。珍奈特・比利格・里奇管理了碎南瓜樂團（Smashing Pumpkins）、空洞樂團（Hole）、超脫樂團（Nirvana）、檸檬頭樂團（The Lemonheads）、麗莎・洛普（Lisa Loeb）和許多其他歌手，也是位備受尊敬的音樂監製人。黛安娜・哈特・迪拉加薩（Dianna Hart de la Garza）則以擔任女兒黛咪・洛瓦托（Demi Lovato）的「經紀人媽咪」而聞名。

注三：出自大衛．利亞夫（David Leafe）在二〇一八年十二月的《每日郵報》中對羅雅格．貝斯特的訪談。

第六章

注一：「做一萬小時的事」是大眾心理學家麥爾坎．葛拉威爾（Malcolm Gladwell）提出的準則，他認為無論在任何領域中，要達到世界級的成就，就必須進行一萬個小時的「特意練習」。他主張這代表每周得花上二十小時專心做事，並維持十年；這說法曾受人質疑。在他的書《異數：超凡與平凡的界線在哪裡？》（*Outliers: The Story of Success*）中，葛拉威爾聲稱披頭四非常年輕時，就不眠不休地在漢堡進行通霄演出後，便使他們成為史上最偉大的樂團；也主張比爾．蓋茲能得到巨大財富的原因，是由於自從青少年時期就黏在電腦螢幕前。普林斯頓大學最近的一項研究也連上了這項理論，發現這法則只能應用在有固定規範與特殊結構的領域，像是西洋棋、網球和古典樂。較不嚴謹和更受風格與機會影響的搖滾樂「法則」，以及經營方式則毫無規範，大量資料也顯示出這方面的幹練不只出自練習。天資永遠都是無法定義的因子。

注二：引用自約翰在一九九五年的《精選集》中的言論，《精選集》在二〇二〇年為發行第二十五週年。

注三：儘管存在主義是文學與哲學現象，它卻與在一九四〇年代與一九五〇年代流行於歐洲的文化活動扯上了關係。許多重要的哲學家都自稱或被認為是存在主義者，包括法國的沙特、卡謬、西蒙．波娃與莫里斯．梅洛－龐蒂（Maurice Merleau-Ponty），德國的雅斯培、海德格和馬丁．布伯（Martin Buber）。十九世紀哲學家齊克果與尼采被認為是此思潮的先鋒。從以前到現在，沙特在虛構類作品中（比方說《嘔吐》〔*Nausea*〕與《無處可逃》〔*No Exit*〕）傳達出的自我思維，都比他的哲學作品更為人所知（像是《存在與虛無》（*Being and Nothingness*）和《辯證理性評論》〔*Critique of Dialectical Reason*〕）。許多風格不同的作家與藝術家在戰後年代都聚集在存在主義的大旗下，包括（以回顧角度而言）杜斯妥也夫斯基、易卜生和卡夫卡、尚．惹內（Jean Genet）、安德烈．紀德（Andre Gide）、安德烈．馬爾羅（Andre Malraux）與薩謬爾．貝克特（Samuel Beckett）。像傑克森．波洛克、阿希爾．戈爾基（Arshile Gorky）、威廉．德庫寧（Willem de Kooning）等抽象表現主義藝術家們，與導演尚盧．高達和英格瑪．柏格曼，都被認為受到存在主義影響。到了一九七〇年代中期，存在主義的文化形象便流於俗套，並在伍迪．艾倫的書本與電影中受到嘲諷。

注四：引用自阿斯翠德．基爾赫在鮑勃．史皮茲（Bob Spitz）著作的《披頭四傳記》（*The Beatles: The Biography*，利特爾布朗出版社，二〇〇五年）中的言論。

注五：在一九六八年，約翰遇見了碧姬．芭杜本人。他很緊張，也神智不清地到場，事後回想時則形容那經驗是「他媽的糟糕夜晚，比碰上貓王還糟。」他對童年性幻想女神所抱持的任何夢想已然消散，或許在他的婚姻中也成了轉捩點，因為他要求妻子用雙氧水把頭髮染成金色。

注六：出自阿斯翠德．基爾赫在廣播節目《新氣象》（*Fresh Air*）中接受的訪談；該節目由位於費城的WHYY-FM電台製播，節目內容被轉給全國公共廣播電台，並於二〇〇八年在美國境內播放。

注七：引用自小野洋子在史都特．沙克里夫官方歌迷俱樂部網站上的言論：www.stuartsutcliffefanclub.com

注八：出自蓋瑞．詹姆斯（Gary James）對寶琳．沙克里夫的訪談，（www.classicbands.com）。她與已故記者道格拉斯・湯普森（Douglas Thompson）共同著作《披頭四的陰影：史都特・沙克里夫與他的寂寞芳心俱樂部》（*The Beatles' Shadow: Stuart Sutcliffe and his Lonely Hearts Club*，賽吉威克與傑克森出版社，二〇〇一年），該書由賽吉威克與傑克森出版社發行於二〇〇一年。沙克里夫小姐逝世於二〇一九年十月三十一日。

注九：出自亞倫・羅伯茲（Allan Roberts）與朵瑞絲・費雪（Doris Fisher）編寫的暢銷歌曲〈你總是傷害心愛的人〉（*You Always Hurt the One You Love*），曾由一九四四年的米爾斯兄弟（Mills Brothers）、一九五八年的康妮・法蘭西斯、一九六〇年的胖子多明諾等許多歌手演唱過，林哥・史達也將這首歌錄製在他的單飛專輯《感性旅程》（*Sentimental Journey*）中。這張唱片在披頭四解散時上市，其中收錄了林哥的母親艾爾西・史塔基當他還小時在家裡唱的歌曲。

注十：出自本書作者與搜尋者樂團的法蘭克・艾倫進行的訪談。

注十一：大泰德・「特大號」泰勒（Giant Ted 'Kingsize' Taylor）是搖滾樂團特大號泰勒與骨牌樂團（Kingsize Taylor and the Dominoes）的主唱，該樂團於一九五走〇年代晚期出現在利物浦，並成了披頭四的對手。他們曾由布萊恩・愛普斯坦短暫管理過，但在一九六三年七月便離開他。他們也在一九六一年一月就率先於洞穴俱樂部表演，十七歲的希拉・懷特（Cilla White）則擔任他們的歌手來賓；之後她才以希拉・布萊克的名稱開創單飛事業。阿德里安・巴柏因為錄製了披頭四的《一九六二年德國漢堡明星俱樂部現場表演》（*Live! At the Star-Club in Hamburg, Germany; 1962*）而走紅。當他擔任艾哈邁德・艾特根（Ahmet Ertegun）與赫伯・亞伯拉罕森（Herb Abramson）創辦的傳奇公司大西洋唱片中的錄音工程師與製作人時，則變得更加聞名；一九六九年，他在大西洋唱片製作了歐曼兄弟樂團（Allman Brothers Band）的出道專輯。他也製作過地下絲絨的《上膛》（*Loaded*），該專輯則發行於一九七〇年。

當一九八〇年代爆發一樁關於用CD發行《漢堡錄音帶》（*The Hamburg Tapes*）的官司時，法蘭克・艾倫被要求擔任披頭四的證人。他完全不曉得原因。他只能說自己聽過這些歌曲。「沒有其他證詞了。」他承認道。「但我和喬治・哈里森與克里夫・班奈特在同一天交出我渺小的證詞。」

《一九六二年德國漢堡明星俱樂部現場表演》於一九七七年以雙面專輯的方式發行，內容收錄披頭四演奏的三十首歌。這張擁有低保真度的專輯以附有單一麥克風的歌蘭蒂家用盤式錄音機錄下，當時錄音機被裝在舞台前端。泰勒宣稱約翰親自同意能錄下現場表演，以交換演出期間的免費啤酒。備受爭議的錄音日期可能是一九六二年十二月三十一日，那是披頭四在漢堡表演的最後一天，當時可能還錄了更多歌曲。泰勒企圖在披頭四狂熱的高峰把錄音帶賣給布萊恩・愛普斯坦。經紀人覺得音質不怎麼樣，因此只開出低價。泰勒將錄音帶保留在家中，直到他在一九七三年決定調查這批錄音帶的商品價值。同樣與此錄音有關的亞倫・威廉斯，則駁斥了泰勒的說詞。原本的計畫是以約十萬英鎊的價錢將錄音帶賣給蘋果公司，但交易並沒有成功。

全面音質強化效果勉強加強了歌曲的音質，但這也不會帶來良好的收聽體驗。這張專輯的主要價值，在於它是披頭四在走紅全球前於俱樂部現場表演所留下的歷史紀錄。披頭四打輸了官司，無法阻止該專輯上市。它以不同形式發行過，直到一九九八年，當時約翰已過世了十八年，他們才終於重獲對自己當年表演的所有權。

第七章

注一：倫敦皇家戲劇藝術學院。

注二：在英格蘭與威爾斯，男人間的性行為一直到一九六〇年代晚期才受到除罪化，蘇格蘭與北愛爾蘭解禁的時間則更晚。性罪行法令在一九六七年二十七日通過，並得到御准。該法令在一九五〇年代受到嚴格施行。

注三：本名為安德烈斯．柯內利斯．馮庫吉克（Andreas Cornelis van Kuijk）的「湯姆中校．帕克」出生於荷蘭。十八歲時他潛逃到美國，可能是為了躲避因犯罪活動所帶來的刑罰，並跳船入境。他從來沒拿過美國護照，意即他無法離開美國。由於他無法離境，他的愛徒艾維斯．普里斯萊也永遠無法到美國境外進行巡迴演出。帕克從在嘉年華會工作，移轉到音樂行銷業，用上了「中校」的綽號，並於一九五五年發掘艾維斯。他讓自己成為旗下歌手不可或缺的幫手，並為貓王簽下了RCA勝利唱片公司的合約，也利用他出道作〈傷心旅館〉的成功，取下了關於商品、電視節目和電影角色的相關合約。帕克取得了貓王所有收入的百分之五十款項。但他賣了貓王早期歌曲的所有權，原本這些歌曲帶來的利潤能讓他安享晚年。披頭四破壞了貓王的走紅程度。普里斯萊與未成年的普里西拉．博琉（Priscilla Beaulieu）之前不被看好的感情與他們倆短暫的婚姻，破壞了他的形象，並造成負面影響。貓王對處方藥上癮，並越吃越肥。他成為拉斯維加斯的表演節目之一，也進行巡迴演出，但他的魔力不再。帕克從他的生命中消失，並把大部分財產都輸在賭局中。貓王在一九七七年八月死於心臟病，享年四十二歲。帕克多活了二十年，並於一九九七年一月過世，享壽八十七歲。

注四：葛雷德家族（The Grades）是批以懷諾葛雷德斯基（Winogradsky）為名的俄國猶太裔移民家族，他們在一九四〇年代成為英國最頂尖的娛樂大亨。羅瓦特／列夫／路易斯・懷諾葛雷德斯基成了媒體大亨、製作人、與戲劇經理盧・葛雷德公爵（Lord Lew Grade）。他的弟弟們分別是成為劇場經理伯納德・戴豐特公爵（Lord Bernard Delfont）的波里斯／波魯奇，與又名萊斯里・葛雷德（Leslie Grade）的拉茲洛，他身兼星探與葛雷德組織（Grade Organisation）的共同創辦人（另一位是盧）。

注五：法蘭克・辛納屈曾知名地宣稱〈某個東西〉是「五十年來最偉大的情歌」。他也在現場表演時稱這首歌是自己「最喜歡的藍儂—麥卡尼歌曲」……這句話可能出自法蘭克尖酸的幽默感。唱到中段八小節時，法蘭西斯・亞伯特❹將歌詞中的「現在」改成「傑克」❺：「留下來，傑克，情況可能會明朗……」喬治・哈里森也受此舉影響，並在一九七四年於美國和一九九一至一九九二年在日本現場演唱自己版本的〈某個東西〉時，也唱出了「傑克」。

注六：本書作者於二〇一二年在倫敦採訪傑夫・德克斯特。

注七：本書作者於二〇一九年在斯托克波特採訪強尼・漢普。

注八：本書作者於一九八九年與辛西亞・藍儂交談。

---

❹ 譯注：Francis Albert，法蘭克・辛納屈的本名。

❺ 譯注：英文中「傑克」為「約翰」的別稱。

注九：布萊恩的公寓位於福克納街三十六號，該處目前因成為Netflix的當紅影集《浴血黑幫》（*Peaky Blinders*）的拍攝地點而名聲大作；在二〇一七年，當地也成了一樁真實謀殺案的案發現場。約翰與辛西亞都不曉得二十四年前，約翰的母親茱莉亞曾在同樣的戶政事務所與他父親阿爾弗結婚，他們倆同樣也在瑞斯餐館吃午餐慶祝此事。

第八章

注一：源自彼特．貝斯特在《披頭四！彼特．貝斯特的故事》（*Beatle! The Pete Best Story*）（神經叢出版社，一九八五年）中對漢堡時光的回憶。

注二：摘自約翰在《我們只想說》（*All We Are Saying*）中的最後訪談；該書是大衛．薛夫（David Sheff）將自己在一九八〇年十二月對約翰與洋子在達科他公寓進行的最後訪談整理成書後的作品。約翰可能又記錯了；他和布萊恩．愛普斯坦待在加泰隆尼亞黃金海岸的錫切斯，該地位於西班牙東北岸。托雷莫利諾斯坐落於太陽海岸上，位於南西方向五百英哩外，也需要花九小時車程才能抵達。

注三：引用自楊．韋納所著《藍儂回憶》（*Lennon Remembers*）中約翰的說詞。

注四：錫切斯位於巴塞隆納西南方三十五公里處，該地是西班牙一九六〇年代的反文化中心，也被稱為迷你伊比薩島。它等同於「巴塞隆納的海灘」，也有同性戀沙灘與天體沙灘。

注五：保羅父系家族的金姑媽在羽翼合唱團一九七六年的專輯《音速羽翼》（*Wings at the Speed of Sound*）裡的歌曲〈讓他們進來〉（*Let 'Em In*）中大展歌喉過；該曲在英國成為登上排行榜第二

名的暢銷單曲，在美國則得到第三名。除了他摯愛的姑媽外，保羅也找來弟弟麥克．麥卡尼、大舅子約翰．伊斯特曼和「菲爾與唐」：埃弗里兄弟。「爾尼叔叔」（Uncle Ernie）指的是何許人合唱團的凱思．穆恩，他在他們的搖滾歌劇《湯米》（*Tommy*）的電影版本中扮演爾尼叔叔。林哥在倫敦交響樂團錄製的版本中為此角配音。「蘇西姐妹」（Sister Suzy）是琳達．麥卡尼，她在一九七七年曾以蘇西與紅條紋（Suzy and the Red Stripes）的身分錄製過自己譜寫的歌曲〈海濱女子〉（*Seaside Woman*）。「馬丁．路德」指的並非十六世紀德國神職人員或二十世紀的美國民權運動激進份子馬丁．路德．金恩博士，而是約翰．藍儂。保羅、林哥和喬治經常叫約翰「約翰．馬丁．路德．藍儂」，或許此舉是為了戲弄他在一九六九年和洋子結婚後採用的姓名：約翰．溫斯頓．小野．藍儂。

注六：出自彼得．麥卡比（Peter McCabe）與羅伯特．修費爾德（Robert D. Schonfeld）所著《約翰．藍儂：真實紀錄》（*John Lennon: For The Record*）（美國班譚出版社，一九八四年）。

注七：出自彼特．修頓與尼可拉斯．沙夫納共同著作的回憶錄《我生命中的約翰．藍儂》中約翰與彼特的對話。

注八：在《米克．傑格：狂放人生與瘋狂天才》（*Mick: The Wild Life and Mad Genius of Jagger*）中，作者克里斯多夫．安德森（Christopher Andersen）引用安姬．鮑伊（Angie Bowie）對前夫與米克的言論：「當我將他們抓姦在床時，他們正在譜寫〈安姬〉（*Angie*）」（羅伯森出版社，二〇一二年）

注九：出自約翰對楊．韋納在《藍儂回憶》中的說法。韋納將一九七〇年十二月和藍儂進行的漫長訪談過程集結成書，並將內容連載於《滾石雜誌》。

注十：提到新穎歌曲，安迪・懷特（Andy White）娶了歌手琳・康奈爾（Lyn Cornell），她是維儂女孩（Vernon's Girl）與珍珠樂團（The Pearls）的前任成員，也是菲爾・「收藏家」・史旺（Phil 'the Collector' Swern）的愛徒。身為無憂無慮樂團（The Carefrees）的團員，她曾製作過最暢銷的披頭四相關新穎單曲〈披頭四，我們愛你們〉（*We Love You Beatles*，一九六四年發行）。本書作者最愛的這類作品依然是朵拉・布萊恩（Dora Bryan）的古怪作品〈我只想要披頭四當聖誕禮物〉（*All I Want for Christmas is a Beatle*，一九六三年發行，英國排行榜第二十名）。

注十一：出自保羅於二〇一六年三月九日廣為流傳的媒體聲明稿。

第九章

注一：出自約翰在《精選集》中的說法。

注二：出自十六世紀西班牙作家米格爾・德・賽凡提斯（Miguel de Cervantes）的《唐吉軻德》（*Don Quixote*）。「衝撞風車」意指追尋虛假、不實際、不可能達成的目標，或是對抗幻想中的敵人。

注三：《你只需要雙耳》，喬治・馬丁與傑瑞米・霍恩斯比（Jeremy Hornsby）共著，一九七九年（麥克米蘭出版社，一九七九年）。

注四：「Soeur Sourire」或「歌唱修女」是比利時歌手／編曲人珍妮—寶麗・瑪莉・戴克斯（Jeanne-Paule Marie Deckers，一九三三年十月十七日至一九八五年三月二十九日）的藝名，她也被稱為「珍寧」。在西班牙的天主教道明會中，她被稱為盧可・加百列修女（Sister Luc Gabriel）。她在一九六三年靠自己對知名法語歌〈多明尼克〉（*Dominique*）的演唱版本走紅；這首歌描述一名來自她教會的神父，並在好幾個國家成為暢銷歌曲，也在美國《告示牌》百大歌曲中奪冠。她的驚人故事有悲劇性的結尾。惡劣的錄歌合約導致她變得一貧如洗，這經驗挑戰了她的信仰，使她離開教會，並與老朋友安妮・佩契（Annie Pecher）在五十二歲時自殺。

第十章

注一：摘自辛西亞・藍儂的第二本回憶錄《我深愛過的約翰藍儂》（霍德與史多頓出版社，二〇〇五年／台灣：貓頭鷹，二〇〇九年。）

第十一章

注一：位於薩里郡托沃思的托比水壺旅館是一九六〇年代與一九七〇年代的搖滾圈必須前往演奏的重要地點，也曾讓許多當今的知名樂團表演過：穆迪・瓦特斯、齊柏林飛船、Yes樂團（Yes）、傑叟羅圖樂團（Jethro Tull）、雛鳥樂團（The Yardbirds）、十年後合唱團（Ten Years After）、深紅之王（King Crimson）、佛利伍麥克，和之後的行刑者樂團（The Stranglers）、擠壓樂團（Squeeze）、華麗貴賓犬樂團（The Fabulous Poodles）、詛咒樂團（The Damned）、超音波樂團（Ultravox）等團體。大衛・鮑伊在日後被稱為西吉・星塵巡迴演唱會的演出中，曾於一九七二年造訪該處。

儘管傳記與文件總是稱托比水壺旅館是「第一場」西吉・星塵表演的發生地，蜘蛛樂團的鍵盤手與重要人物公司（鮑伊的經紀公司）執行長尼基・葛拉漢（Nicky Graham）卻否認這點：「我們這些在場人士認為，由ＤＪ鮑勃・哈里斯（Bob Harris）主持、並在埃普索姆的伊比珊表演廳舉辦的表演，才是第一場場西吉・星塵演出。」他堅稱道。「當時一切還沒成型。」由於現場音樂表演的演進，該旅店在九〇年代陷入低潮，並在二〇〇〇年遭到拆除。美好事物已然逝去。

注二：約翰同父異母的兄弟們分別是出生於一九六九年二月二十六日的大衛・亨利・藍儂（David Henry Lennon），與出生於一九七三年十月二十二日的羅賓・法蘭西斯・藍儂（Robin Francis Lennon）。

注三：寶琳・藍儂的《爸，回家吧：約翰・藍儂與他父親的真實故事》（*Daddy, Come Home: The True Story of John Lennon and his Father*，安格斯與羅伯森出版社，一九九〇年）是本回憶錄，內容敘述她對約翰父親的愛，與弗萊迪和兒子約翰會面的過程。書裡的核心內容出自弗萊迪未出版的自傳。寶琳在弗萊迪死後改嫁，並將姓氏改為史東。

第十二章

注一：許多公眾人物都說過該引言，從電影製作人山謬・歌德溫（Samuel Goldwyn）到高爾夫球選手蓋瑞・普萊爾（Gary Player）都有。這句話可能源自美國建國元勳與第三任總統湯瑪斯・傑佛遜，他曾說過：「我很相信運氣，也覺得當自己工作越勤奮，運氣就越好。」

注二：這項與會記錄維持了八年，直到齊柏林飛船將之擊破；他們於一九七三年在佛羅里達的坦帕體育館吸引了五萬六千八百名觀眾。

謝亞球場的名稱來自威廉・謝亞（William Shea），他是將職棒國家聯盟帶回城市裡的紐約律師。

球場於一九六四年四月十七日開幕。披頭四在一九六六年八月二十三日重返該球場；夏日和平節的募款活動於一九七〇年在謝亞球場舉辦，出席人員有保羅．賽門、珍妮絲．賈普林、史蒂芬野狼合唱團（Steppenwolf）、清水合唱團（Creedence Clearwater Revival）等團體；一九七一年大放克鐵道合唱團（Grand Funk Railroad）由誠懇派樂團（Humble Pie）支援配樂的演唱會，打破了披頭四的最快售票速度。就像倫敦的溫布利球場，謝亞球場成為了標準球場演唱會場地，並迎來了傑叟羅圖樂團、何許人合唱團、賽門與葛芬柯與警察樂隊（The Police）。「我們想感謝披頭四把他們的體育館借給我們。」史汀（Sting）在舞台上大喊。教宗若望保祿二世在一九七九年十月造訪該球場，滾石樂團則於一九八九年在那裡表演了六個晚上，艾爾頓．強與艾瑞克．克萊普頓則在一九九二年八月在球場中表演。在二〇〇一年的九一一慘劇後，謝亞球場被用為搜救人員總部，內部儲藏了醫療補給品、食物和水，也提供了讓救災人員們睡覺的休息室。史普林斯汀和他的東街樂團（E Street Band）於二〇〇三年在謝亞球場演出。二〇〇八年在該球場中舉辦的最後一場演唱會「謝亞球場最後表演」，則請來了比利．喬，同行的還有東尼．班奈特、史蒂夫．泰勒（Steve Tyler）、唐．亨利（Don Henley）等人。保羅．麥卡尼令人動容地上台唱了〈順其自然〉。球場於二〇〇九年遭到拆除。

注三：一九六九年，琳達．伊斯特曼於倫敦和保羅．麥卡尼結婚。一九四一年九月二十四日，她出生於紐約州斯卡斯代爾；她身為娛樂業律師的父親原名恰好是李奧波德．愛普斯坦（Leopold Epstein），他後來則將姓名改為英文化的李．伊斯特曼。三年前的一九六二年三月，琳達在美國航空一號班機墜毀在皇后區的空難中失去了母親。當她參加表演時，才剛和第一任丈夫小梅爾維爾・西（Melville See, Jr）離婚幾週，兩人育有一名三歲女兒海瑟。這名大學畢業生當上了攝影師，並得到允許到謝亞球場的後台工作。一九六七年五月，她和保羅又在倫敦碰面，當時兩人都在釘袋俱樂部觀看保羅・費姆（Georgie Fame）的演出。她和保羅四天後在布萊恩・愛普斯坦的家中打得火熱，當時該處舉辦了《比伯軍曹》專輯的發行派對；一年後他們在紐約再度點燃火花，當時約翰與保羅去當地創立了蘋果唱片公司。他們在一九六九年三月十二日的婚姻激怒了歌迷，並使她招來怨言，因為她搶走了「最後一個單身的披頭四團員」。約翰在八天後的三月二十日與小野洋子在直布羅陀結婚。兩名女子都受到荒唐無稽的廣泛責罵，認為是她們拆散了披頭四。琳達在一九九八年四月十七日死於乳癌，享年五十六歲。

身兼女演員與模特兒的芭芭拉・巴赫在一九八一年四月二十七日成了林哥太太（現在則是史塔基夫人）；他們在那年拍攝電影《山洞人》（*Caveman*）後不久就結婚。本名芭芭拉・哥德巴赫（Barbara Goldbach）的她在一九四七年八月二十七日出生於皇后區的羅斯戴爾，並因演出龐德女郎而走紅全球，她在一九七七年與羅傑・摩爾共同演出《〇〇七：海底城》（*The Spy Who Loved Me*）。她的妹妹瑪喬麗（Marjorie）是老鷹樂團的喬・沃爾許（Joe Walsh）。

注四：出自《比伯軍曹》裡的歌曲〈好轉〉（*Getting Better*）。

注五：披頭四的孩子們：

林哥：札克・史塔基（Zak Starkey）出生於一九六五年九月十三日，職業為鼓手（何許人合唱團、保羅・韋勒、水男孩合唱團（〔The Waterboys〕、綠洲合唱團等）；傑森・史塔基（Jason Starkey），一九六七年八月十九日出生；李・史塔基（Lee Starkey），一九七〇年十一月十一日。

保羅：海瑟．麥卡尼（她是琳達的女兒，後來由保羅收養），出生於一九六二年十二月三十一日；瑪莉．麥卡尼（Mary McCartney），職業為攝影師，出生於一九六九年八月；史黛拉．麥卡尼（Stella McCartney），職業為時尚設計師，出生於一九七一年九月十三日；詹姆斯．麥卡尼（James McCartney），職業為音樂家，出生於一九七七年九月十二日；碧翠絲．麥卡尼（Beatrice McCartney）是保羅與第二任妻子海瑟．米爾斯（Heather Mills）的女生，出生於二〇〇三年十月二十八日。

約翰：朱利安．藍儂，職業為音樂家與攝影師，出生於一九六三年四月八日；西恩．小野．藍儂，職業為音樂家，出生於一九七五年十月九日。

喬治：達尼．哈里森（Dhani Harrison）出生於一九七八年八月一日，為喬治與第二任妻子奧莉薇亞的兒子。

注六：人稱「搖滾壞女孩」的紐約客薇洛妮卡．「羅妮」．班奈特（Veronica ‘Ronnie’ Bennett），是當紅女團羅尼特組合的主唱，團員包括她的妹妹艾斯特兒與表妹妮德拉。儘管受到約翰相當大程度的吸引，而約翰自己也對她感到滿腔熱血，羅妮卻在一九六八年嫁給了她們的製作人菲爾．「音牆」．史佩克特。她遭受了多年的家庭暴力，甚至被囚禁和被壓在槍口下，還得眼看她丈夫破壞她的事業。他沒收了她的鞋子，以防止她離家，一九七二年她在母親的幫助下，被迫光腳逃離加刺鐵絲網和看門狗。她寫了回憶錄《當我的寶貝：我如何撐過睫毛膏、迷你裙與瘋狂：我擔任羅尼特一員的生涯》（*Be My Baby: How I Survived Mascara, Miniskirts and Madness, Or My Life as a Fabulous Ronette*，和諧出版社，一九九〇年），前言由雪兒（Cher）撰寫，比利．喬寫了介紹文：

是相當精彩的一本書。

史佩克特後來被找去處理《順其自然》的計畫。約翰在一九七三年雇用史佩克特，來製作他的五〇年代與六〇年代經典歌曲合輯《搖滾樂》。該專輯最後於一九七五年上市（過程中的瑣事包括史佩克特和樂手們跑掉、一場重型機車車禍、和與可怕的美國音樂大亨莫里斯．李維〔Morris Levy〕打官司，李維控告約翰在歌曲〈一起來〉中寫的某句歌詞侵犯了著作權）。穿著皮衣的約翰站在磚砌門口旁的知名封面照，由披頭四好友尤根．沃爾瑪攝於一九六一年四月的漢堡，也在數年後才正式公開。約翰這樣形容史佩克特：「我很喜歡他的工作方式，但不太喜歡他的個性。」

第十三章

注一：這座坐落於颳著強風的舊金山灣西岸上的舊體育館，得名於俗稱的燭台鳥，那是種也被稱為鐮刀鳥的杓鷸，在當地相當常見。在體育館遭到拆除前，保羅．麥卡尼於二〇一四年在該處進行了最後一場表演。第一人和最後一人：這是保羅的最愛。

注二：出自詩人艾略特（T.S. Eliot）的《空心人》（*The Hollow Men*）。

注三：「木屐」是日本人常穿的傳統木製拖鞋，外型像是加上木塞的一般拖鞋。

第十四章

注一：歌德是位德國詩人、哲學家、小說家、劇作家、政治家、《浮士德》（*Faust*）的作者和十八世紀狂飆運動中的領導人物；該運動的主要趨勢是以富有創造力的作品（特別是音樂與文學）來表達極端人類情緒。

注二：在約翰的要求下，ＥＭＩ的錄音工程師肯．湯森德（Ken Townsend）在一九六六年初期發明了人工／自動雙軌錄音。藍儂無法忍受錄歌時麻煩的雙軌錄音／疊錄過程，並不斷要求技師們想出能加強效果的機械解決方案。湯森德想出用磁帶延遲效果來改善起初「平板」又「直線化」的音質，並「強化」約翰的歌聲，效果就像把頭髮吹乾前，先使用髮絲加強液！磁帶延遲讓音質變得更加飽滿豐富。披頭四也開始將這效果應用在純樂器曲子上。〈明日永不知曉〉中確實有手動雙軌錄音，但《左輪手槍》專輯中的其他樂曲則因ＡＤＴ而獲益。聽聽喬治在〈我只是在睡覺〉（*I'm Only Sleeping*）中如夢似幻的反轉吉他演奏，以及他在〈稅務員〉中的吉他主奏。還有〈在你內外〉（*Within You, Without You*）、〈為了凱特先生好！〉、〈藍松鴉路〉（*Blue Jay Way*）與〈我是海象〉。從六〇年代到七〇年代，有許多其他音樂家也採用了這種技術。隨著八〇年代數位科技的出現，它的受歡迎程度也逐漸下降。之前難以想像的技術，現在能透過簡單的電腦軟體輕鬆實現。

注三：《你只需要雙耳》，喬治．馬丁與傑瑞米．霍恩斯比共著，一九七九年。

注四：一九二〇年代的理髮廳經典歌曲〈婚禮鐘聲〉由威利．拉斯金（Willie Raskin）與艾文．卡哈爾（Irving Kahal）填詞，山米．費恩（Sammy Fain）編曲。保羅可能對一九五四年由四王牌樂團（Four Aces）錄製的版本相當熟悉。

注五：出自《新約聖經》，哥林多前書第十三章第十一節，保羅寫給哥林多人的第一封書信（欽定版聖經）。該文代表當基督復活時，信徒們將會經歷相同的體驗，而人們對上帝的些微了解也將變得圓滿成熟，並得到「大悟」。

注六：PPL與PRS公司是英國的音樂授權公司，結合了保護音樂表演權和為樂手們收集版權費的組織。www.pplprs.co.uk

注七：披頭四的「一個世界」（*One World*）橋段後來被電腦上色，以便以現代化方式加入《精選集》紀錄片系列。

注八：出自一九七〇年《滾石雜誌》對約翰的訪談。

第十五章

注一：靈修場所通常遠離其他人類聚落，周圍平靜又充滿自然氛圍，並歡迎想尋求指引與啟示的人。參與者被要求要過簡單的生活，不受平日生活方式中的枷鎖干擾，並捨棄「壞」習慣與執迷事物，像是香菸、酒精與毒品。

北印度的瑞詩凱詩被認為是印度教中最神聖的地點之一，它坐落於恆河的源頭山脈中，是瑜珈的世界首都，每年三月也會舉辦國際瑜珈慶典。

注二：他們的愛爾蘭—美籍女演員母親莫琳·歐蘇利文（Maureen O'Sullivan）曾出演過六十部以上的好萊塢電影，也在一九三〇年代到一九四〇年代的「人猿」電影中飾演女主角珍，與飾演泰山的強尼·維斯穆勒（Johnny Weissmuller）對戲。她與導演丈夫約翰·維勒斯·法羅（John Villiers Farrow）育有七名子女。

注三：出自一九八一年《花花公子》對約翰的訪談。普羅登絲·法羅·布倫斯在二〇一五年出版了回憶錄《親愛的普羅登絲：歌曲背後的故事》（*Dear Prudence: The Story Behind the Song*）。普羅登絲的引言出自《滾石雜誌》在二〇一五年九月對她的訪談。

注四：珍妮在十六歲見到米克．佛利特伍德（Mick Fleetwood），他們在一九七〇年結婚前卻斷斷續續地維持漫長的交往關係，並在六年後離婚。她在隔年又與這名佛利伍麥克樂團的鼓手結婚，並於隔年再度離婚。兩人育有兩個女兒。當她嫁給鼓手伊恩．華勒斯（Ian Wallace，他曾與巴布．狄倫、邦妮．雷特〔Bonnie Raitt〕、深紅之王、克羅斯比、史提爾斯、納許〔Crosby, Stills and Nash〕和唐．亨利合作）時，第三度成為搖滾歌手的妻子，但最後也以離婚收場。在一九八〇年代晚期，她以成年學生的身分就讀加州大學洛杉磯分校，並拿到人類行為學上的博士學位。後來成為臨床諮商人員與作家。她的出版著作包括《不只是搖滾樂與珍妮佛．朱妮佩：繆思女神以外的旅程》（*It's Not Only Rock'n'Roll and Jennifer Juniper: A Journey Beyond the Muse*）。

注五：出自二〇一二年《滾石雜誌》對唐納文的訪談。

注六：引用自楊．韋納所著《藍儂回憶》。

注七：出自狄更斯所著《雙城記》。

注八：二〇一九年，片商宣布《魔戒》導演彼得．傑克森（Peter Jackson）將把長達五十八小時的資料畫面與一百四十小時的錄音檔、加上屋頂現場演出的片段，剪輯成全新的《順其自然》紀錄片。原版的《順其自然》會在二〇二〇年隨著傑克森的影片一同重新上市，以慶祝該專輯的五十年週年慶。

注九：〈嘿，朱迪〉原本的名稱是〈嘿，朱爾斯〉；這首歌是為了朱利安．藍儂而寫，讓他在父母離婚後能夠感覺好點。這是首張以八軌錄音帶製作的披頭四唱片，製作地點是現已關閉的三叉戟錄音室，該錄音室位於倫敦蘇活區聖安妮宮。這首歌長達七分十一秒，是英國排行榜冠軍中目前最長的單曲。將這首歌與唐・麥克林（Don McLean）八分鐘半長的〈美國派〉（*American Pie*）做比較，但〈美國派〉被唱片公司拆成了兩半；克萊普頓的〈蕾拉〉（*Layla*）專輯版本有七分八秒；皇后合唱團的〈波希米亞狂想曲〉（*Bohemian Rhapsody*）是六分鐘的單曲；李察・哈里斯（Richard Harris）錄製的〈麥克阿瑟公園〉（*MacArthur Park*）長達七分二十一秒；門戶樂團的〈點燃我的火焰〉（*Light My Fire*）在專輯上則有七分零六秒。

朱利安到了青春期，才發現保羅為他寫了〈嘿，朱迪〉。

注十：引用自保羅在巴瑞・邁爾斯（Barry Miles）所著的《保羅・麥卡尼：多年之前》（*Paul McCartney: Many Years from Now*）的言論。

注十一：引用自朱利安在史蒂夫・特納（Steve Turner）所著的《勤奮動筆：美首披頭四歌曲背後的故事》（*A Hard Day's Write: The Stories Behind Every Beatles Song*）中的言論。

注十二：一九七〇年到一九七三年之間，辛西亞和旅館老闆羅伯托・巴薩尼尼結婚；一九七六年至一九八二年則和蘭開夏工程師約翰・特維斯結婚；她與利物浦禮車司機吉姆・克里斯蒂同居了十七年，並於一九九八年分手；在她第四場婚姻也是最後一場婚姻中，嫁給了巴貝多夜店老闆諾爾・查爾斯（Noel Charles），直到他在二〇一三年因癌症過世為止。辛西亞也於二〇一五年死於癌症。

注十三：〈約翰與洋子之歌〉是一九六九年五月發行的披頭四單曲：這是他們的第十七張單曲，也是第一張以立體聲發行的披頭四唱片，和他們最後一張英國排行榜冠軍作品。約翰在巴黎寫出這首歌。只有兩名披頭四團員參與錄製：約翰擔任吉他主奏，保羅則演奏鼓與貝斯。

第十六章

注一：出自本書作者的訪問。

注二：出自蓋瑞・高芬（Gerry Goffin）與卡洛爾・金（Carole King）於一九六六年編寫的〈回去〉（*Goin' Back*）。許多歌手都錄製過這首歌，包括達斯蒂・斯普林菲爾德、飛鳥樂團（The Byrds）、使用假名拉瑞・羅瑞士（Larry Lurex）的佛萊迪・墨裘瑞與卡洛爾本人。

注三：咪咪姑媽的屋舍位於目前世界上海岸不動產中最昂貴的地段之一，該處的地主都是富人與名人。洋子在咪咪死後將房子賣掉，隨後該房屋也遭到拆除。目前坐落在原位的房屋最近經過裝修，並被重新命名為「想像」。它價值七百二十萬英鎊。

咪咪・史密斯於一九八一年由南方電視台的克里斯多夫・皮考克（Christopher Peacock）訪問；那是她唯一一次接受電視採訪。

注四：披頭四還在洞穴俱樂部表演時就認識莫琳。當她開始與林哥交往時，只有十六歲。對約翰、保羅和喬治而言，她就等於是兄弟的妻子，因此才引發了約翰廣為人知的批判。

貝蒂・伯伊德激發出了十首歌：披頭四的〈我需要你〉（*I Need You*）、〈某個東西〉、〈為你憂鬱〉（*For You Blue*）。德瑞克與多米諾樂隊（Derek and the Dominos）（克萊普頓）的〈蕾拉〉。羅尼・伍德的〈讓我困惑〉（*Mystifies Me*）和〈對我呼吸〉（*Breathe on Me*）。喬治・哈里森的〈如此悲傷〉（*So Sad*）。艾瑞克・克萊普頓的〈完美今夜〉（*Wonderful Tonight*）、〈她在等〉（*She's Waiting*）和〈舊愛〉（*Old Love*）。

注五：彼特・修頓在一九八三年接受大衛・史塔克的獨家訪談，但該訪談帶之前從未被公開過。修頓於二〇一七年三月二十四日死於柴郡家中，享壽七十五歲。

注六：這位少女是蓋兒・雷納德（Gail Renard），她成功擠進房內的原因，是由於她帶了禮物給洋子五歲的女兒京子。儘管她整週都待在那，晚上她都會被送回家。她在二〇〇八年拍賣了約翰送給她的〈給和平一個機會〉的手寫歌詞，以便修理她的屋頂。

羅傑・史考特為美國廣播公司西木一台製作了無數披頭四紀錄片，包括共有九集的《比伯軍曹的寂寞芳心俱樂部：披頭四年代歷史，一九六二年至一九七〇年》（*Sgt. Pepper's Lonely Hearts Club Band – a History of the Beatle Years 1962–1970*），他披頭四歷史學者馬克・路易森共同製作該節目。羅傑逝世於一九八九年十月三十一日，享年四十六歲。同年十二月七日在艾比路舉行了一場紀念演唱會，參與歌手有克里斯・利亞（Chris Rea）、馬克・諾弗勒、戴夫・埃德蒙茲（Dave Edmunds）與尼克・洛威（Nick Lowe）等人。第一位激發羅傑對音樂的熱愛的歌手克里夫・理查，演唱了點燃史考特熱情的歌曲〈動吧〉。「耳語鮑伯」・哈里斯說：「羅傑・史考特是史上最厲害的DJ。」

第十七章

注一：約翰與洋子於一九七一年一月接受地下報紙《紅地鼠報》的塔利克・阿里和羅賓・布萊克彭（Robin Blackburn）的採訪。

約翰對他的朋友羅伊・卡爾（Roy Carr）講出這段話：卡爾是執行樂團（The Executives）的樂手

和披頭四書籍作家，並從一九七〇年開始擔任《新音樂快報》的員工，也在一九七二年成為該雜誌的編輯。

注二：東尼．考克斯於一九八六年二月向《時人》雜誌（*People*）談話。

注三：這部「關於屁股的電影」是部名為《四號，一九六六年至一九六七年》的短片，又稱《屁股》或「屁股電影」。片中只有知名人士的屁股近拍鏡頭，洋子企圖以本片「鼓勵促進世界和平的對話。」

注四：英國記者莎朗．邱契爾（Sharon Churcher）寫於二〇〇一年一月的美國邪教教育機構的《宣傳報》（*Advertiser*）。

第十八章

注一：在二〇〇一年的九一一恐怖攻擊後的行政更動中，前美國移民暨歸化局於二〇〇三年三月一日遭到廢除。國土安全部底下的三個新子部門分別是美國公民與移民服務局；美國移民及海關執法局；與美國海關及邊境保護局。

注二：美國作家埃麗卡．容（Erica Jong）在她一九七三年的女性主義小說《怕飛》（*Fear of Flying*）中發明這說法，用於表示兩名之前不認識對方、也對彼此沒有任何情感連結的人進行了性交。現在七十八歲的容形容這種性愛為「沒有拉鍊」，因為「當你們和彼此交合時，拉鍊就像花瓣一樣落下，內衣也如同蒲公英種子般隨風而逝。對最終極的無拉鍊頂級性愛而言，妳絕對不能和那男人太熟。」這本書觸動了各地欲求不滿的女人，賣出了兩千萬本！

注三：現為紐約凱悅大飯店。

注五：儘管約翰是發行單曲的首位前披頭四團員（他與洋子在一九六九年發行的〈給和平一個機會〉），他卻是最後一個得到排行榜冠軍的成員。喬治·哈里森在一九七〇年發行〈親愛的上帝〉（*My Sweet Lord*）。保羅·麥卡尼的〈生死關頭〉（*Live and Let Die*），與林哥·史達的〈相片〉（*Photograph*）和〈你十六歲〉（*You're Sixteen*），都發行於一九七三年。約翰的〈（宛如）重新開始〉於一九八〇年十二月下旬奪得排行榜冠軍，當時是他過世三週後。

注六：約翰於一九八〇年與大衛·薛夫談起此事。

第十九章

注一：菲利浦·諾曼（Philip Norman）在《約翰藍儂的一生》（*John Lennon: The Life*，哈潑柯林斯出版社，二〇〇八年）採訪小野洋子。

注二：葛麗泰·嘉寶，一九〇五年九月十八日至一九九〇年四月十五日，她是二〇年代與三〇年代的瑞典籍好萊塢女星，她知名的習慣為「想獨處」。

第二十章

注一：約翰的船員包括漢克·赫史達船長（Hank Halstad）、泰勒·科尼斯和他的表弟艾倫與凱文。

「死亡百慕達三角洲」是北大西洋中一塊船隻和飛機據說會永遠失蹤的區域。許多知名失蹤事件的真相都曾受到揭露，但陰謀論依然推論該地有超自然現象。

第二十一章

注一：在二〇一七年，美國音樂出版協會宣布承認洋子為〈想像〉的共同作者，更正約翰在與安迪．皮博斯的訪談中承認是自身錯誤的「歷史問題」。洋子後來接受了美國音樂出版協會頒發的百年獎，並說：「這是我一聲中最棒的時刻。」

注二：彼特．修頓在與大衛．史塔克進行的訪談中引用喬治．哈里森的話。

其他說法

「你不覺得披頭四在犧牲了自己的一切後，才成為披頭四嗎？我們將好大一把青春歲月都花在樂團上（是所有青春吧），當其他人都在瞎混時，我們卻二十四小時都在工作！」

約翰・藍儂

「在當今的流行音樂中，只有兩件事讓我感興趣：搖滾樂與前衛派詩文。我只對今日的一個樂團有興趣，那就是馬克・波倫和暴龍樂團。他是唯一一個讓我感到興奮的歌手，我也很期待再度見到他。他的音樂是優秀的搖滾樂；節奏很棒，也有真正的搖擺感。但我最喜歡的是他的歌詞。他填詞的方式相當新穎，我從來沒看過這種幽默又寫實的歌詞。除了幾個美國歌手外，馬克・波倫是唯一吸引我注意的歌手，我也很相信他的傳說。最近他出版了一本詩集，我很想一讀再讀。馬克・波倫是唯一能繼承披頭四地位的人。」

約翰・藍儂

「他們讓英國人產生了一種幻覺，認為自己再度具有重要意義。我們喜歡聽這種話，我們超愛聽到這種話。」

大衛．鮑伊

「披頭四能隨時保持冷靜的原因，是因為他們總是準備好改變，並做出不同的行動。沒有任何唱片和其他作品相同。我們從來沒有落入《星際大戰二》窠臼，用新名稱重製之前做過的東西。」

喬治．亨利．馬丁爵士

「在我的國家，披頭四掌控了社會，並改變了它的方向。當時我們剛從第二次世界大戰的可怕經驗中走出來，而披頭四說：『再也不會這樣了。』這種思想打造出一種無關金錢（不過這當然和錢有關了）、宗教或戰爭的信念系統。重點是用文化驅策社會，並當起年輕人，而不是扮演我們的父母。最重要的是愛、愉悅與享受。一切都與愛有關。」

〈昨日〉導演丹尼．鮑伊（Danny Boyle）

「披頭四是我在生意上的偶像。他們四個人緊緊掌控住其他人的負面個性。他們平衡了彼此，合作的成果也優於單打獨鬥。這就是我經營公司的方針。生意上的偉大成就從不是一人所為，而是一整個團隊的成績。」

史帝夫．賈伯斯（Steve Jobs）

「當時我們開車跨越科羅拉多，並打開了廣播，而排行榜前十名中的歌曲有八手都是披頭四的歌：〈我想牽你的手〉之類的早期歌曲。他們做出了沒人做過的事。他們的和音非常誇張，而和聲則使一切趨於圓滿……我知道他們點出了音樂該走的方向。」

巴布．狄倫

「我愛披頭四。我還能說什麼？我不會騙你。我愛他們。他們讓我感到開心。我到現在還是認為他們是最棒的樂團。」

連恩．蓋勒格（Liam Gallagher）

「我不認為有人逼近過披頭四的成就，包括綠洲樂團。」

布萊恩．梅

「這是全然不同的趨勢，也改變了國內的歌曲。四個大男生又彈又唱，還編寫自己的歌……當一切似乎毫無出路時，搖滾樂飄進我家……並打開了充滿可能性的世界。」

布魯斯．史普林斯汀

「那場表演（《艾德．蘇利文秀》）改變了我的人生……在那之前，我從未考慮將演奏搖滾樂當成職業過。當我看到四個看起來不像好萊塢公式製造出來的男子，彈著自己的歌和樂器，特別是因為你能在約翰．藍儂臉上看到一種眼神（他看起來像在說『去你的！』）。我說，我認識這些人，也能體會他們的感受：我就是這些人。我也要這樣做，在搖滾樂團中表演。」

比利．喬

「他裝模作樣的方式只是表象。他經常取下那副老奶奶眼鏡，然後說：『就只是我而已！』那副眼鏡就像座牆，你懂嗎？像一副盾牌。我很珍惜那些時光。

在他被殺隔天，我和洋子談了話，而她說的第一句話是：『約翰真的很喜歡你。』」

詹姆斯．保羅．麥卡尼爵士

「許多人和我一樣震驚……我去過他在紐約的達科他公寓住家。他人很好。他在家裡煮晚餐，還播了很多印度音樂，這讓我很訝異……他習慣了居家生活。

老實說，我很久沒看到他了。我是說，他可能還待在那裡，畢竟我已經有兩年沒見過他了。有時候他會寄明信片來。如果你想打電話給他，也是因為他會出現在電話另一頭。那是最大的差別。現在，得用龐大的宇宙電話才能打給他……我相信生命會延續下去。因此對我而言，我不會感到悲傷……我們遲早會再見面。」

喬治．哈里森

「一想到有某個混蛋對他開槍，我就會感到一陣鼻酸。

我們搭上前往紐約的班機，並到公寓去。『我們能做什麼嗎？』洋子只說：『這個嘛，你們可以跟西恩玩。讓西恩忙一點。』我們照辦了。

我很想念與他的友誼，也很懷念和他一起玩。我很想念……但我們現在已經身隔兩地了。我很懷念以前的時光。我很常去紐約，也會和洋子打招呼，但狀況還是很糟，你懂嗎？但他依然待在我心裡。」

理查．史塔基爵士（林哥．史達）

「就音樂而言，約翰．藍儂永遠在找尋不可能發生與無法實現的成就。他從不感到滿足。」

喬治．亨利．馬丁爵士

「爸對世界大聲談起和平與愛，但他永遠不向理應對自己最重要的人展現愛。」

朱利安．藍儂

「我有很多和他交談、一起玩和看電視的回憶。他對我說『晚安』的瞬間，是我們最親密的時刻。只有我和他共處。他的聲音有種令人放鬆的感覺。他也會做件可愛的事：他會隨著自己說的話語節奏開關電燈。他會說：『晚安，西恩。』然後玩電燈（他做出開關的咖嚓聲響）。這讓我感到很溫馨。」

西恩．藍儂

「他太過誠實這點，可能冒犯了不少人……他非常直接，也對人們相當開放。我想，有時這樣做得付出重大代價……他也賭上了這點。」

小野・藍儂・洋子

「我想他找到了自己的空間。我不認為他對生活感到完全滿意，因為他總是在尋找某種目標，也一直想得到新事物。我是說，在他死前，他本來要回到英格蘭。他總是在改變，並找尋新使命。但無論他做了什麼，都出自誠摯與真心。」

辛西亞・藍儂

「藍儂是個傑出又溫和的人。約翰與他的同僚們為現代音樂設下了極高的標準。」

法蘭克・辛納屈

「四十歲就離開這星球太早了。身為表演人員，藍儂的死法對我而言非常恐怖又悲哀。他確實是世上最偉大的原創音樂家之一，我也肯定許多人都會懷念他，並對他的死感到哀痛，特別是身為他同儕的我們。」

史摩基・羅賓森（Smokey Robinson）

「我在一九六三年的倫敦第一次遇見他，羅尼特組合當時是英格蘭的頭號樂團。他看到我們，聯絡上我們的經紀人，接著辦了場派對；我們整晚和大夥一起跳舞，教他們紐約人的舞蹈。他不只喜歡我的歌聲……當時我只有十九歲，名聲開始變大，他也明白人情世故……多年後，我在街上碰到他。他叫了我的名字：『羅妮！』，我就轉過身；那情況太酷了……之後他就遭到殺害……我感到很震驚，在床上躺了一週。這件事使我心碎。每次我踏進錄音室，總會想起約翰·藍儂。我無法克制。他就像我的靈魂，不斷對我說：『別放棄。』」

羅妮·史佩克特

「我們去班哥的週末（該處位於威爾斯，瑪哈禮希當時在那講道）非常緊湊，因為我們全搭火車去那：披頭四和我與米克·傑格，還有瑪哈禮希。接著在週末，我們聽說布萊恩·愛普斯坦因用藥過度而死。約翰非常難過。我希望自己當時也有去印度的修行處；不是因為我喜歡瑪哈禮希，我並不喜歡他。我想在那聽藍儂罵人，並目睹整件事發生——確實有發生問題。我想在那見證一切。他留下的精神嗎？很難用言語形容。我是說，其實並沒有什麼大不了的。他只是永遠改變了流行樂的外貌，對吧？」

瑪莉安·菲斯佛

「我很喜歡約翰。他是我最談得來的披頭四團員。我們不是最佳夥伴，但總是與彼此很友好。但披頭四和滾石樂團不在俱樂部演出後，一直到他在一九七四年左右和洋子分居前，我們就不太常見面了。之後我們再次相處得很好。但當他和洋子復合後，他又銷聲匿跡了……當我去達科他公寓拜訪某人時，曾留給他一張紙條，上頭說：『我就住在隔壁。我知道你不想見任何人，但如果你想的話，請打給我。』他從來沒打來。」

麥可・菲利浦・傑格爵士（Sir Michael Philip Jagger）

「很難回想起我在何時認識約翰。一定是在一九七四年中期左右……我們開始和彼此鬼混。他是我一生中碰過最聰明、反應最快、最誠懇的社交圈人士。他是真正的社交圈人士，那並非假造的政治性形象。他也是個真正的人道主義者。他還具有尖酸刻薄的幽默感，而身為英國人，我非常喜愛這點。我本來以為我們會一直當朋友，感情也會越來越好。是呀。一切都是夢。」

大衛・鮑伊

「我真的很愛約翰。當你這麼愛某人時，我不認為你會有辦法輕易接受他們的死亡。」

艾爾頓・海克力斯・強爵士（Sir Elton Hercules John）

「我記得當我聽說約翰・藍儂的死訊時，自己正待在佛羅里達。當時我剛起床，因為前一晚在標準錄音室錄歌。我到現在都後悔沒有放棄錄歌，也會去達科他公寓外致敬。他是我的英雄。」

巴瑞・布魯（Barry Blue）

「他寫下的文字代表自己真正的感覺。他總會寫出真相，他老是說：『我寫下事實，並讓它押韻。』他就是自己的音樂。他也總是很慷慨，我指得不是金錢方面，雖然在那層面也一樣。但如果他喜歡並信任你的話……他確實會與你分享自己的一部分……讓你能永遠將之深藏心底。」

傑克．道格拉斯，《想像》專輯工程師與《雙重幻想》製作人

「我最好的姐妹希拉蕊和我因不敢置信與悲傷而感到麻木。我們帶著一瓶貝禮詩奶酒，看了好幾小時電視上的表演片段。我們還能做什麼呢……」

米麗安．史托克利（Miriam Stockley），英國與南非籍歌手、作曲家

「我在洛杉磯和紐約見過約翰好幾次，有時是在一般的社交場合：他剛好出現在我位於城外的所在地，他也不介意我加入他與他的同伴。我們第三次碰面時，當時我剛為《旋律製造者》結束一段漫長的訪談（對象是他），我有點大膽地向他要電話號碼。他說他不知道自己的號碼是多少，洋子負責處理那些事項。但他說如果我想連絡他的話，我可以發電報到達科他公寓給他，再附上我的電話號碼。如果他在家的話，就會回電。我們這樣聯絡了三四次。我用這種方式安排了兩場訪談，完全不透過公關人員。雷．柯爾曼（Ray Coleman，作家）會請我向約翰詢問他對某些問題的看法。有一次，我們討論起他的移民申請狀況。『喂，克里斯，我是披頭四強尼。』當他打來時，總會這樣說。最後，他把私人辦公室的電話號碼給了我。我以前留下來的舊電話簿中還有那支號碼。我去了他的綠卡聽證會，而我最後一次見到他，則是在聽證會之後的外頭街道上。

他把綠卡舉高，而我跟他說那不是綠色，是藍色的！他笑出聲來。那天他很開心。我最後一次發電報給他，是在這不久之後。他沒有回電，但他寄了張明信片給我。我還留著那張明信片。」＊

克里斯・查爾斯沃斯（Chris Charlesworth），記者、作家、與綜合出版社前任總編輯

「約翰・藍儂是一九五〇年代最具代表性的音樂人。他擁有最崇高的地位：在麥可・傑克森和艾維斯・普里斯萊等人之上。這說法並不公平。保羅・麥卡尼肯定是比較優秀的作曲人，他創造出了獨特的旋律。約翰的編曲方式較為功能性。如果你列出約翰編寫過的所有樂曲，數量其實沒有那麼多。他被暗殺一事自然抬高了他的受歡迎程度。悲劇加強了整件事的浪漫感，但如果他沒有過世的話，到了今天還會如此受到尊崇嗎？我不太確定。這並非低估或詆毀他的智慧、對當代音樂的廣闊知識與理解，以及他操控整個業界的能力（甚至是全世界）。在創作全新的實驗性作品時，約翰無疑是披頭四的領袖。他也是樂團中唯一一個想了解要如何經營音樂事業的人。」

西蒙・納皮爾貝爾，唱片製作人、編曲家、歌手經紀人、作家與電影製作者

＊根據美國移民律師協會的說法，為了打擊文件詐欺案，美國移民暨歸化局在一九五二年到一九七七年之間重新設計了綠卡十七次。比方說，在一九六四年，綠卡被改為淡藍色。這些顏色變化讓移民局官員能更迅速地辨識出新版與過期版本綠卡間的差別。

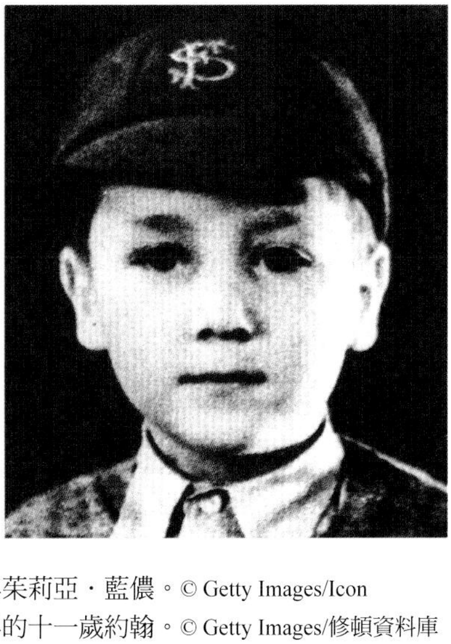

上｜母親的兒子：十歲的約翰與茱莉亞．藍儂。© Getty Images/Icon
下｜就讀採石坡男子中學第一年的十一歲約翰。© Getty Images/修頓資料庫

左上｜位於伍爾頓的門迪普宅，約翰的童年家園。©愛德華・菲利浦
右上｜「咪咪姑媽」・史密斯與大衛・史塔克，攝於多賽特郡。©大衛・史塔克
左下｜約翰位於咪咪在沙洲半島住家中的臥房。©大衛・史塔克
右下｜沙洲半島的港緣大宅。©大衛・史塔克

「史都」，變成貝斯手的現代派畫家。© Getty Images/Mirrorpix

史都特・沙克里夫與阿斯翠德・基爾赫。漢堡，一九六一年。© Getty Images/Popperfoto

銀色金龜於一九六〇年代在利物浦的舞台上表演。從左到右：史都特・沙克里夫、約翰・藍儂、保羅・麥卡尼、強尼・「哈奇」・哈金森（暫代鼓手）與喬治・哈里森。

「這就是我夾在兩個強尼之間的故事⋯」

「來嘛，保羅，笑一下？」

「我想我們躲過了⋯」

與格拉納達電視台的強尼・漢普合照，他是首位讓披頭四登上電視的製作人。

xxxxxxxxxxxxxxxxxxxx

JOHN HAMP PRODUCTION 10.12.63

P387/216	25.11.	Ent. Beatles & Manager.		15	0
P387/218	26.11.	Visit Whiskey Club re: Elke Brookes.	1	2	0
Late/9 7	23.11.	Lunch on Train.		17	6
P387/219	28.11.	Meal Pat McKeegan.		8	6
	28.11.	Ent. Agents Gene Vincent /Odeon	1	5	0
Late/8	29.11.	Ent. George Melly, Joan Sims, etc. and musicians.	3	5	0
P387/221	2.12.	Meal Adam Faith.	1	3	0
	3.12.	Petrol Manchester/London. one way.	2	5	0
			11	1	0

上｜披頭四為拍攝明信片擺出姿勢。© Getty Images/SEM

下｜強尼．漢普的格拉納達電視台費用明細，一九六三年十二月。雇用披頭四和他們的經紀人布萊恩．愛普斯坦，只花了他十五先令：少於當今的二十英鎊。©強尼．漢普收藏

左上｜「華美基斯」・埃瑟姆為《華美雜誌》訪問約翰。©基斯・埃瑟姆

右上｜基斯・埃瑟姆還保有他的雜誌。©萊斯莉－安・瓊斯

下｜與艾德・蘇利文聊貝斯：（左到右）布萊恩・愛普斯坦、艾德・蘇利文、約翰、林哥、保羅。
© Getty Images/Popperfoto

……但他只看得見她：約翰與阿爾瑪·科根於一九六四年攝於「準備好就走！」錄音室。主持人基斯·佛迪斯（Keith Fordyce）幾乎無法得到兩人的注意。

阿爾瑪·科根在自畫像前露出笑容。© Getty Images/Popperfoto

幸福居家生活與來自好女人的愛：約翰與辛希婭和朱利安待在家中，試圖說服他自己……

© Getty Images/羅伯特．惠塔克

小辛與約翰。

© Getty Images/Keystone France

一九六五年八月十二日，紐約員警試圖阻擋青少年闖進披頭四居住的旅館。

三天後，披頭四在謝亞球場登台。

難以想像球場內震耳欲聾的尖叫聲；幸好網路上找得到當時的錄影片段。

「屋裡的最佳視角！」：披頭四在《一夜狂歡》中表演。一九六四年。

「你知道，我們不只會演奏自己的樂器…」

換上全新外型的的披頭四坐在布萊恩・愛普斯坦位於貝爾格萊維亞的住家外頭。

披頭四在位於薩佛街的蘋果公司屋頂進行最後一場現場演出。© Getty Images/Express

掌上明珠：約翰與洋子和她的長女與他的繼女京子。© Getty Images/Stroud

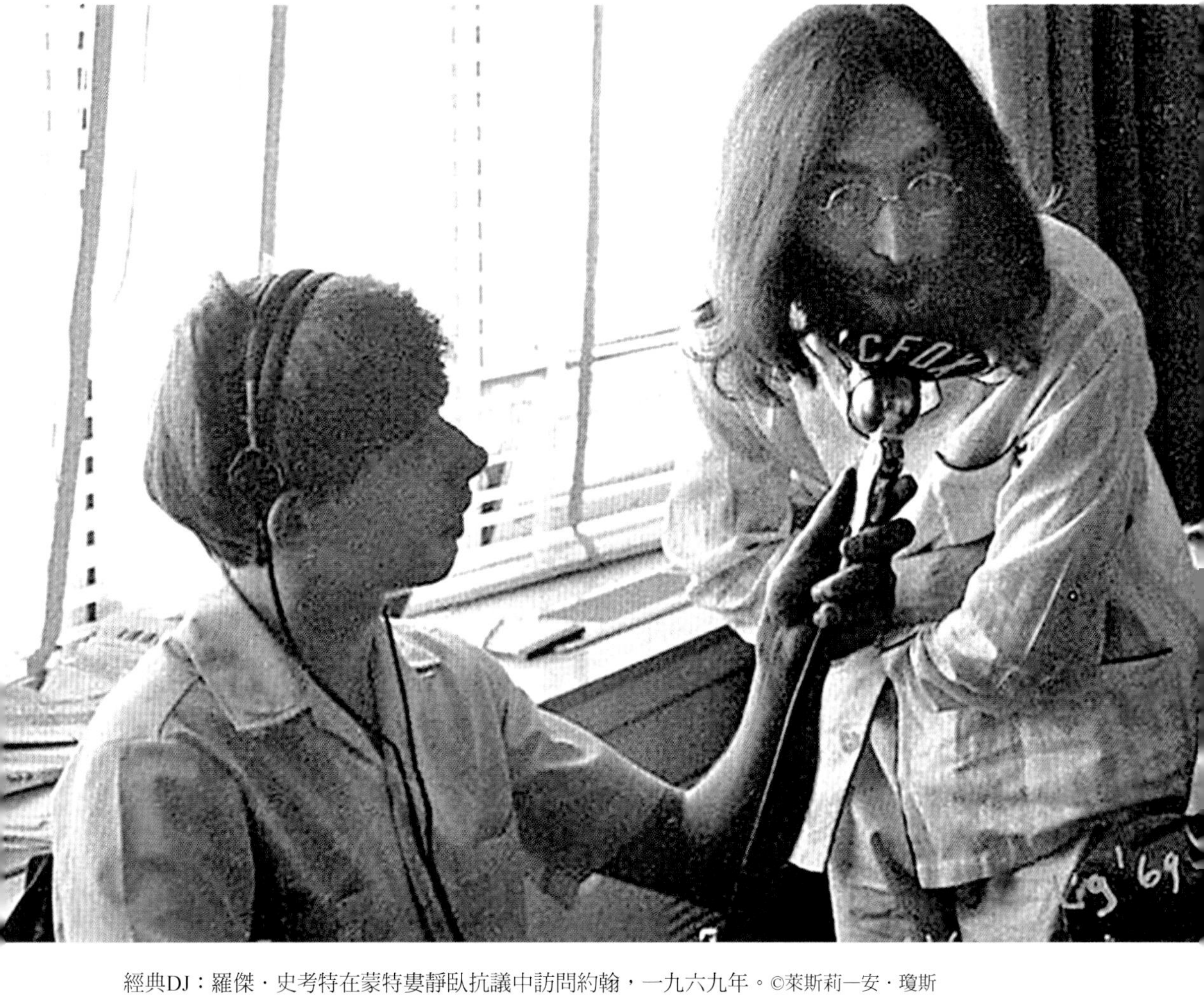

經典DJ：羅傑·史考特在蒙特婁靜臥抗議中訪問約翰，一九六九年。©萊斯莉—安·瓊斯

在惡名昭彰的「迷失的週末」時與龐鳳儀情話綿綿。© Getty Images/亞特・賽林

「我曾一度有秘密戀情…然後我碰上了鮑伊。」約翰與大衛，攝於第十七屆葛萊美獎。紐約烏里斯劇院。

Elvis

洋子緊抱約翰離開倫敦法院，當時他們被控持有大麻與阻礙警方。
© Getty Images/Bettmann

髒麥克樂團（團員有艾瑞克・克萊普頓、米契・米切爾、約翰・藍儂、基斯・理查茲與小野洋子）於一九六八年在倫敦進行了唯一一次的特別表演。© Getty Images/馬克與柯琳・黑瓦德

攝於在阿姆斯特丹的希爾頓飯店「靜臥抗議」期間。

上｜「我們去班哥那天，不是很好玩嗎⋯」在前往瑞詩凱詩前，披頭四先到威爾斯找瑪哈禮希・瑪赫西・優濟。© Getty Images/資料庫照片

下｜把我的愛傳給你：一九八六年在瑞士金玫瑰／蒙特魯搖滾節的朱利安・藍儂，本書作者在該處訪問他。©萊斯莉－安・瓊斯

上｜史達依然硬朗：林哥、芭芭拉·巴赫、本書作者與約翰·恩特維斯托（John Entwistle）攝於倫敦的富勒姆市政廳，一九八五年三月。當時正在為《威利與窮小子們》（Willie & the Poor Boys）拍攝影片（羅尼·連恩〔Ronnie Lane〕ARMS慈善演唱會）。©萊斯莉－安·瓊斯

左中｜作者與龐鳳儀攝於倫敦，二〇一九年九月。©萊斯莉一安·瓊斯

右中｜…與保羅·麥卡尼爵士攝於利物浦表演藝術學院畢業典禮，二〇一九年七月二十六日。©大衛·史塔克

左下｜與厄爾·史利克攝於黑斯廷斯的聖倫納茲，二〇一九年。他站在自己和洋子一同演出的照片前。©萊斯莉一安·瓊斯

右下｜作者與史利克攝於倫敦的巴薩札餐廳，二〇一九年。©馬丁·巴登

上｜安迪．皮博斯與約翰和洋子，攝於紐約金曲工廠，一九八〇年十二月六日。
下｜安迪與西恩．藍儂，攝於從東京前往輕井澤的火車上，一九八三年。

安迪與西恩和洋子，攝於輕井澤的萬平飯店。相片上方中的西恩正準備投擲雪球。

上｜「想像…」位於紐約市中央公園的草莓地花園的約翰彩色浮雕紀念碑，該地坐落於達科他公寓對面。©萊斯莉—安・瓊斯

下｜約翰・溫斯頓・藍儂。披頭四、父親、丈夫。一九四〇年十月九日至一九八〇年十二月八日。© Getty Images/亞倫・坦能包姆

致敬約翰的歌曲

〈今日在此〉——出自保羅麥卡尼一九八二年的《拔河》

〈我沒時間了〉（*I'm Outta Time*）——出自綠洲樂團二〇〇八年的《挖掘你的靈魂》（*Dig Out Your Soul*）＊

〈十七歲的邊界〉（*Edge of Seventeen*）——出自史蒂薇·妮克絲（Stevie Nicks）一九八一年的出道專輯《美人》（*Bella Donna*）

〈那些年前〉（*All Those Years Ago*）——出自喬治·哈里森一九八一年的《英格蘭某處》（*Somewhere in England*）

〈真實生命〉（*Life is Real*）——佛萊迪·墨裘瑞演唱，出自皇后樂團一九八二年的《炙熱空間》（*Hot Space*）

〈晚間十一點〇七分〉（*11:07pm*）——Dizzy Mizz Lizzy 樂團，一九九六年

〈我剛射殺了約翰·藍儂〉（*I Just Shot John Lennon*）——出自小紅莓樂團（The Cranberries）一九九六年的專輯《致逝者》（*To the Faithful Departed*）

〈約翰藍儂之歌〉（*Ballad of John Lennon*）——選擇樂團（The Elect）＊＊，一九九七年

〈去吧，約翰〉（*Roll on John*）——出自巴布・狄倫二〇一二年的《暴風雨》（*Tempest*）

〈空蕩花園（嘿，嘿，強尼）〉（*Empty Garden (Hey Hey Johnny)*）——出自艾爾頓・強一九八二年的《跳起來！》（*Jump Up!*）

〈月光暗影〉（*Moonlight Shadow*）——麥克・歐菲爾德（Mike Oldfield）＊＊＊（一九八三年）

＊和約翰的〈吃醋的人〉與披頭四〈生命中的一天〉類似，歌曲中不只使用了磁帶鋼琴，也找了林哥的兒子札克・史塔基擔任鼓手，也收錄了約翰一九八〇年其中一場訪談中的話語：「邱吉爾說過，每個英國人都有權住在自己想住的地方。英國會怎樣，消失嗎？我回來時它就不見了嗎？」

＊＊該團體來自尚比亞的路沙卡，於二〇〇九年組成。

＊＊＊這首歌的主軸被廣泛認為是約翰的謀殺案。在一九九五年的一場訪談中被問起此事時，歐菲爾德說：「不太算……不過，現在想想，可能是吧。他被射殺那晚，我剛好抵達紐約，待在佩瑞街的維京唱片宿舍中，那裡離達科他公寓的案發現場只有幾條街區的距離，所以我可能在潛意識中受到影響了……」

音樂

披頭四的十二張經典專輯在七年內錄製而成（有些人說十一張，扣除了《黃色潛水艇》電影遠聲帶；有些人說十三張，並加入了《奇幻之旅》迷你專輯，它並不是以專輯方式製作，但之後在某些地區中以專輯格式發行）。

披頭四專輯（英國發行日期）

《請取悅我》（*Please Please Me*，一九六三年）

《與披頭同行》（*With The Beatles*，一九六三年）

《一夜狂歡》（*A Hard Day's Night*，一九六四年）

《披頭四待售》（*Beatles For Sale*，一九六四年）

《救命！》（*Help!*，一九六五年）

《橡膠靈魂》（*Rubber Soul*，一九六五年）

《左輪手槍》（*Revolver*，一九六六年）

《比伯軍曹的寂寞芳心俱樂部》（*Sgt. Pepper's Lonely Hearts Club Band*，一九六七年）

《披頭四》（「白色專輯」）（*The Beatles*〔the 'White Album'〕，一九六八年）
《黃色潛水艇》（*Yellow Submarine*，一九六九年）
《艾比路》（*Abbey Road*，一九六九年）
《順其自然》（*Let It Be*，一九七〇年）
《奇幻之旅》原本以雙面七吋迷你專輯方式於一九六七年在英國發行，但在美國與其他地區則以正式專輯方式上市。

其餘最佳歌曲

《史記：一九六二年至一九六六年》（*Red Album 1962–1966*，一九七三年）
《史記：一九六七年至一九七〇年》（*Blue Album 1967–1970*，一九七三年）
《好萊塢音樂廳演唱會實錄》（*The Beatles at the Hollywood Bowl*，一九七七）
《披頭四合唱團精選輯》（*The Beatles Past Master*，一九八八年至二〇〇九年）
《英國國家廣播公司現場錄音紀實》（*The Beatles Live at the BBC*，一九九四年）
《精選集一》（*Anthology 1*，一九九五年）
《精選集二》（*Anthology 2*，一九九六年）
《精選集三》（*Anthology 3*，一九九六年）
《一》（*1*〔*One*〕，二〇〇〇年）**
《愛》（*Love*，二〇〇六年）

約翰．藍儂專輯

《未完音樂集一號：兩個處女》（*Unfinished Music No. 1: Two Virgins*，一九六八年）

《未完音樂集二號：與獅共存》（*Unfinished Music No. 2: Life with the Lions*，一九六九年）

《婚禮專輯》（*Wedding Album*，一九六九年）

《多倫多現場和平演唱會》一塑膠小野樂團（*Live Peace in Toronto - The Plastic Ono Band*，一九六九年）

《約翰．藍儂／塑膠小野樂團》（*John Lennon/Plastic Ono Band*，一九七〇年）

《想像》（*Imagine*，一九七一年）

《紐約城瞬間》一與小野洋子共同製作（*Some Time in New York City - with Yoko Ono*，一九七二年）

《心靈遊戲》（*Mind Games*，一九七三年）

《牆與橋》（*Walls and Bridges*，一九七四年）

《搖滾樂》（*Rock 'N' Roll*，一九七五年）

《柴魚片》（*Shaved Fish*，一九七五年）一收錄所有約翰早期身為單飛歌手時在美國發行的單曲（除了較早發行的《與我共處》以外）。這是約翰生前發行的唯一一張非披頭四歌曲合集，也是他透過蘋果商標發行的最後一張專輯。

《雙重幻想》一與小野洋子共同製作（*Double Fantasy* - with Yoko Ono，一九八〇年）

《奶與蜜》－與小野洋子共同製作（*Milk and Honey* - with Yoko Ono，一九八四年）

其餘最佳歌曲

《紐約現場》（*Live in New York City*，一九八六年）
《曼拉弗大街》（*Menlove Avei*，一九八六年）
《約翰．藍儂精選集》（*John Lennon Anthology*，一九九八年）
《98從未發表珍藏精選輯》（*Wonsaponatime*，一九九八年）
《約翰藍儂吉他情歌選輯》（*Acoustic*，二〇〇四年）
《約翰藍儂創作全集》（*John Lennon Signature Box*，二〇一〇年）

作者最喜愛的披頭四歌曲

我只能列出自己最喜歡的作品，否則我們就得永遠耗在這裡了。披頭四音樂最棒的一點，就是每個人都有自己喜歡的部分。把你最喜歡的歌曲用推特發到 @LAJwriter。我們可以比較一下。

他們總共到底發行了多少首歌？這要視情況而定。核心類別有兩百一十三首歌曲（有幾首歌有不同版本），有一百八十八首原創歌曲和二十五首翻唱曲：ultimateclassicrock.com 認為他們錄製了兩百二十七首正式發行過的歌，不包括ＢＢＣ或現場表演。當他們解散後，有更多歌曲進入市場，包括從未在錄音室內錄製過的現場演出和大量刪減片段與試聽帶，這些內容都收錄在合輯、現場演出專輯、特別版合輯與混音豪華版中。總之，有很多曲子。或許日後還會出現更多。

簡單最重要。他們以單一的詞彙作為開端，他們的早期歌詞內容主要專注於以簡單的字眼表達出普世情感。他們鮮少使用多於三個音節的單字，但還是有例外，如「巴拉萊卡琴」（〈回到蘇聯〉）、「萬花筒」（在〈露西帶著鑽石在天空飛〉）和「蒙特利馬爾」（〈薩伏依松露〉〔*Savoy Truffle*〕）。他們歌詞中最常出現的五個字都是單音節單字。「你」最常出現（兩千兩百六十二次），再來是「我」（一千七百三十六次），「the」（一千三百五十五次），「to」（一千零九十七次）和「我」（一千零六十次）。他們只使用「女孩」一百七十次（我以為更多），「寶貝」三百次，「愛」則是相對節制的六百一十三次……不過這種情感幾乎在每首歌中都會被提及，或直接唱出來。＊＊＊順道一提，女孩的名字也經常在他們自創或借來的歌曲中大量出現：蜜雪兒、艾蓮娜、麗塔、瑪丹娜；普羅登絲、瑪莎、沙迪、茱莉亞；瑪姬．梅、安娜、潘姆、莉茲（暈眩小姐）[❶]和莎莉（又高又大）[❷]；露西、露西兒、卡蘿、克拉拉貝拉與潘妮；瑪莉．珍、茱莉、洋子、蘿瑞塔與莉兒（但大家都叫她南西）。

較不尋常的字彙包括「節儉」（〈當我六十四歲〉）、「鳩尾榫」（〈玻璃洋蔥〉）、「翻筋斗」和「威士忌木桶」（〈為了凱特先生好！〉）、「鄉村舞」（〈洛基浣熊〉〔*Rocky Raccoon*〕）、「水手長」（〈黃色潛水艇〉）、「蜿蜒」（〈穿越宇宙〉）、「洽巴提」（〈有什麼消息嗎，瑪莉．珍？〉〔*What's the New Mary Jane*〕）、「塑像黏土」（〈露西帶著鑽石在天

❶ 譯注：此處指歌曲〈暈眩的莉茲小姐〉（*Dizzy Miss Lizzy*）。
❷ 譯注：此處指歌曲〈高大莎莉〉。

空飛〉）。歌曲中還含有大量荒謬的元素，從〈九號革命〉（*Revolution 9*）穿著棕色內褲的威爾斯瑞爾比特（該名字在現實中其實代表烤乾酪），釋放並接納情感之間的矛盾（〈嘿，朱迪〉），〈我是海象〉中的蛋人、「做得好」的歌詞與爬上艾菲爾鐵塔的粗粒小麥粉沙丁魚（**什麼**？），和導向聚乙烯潘姆的雄偉章魚花園（〈艾比路〉），動物園中的富翁帶著放滿錢的棕色紙袋（〈寶貝，你是個有錢人〉〔*Baby You're a Rich Man*〕），與充滿八天的一週和熄滅光源的太陽（〈晚安〉）。裡頭也有許多富有英國風格的詞彙：〈生命中的一天〉中的上議院、阿爾伯特音樂廳和蘭開夏的布拉克本；國民保健署（〈羅伯特醫生〉〔*Dr. Robert*〕）；〈惡毒的芥末先生〉中的十先令紙鈔；扭曲的手指、餐具櫃、膠靴、雨靴、折脊人（整骨療法？）、趾垢（別查這東西）等怪字（〈一起來〉）。如果我們還要談起迴轉溜滑梯（出自同名歌曲），英國國民信託（〈幸福是把溫暖的槍〉），和麥金托什雨衣、女王肖像、四便士炸魚與手指派（〈潘尼巷〉）的話，我們就要在這裡耗上一整年了。

所以，沒錯：他們比當代或該二十世紀任何其他樂團都更有創意、實驗性、影響力，也更經得起時間的歷練。要不要大量減少這些類別？親愛的，我試過了。

〈PS我愛你〉（*P.S. I Love You*）：這首歌來自他們出道單曲《好好愛我》的B面

我從「你，你，你」的歌詞就迷上它了。〈PS我愛你〉於一九六二年十月五日發行，也曾出現在他們第一張專輯《請取悅我》中。保羅那年年初在漢堡寫了大部分的歌曲內容，可能是想當作送給他當時的情人多特・羅納的信。麥卡駁斥這點，堅稱那只是普通的情書式歌曲；總之，約翰加入了自己的意見。蘇格蘭表演鼓手安迪．懷特取代彼特．貝斯特，擔任打擊樂手的職位，不過當時樂團已經指派了林哥擔任該職……林哥出現在錄製過程中，也只負責搖晃砂槌（這並非委婉的說法）。史達後來演出了ＢＢＣ錄製的版本。男孩們能委婉處理當年的單曲問題真好。

〈金錢（這是我想要的）〉（*Money*〔*That's What I Want*〕）：出自《與披頭同行》

這是首節奏藍調翻唱曲，由塔姆拉唱片與摩城唱片的創辦人貝瑞．戈迪（Berry Gordy）與美國作曲家珍妮．布拉德福德（Janie Bradford）編寫。原本由巴瑞特．史壯在一九五九年為塔姆拉唱片錄製。滾石樂團在他們的首張英國迷你專輯中翻唱過此曲，許多歌手也翻唱過，最著名的是搜尋者樂團。門戶樂團在一九七〇年的《紐約現場演出》專輯（*Live in New York*）中演唱的版本值得一聽。披頭四的現場表演版本錄製於一九六三年十月的斯德哥爾摩，並收錄在《精選集一》中。藍儂大帝活像吞下刀片般銳利的點心，讓自己的喉嚨被撕成碎片般吼出經典唱腔。原始、野蠻且放蕩不羈。依我淺見，這首歌比〈舞動尖叫〉還棒。

〈我看見她佇立在那〉（*I Saw Her Standing There*）：出自《請取悅我》

該曲大多由保羅寫下，剛開始他稱這首歌為「十七」，其中還加入了約翰的意見。這首歌是他們出道專輯的開場曲。據說它的靈感來自女友西利雅．莫提瑪（Celia Mortimer），當時她正好十七歲（一九六二年十月）。保羅承認抄襲了查克．貝里〈談起你〉（*Talkin' About You*）的即興貝斯樂（披頭四也經常演奏那首歌：他們的版本收錄在雙面專輯《一九六二年德國漢堡明星俱樂部現場表演》）。在《請取悅我》的封面注記中，這首歌的作者被列為「麥卡尼－藍儂」。

〈如果我墜入愛河〉（*If I Fell*）：出自《一夜狂歡》

這首描述「我們都經歷過」這樣情感的歌曲被明顯低估了。這是首描述傷痛、愛情與冒險的歌曲，歌詞主要由約翰編寫，也由他主唱，他描述這首歌是自己首度嘗試「恰當的歌謠」。曲中的唱腔優美，加上埃弗里兄弟風格的和音和複雜的音階變換。有趣的是，當他們現場演奏此曲時，節奏比他們錄歌時還更快；唱歌時約翰與保羅也不斷竊笑。這首歌於一九六四年十二月被製作成單曲，B面則是〈告訴我原因〉（*Tell Me Why*）。這是出口用單曲，但最後又被運回英國，並直接進入市場販賣。它沒有登上排行榜，一般也不被列入英國單曲中。

〈我們今天說的事〉（*Things We Said Today*）：出自《一夜狂歡》

同樣也是英國單曲《一夜狂歡》的B面。該曲由保羅編寫，當時他和演員女友珍・愛舍於一九六四年五月在加勒比海上坐渡輪遊玩，歌詞也反映出他們備受挑戰的戀情。兩人都在年輕時就得到事業成功，也因各自的行程而被迫分隔兩地，分離帶來了負面影響。這首肅穆的歌曲有種惡兆感，預告了未來的惡劣時刻。它的變奏相當美妙。

〈我會跟隨太陽〉（*I'll Follow the Sun*）：出自《披頭四待售》

保羅於約十六歲時在位於佛斯林路的住家寫下這首歌。它曾出現在未授權唱片、迷你專輯和

B面唱片上。麥卡尼積極確保每首歌都與上一首「不同」，這首歌中收錄了林哥拍打膝蓋的聲響。這是一首性質純粹、曲風輕快又充滿及時行樂感的歌，它少了他們另一首「太陽歌曲」（喬治．哈里森的〈太陽升起〉）的宏偉感，以及後者樂觀歌詞之中的一絲悲傷感。

〈感覺良好〉（*I Feel Fine*）：單曲，與〈她是個女人〉（*She's a Woman*）搭配

在這首歌中，他們首次特意使用音訊回授當作錄音效果。約翰唱了自己編寫的歌，也承認該曲的即興演奏受到巴比．帕克（Bobby Parker）的〈注意腳步〉（*Watch Your Step*）的啟發，披頭四也曾在現場表演中唱過〈注意腳步〉。保羅補充說雷．查爾斯的〈我會說〉（*What I'd Say*，一九五九年）也影響了該曲中的鼓樂。五〇年代的的流行樂甜心阿爾瑪．科根也在一九六七年的專輯《阿爾瑪》中翻唱該曲。

〈我需要你〉（*I Need You*）：出自《救命！》

林哥在該曲中彈奏吉布森牌詹波式原聲吉他（以及敲響牛鈴），約翰則負責彈小鼓。這首歌錄有喬治的雙音軌人聲，他也彈奏了原聲節奏吉他和十二弦金屬吉他。他同時寫下了這首有些憂慮又帶有失望感的歌；主軸可能出自他對模特兒貝蒂．伯伊德的愛。他在《一夜狂歡》的拍攝片場上認識了貝蒂，之後和她於一九六六年一月結婚。

〈你得隱藏自己的愛〉（*You've Got to Hide Your Love Away*）：出自《救命！》

約翰再度赤裸嶄露了自己的靈魂，他在〈救命！〉和〈我是個輸家〉中也曾找到這樣做的勇氣。這首歌的意涵既特定又模糊，內容傳達了他二十四年人生中的複雜心理。有些人推測這首歌描寫了他得將妻子當作秘密所帶來的沮喪感，因為他害怕她的存在會破壞他身為披頭四的名聲；其他人則認為該曲代表了他和某個無名女子之間的秘密戀情；也有人覺得這首歌暴露出名利對他造成的傷害。或者，這首歌其實描寫了樂團經紀人，也就是從未出櫃的布萊恩．愛普斯坦？不過，保羅認為約翰寫出了充滿巴布．狄倫風格的作品：以男高音和中音長笛取代了口琴。歌詞中的「嘿」是彼特．修頓的主意。

〈流浪者〉（*Nowhere Man*）：出自《橡膠靈魂》

該曲由約翰編寫與主唱。它在英國境外以單曲方式發行，也被收錄在他們的電影《黃色潛水艇》中。這是藍儂最具自我分析性質的作品；他以第三人稱角度描寫自己，跳脫了「她愛我、我愛她」的框架，鑽入了內心深處。他赤裸地展現自己。他坐在家中，承受著為《橡膠靈魂》趕出另一首歌的壓力，也對缺乏靈感而感到頹喪，因此他拋下工作，躺了下來。當時他肯定想出了整首歌，包括旋律與歌詞。當約翰在日後與採訪人員討論此事時，他描述了一段典型的緊張症狀態：那是種會影響憂鬱症患者的嚴重精神狀態，我們現在稱之為躁鬱症，以及情感思覺失調症。陷入僵直狀態的患者會從當下身處的環境中退縮，或坐或躺地盯著空中，可能會出現僵硬或麻木的症狀，也不願或無法說話、回應或移動。這種狀態也許會持續好幾天。患者也會產生妄想、幻覺和模仿言語的症狀；「模仿言語」是英文中最美的字之一，代表重複出現的話語，或是聲響、詞彙、字眼的回聲。

〈你的鳥會唱歌〉（*And Your Bird Can Sing*）：出自《左輪手槍》

這是首鏗鏘有力的流行搖滾樂，散發出前歐曼兄弟樂團與林納．史金納樂團（Lynyrd Skynyrd）的類型音樂。這首歌主要是約翰的作品，但他日後則輕蔑地將它稱為「又是一首我亂寫的歌……像是空盒子旁的漂亮紙張。」典雅的和音包覆了他未加修飾的歌聲。保羅與喬治都在這濃烈深層的專輯中彈奏了吉他。

〈艾蓮娜．瑞比〉（*Elenor Rigby*）：出自《左輪手槍》（也與《黃色潛水艇》共同發行為雙A面唱片）

這是首有如希臘悲劇般的歌，寂寥的主題包括老邁、寂寞與死亡，並提升了當時傳統流行搖滾樂的標準，也使樂團更加走紅。披頭四的四名團員與彼特．修頓都對這首歌做出了貢獻。沒有任何團員在歌曲中彈奏樂器，只有弦樂團配樂。喬治．馬丁負責譜曲；歌曲由保羅演唱；約翰與喬治則負責和聲。這首歌美妙得有如天籟。

〈車票〉（*Ticket to Ride*）出自《救命！》

這首歌同樣出現在電影中，也與單曲〈沒錯〉（*Yes It Is*）一同發行。啊，喬治的瑞肯巴克牌十二弦吉他即興演奏。儘管他彈得相當傑出，我還是會先想到木匠兄妹樂團（The Carpenters）動人心弦的翻唱版，不過許多歌手都唱過這首歌，包括瑪莉‧威爾斯（Mary Wells，披頭四非常喜歡她）、約翰的情人阿爾瑪‧科根與海灘男孩們。約翰與保羅再度對彼此的貢獻產生歧見，不過這首歌比較可能是約翰的作品。他喜歡描述該曲為「第一張重金屬唱片」。他說這首歌描述了樂團待在漢堡時所認識的妓女，對方得在進行性行為或「上馬」前先出示卡片，證明自己沒有愛滋病。

〈雨〉（*Rain*）：單曲B面

這首歌充滿莊重氛圍、迷幻感、回音、實驗性、超然、異國旋律和加快又變慢的速度，亮點在於約翰的唱腔與林哥獨特的鼓樂。它是單曲《平裝書作家》的單曲B面，也經常被認為是他們的最佳混音曲。該曲錄製於《左輪手槍》的錄製期間（不過這兩首單曲都沒有發行黑膠唱片版本）。歌曲中擁有早期的「反轉歌詞」，這種倒帶技術也被用在《左輪手槍》中的〈明日永不知曉〉。這首歌被廣泛認為是「林哥最偉大的作品」，林哥日後說自己在錄歌時「彷彿被附身」。喬治‧馬丁的助手傑夫‧艾莫瑞克為林哥的大鼓營造了更強的共鳴：他在近距離裝設麥克風，並在鼓中放了件針織套頭衫，使聲音變悶。該曲的節奏有時令人感到困惑，但依然相當傑出。也許這首歌的靈感出自毒品，但更有可能來自他們在雪梨降落時碰上的潮濕天氣；他們於一九六四年首度造訪澳洲，也只在當地進行短暫停留（那裡是他們世界巡迴演出的其中一站）。綠洲樂團可能聽過這首歌不少次。

〈永遠的草莓園〉／〈潘尼巷〉（*Strawberry Fields Forever/Penny Lane*）：雙面A面單曲

這兩首歌是他們被永遠傳誦的最重要作品，同時也是喬治・馬丁最大的遺憾。原因並非它們是劣作，而是因為他認為這兩首作品是約翰與喬治筆下最棒的歌（當時而言），但它們卻只被當成「單曲」發行。這兩首歌都該被收錄在《比伯軍曹的寂寞芳心俱樂部》中；但唱片公司要求在發行下一張專輯前，先釋出一張單曲來討好歌迷。製作人急於避免被控捨棄了這兩首歌，便堅持以單曲方式發行的作品，不該也出現在專輯上，因為必須讓購買專輯的大眾覺得自己花對了錢（想像試圖在現今設下這種標準的狀況）。這些歌曲成了明顯的轉捩點，因為它們是披頭四宣布不再進行巡迴演出後出現的嶄新音樂作品。約翰率先寫下了〈永遠的草莓園〉，他充滿懷舊心態的夢刺激保羅回以〈潘尼巷〉。後者更有包容性、更易懂、迷人、也更有商業價值，前者則充滿菁英氣息、神秘感與前衛性。

受到狄蘭・湯瑪斯的詩〈蕨山〉（*Fern Hill*）與海灘男孩的《寵物之聲》所啟發，保羅冒著傾盆大雨，以超現實的幻覺步伐跨越了擁有藍色郊區天空的童年。感覺非常奇怪。他在這樣做時，創造了最終極的情感體驗。值得注意的是，「潘尼巷」同時代表南利物浦中的一塊區域和一條真實街道，也是被稱為「圓環」的公車站的核心地段之一。那條巷道至今依然存在，約翰、喬治和保羅孩提時常去剪頭髮的理髮廳也在。這家店現在叫做東尼・斯拉文理髮廳，店裡依然有當年男孩們放在理髮椅上、用來墊高自己的木板。我看過那東西。老闆娘愛黛兒讓我拿過那塊板子。上頭刻了哈利・拜歐列提（Harry Bioletti）的姓名縮寫，那塊板子到今天都依然留在店裡供使用。

聽這首歌時，我們被迫面對自身童年的明顯回憶。當時的狀況確實是那樣嗎？那些地方和我們記憶中一模一樣嗎？回憶中的人也和我們印象中相同嗎？還是我們欺騙了自己？

保羅在電視上看過表演音樂家大衛・梅森（David Mason）的演出後，便邀他參與錄製；他的高音小號獨奏豐富又迷人。

風格更為令人困惑且充滿迷幻氛圍的〈永遠的草莓園〉原本叫做〈情況不太糟〉（*It's Not Too Bad*），這名稱來自靠近約翰位於伍爾頓的童年住家附近的利物浦救世軍孤兒院。儘管咪咪姑媽警告過約翰和他的狐群狗黨，他們仍然在孤兒院的林子與花園中玩耍。他認為這是自己最佳的披頭四作品。他在編寫這首歌時，還正在因阿爾瑪・科根的死而難過；他曾背著妻子辛西亞與阿爾瑪陷入戀愛。歌曲中的隱晦影射反映出當時他閱讀過的哲學與宗教作品。日後約翰提及這首歌時，便說它是對一生中覺得自己與所有人都「不同」的感受所做出的音樂性詮釋，也稱這首歌是「配上音樂的精神分析」。不過，保羅認為它頂多是約翰對路易斯・卡洛的致敬，也透露出約翰對卡洛的詩〈賈伯沃龍〉感到的熱愛；約翰曾在歌詞中提及這首詩。曲中流露出他們對真實地點抱持的懷念，以及自己對該地的脫離感；兩首歌都富有豐富的形象，形容方式也相當明確，充滿迷幻藥的影響，卻也純淨無瑕。它的磁帶鋼琴開頭旋律，以及小號和大提琴的樂音相當動人心弦。其中一名小號手德瑞克・瓦特金斯（Derek Watkins）則闖出了自己的名聲，因為他從《第七號情報員》（*Dr. No*）到《007：空降危機》（*Skyfall*），演湊了所有龐德電影的主題曲。

這兩首歌的宣傳片，加上〈平裝書作家〉與〈雨〉的片段，都成了最早期的音樂錄影帶，而這種名稱在日後才出現。麥卡尼以驚人的眼光宣稱所有所有的流行樂除了注意聲音，也會重視畫面。〈永遠的草莓園〉拍攝於七橡木鎮諾爾的鹿公園，我在那一帶住了好幾年，也會在我的大女兒米亞每天放學後帶她經過那裡。

約翰的紐約中央公園紀念花園名稱便來自這首歌。

〈生命中的一天〉（*A Day in the Life*）：《比伯軍曹的寂寞芳心俱樂部》中最後一首曲子

這首史詩般的歌曲大多由約翰編寫，成為披頭四的終極大作，也普遍被認為是史上最有原創性和影響力的流行歌曲。它受到新聞啟發，並充滿迷幻性質和超現實感，同時也無可名狀又刺耳，卻又讓人感到放鬆，這可能是受到LSD的影響。它將藝術搖滾轉變為主流類型，也激發佛萊迪·墨裘瑞寫下皇后樂團的大作〈波希米亞狂想曲〉。

〈她要回家了〉（*She's Leaving Home*）：同樣出自《比伯軍曹的寂寞芳心俱樂部》

這首歌改編自十七歲的梅蘭妮·科伊的真實事件，保羅曾在《每日鏡報》中讀到她的故事。和〈艾蓮娜·瑞比〉一樣，這是少數披頭四沒有演奏樂器的歌曲。（參見《比伯軍曹》中的〈在你內外〉：喬治也參與了這首歌，但沒有演奏吉他。歌曲內使用了印度樂器，包括西塔琴、塔布拉鼓與迪爾魯巴琴，大多是由北倫敦亞洲音樂圈〔North London Asian Music Circle〕演奏；還有「白色專輯」中的〈晚安〉〔*Good Night*〕：也只有林哥在其中唱歌，其他人完全沒有開口，配樂則由喬治·馬丁指揮的交響樂團負責；還有，嗯……〈昨日〉：保羅負責唱歌，內容也只有弦樂，沒有鼓聲。）

〈當我的吉他輕輕地哭泣〉（*While My Guitar Gentle Weeps*）：出自「白色專輯」

這首歌由主吉他手喬治・哈里森編寫，當時他已成為成熟的編曲人；這首歌是對四人於一九六八年從瑪哈禮希位於印度的靈修處返家後，對彼此關係做出的哲學反思。艾瑞克・克萊普頓在曲中彈奏吉他，但他並沒有被列為演出人員。喬治說這首歌的靈感出自中國古書《易經》。喬治對樂團的靈性旅程最終的結果感到期望幻滅，同時認同大愛的偉大概念，也悲嘆人類尚未受到啟蒙。這是史上最偉大的情歌之一，卻矛盾地誕生於絕望時刻中。

〈茱莉亞〉（*Julia*）：出自「白色專輯」（以及他們一九七六年單曲《*Ob-La-Di, Ob-La-Da*》的B面）

「當我無法唱出心聲時，便只能說出想法」……有什麼比這種感覺更痛苦嗎？當約翰待在瑪哈禮希位於瑞詩凱詩的靈修處時，他寫下了這首關於自己母親的苦悶歌曲。同樣待在印度的民謠歌手唐納文，則教導了他彈奏吉他的新方式。他也幫約翰修改歌詞，並注意到約翰企圖營造出《愛麗絲夢遊仙境》般的氛圍。我一直想知道，究竟是唐納文還是約翰想出了那些出自哈利勒・紀伯倫（Kahlil Gibran）作品、並被稍作修改的歌詞。這首歌中只有約翰與他的原聲吉他，也是他在披頭四歌曲中唯一的獨奏。他將洋子摻入歌曲意象中（她的名字意指「海洋之子」），因為我們曉得他喜歡叫她「媽媽」。在這情況下，我們能用各種角度詮釋這件事。因為他對茱莉亞的情感相當複雜，也因為他在母親死後所經歷的一切重要交往關係，都算是代理母親療法。

〈回到蘇聯〉（*Back in the USSR*）：出自「白色專輯」（也於一九七六年和《舞動尖叫》共同發行單曲）

這首歌是對海灘男孩的〈加州女孩〉（*California Girls*）所做出的惡搞歌曲嗎？真希望是如此。保羅扭曲了旋律，從查克・貝里的〈回到美國〉（*Back in the USA*）中挖來了特定元素，並將之好好地混合在自己的作品中。這是首令人難以抗拒的諷刺作品，也是氣勢如虹的搖滾歌曲，其中明顯的政治立場也招來了批評。哎呀。我愛死了那段噴射引擎的尖鳴。共產主義垮台後的二〇〇三年，麥卡確實在莫斯科的紅場上演唱了這首歌，那肯定是場精采的表演，可惜英國海外航空公司沒有經營到那時候。此時為了抗議而退團的林哥已不再是披頭四團員。對，他是個不錯的鼓手，他回來了。

〈穿越宇宙〉（*Across the Universe*）：出自《順其自然》

你也困惑了很多年吧？Jai Guru Deva Om。當年我們沒有管道查東西，只能不斷抬起唱針，並再度將它放回唱盤上，抄下歌詞並試圖理解約翰到底在說什麼。完全找不出答案。那是段梵文特音，意指「向尊貴的大師致敬」，但誰知道這意義？意思差不多是那樣吧。我們也不知道ＴＭ（超覺靜坐）是什麼。當時我們只是孩子。這首歌最先出現在不同歌手的合輯《沒人會改變我們的世界》中，接著被重新混音放入《順其自然》。約翰說該曲的靈感出自小辛對某件事的埋怨，他將老婆的怨言轉化成傳達他心中不滿的詩意大作。此時藍儂與麥卡尼已然開戰。

〈艾比路組曲〉（*The Abbey Road Medley*）

該作品的多樣性有如莎士比亞作品，充滿了悲劇與喜劇、詩意與戲劇、獨特的高潮與絕望的低谷，一切元素在〈盡頭〉中匯集。確實相當迷人。這是一項大作，真希望我能聽膩這作品。

作者最喜愛的約翰歌曲

〈轉瞬業力〉（*instant Karma!*）：單曲

我們都會發光！我的朋友克里斯．威爾奇（Chris Welch）在《旋律製造者》中寫了以下這段話：「驚世大作！這是約翰．藍儂至今為止最佳的演唱作品。他粗曠卻充滿內涵的唱腔，以及傑出的鼓樂中帶著美妙的搖滾樂回聲效果，使本曲成為塑膠小野樂團目前最佳的流行樂作品。」

每個行為都會帶來反應。原因，後果。這裡帶有一點佛教意味，那裡又有些業力。這是個特別的現象。當時還是披頭四一員的約翰在與洋子的前夫、他們的女兒洋子與考克斯的新女友梅琳達．坎達爾相處了一段時間後，得到了這首歌的靈感，因為他們往他心中灌輸了一股全新的靈性概念。這首歌由菲爾．史佩克特製作，當時史佩克特剛擺脫退休生活並造訪倫敦，也帶來了他的「音牆」音效。克勞斯．弗爾曼和喬治．哈里森也參與了製作。約翰剪了頭髮，不過剪髮當下寂靜無聲；洋子也剪了頭髮（但沒什麼人注意）。

〈上帝〉（*God*）：出自《約翰．藍儂／塑膠小野樂團》

夢境結束了。約翰指的是六〇年代，以及毫無意義的習慣、教條與偶像崇拜；這些事物原本應該指引我們度過有意義的人生。為了美化自己的論點，他抨擊了所有東西，從皇室到搖滾樂偶像、佛教到印度教、基督教到政治與古代文本與教團，並將他們全攪成一鍋粥。他曾是織夢者和海象，但現在他只是約翰。「我只相信自己。洋子和我。」他的意思是：進行內省吧。彷彿他清楚「上帝」與「天堂」總是存於人心中。

〈母親〉（*Mother*）：出自《約翰・藍儂／塑膠小野樂團》

麥卡尼擅長表現這項主題，並作出了〈瑪丹娜夫人〉、〈你媽該知道〉（*Your Mother Should Know*）、〈順其自然〉（其中收錄了他母親瑪莉的表演）、〈大自然之子〉、〈只有媽媽懂〉（*Only Mama Knows*）與〈我失去我的小女孩〉。約翰的這份作品蓋過了它們的光環；甚至超越了他自己的〈茱莉亞〉。

老天啊。從開頭的喪鐘聲到結尾的尖鳴，全都塞滿了驚慌幼兒的痛苦情感；這首亞諾夫激發出的作品，瀰漫著令人發寒的哀嚎聲，其中包裹著遺棄感與傷痛。老實說，約翰抨擊了雙親：送走他的母親與捨棄他的父親。他承認自己需要他們倆；但最後，他們並不需要他。那他們就去死吧。他並沒有這個意思。充滿痛苦的曲末懇求「媽媽不要走，爸爸回家吧」強烈顯示出他從未從雙親對自己造成的傷害中釋懷。

〈吃醋的人〉（*Jealous Gull*）：出自《想像》

許多人認為是布萊恩・費瑞寫出這首歌，因為羅西音樂在原版發行十年後製作的暢銷版本

（比起來差多了）相當受歡迎。這首唱腔顫抖且充滿痛苦的粗曠歌曲在印度寫成，一開始被稱為〈自然之子〉。披頭四後來將它製成試聽帶，但當時沒有繼續錄製它。最後，當約翰一如往常地回想過去時，發現了這首作品。這首歌象徵了他褪去沙文主義的心態，並對女性保持全新的態度。洋子自然不可能允許他控制並占有自己。

這是約翰現場演唱的最後一首歌曲，當時他沒有宣布此事，也獨自一人待在一家日本旅館的廢棄酒吧中，彈著原聲吉他。感覺相當沒有高潮氛圍。這就是世界結束的方式。沒有轟然巨響，只留下悄聲嗚咽。再會了，空心人。＊＊＊＊

〈你如何入睡？〉（*How Do You Sleep*）：出自《想像》

隨著披頭四逐漸邁向結尾，當最主要的編曲夥伴關係已然解體，大家也怒火中燒時，約翰寫下了這首歌作為回應。保羅的專輯《公羊》激怒了他，歌曲中有些針對藍儂的明顯抨擊，特別是在〈太多人〉中。〈入睡〉是首很棒的歌，但裡頭的攻勢太猛烈也太卑劣了。比方說約翰宣稱，所有關於保羅已死的謠言都是事實；保羅只是個小白臉；他身邊擠滿了馬屁精；他唯一寫過的厲害歌曲是〈昨日〉——這是雙關語，意指保羅過氣。約翰甚至貶低麥卡尼的作品：「對我來說只是無聊的背景音樂。」約翰不該寫下和錄下這句尖酸惡言。保羅理所當然會覺得受到冒犯。大家都吃虧了。約翰日後找藉口說這只是「說好玩的」。最好是啦。不過，這首歌的旋律滿酷的。

〈聖誕祝福（戰爭已結束）〉（*Happy Xmas*〔*War iis Over*〕）：單曲

對，對，我看過〈白色聖誕〉（*White Christmas*）的銷售數據。賓．克羅斯比真會唱歌。除了該曲麻煩的縮寫以外，約翰與洋子的唱片，與棒客樂團（The Pogues）和克絲媞．麥柯爾（Kirsty MacColl）的〈紐約童話〉（*Fairytale of New York*）同樣都是經典聖誕歌曲。它和朵拉．布萊恩的「一九六三年最佳爛唱片」〈我只想要披頭四當聖誕禮物〉擁有相同地位（「噢，瞧那俊俏髮型」）。

這是一首抗議歌曲，也是首加上聖誕風格的和平頌歌。曲中有各種元素：哈林社區合唱團（Harlem Community Choir）與兒童合唱團（Children's Choir）、唱出和聲的龐鳳儀、對分離的子女京子和朱利安傳達的哀悽訊息和冒出鈴響的雪橇，這首歌則由剷雪機般的菲爾．史佩克特製作。約翰在這首歌中的的歌聲確實很美，洋子也隨著旋律演唱。如果你想要，戰爭就會結束。

〈出乎意料〉（*Out the Blue*）：出自《心靈遊戲》

噢，洋子。妳激發出了幾首沉重的歌曲。這是首優美且相當單純的情歌，也是首該被好好享受的頌歌。除了幾個古怪的隱喻外，它的樂潮囊括了各種類型音樂，彷彿不確定自己是哪種歌曲，最後則充滿自信地作出結論。這是我們夢中的音樂，因為它正是我們所想要的一切，不是嗎？它代表了我們的真愛。一體同心的兩個靈魂。如果這是事實就好了。

〈第九號夢境〉（*#9 Dream*）：出自《牆與橋》

「啊！böwakawa poussé, poussé。」這句話對我毫無意義。對他們倆也一樣。約翰夢見了這首歌和這些已非人語言構成的神祕歌詞。龐鳳儀和精靈朋友們唱出了人聲和音，她則低聲說出了情郎的名字。當你對他的死感到悲傷、懷念又生氣時，這首歌將會變成最令人不忍聆聽的藍儂歌曲。它充滿了終末氛圍，也十分哀傷。

〈觀看車輪〉（*Watching the Wheels*）：出自《雙重幻想》（並在約翰死後以單曲方式發行，和〈美麗男孩（親愛的男孩）〉一同上市，那是他為小兒子西恩所寫的歌）

他得放手。他放棄了一切，跳下旋轉木馬，並捨棄了名利，回到現實中。他擁有了一切重要事物，他改變了自己的目標。他待在家中扮演父親，並料理晚餐。人們當時不明白這點。他們現在懂了。

〈與我終老〉（*Grow Old With Me*）：出自《奶與蜜》

這首歌有不少過去。約翰在百慕達試彈了一首改編自羅勃特・白朗寧（Robert Browning）詩文的歌。回到紐約後，洋子碰巧發現一首由白朗寧悲慘的妻子伊莉莎白・巴雷特・白朗寧（Elizabeth Barrett Browning）著作的舊詩。她受到啟發而寫下一首歌，歌名是〈容我估算方式〉，此時她靈機一動。約翰與洋子是白朗寧夫婦的轉世化身嗎？這個嘛。他們分別寫下的歌曲或許都進了《雙重幻想》，但同時也趕著上市。他們反而將作品融合，使之成為〈與我終老〉。和曲子的作者們一樣……他們確實打算如此。這是尚未成功的美事。

＊發行於一九六九年九月二十六日的《艾比路》，是披頭四錄製的最後一張專輯，卻並非他們發行的最後一張專輯。《順其自然》中大部分的曲目都錄製於一九六九年一月，最後則於一九七〇年五月和同名電影一同發行。數十年來，許多人爭論究竟哪份才是「最後一張」披頭四專輯。有許多「贊成」和「反對」聲浪。《艾比路》中的〈我要你（她好重）〉是四名披頭四團員最後一次在錄音室中一同演奏。《順其自然》則比較像是電影原聲帶，而不是單純的音樂專輯，也可能因為四名團員都已各奔東西，才使它成為正式錄音室專輯。不過，《順其自然》嚴格來說是最後一張披頭四專輯，而《艾比路》則是史學家、專家和大多數歌迷認可的「披頭四終曲」。二〇一九年九月二十六日，在原版專輯上市五十年後，《艾比路》以不同格式重新上市，由製作人吉爾斯・馬丁與工程師山姆・歐克爾（Sam Okell）進行全新混音，也收錄了大量附錄資料，包括額外歌曲、大事紀與前所未見的圖片。馬丁在注解中說道（他在製作過程中受到他父親〔披頭四製作人喬治・馬丁〕的原版混音引導）：「音樂魔法出自彈奏樂器的雙手、披頭四與彼此聚合的歌聲、以及樂曲排列的美感。我們的任務是確保一切聽起來都像錄音當天般嶄新無比。」

＊＊《一》在全世界都得到排行榜冠軍，這張必買專輯或多或少收錄了他們在一九六二年到一九七〇年之間所有英國與美國排行榜冠軍單曲。該專輯發行於樂團正式解散的第十三週年；不過這點還有存疑空間。

剩餘三名披頭四成員為了《精選集》計畫而在一九九四年重新聚首，並用約翰的〈自由如鳥〉和〈真愛〉作為基礎錄製新歌，並以《披頭四》之名發行。

＊＊＊資料來源：《衛報》，二〇一〇年。

＊＊＊＊向艾略特致敬，他是詩文《空心人》的作者。

參考書目

The Holy Bible, King James Version, Oxford University Press.

Baird, Julia and Giuliano, Geoffrey, *John Lennon My Brother*, Grafton Books, 1988.

Baird, Julia, *Imagine this: Growing up with my brother John Lennon*, Hodder & Stoughton, 2007.

The Beatles Book, Omnibus Press, 1985.

The Beatles Lyrics, Futura Publications, 1974.

Bedford, Carol, *Waiting for the Beatles*, Blandford Press, 1984.

Best, Pete and Doncaster, Patrick, *Beatle! The Pete Best Story*, Plexus Publishing Ltd, 1985.

Bramwell, Tony, *My Life with the Beatles*, Thomas Dunne Books, 2005.

Brown, Peter and Gaines, Steve, *The Love You Make*, MacMillan, 1983.

Burger, Jeff, *Lennon on Lennon: Conversations with John Lennon*, Chicago Review Press, 2016.

Clayton, Marie, and Thomas, Gareth, *John Lennon Unseen Archives*, Paragon/Daily Mail/Atlantic Publishing, 2002.

Coleman, Ray, *John Winston Lennon, Vol. 1*, Sidgwick & Jackson, 1984.

Coleman, Ray, *John Ono Lennon, Vol. 2*, Sidgwick & Jackson, 1984.

Connolly, Ray, *Being John Lennon*, Weidenfeld & Nicolson, 2018.

Davies, Hunter, *The Beatles*, Heinemann London, 1968.

Davies, Hunter (ed.), *The John Lennon Letters*, Weidenfeld & Nicolson, 2012.

Edmunds, Richard A., *Inside the Beatles Family Tree*, A.R. Heritage Publishing, 2018.

Epstein, Brian, *A Cellarful of Noise*, Souvenir Press, 1964.

Faithfull, Marianne, *Faithfull*, Michael Joseph, 1994.

Giuliano, Geoffrey, *The Beatles A Celebration*, Sidgwick & Jackson, 1986.

Giuliano, Geoffrey, *Blackbird: The Unauthorised Biography of Paul McCartney*, Smith Gryphon, 1991.

Goldman, Albert, *The Lives of John Lennon*, Bantam Press, 1988.
Goodden, Joe, *Riding So High, the Beatles and Drugs*, Pepper & Pearl, 2017.
Hamp, Johnnie, *It Beats Working for a Living*, Trafford Publishing, 2008.
Harris, Bob, *The Whispering Years*, BBC Worldwide, 2001.
Harris, Bob, *Still Whispering After All These Years*, Michael O'Mara Books, 2015.
Harry, Bill, *The McCartney File*, Virgin Books 1986.
Hoffman, Dezo, *With the Beatles: The Historic Photographs*, Omnibus Press, 1982.
Jones, Kenney, *Let the Good Times Roll*, Blink Publishing, 2018.
Jones, Ron, *The Beatles' Liverpool*, Liverpool History Press, 1991.
Lennon, Cynthia, *John*, Hodder & Stoughton, 2005.
Lennon, John, *In His Own Write*, Jonathan Cape, 1964.
Lennon, John, *A Spaniard in the Works*, Jonathan Cape, 1965.
Lennon, John, *Skywriting by word of Mouth*, Vintage, 1986.
Lewisohn, Mark, *The Beatles Live!* , Pavilion Books Ltd, 1986.
Lewisohn, Mark, *The Beatles, Tune In*, Little, Brown, 2013.
MacDonald, Ian, *Revolution in the Head*, Fourth Estate, 1994.
Marion, Bob, *The Lost Beatles Photographs*, HarperCollins, 2011.
Martin, George, *Making Music*, Pan Books, 1983.
Martin, George, *All You Need is Ears*, Macmillan London, 1979.
McCabe, Peter and Schonfeld, Robert D., *John Lennon: For the Record*, (from an interview recorded in 1971), Bantam USA, 1984.
McCartney, Paul, *Blackbird Singing Lyrics & Poems 1965–1999*, Faber & Faber, 2001.
McKinney, Devin, *Magic Circles: the Beatles in Dream and History*, Harvard University Press, 2003.
Napier-Bell, Simon, *You Don't Have to Say You Love Me*, New English Library, 1982.

Napier-Bell, Simon, *Ta-Ra-Ra Boom De-Ay*, Unbound, 2014.
Norman, Philip, *Shout! The True Story of the Beatles*, Hamish Hamilton, 1981.
Norman, Philip, *The Stones*, Hamish Hamilton, 1984.
Norman, Philip, *Elton*, Hutchinson, 1991.
Norman, Philip, *John Lennon The Life*, HarperCollins, 2008.
Norman, Philip, *Paul McCartney The Biography*, Weidenfeld & Nicolson, 2016.
Pang, May and Edwards, Henry, *Loving John*, Transworld, 1983.
Peebles, Andy and the BBC, *The Lennon Tapes*, BBC, 1981.
Rogan, Johnny, *Lennon: The Albums*, Calidore, 2006.
Lennon, John, *A Spaniard in the Works*, Jonathan Cape, 1965.
Lennon, John, *Skywriting by word of Mouth*, Vintage, 1986.
Lewisohn, Mark, *The Beatles Live!*, Pavilion Books Ltd, 1986.
Lewisohn, Mark, *The Beatles, Tune In*, Little, Brown, 2013.
MacDonald, Ian, *Revolution in the Head*, Fourth Estate, 1994.
Marion, Bob, *The Lost Beatles Photographs*, HarperCollins, 2011.
Martin, George, *Making Music*, Pan Books, 1983.
Martin, George, *All You Need is Ears*, Macmillan London, 1979.
McCabe, Peter and Schonfeld, Robert D., *John Lennon: For the Record*, (from an interview recorded in 1971), Bantam USA, 1984.
McCartney, Paul, *Blackbird Singing Lyrics & Poems 1965–1999*, Faber & Faber, 2001.
McKinney, Devin, *Magic Circles: the Beatles in Dream and History*, Harvard University Press, 2003.
Napier-Bell, Simon, *You Don't Have to Say You Love Me*, New English Library, 1982.
Napier-Bell, Simon, *Ta-Ra-Ra Boom De-Ay*, Unbound, 2014.
Norman, Philip, *Shout! The True Story of the Beatles*, Hamish Hamilton, 1981.

Norman, Philip, *The Stones*, Hamish Hamilton, 1984.
Norman, Philip, *Elton*, Hutchinson, 1991.
Norman, Philip, *John Lennon The Life*, HarperCollins, 2008.
Norman, Philip, *Paul McCartney The Biography*, Weidenfeld & Nicolson, 2016.
Pang, May and Edwards, Henry, *Loving John*, Transworld, 1983.
Peebles, Andy and the BBC, *The Lennon Tapes*, BBC, 1981.
Rogan, Johnny, *Lennon: The Albums*, Calidore, 2006.

網站

www.thebeatles.com
www.johnlennon.com
www.beatlesbible.com

推薦

理查・波爾特（Richard Porter）創辦的**倫敦披頭四徒步遊**（London Beatles Walking Tours）：一週供應五次團體遊覽行程，加上私人遊覽行程。地點包括艾比路等地。更多細節，請上www.beatlesinlondon.com，或寄電子郵件到beatlesinlondon@gmail.com。

史黛芬妮・漢佩爾的披頭四：漢堡遊（Stefanie Hempel's Beatles –Tour of Hamburg）：探訪聖保利

區紅燈區與披頭四表演場地的音樂行程。提供團體與私人遊覽行程。

www.hempels-musictour.de/en

披頭四計程車遊程（Fab Four Taxi Tours）

聖詹姆斯街五十四號

利物浦，L1 0AB

www.fab4taxitours.com

info@fab4taxitours.com

艾迪・康納（Eddie Connor，計程車名「潘尼（巷）」）是傑出又提供大量資訊的司機與嚮導。

約翰與保羅童年住家的英國國民信託聯合遊程

門迪普宅和佛斯林路二十號：這是踏進這兩棟宛如時光倒轉的獨特建築內部的唯一方式。就連巴布・狄倫和黛比・哈利（Debbie Harry）都參與過這個行程！

www.nationaltrust.org.uk/beatles-childhood-homes

愛樂餐廳（Philharmonic Dining Rooms）

希望街三十六號

利物浦，L1 9BX

www.nicholsonspubs.co.uk/restaurants/northwest/thephilharmonicdiningroomsliverpool

這是披頭四最喜歡的去所，備有英國國民信託一級登錄男廁，也在詹姆斯·柯登（James Corden）在《深夜秀》（*The Late Late Show*，於ＣＢＳ電視台）的「車上卡拉ＯＫ」（*Carpool Karaoke*）單元中邀請保羅·麥卡尼前來的那集大出風頭。

致謝

在研究並撰寫這本書的過程中，有許多人幫了大忙，因此特別挑人出來致謝似乎不太公平。不過，我還是想提到幾位有巨大功勞的人。

從二〇〇三年持續與同一名經紀人共事後，我覺得找新經紀人的念頭相當嚇人，因此我等了超過一年以上沒找尋新人選。但是我在二〇一九年遇見克萊兒・修頓時，彼此立刻產生了連結。她毫不打馬虎眼地投入工作。她了解作家，讓我們能自由地運用文字。

當凱莉・伊利斯和我討論起關於約翰・藍儂新研究的可能性時，我們的意見相同。她同意重點不該是只為了重要週年而寫出另一本傳記；這必須基於我的研究與訪談所作出的新版詮釋，才有出版的價值。她充滿熱情地買下本書版權，也給予我相當多的鼓勵，以至於當她離開波尼爾／約翰・布雷克出版社，轉換到另一家出版社時，我就哭了出來。但沒什麼好擔心的，因為詹姆斯・霍金森是她優秀又冷靜的後繼者，我很喜歡與他共事。

馬丁・巴登和雷・坎希克陪我去漢堡進行了一場旋風式的研究之旅，並以沉靜的專業態度、善心與幽默感處理我們的行程。少了他們，我就無法完成任務。約格與朵特・剛瑟陪伴與輔助我們，並協助翻譯；他們也幫了很多忙，態度慷慨又善良。我虧欠了他們所有人。

艾德·菲利浦是我在利物浦不可或缺的忠實助手。他包辦了各種事務，包括開車。當我們在離開當地後重新審視途經地時，他完整的攝影紀錄相當珍貴。

米亞·瓊斯是我來回前往紐約三次時的有力助手。她也在資料庫中花了好幾小時找出晦澀又早已被遺忘的資訊。透過尚未受披頭四洗禮的她的角度看事情，對我幫助很大。

奧羅拉·班庭處理了從為冰箱囤貨到貼郵票等所有事務。

我有無數理由要感謝大衛·史塔克：不只是要感謝他帶我回默西賽德郡參加保羅·麥卡尼爵士在利物浦表演藝術學院的二〇一九年暑期畢業典禮，校址位於麥卡以前的文法學校。我在那與保羅一對一面談，和他分享了故事（還有一些秘密）。我從未想像過自己會得到這種機會。大衛還提供了一卷失落訪談的錄音帶——當年他訪問了約翰從六歲起結識的終生好友：已故的彼特·修頓，這在之前從未出版或被播放過。

非常感謝利物浦希望街旅館、漢堡市ＮＨ典藏飯店與紐約蘇活之家。

我很感激雅各·諾德比讓我在書名頁上使用他的引言。www:blessedaretheweird.com/jacob-nordby/

我永遠欠安迪·皮博斯一份情，因為就我們倆所知，他讓我成為世上第一位（也可能是唯一一個）完整聽到他向約翰與洋子於一九八〇年十二月六日在金曲工廠錄音室進行的未剪輯版三小時二十二分鐘訪談。這是約翰在十年內首度同意讓ＢＢＣ廣播交互採訪他；事實上，是自披頭四解散來第一次。結果，這成了約翰最後一次和英國廣播節目主持人對談。和其他的藍儂訪談一樣，內容留下的問題比對方回答地更多。但那很好，那些問題打造出了這本書。

一旦少了其他善心人士的同意，我也無法寫出關於約翰的事；我答應保障許多人的匿名身分，因此也會在此守密。至於以下人物，我相當珍惜你們帶來的回憶。我全心感謝你們：

法蘭克・艾倫、基斯・埃瑟姆、大衛・安布羅斯、丹・亞瑟爾、茱蒂・阿斯特利、麥克・貝特、茱莉安・貝特、布萊恩・班奈特、華倫・班奈特、艾德・畢克奈爾、法蘭西斯・布斯、珍妮・博伊德、克蕾兒・布拉姆利、芬頓・布列斯勒，願他安息、克列姆・卡提尼、克里斯・查爾斯沃斯、奇普斯・奇柏費爾德，願他安息、多明尼克・柯利爾、艾迪・康納、傑夫・德克斯特、庫諾・德雷西、瑪莉安・菲斯佛、保羅・甘巴奇尼、布萊恩・葛蘭特、朵特・剛瑟、約格・剛瑟、柯斯莫・赫爾史多姆、強尼・漢普、大衛・漢考克、史黛芬妮・漢佩爾、安迪・希爾、傑基・荷蘭德、理查・休斯、詹姆斯・厄文、黛比・瓊斯、崔佛・瓊斯、艾利森・喬伊斯牧師、柏尼・基爾馬丁、賽門・金納斯利、辛西亞・藍儂，願她安息、茱莉亞・藍儂、史帝夫・勒文、馬克・路易森、喬治・馬丁爵士，願他安息、琳達・麥卡尼，願她安息。

保羅・麥卡尼爵士、湯姆・麥堅尼斯、李歐・麥洛夫林、史考特・米蘭尼、強納森・莫里許、保羅・麻葛頓、米契・摩瑞爵士、西蒙・納皮爾貝爾、菲利浦・諾曼、龐鳳儀、安妮・皮博斯、亞倫・佩爾、梅瑞迪絲・普朗博、理查・波爾特、大衛・昆提克、湯姆・萊斯爵士、李歐・賽耶、羅傑・史考特，願他安息、保羅・賽克斯頓、彼特・修頓，願他安息、厄爾・史利克、大衛・史塔克。

莫琳・史塔基，願她安息、安迪・史帝芬斯、菲爾・史維恩、茱蒂・崔克、克勞斯・弗爾曼、強尼・沃克、麥可・華茲、亞德里安妮・威爾斯、約翰・威爾斯、史都特・懷特、湯姆・威爾考克斯、山本蘇姬。

這本書僅獻給我的母親凱瑟琳；亨利、布里迪和米亞；以及克里歐與傑西、尼克、艾力克斯與克里斯提安、馬修與亞當。

P·S·我愛你們。

萊斯莉—安·瓊斯寫於倫敦，二〇二〇年九月

中英對照表

1 (*One*)　《一》
3 *Legs*　〈三條腿〉
9 *Dream*　〈第九號夢境〉
11:07pm　〈晚間十一點零七分〉

A

A: A Novel　《A》
A Day in the Life　〈生命中的一天〉
A Hard Day's Night　《一夜狂歡》
A Hard Day's Write: The Stories Behind Every Beatles Song　《勤奮動筆：美首披頭四歌曲背後的故事》
A Spaniard in the Works　《壞事的西班牙人》
A Tale of Two Cities　《雙城記》
A Twist of Lennon　《藍儂的轉變》
A Whiter Shade of Pale　〈比白色更白〉
Across the Universe　〈穿越宇宙〉
Ain't She Sweet　〈她不可愛嗎〉
Ain't That a Shame　〈真可惜〉
All My Loving　〈我所有的愛〉
All Those Years Ago　〈那些年前〉
All You Need is Love　〈你只需要愛〉
Acker Bilk　艾克・比爾克
Across the Universe　《飛越宇宙》
Acoustic　《約翰藍儂吉他情歌選輯》
Adam Faith　亞當・費斯
Adele　愛黛兒
Adrian Barber　阿德里安・巴柏
Advertiser　《宣傳報》
Ahmet Ertegun　艾哈邁德・艾特根
Alan Smith　亞倫・史密斯
Alan Sytner　亞倫・希特納
Alan Weiss　亞倫・魏斯
Alan White　亞倫・懷特
Albert Camus　卡謬
Albert Goldman　艾伯特・高德曼
Aldous Huxley　赫胥黎
Alfred Hitchcock　希區考克
Alice Mona Shaw　愛麗絲・蒙娜・蕭
Alistair Taylor　阿利斯特・泰勒
All I Want for Christmas is a Beatle　〈我只想要披頭四當聖誕禮物〉
All These Years Volume 1: Tune In　《這些年第一卷：收聽》
Allan Roberts　亞倫・羅伯茲
Allan Williams　亞倫・威廉斯
Allen Ginsberg　艾倫・金斯堡
Allen Klein　亞倫・克萊恩
Allen Saunders　亞倫・桑德斯
Allman Brothers Band　歐曼兄弟樂團
Alma Angela Cohen　阿爾瑪・安潔拉・科根
Alonzo 'Lonnie' Johnson　阿隆索・「隆尼」・強森
Altamont Free Concert　阿爾塔蒙特自由音樂會
All I Ever Wanted　〈我所想要的一切〉
All My Loving　〈我所有的愛〉

All You Need is Ears　《你只需要雙耳》
All We Are Saying　《我們只想說》
Aly Khan　阿里・汗
Amy Winehouse　艾美・懷斯
An Innocent Man　《一個無辜的人》
And Your Bird Can Sing　〈你的鳥會唱歌〉
André Cymone　安德烈・西蒙
Andre Gide　安德烈・紀德
Andre Malraux　安德烈・馬爾羅
Andreas Cornelis van Kuijk　安德烈斯・柯內利斯・馮庫吉克
Andrew Ridgely　安德魯・瑞吉里
Andy Peebles　安迪・皮博斯
Andy Warhol　安迪・沃荷
Andy White　安迪・懷特
Angie　《安姬》
Angie Bowie　安姬・鮑伊
Anne Georgina　安・喬治安娜
Anne Nightingale　安・南丁格爾
Anne Peebles　安妮・皮博斯
Annie Jane　安妮・珍
Annie Leibovitz　安妮・萊柏維茲
Annie Pecher　安妮・佩契
Anthology 1　《精選集一》
Anthology 2　《精選集二》
Anthology 3　《精選集三》
Anyone Who Had a Heart　〈有心的人〉
Apollonia Kotero　阿波羅尼亞・科特羅
Apotheosis　《神化》
Are You Experienced　《你體驗過嗎》
Arlo Guthrie　阿洛・蓋瑟瑞
Arshile Gorky　阿希爾・戈爾基
Art Garfunkel　亞特・葛芬柯
Arthur Janov　亞瑟・亞諾夫
Artie Shaw　亞提・蕭
Astrid Kirchherr　阿斯翠德・基爾赫
Audrey Hepburn　奧黛莉・赫本
B.B. King　比・比・金

B

Baby Let's Play House　〈寶貝，來扮家家酒吧〉
Baby You're a Rich Man　〈寶貝，你是個有錢人〉
Back in the USA　〈回到美國〉
Back in the USSR　〈回到蘇聯〉
Back off Boogaloo　〈倒退 Boogaloo〉
Backbeat　〈年少情狂〉
Ballad of John Lennon　〈約翰藍儂之歌〉
Band of the Cheshire Yeomanry　柴郡騎兵隊樂團
Band on the Run　《樂團上路》
Barbara Bach　芭芭拉・巴赫
Barbara Baker　芭芭拉・貝克
Barbara Goldbach　芭芭拉・哥德巴赫
Barbara Kammerer　芭芭拉・卡姆勒
Barrett Strong　巴瑞特・史壯
Barry Blue　巴瑞・布魯
Barry Chang　巴瑞・張
Barry Gibb　巴里・吉布
Barry Miles　巴瑞・邁爾斯
Basquiat　《輕狂歲月》
BBC Light Programme　《BBC 輕節目》
Be My Baby: How I Survived Mascara, Miniskirts and Madness, Or My Life as a Fabulous Ronette　《當我的寶貝：我如何撐過睫毛膏、迷你裙、與瘋狂：我擔任羅尼特一員的生涯》
Beatals　比托斯

Beautiful Boy　〈美麗男孩〉
BTS/ Bangtan Boys　防彈少年團
Beach Boys　海灘男孩
Beatle! The Pete Best Story　《披頭四！彼特・貝斯特的故事》
Beatles for Sale　《披頭四待售》
Beatnik　披頭族
Beatrice McCartney　碧翠絲・麥卡尼
Beautiful Boy (Dear Boy)　〈美麗男孩（親愛的男孩）〉
Because　《因為》
Bedknobs and Broomsticks　《飛天萬能床》
Bee Gees　比吉斯
Being and Nothingness　《存在與虛無》
Being for the Benefit of Mr. Kite!　〈為了凱特先生好！〉
Bell Bottom Blues　〈鐘底藍調〉
Bella Donna　《美人》
Beno Dorn　貝諾・多恩
Benny Goodman　班尼・古德曼
Bernard Cribbins　伯納德・克里賓斯
Berry Gordy　貝瑞・戈迪
Bert Kaempfert　伯特・坎普菲爾特
Berth y Glyd　伯斯尤葛里德
Beyoncé　碧昂絲
Bianca Jagger　碧昂卡・傑格
Bill Fowler　比爾・富勒
Bill Harry　比爾・哈利
Bill Haley and the Comets　比爾・哈利與彗星樂團
Bill Smith　比爾・史密斯
Bill Wyman　比爾・懷曼
Billie Eilish　怪奇比莉
Billy Hall　比利・霍爾
Billy J. Kramer and the Dakotas　比利・克拉默與達科塔
Billy Joel　比利・喬
Billy Idols　比利・艾鐸
Billy Preston　比利・普雷斯頓
Bing Crosby　賓・克羅斯比
Black Sabbath　黑色安息日
Blackbird　〈黑鳥〉
Blondie　金髮美女樂團
Blowin' in the Wind　《隨風而逝》
Blue Album 1967–1970　《史記：一九六七年至一九七〇年》
Bluegrass Boys　草根藍調男孩樂團
Blue Jay Way　〈藍松鴉路〉
Blue Suede Shoes　〈藍麂皮鞋〉
Blues and Gospel Train　《藍調與福音列車》
Bo Diddley　波・迪德利
Bob Dylan　巴布・狄倫
Bob Geldof　鮑勃・格爾多夫
Bob Harris　鮑勃・哈里斯
Bob Molyneux　鮑勃・莫利紐
Bob Spitz　鮑勃・史皮茲
Bob Wooler　鮑勃・伍勒
Bobby Darrin　巴比・達林
Bobby Parker　巴比・帕克
Bobby Vinton　巴比・雲頓
Bobby Zimmerman　鮑比・齊默曼
Bohemian Rhapsody　〈波希米亞狂想曲〉
Bonnie Raitt　邦妮・雷特
Bonzo Dog Doo-Dah Band　傻瓜狗狗樂團
Born to Boogie　《生為布吉》
Borrowed Time　〈僅剩的時間〉
Bottoms　《屁股》
Boy Georges　喬治男孩

C

Clem Cattini　克列姆・卡提尼
Cleveland String Quartet　克里夫蘭弦樂四重奏
Cliff Bennett　克里夫・班奈特
Cliff Richard　克里夫・理查
Cold Turkey　〈戒癮〉
Cole Porters　科爾・波特
Colin Hanton　柯林・漢頓
Colonel Tom Parker　湯姆中校・帕克
Come Go with Me　〈和我一起走〉
Come Together　〈一起來〉
Coming Up　《馬上來》
Connie Francis　康妮・法蘭西斯
Connie Pappas　康妮・帕帕斯
Cool Water　〈冷水〉
Count Basie　貝西伯爵
Cover Girl　《封面女郎》
Crazy Little Thing Called Love　〈名為愛的瘋狂小事〉
Creedence Clearwater Revival　清水合唱團
Crippled Inside　〈內心殘缺〉
Critique of Dialectical Reason　《辯證理性評論》
Crosby, Stills and Nash　克羅斯比、史提爾斯與納許
Cry for a Shadow　〈為陰影哭泣〉
Cynthia Lillian Powell　辛西亞・莉莉安・鮑威爾
Cynthia Powell　辛西亞・鮑威爾

D

Daddy, Come Home: The True Story of John Lennon and his Father　《爸，回家吧：約翰・藍儂與他父親的真實故事》
Daily Howl　《每日嚎叫報》
Daily Mail　《每日郵報》
Daily Mirror　《每日鏡報》
Daily Telegraph　《每日電訊報》
Dame Vera Lynn　薇拉・琳恩女爵士
Danny Boyle　丹尼・鮑伊
Dave Edmunds　戴夫・埃德蒙茲
David Bowie　大衛・鮑伊
David Henry Lennon　大衛・亨利・藍儂
Dallas　《朱門恩怨》
Dan Arthure　丹・亞瑟爾
DATEbook　《行事曆雜誌》
David Ambrose　大衛・安布羅斯
David Austin　大衛・奧斯汀
David Frost　大衛・弗羅斯特
David Geffen　大衛・格芬
David Halleran　大衛・哈勒蘭
David Hancock　大衛・漢考克
David Leafe　大衛・利亞夫
David Mason　大衛・梅森
David Quantick　大衛・昆提克
David Sheff　大衛・薛夫
David Stark　大衛・史塔克
David Thoener　大衛・索納
Davey Johnstone　戴維・強史東
Day Tripper　〈白日旅客〉
Dea Sato　狄雅・佐藤
Dean Martin　迪恩・馬丁
Dead Friend　〈親愛的朋友〉
Dear Prudence　〈親愛的普羅登絲〉
Debbie Harry　黛比・哈利
Debbie Jones　黛比・瓊斯
Debbie Nelson　黛比・尼爾森
Decca　迪卡唱片
Dee Dee Ramone　迪・迪・雷蒙
Del-Vikings　維京樂團

Elizabeth Barrett Browning　伊莉莎白・巴雷特・白朗寧
Elizabeth Taylor　伊莉莎白・泰勒
Egypt Station　《埃及驛站》
Elephant's Memory　大象回憶樂團
Elizabeth Anderson　伊莉莎白・安德森
Elizabeth Jane　伊莉莎白・珍
Elsie Starkey　艾爾西・史塔基
Elton John　艾爾頓・強
Elvis Aron Presley　艾維斯・亞倫・普里斯萊
Elvis Presley　艾維斯・普里斯萊
Eminem　阿姆
Empty Garden (Hey Hey Johnny)　〈空蕩花園（嘿，嘿，強尼）〉
Eppy　艾普
Erection　《勃起》
Eric Clague　艾瑞克・克拉格
Eric Clapton　艾瑞克・克萊普頓
Eric Griffiths　艾瑞克・葛里菲斯
Erica Jong　埃麗卡・容
Ern Rubik　厄爾諾・魯比克
Ethel Merman　埃賽爾・摩爾曼
Evening Standard　《標準晚報》
Everything Changes　《一切都會改變》
Eyewitness News　《目擊新聞》

F

Fab 208　《華美 208 雜誌》
Fabulous　《華美雜誌》
Fairytale of New York　〈紐約童話〉
Fame　〈名氣〉
Fats Domino　胖子多明諾
Faust　《浮士德》
Fear of Flying　《怕飛》
Fenton Bresler　芬頓・布列斯勒
Fern Hill　〈蕨山〉
Flaming Lips　烈火紅脣合唱團
Flanders and Swann　法蘭德斯與史旺
Fleetwood Mac　佛利伍麥克
Fly　《飛》
Folsom Prison Blues　〈佛森監獄藍調〉
Fontane Sisters　豐恬姐妹
For You Blue　〈為你憂鬱〉
Four Aces　四王牌樂團
Francis Albert　法蘭西斯・亞伯特
Francis Booth　法蘭西斯・布斯
Frank Allen　法蘭克・艾倫
Frank Sinatra　法蘭克・辛納屈
Frankie Avalon　弗蘭基・阿瓦隆
Frankie Laine　法蘭基・萊恩
Franz Liszt　法蘭茲・李斯特
Fred Astaire　弗雷・亞斯坦
Freddie　弗萊迪
Freddie & the Dreamers　弗萊迪與夢想家
Freddie Mercury　佛萊迪・墨裘瑞
Free as a Bird　〈自由如鳥〉
Freewheelin' Bob Dylan　《自由自在的巴布・狄倫》
Friendly Fire　《友方火力》
From Me to You　〈由我傳給你〉
Frost on Sunday　《弗羅斯特週日秀》

G

Gail Renard　蓋兒・雷納德
Gallagher brothers　蓋勒格兄弟
Gary Barlow　蓋瑞・巴洛
Gary James　蓋瑞・詹姆斯
Gary Player　蓋瑞・普萊爾
Gene Kelly　金・凱利
Gene Vincent　吉恩・文森特

Heartbreak Hotel 〈傷心旅館〉
Heather Mills 海瑟・米爾斯
Heaven, I'm in Heaven 〈天堂，我在天堂〉
Helen Mary 海倫・瑪莉
Helen Shapiro 海倫・夏皮洛
Hello Dolly 〈你好，多莉〉
Hello, Goodbye 《哈囉，再見》
Hello Little Girl 〈哈囉小女孩〉
Help! 《救命！》
Help Yourself 《幫自己個忙》
Henri de Toulouse-Lautrec 亨利・德・土魯斯一羅特列克
Henry Miller 亨利・米勒
Herb Abramson 赫伯・亞伯拉罕森
Here Comes the Sun 〈太陽升起〉
Here Today 〈今日在此〉
Here, There and Everywhere 〈無所不在〉
Hero: David Bowie 《英雄：大衛・鮑伊》
Hey Jude 〈嘿，朱迪〉
Hey Jules 〈嘿，朱爾斯〉
Hidden Faces 《隱藏的臉孔》
Hole 空洞樂團
Home Alone 《小鬼當家》
Horst Fascher 霍斯特・法舍爾
Hot Space 《炙熱空間》
Hound Dog 〈獵犬〉
How? 〈如何？〉
How Do You Do It? 〈你怎麼辦到的？〉
How Do You Sleep? 〈你如何入睡？〉
How I Won the War 〈我如何贏得戰爭〉
Howard Cosell 霍華德・科賽爾
Howard Hughes 霍華・休斯
Hugh J. Schonfield 休・薛菲爾德
Hugh McIlvanney 休・麥吉爾凡尼
Humble Pie 誠懇派樂團
Hunter Davies 杭特・戴維斯
Hyacinth Bucket 海欣絲・巴基特

I

I'm a Loser 〈我是個輸家〉
I'm Down 〈我難過〉
I'm Losing You 〈我正在失去你〉
I'm Only Sleeping 〈我只是在睡覺〉
I Am Walrus 〈我是海象〉
I Feel Fine 〈感覺良好〉
I've Got a Feeling 〈我有種感覺〉
I've Just Seen a Face 〈我看到一張臉〉
I Hear the Blues 〈我聽見藍調〉
I Honestly Love You 〈我真心愛你〉
I Just Shot John Lennon 〈我剛射殺了約翰・藍儂〉
I Lost My Little Girl 〈我失去我的小女孩〉
I'm Outta Time 〈我沒時間了〉
I Need You 〈我需要你〉
I Saw Her Standing There 〈我看見她佇立在那〉
I Wanna be Santa Claus 〈我想當聖誕老人〉
I Want to Hold Your Hand 〈我想牽你的手〉
I Want to Tell You 〈我想告訴你〉
I Want You (She's so Heavy) 〈我要你（她好重）〉
I'll Follow the Sun 〈我會跟隨太陽〉
I Wonder Why 〈我想知道原因〉
Ian Hunter 伊恩・杭特

Jeannine 珍寧
Jeff Beck 傑夫・貝克
Jeff Dexter 傑夫・德克斯特
Jefferson Airplane 傑佛森飛船合唱團
Jekyll and Hyde 傑基與海德
Jennifer Juniper 珍妮佛・朱妮佩
Jenny Boyd 珍妮・博伊德
Jeremy Hornsby 傑瑞米・霍恩斯比
Jerry Lee Lewis 傑瑞・李・路易斯
Jessie J 潔西・J
Jethro Tull 傑叟羅圖樂團
Jim Christie 吉姆・克里斯蒂
Jim Keltner 吉姆・凱爾特納
Jim Mac's Band 吉姆・麥克樂團
Jim Mathews 吉姆・馬修斯
Jim Morrison 吉姆・莫里森
Jim Reeves 吉姆・里夫斯
Jimi Hendrix 吉米・罕醉克斯
Jimi Hendrix Experience 吉米・罕醉克斯體驗樂隊
Jimmy Carter 吉米・卡特
Jimmy Savile 吉米・薩維爾
Jimmy Tarbuck 吉米・塔巴克
Joan Baez 瓊・拜亞
Joe Brown 喬・布朗
Joe Cocker 喬・科克爾
Joe Walsh 喬・沃爾許
Joey Dee & the Starliters 喬伊・迪伊與星亮者樂團
John Bonham 約翰・博納姆
John Burgess 約翰・伯吉斯
John Cage 約翰・凱吉
John Charles Julian 約翰・查爾斯・朱利安
John Denver 約翰・丹佛
John Dykins 約翰・戴金斯
John Eastman 約翰・伊斯特曼
John Entwistle 約翰・恩特維斯托
Johnny Cash 強尼・凱許
John F. Kennedy 約翰・甘迺迪
John Farrar 約翰・法拉爾
John Gorman 約翰・葛曼
John Lee Hooker 約翰・李・胡克
John Lennon Anthology 《約翰・藍儂精選集》
John Lennon: For The Record 《約翰・藍儂：真實紀錄》
John Lennon/Plastic Ono Band 《約翰・藍儂／塑膠小野樂團》
John Lennon in My Life 《我生命中的約翰・藍儂》
John Lennon Signature Box 《約翰藍儂創作全集》
John Lennon: The Life 《約翰藍儂的一生》
John Leslie McFarland 約翰・萊斯里・麥法蘭
John Mellencamp 約翰・麥倫坎普
John Milward 約翰・米爾瓦德
John Peel 約翰・皮爾
John Reid 約翰・里德
John Sinclair 《約翰・辛克萊》
John Twist 約翰・特維斯
John Villiers Farrow 約翰・維勒斯・法羅
John Wayne 約翰・韋恩
John Wells 約翰・威爾斯
John Winston Ono Lennon 約翰・溫斯頓・小野・藍儂
Johnnie Hamp 強尼・漢普
Johnnie Ray 強尼・雷
Johnnie Walker 強尼・沃克

Layla 〈蕾拉〉
Led Zeppelin 齊柏林飛船
Lee Eastman 李・伊斯特曼
Lee Harvey Oswald 李・哈維・奧斯華
Lee Starkey 李・史塔基
Len Garry 藍・蓋瑞
Lennie 小藍
Lenny Kravitz 藍尼・克羅維茲
Lennon Remembers 《藍儂回憶》
Leo Sayer 李歐・賽耶
Leon Wildes 里昂・維爾斯
Leonard Bernstein 李奧納德・伯恩斯坦
Leopold Epstein 李奧波德・愛普斯坦
Les Stewart Quartet 萊斯・史都華四重奏樂團
Les Tricheurs/ Young Sinners 《青年罪人》
Leslie Grade 萊斯里・葛雷德
Leslie Woodhead 萊斯里・伍德海德
Let 'Em In 〈讓他們進來〉
Let it Be 〈順其自然〉
Let It Be Naked 《順其自然：一刀未剪版》
Let Me Count the Ways 〈容我估算方式〉
Lew Grade 盧・格瑞德
Lewis Carroll 路易斯・卡洛
Liam Gallagher 連恩・蓋勒格
Liela Hafez 莉拉・哈費茲
Liela Harvey 莉拉・哈維
Life 《生活》雜誌
Life is Real 〈真實生命〉
Life with the Lions 《與獅共存》
Light My Fire 〈點燃我的火焰〉
Lillian Ingrid Maria 莉莉安・英格麗德・瑪莉亞
Lily the Pink 《粉紅莉莉》
Linda Eastman 琳達・伊斯特曼
Linda McCartney 琳達・麥卡尼
Lindisfarne 林迪斯芳樂團
Lin-Manuel Miranda 林一曼紐爾・米蘭達
Lionel Bart 萊恩納爾・巴特
Lisa Loeb 麗莎・洛普
Lisztomania 《李斯特狂熱》
Little Children 《小孩童》
Little Mix 混合甜心
Little Richard 小理察
Live and Let Die 〈生死關頭〉
Live! At the Star-Club in Hamburg, Germany; 1962 《一九六二年德國漢堡明星俱樂部現場表演》
Liverpool Echo 《利物浦回聲報》
Loaded 《上膛》
Lola Young 蘿拉・楊
Long Tall Sally 〈高大莎莉〉
Lonnie Donegan 盧尼・多尼根
Lord Bernard Delfont 伯納德・戴豐特公爵
Lord Kitchener 基奇納伯爵
Lord Lew Grade 盧・葛雷德公爵
Lord Snowdon 斯諾登伯爵
Lord Woodbine 伍德邦恩公爵
Lorna Maclaren 羅娜・麥克倫
Los Paranoias 偏執樂團
Lost Weekend 迷失的週末
Lou Reed 路・瑞德
Louie Kemp 羅易・肯普
Louis Armstrong 路易・阿姆斯壯

M

Maureen Starkey　莫琳・史塔基
Maurice Merleau-Ponty　莫里斯・梅洛—龐蒂
Maxwell's Silver Hammer　〈麥斯威爾的銀錘〉
May Pang　龐鳳儀
Maybe I'm Amazed　〈也許我很訝異〉
Mean Mr. Mustard　〈惡毒的芥末先生〉
Media Spotlight Investigation　《媒體聚光燈調查》
Melinda Kendall　梅琳達・坎達爾
Melody Maker　《旋律製造者》
Melville See, Jr　小梅爾維爾・西
Memphis Slim　瘦子孟斐斯
Merce Cunningham　摩斯・康寧漢
Meredith Hamp　梅瑞迪絲・漢普
Meredith Plumb　梅瑞迪絲・普朗博
Mersey Beat　《梅西河節奏報》
Mia Farrow　米亞・法羅
Michael Caine　米高・肯恩
Michael Collins　麥可・柯林斯
Michael Fishwick　麥可・費許威克
Michael Jackson　麥可・傑克森
Michael Lindsay-Hogg　麥可・林賽—霍格
Michael Watts　麥可・華茲
Michael X　麥可・X
Michelle　蜜雪兒
Mick Fleetwood　米克・佛利特伍德
Mick: The Wild Life and Mad Genius of Jagger　《米克・傑格：狂放人生與瘋狂天才》
Mick Jagger　米克・傑格
Mick Ronson　米克・朗森
Miguel de Cervantes　米格爾・德・賽凡提斯
Milk and Honey　《奶與蜜》
Mills Brothers　米爾斯兄弟
Mike Batt　麥克・貝特
Mike Hill　麥克・希爾
Mike Love　麥克・洛夫
Mike Oldfield　麥克・歐菲爾德
Mike Smith　麥克・史密斯
Miley Cyrus　麥莉・希拉
Mimi　咪咪
Mind Games　《心靈遊戲》
Miriam Stockley　米麗安・史托克利
Misery　〈苦難〉
Mitch Miller　米契・米勒
Mitch Mitchell　米契・米切爾
Mitch Murray　米契・莫瑞
Mitch Winehouse　米契・懷斯
M.I.U. Album　《M・I・U・專輯》
Mohamed Al Fayed　穆罕默德・法耶茲
Mona Best　蒙娜・貝斯特
Monday Night Football　《週一足球夜》
Money (That's What I Want)　〈金錢（這是我想要的）〉
Moonlight Sonata　《月光奏鳴曲》
Moonlight Shadow　《月光暗影》
Morris Levy　莫里斯・李維
Mother　〈母親〉
Mother Nature's Son　〈大自然之子〉
Mott the Hoople　高個子莫特
Move It　〈動吧〉
Move over Mrs L　〈借過，L 太太〉
Mr Jordan　《喬丹先生》
Muddy Waters　穆迪・瓦特斯
Muhammad Ali　穆罕默德・阿里
My Bonnie　〈我的波妮〉

Patrick Humphries　派崔克・亨弗瑞斯
Patsy Cline　珮西・克萊恩
Patti Smith　帕蒂・史密斯
Pattie Boyd　貝蒂・伯伊德
Paul Gambaccini　保羅・甘巴奇尼
Paul Goresh　保羅・葛瑞許
Paul Horn　保羅・霍恩
Paul McCartney　保羅・麥卡尼
Paul McCartney: Many Years from Now　《保羅・麥卡尼：多年之前》
Paul Muggleton　保羅・麻葛頓
Paul Sexton　保羅・賽克斯頓
Paul Simon　保羅・賽門
Paul Weller　保羅・韋勒
Paul Williams　保羅・威廉斯
Pauline Cronin Sutcliffe　寶琳・克羅寧・沙克里夫
Pauline Jones　寶琳・瓊斯
Peaky Blinders　《浴血黑幫》
Peder and Margaret Pedersen　佩德與瑪格麗特・佩德森
Peebles　皮布爾斯鎮
Peggy Lee　佩姬・李
Peggy Guggenheim　佩姬・古根漢
Penguins　企鵝樂團
Penny Lane　〈潘尼巷〉
People　《時人》雜誌
People and Places　《人們與地點》
Perry Como　派瑞・寇摩
Pet Sounds　《寵物之聲》
Pete Best　彼特・貝斯特
Pete Seeger　皮特・西格
Pete 'Snowball' Shotton　彼特・「雪球」・修頓
Peter and Gordon　彼得與高登
Peter Asher　彼得・愛舍
Peter Brown　彼得・布朗
Peter Frampton　彼得・佛萊普頓
Peter Jackson　彼得・傑克森
Peter McCabe　彼得・麥卡比
Peter Michael McCartney　彼得・麥可・麥卡尼
Peter Noone　彼得・努恩
Peter Sellers　彼得・謝勒
Peter Stockton　彼得・史托克頓
Peter Stringfellow　彼得・史特連費洛
Phil Spector　菲爾・史佩克特
Phil Swern　菲爾・史維恩
Phil 'the Collector' Swern　菲爾・「收藏家」・史旺
Philip Norman　菲利浦・諾曼
Photograph　〈相片〉
Photograph Smile　《相片微笑》
Pink Floyd　平克・佛洛伊德
Plastic Ono Band　塑膠小野樂隊
Playboy　《花花公子》雜誌
Please Please Me　《請取悅我》
Police　警察樂隊
Power to the People　〈給人民力量〉
Prince　王子
Priscilla Beaulieu　普里西拉・博琉
Private Eye　《私探》雜誌
Procol Harum　普洛柯哈倫樂團
Prudence Farrow　普羅登絲・法羅
PS I Love You　〈PS 我愛你〉
Purple Rain　《紫雨》
Pussy Cats　《軟貓兒》
Puttin' on the Style　《耍起帥》

Q

Quarrymen　採石工人樂團
Queen　皇后樂團

R

Ronnie Lane　羅尼・連恩
Ronnie Wood　羅尼・伍德
Rory Storm and the Hurricanes　羅里・史托姆與颶風樂隊
Rosa Hoffman　羅沙・霍夫曼
Roy Carr　羅伊・卡爾
Rubber Soul　《橡膠靈魂》
Rudolph Nureyev　魯道夫・紐瑞耶夫
Run For Your Life　〈逃命〉
Runaround Sue　〈亂跑的蘇〉
Ruth Holman　露絲・荷曼

S

Salute to Sir Lew Grade: The Master Showman　《向盧・格瑞德爵士致敬：表演大師》
Salvador Dalí　薩爾瓦多・達利
Sam Havadtoy　山姆・哈瓦托伊
Sam Okell　山姆・歐克爾
Sam Taylor-Wood　薩姆・泰勒・伍德
Sammy Davis Jr　小山米・戴維斯
Sammy Fain　山米・費恩
Samuel Beckett　薩謬爾・貝克特
Samuel Goldwyn　山謬・歌德溫
Sandie Shaw　珊蒂・蕭
Sandra Dee　珊德拉・迪伊
Saturday Night Live　《週六夜現場》
Savoy Truffle　〈薩伏依松露〉
Scott Millaney　史考特・米蘭尼
Scott Walker　史考特・沃克
Sean Connery　史恩・康納萊
Sean Taro Ono Lennon　西恩・太郎・小野・藍儂
Seaside Woman　〈海濱女子〉
Sentimental Journey　《感性旅程》
Setting Sun　〈西下之日〉
Sex Pistol　性手槍
Sexie Sadie　〈性感沙迪〉
Sgt. Pepper's Lonely Hearts Club Band　《比伯軍曹的寂寞芳心俱樂部》
Sgt. Pepper's Lonely Hearts Club Band – a History of the Beatle Years 1962–1970　《比伯軍曹的寂寞芳心俱樂部：披頭四年代歷史，一九六二年至一九七〇年》
Sharon Churcher　莎朗・邱契爾
Sharon Osbourne　莎朗・奧斯朋
Sharon Tate　莎朗・蒂
Shaved Fish　〈柴魚片〉
She Loves You　〈她愛你〉
She's a Woman　〈她是個女人〉
She's Leaving Home　〈她要回家了〉
She's Waiting　〈她在等〉
Sid Bernstein　席德・伯恩斯坦
Sid Vicious　席德・維瑟斯
Silver Beatles　銀色披頭四
Silver Beats　銀色節拍
Silver Beetles　銀色金龜
Simon and Garfunkel　賽門與葛芬柯
Simon & Schuster　西蒙與舒斯特
Simon Dee　西蒙・迪
Simon Kinnersley　賽門・金納斯利
Simon Napier-Bell　西蒙・納皮爾貝爾
Sinéad O'Connor　西妮德・奧康納
Singing Nun/ Soeur Sourire　歌唱修女
Sir John Moores　約翰・摩爾斯爵士
Sir Michael Philip Jagger　麥可・菲利浦・傑格爵士
Sir Noël Coward　諾爾・寇威爾爵士
Sister Luc Gabriel　盧可・加百列修女
Sister Rosetta Tharpe　羅賽塔・塔普姐妹
Sister Suzy　蘇西姐妹

Skewball　〈花斑馬〉
Skyfall　《007：空降危機》
Skywriting by Word of Mouth　《口耳相傳的天馬行空》
Slick Diamond　史利克鑽石樂團
Sly and the Family Stone　史萊和史東家族合唱團
Smashing Pumpkins　碎南瓜樂團
Smile　《微笑》
Smokey Robinson　史摩基・羅賓森
Smothers Brothers　史莫瑟斯兄弟
So Sad　〈如此悲傷〉
Something　〈某個東西〉
Some Time in New York City　《紐約城瞬間》
Somewhere in England　《英格蘭某處》
SongLink　《歌曲連結》雜誌
Sonny Boy Williamson　桑尼小子・威廉森
Sonny Liston　桑尼・里斯頓
Sorry　〈對不起〉
Spencer Leigh　史賓賽・萊伊
Spike Milligan　史派克・米利根
Sport, Speed & Illustrated　《運動，速度與繪畫》
Squeeze　擠壓樂團
Stand By Me　〈與我共處〉
Stephen Dorff　史帝芬・杜夫
Steve Turner　史蒂夫・特納
Steve Tyler　史蒂夫・泰勒
Station to Station　《一站又一站》
Status Quo　現狀樂團
Stella McCartney　史黛拉・麥卡尼
Stephen Lynn　史蒂芬・林恩
Steppenwolf　史蒂芬野狼合唱團
Steve McQueen　史提夫・麥昆
Stevie Nicks　史蒂薇・妮克絲
Stevie Wonder　史提夫・汪達
Sting　史汀
Strawberry Fields Forever　〈永遠的草莓園〉
Stuart Sutcliffe　史都特・沙克里夫
Sue Lawley　蘇・勞利
Sugartime　〈甜蜜時刻〉
Suki Yamamoto　山本蘇姬
Sunday Bloody Sunday　〈血腥星期天〉
Sunday Night at the London Palladium　《倫敦守護神劇院週日夜》
Sunday Times　《星期日泰唔士報》
Surprise Surprise (Sweet Bird of Paradox)　〈驚喜呀驚喜（甜美的矛盾之鳥）〉
Suzy and the Red Stripes　蘇西與紅條紋
Sydney Poitier　薛尼・鮑迪

T

T. Rex　暴龍樂團
Taffy Williams　泰菲・威廉斯
Talkin'About You　《談起你》
Taxman　〈稅務員〉
Taylor Swift　泰勒絲
T-Bone Walker　丁骨・沃爾克
Tell Me Why　〈告訴我原因〉
Tempest　《暴風雨》
Ten Years After　十年後合唱團
Ten Years of Harmony　《和睦十年》
Terry Dene　泰瑞・鄧內
Tim Berners-Lee　提姆・柏內茲—李
That's My Life (My Love and My Home)　〈我的一生（我的愛與我的家）〉
The Abbey Road Medley　〈艾比路組曲〉
The Analysis of the Self　《分析自我》

The Ballad of John and Yoko 《約翰與洋子之歌》
The Band 樂團合唱團
The Beach Boys 海灘男孩
The Beatles Anthology 《披頭四精選集》
The Beatles at the Hollywood Bowl 《好萊塢音樂廳演唱會實錄》
The Beatles Live at the BBC 《英國國家廣播公司現場錄音紀實》
The Beatles Past Masters 《披頭四合唱團精選輯》
The Beatles: The Biography 《披頭四傳記》
The Beatles' Shadow: Stuart Sutcliffe and his Lonely Hearts *Club* 《披頭四的陰影：史都特・沙克里夫與他的寂寞芳心俱樂部》
The Byrds 飛鳥樂團
The Blackboard Jungle 《黑板叢林》
The Carefrees 無憂無慮樂團
The Carpenters 木匠兄妹樂團
The Cranberries 小紅莓樂團
the Crows 烏鴉樂團
The Damned 詛咒樂團
The Doors 《大門》
The Doors 門戶樂團
The Ed Sullivan Show 《艾德・蘇利文秀》
The Elect 選擇樂團
The Elephant Man 《象人》
The End 《盡頭》
The Everly Brothers 埃弗里兄弟
The Executives 執行樂團
The Fabulous Poodles 華麗貴賓犬樂團
The Flamingos 紅鶴樂團
The Fool on the Hill 〈山丘上的傻子〉
The Fourmost 佛莫斯特樂團
The Goon Show 《呆子秀》
The Great Pretender 〈大偽裝者〉
The Hamburg Tapes 《漢堡錄音帶》
The Happiest Days of Your Life 〈你一生中最快樂的一天〉
The Hollies 赫里斯合唱團
The Hollow Men 《空心人》
The Hunting of the Snark 《獵捕鯊蛇怪》
The Impalas 黑斑羚樂團
The Kids 《小子》
The Kinks 奇想樂團
The Larks 雲雀樂團
The Late Late Show 《深夜秀》
The Lemonheads 檸檬頭樂團
The Long and Winding Road 〈蜿蜒長路〉
The Luck of the Irish 〈愛爾蘭人的運氣〉
The Nice 暢快樂團
The Old Grey Whistle Test 《老灰哨測驗》
The Orioles 金鶯樂團
The Pearls 珍珠樂團
The Penguins 企鵝樂團
The Platters 派特斯合唱團
The Pogues 棒客樂團
The Police 警察樂隊
The Pretty Things 美麗尤物樂團
The Rattlesnakes 響尾蛇樂團
The Ravens 渡鴉樂團
The Robins 知更鳥樂團
The Rolling Stones 滾石樂團

國家圖書館出版品預行編目資料

誰殺了約翰藍儂：搖滾神話的愛、欲望與生死 / 萊斯莉－安・瓊斯（Lesley-Ann Jones）著；李函 譯. -- 初版. -- 臺北市：商周出版：家庭傳媒城邦分公司發行, 2020.12
面： 公分. --
譯自：Who killed John Lennon? : the lives, loves and deaths of the greatest rock star
ISBN 978-986-477-952-9（精裝）
1. 藍儂（Lennon, John, 1940-1980） 2.歌星 3.傳記 4.英國
784.18 109016643

誰殺了約翰藍儂：

搖滾神話的愛、欲望與生死

原著書名 / WHO KILLED JOHN LENNON?: THE LIVES, LOVES AND DEATHS OF THE GREATEST ROCK STAR
作者 / 萊斯莉－安・瓊斯（Lesley-Ann Jones）
譯者 / 李函
企劃選書 / 張詠翔
責任編輯 / 張詠翔

版權 / 黃淑敏、劉鎔慈
行銷業務 / 周丹蘋、黃崇華、周佑潔
總編輯 / 楊如玉
總經理 / 彭之琬
事業群總經理 / 黃淑貞
發行人 / 何飛鵬
法律顧問 / 元禾法律事務所 王子文律師
出版 / 商周出版
城邦文化事業股份有限公司
臺北市中山區民生東路二段141號9樓
電話：(02) 2500-7008 傳眞：(02) 2500-7759
E-mail：bwp.service@cite.com.tw
Blog：http://bwp25007008.pixnet.net/blog
發行 / 英屬蓋曼群島商家庭傳媒股份有限公司城邦分公司
臺北市中山區民生東路二段141號2樓
書虫客服服務專線：(02) 2500-7718・(02) 2500-7719
24小時傳眞服務：(02) 2500-1990・(02) 2500-1991
服務時間：週一至週五09:30-12:00・13:30-17:00
郵撥帳號：19863813 戶名：書虫股份有限公司
讀者服務信箱E-mail：service@readingclub.com.tw
歡迎光臨城邦讀書花園 網址：www.cite.com.tw
香港發行所 / 城邦（香港）出版集團有限公司
香港灣仔駱克道193號東超商業中心1樓
電話：(852) 2508-6231 傳眞：(852) 2578-9337
E-mail：hkcite@biznetvigator.com
馬新發行所 / 城邦(馬新)出版集團 Cité (M) Sdn. Bhd.
41, Jalan Radin Anum, Bandar Baru Sri Petaling,
57000 Kuala Lumpur, Malaysia
電話：(603) 9057-8822 傳眞：(603) 9057-6622
Email：cite@cite.com.my

封面設計 / 兒日設計
排版 / 新鑫電腦排版工作室
印刷 / 卡樂彩色製版印刷有限公司
經銷商 / 聯合發行股份有限公司
電話：(02) 2917-8022 傳眞：(02) 2911-0053
地址：新北市231新店區寶橋路235巷6弄6號2樓

■2020年12月初版
定價 899 元

Printed in Taiwan
城邦讀書花園
www.cite.com.tw

Originally published as "WHO KILLED JOHN LENNON?: THE LIVES, LOVES AND DEATHS OF THE GREATEST ROCK STAR"

ISBN 978-986-477-952-9

商周出版

廣	告	回	函
北區郵政管理登記證			
台北廣字第000791號			
郵資已付，免貼郵票			

104台北市民生東路二段141號2樓
英屬蓋曼群島商家庭傳媒股份有限公司　城邦分公司

請沿虛線對摺，謝謝！

商周出版

書號：BK5171C	**書名：**誰殺了約翰藍儂	**編碼：**

請於此處用膠水黏貼

商周出版

讀者回函卡

感謝您購買我們出版的書籍！請費心填寫此回函卡，我們將不定期寄上城邦集團最新的出版訊息。

不定期好禮相贈！
立即加入：商周出版
Facebook 粉絲團

姓名：__________ 性別：☐男 ☐女

生日：西元______年______月______日

地址：__________

聯絡電話：__________ 傳真：__________

E-mail ：

學歷：☐ 1. 小學 ☐ 2. 國中 ☐ 3. 高中 ☐ 4. 大學 ☐ 5. 研究所以上

職業：☐ 1. 學生 ☐ 2. 軍公教 ☐ 3. 服務 ☐ 4. 金融 ☐ 5. 製造 ☐ 6. 資訊
☐ 7. 傳播 ☐ 8. 自由業 ☐ 9. 農漁牧 ☐ 10. 家管 ☐ 11. 退休
☐ 12. 其他__________

您從何種方式得知本書消息？

☐ 1. 書店 ☐ 2. 網路 ☐ 3. 報紙 ☐ 4. 雜誌 ☐ 5. 廣播 ☐ 6. 電視
☐ 7. 親友推薦 ☐ 8. 其他__________

您通常以何種方式購書？

☐ 1. 書店 ☐ 2. 網路 ☐ 3. 傳真訂購 ☐ 4. 郵局劃撥 ☐ 5. 其他______

您喜歡閱讀那些類別的書籍？

☐ 1. 財經商業 ☐ 2. 自然科學 ☐ 3. 歷史 ☐ 4. 法律 ☐ 5. 文學
☐ 6. 休閒旅遊 ☐ 7. 小說 ☐ 8. 人物傳記 ☐ 9. 生活、勵志 ☐ 10. 其他

對我們的建議：__________

【為提供訂購、行銷、客戶管理或其他合於營業登記項目或章程所定業務之目的，城邦出版人集團（即英屬蓋曼群島商家庭傳媒（股）公司城邦分公司、城邦文化事業（股）公司），於本集團之營運期間及地區內，將以電郵、傳真、電話、簡訊、郵寄或其他公告方式利用您提供之資料（資料類別：C001、C002、C003、C011 等）。利用對象除本集團外，亦可能包括相關服務的協力機構。如您有依個資法第三條或其他需服務之處，得致電本公司客服中心電話 02-25007718 請求協助。相關資料如為非必要項目，不提供亦不影響您的權益。】
1.C001 辨識個人者：如消費者之姓名、地址、電話、電子郵件等資訊。
2.C002 辨識財務者：如信用卡或轉帳帳戶資訊。
3.C003 政府資料中之辨識者：如身分證字號或護照號碼（外國人）。
4.C011 個人描述：如性別、國籍、出生年月日。

請於此處用膠水黏貼